The Works of Peter Schott, 1460-1490, Vol. I

**UNC** | COLLEGE OF ARTS AND SCIENCES
Germanic and Slavic Languages and Literatures

From 1949 to 2004, UNC Press and the UNC Department of Germanic & Slavic Languages and Literatures published the UNC Studies in the Germanic Languages and Literatures series. Monographs, anthologies, and critical editions in the series covered an array of topics including medieval and modern literature, theater, linguistics, philology, onomastics, and the history of ideas. Through the generous support of the National Endowment for the Humanities and the Andrew W. Mellon Foundation, books in the series have been reissued in new paperback and open access digital editions. For a complete list of books visit www.uncpress.org.

# Petri Schotti Argentin: Patricii: Juris utriulq;

Doctoris confultiffimi: Oratoris & Poetae elegantiffi
mi: graeceq; linguae probe eruditi: Lucubraciunculae
ornatiffimae.

# The Works of Peter Schott, 1460-1490, Vol. I

## Introduction and Text

MURRAY A. COWIE AND MARIAN L. COWIE

UNC Studies in the Germanic Languages and Literatures
Number 41

Suggested citation: Cowie, Murray A., and Marian L. Cowie. *The Works of Peter Schott, 1460-1490, Vol. I: Introduction and Text.* Chapel Hill: University of North Carolina Press, 1963. DOI: https://doi. org/10.5149/9781469657264_Cowie

Library of Congress Cataloging-in-Publication Data
Names: Cowie, Murray A. and Cowie, Marian L.
Title: The works of Peter Schott, 1460-1490, vol. I / by Murray A.
    Cowie and Marian L. Cowie.
Other titles: University of North Carolina Studies in the Germanic
    Languages and Literatures ; no. 41.
Description: Chapel Hill : University of North Carolina Press, [1963]
    Series: University of North Carolina Studies in the Germanic
    Languages and Literatures.
Identifiers: LCCN 63063888 | ISBN 978-1-4696-5725-7 (pbk: alk. paper)
    | ISBN 978-1-4696-5726-4 (ebook)
Classification: LCC PD25 .N6 NO. 41

# CONTENTS

To
Our beloved teacher and friend
John Gotthold Kunstmann

*Reproductions of folios from the Lucubraciunculae*

# ACKNOWLEDGMENTS

We wish to express our appreciation to:

1. The Newberry Library for the use of its copy of Peter Schott, *Lucubraciunculae* and for permitting The University of Chicago to make a microfilm of the incunabulum; also for permission to reproduce two folios.

2. The Free Library of Philadelphia for making available to The University of Chicago a microfilm of its copy of Peter Schott, *De mensuris syllabarum epithoma* from the Copinger-Widener collection and for permission to publish the text of the incunabulum.

3. The University of Chicago Library for permission to use the microfilms of the above mentioned incunabula and for photostatic and xerox duplications of these; also for permission to reprint material in the dissertation of M. T. Lurwig, *Studies in the Lucubratiunculae by Peter Schott* (Chicago, 1946).

4. The Henry E. Huntington Library and Art Gallery for photostats of twelve folios of its copy of Peter Schott, *Lucubraciunculae* and for permission to reproduce these.

5. *Studies in Philology* for permission to reprint material in the article "Geiler von Kaysersberg and Abuses in Fifteenth Century Strassburg" (*SP*, LVIII, 4, July, 1961).

6. *Studies in the Germanic Languages and Literatures* of the University of North Carolina for permission to reprint material from the article "Rudolph Agricola and Peter Schott," in number twenty-six: *Middle Ages-Reformation-Volkskunde: Festschrift for John G. Kunstmann* (Chapel Hill, 1959).

# INTRODUCTION

This first volume contains the complete texts of the three known extant works of the Strassburg humanist Peter Schott (1460-1490): the *Lucubraciunculae*, the *De mensuris syllabarum epithoma*, both of which are written in humanistic Latin, and the letter in German to Schott's sister Anna Schott. The second volume with full notes, bibliography, appendix and index is to follow.

The *Lucubraciunculae* is by far the most significant and the longest of the three works, and the one we set out to edit. We decided, however, to include the *Epithoma* and the letter to Anna, in order that all of Schott's works might be available in a single volume. The three have not previously been published as a unit, nor has any one of them been readily accessible. The *Lucubraciunculae* and the *Epithoma* exist to date only in incunabula editions; the letter to Anna has been twice printed (cf. infra).

Two other works, no longer extant, are known to have been written by Peter Schott:

1. A commentary in Latin on the thirteenth chapter of the Gospel of St. John, compiled for Anna and inserted by her into a book of sermons he had given her. On the inside cover was pasted the letter mentioned above. The book, now lost, is described by J. N. Weislinger, *Armamentarium Catholicum...* (Strassburg, 1749, p. 681).
2. A vocabulary of names of instruments and implements used in various trades. This was sent by Schott to Bohuslaus von Hassenstein, in 1481, for appraisal by Bohuslaus as to whether the names were of Latin origin (*Lucubraciunculae*, f. xiiiib).

There has never been an exhaustive, critical investigation devoted solely to Peter Schott and his works. From the end of the fifteenth century to the second half of the nineteenth century scholars have quoted and misquoted material from the *Lucubraciunculae*; literary historians have mentioned Schott as a representative of early humanism in Strassburg, but they have seldom accorded him more than a line or paragraph, rarely more than a page. Furthermore, because they copied one from the other, without consulting the works or the sources, their statements are not always accurate.

After 1850 Alsatian scholars began delving into their own cultural past and rediscovered Peter Schott. Yet not one made Schott the single subject of a study, despite the fact that all acclaimed him as the first Alsatian humanist and the fact that his work as a scholar, editor and educator in Strassburg was in great measure responsible for the development of Strassburg humanism. The most thorough and authoritative research on Schott was done by Leo Dacheux in his excellent biography of Johann Geiler von Kaysersberg, *Un réformateur catholique à la fin du XVe siècle*... (Paris, Strasbourg, 1876), in which Schott's life and his collaboration with Geiler are discussed at considerable length (*ibid.*, pp. 286-427), and pertinent passages from the *Lucubraciunculae* are quoted or translated. Charles Schmidt in a series of articles, that appeared in the *Revue d'Alsace* during the years 1855-1877, and in his *Histoire littéraire de l'Alsace*... (Paris, 1879), to which the articles were preliminary studies, allots some seventy-seven pages in all to evaluating Schott as a poet, a scholar, etc. Both Dacheux and Schmidt had access to sources since destroyed in the disastrous Strassburg fire of 1870. In 1894 Thomas Vulpinus (Renaud) published in an article, "Sechzehn Briefe Peter Schotts an Geiler von Kaysersberg. Deutsch" (*JbGElsLotr*, X), a free German translation of seventeen items from the *Lucubraciunculae* - sixteen of the twenty letters Schott wrote to Geiler (although several letters do not appear in entirety) and the poem "De tribus Johannibus", composed by Schott at Geiler's request.

In this century Peter Schott has been well-nigh forgotten. Recent literary histories on the period of renaissance and humanism either neglect him entirely or treat him very cursorily. For example, Günther Müller, *Deutsche Dichtung der Renaissance und des Barocks* does not even list Schott's name; Wolfgang Stammler, *Von der Mystik zum Barock* has two sentences on Schott, both of which are inaccurate; Georg Ellinger, *Geschichte der neulateinischen Literatur Deutschlands*... refers to Schott only in connection with Bohuslaus von Hassenstein, though Schott is equally important and deserving of separate mention. To our knowledge the single studies on Schott published since 1900 are: Wilhelm Hammer, "Peter Schott und sein Gedicht auf Strassburg (1486)" (*ZfdP*, LXXVII, 1958); M. T. Lurwig, *Studies in the Lucubratiunculae by Peter Schott* (dissertation, University of Chicago, 1946); and our two articles, "Rudolph Agricola and Peter Schott" (*Festschrift for John G. Kunstmann*, 1959), "Geiler von Kaysersberg and Abuses in Fifteenth Century Strassburg" (*SP*, LVIII, 1961). The latter three publications are preliminary work to the present edition.

It is hoped that this edition will add a little to our scanty knowledge of the fifteenth century. Schott's works are fine specimens of the style and the learning of late fifteenth century humanists. They are important for the cultural history of the free imperial city of Strassburg, which after Schott's death became a leading center of humanism and the home of the first great humanistic gymnasium, founded in 1531 by Schott's grandnephew Jacob Sturm. In the *Lucubraciunculae* is information on religious and secular questions, social and cultural life, economic and political conditions, medicine and herbology, folklore and astrology. Also in the *Lucubraciunculae* are interesting tidbits about outstanding contemporaries of Peter Schott, such as Sebastian Brant, Rudolph Agricola, Johann Reuchlin, Adolf Rusch, Jacob Wimpheling. Then, too, the *Lucubraciunculae* contains material on the great Alsatian preacher Geiler von Kaysersberg, which is not found elsewhere in contemporary documents. From the letters to Geiler himself and from those to Friedrich von Zollern, Emerich Kemel, *et al.* one gains insight into Geiler's character: his ability to make and hold friends, his ascetism, his irascibility, his unflinching stand for reform. As Archer Taylor, in his discussion of the need for an edition of Geiler's complete works and especially for a twentieth century critical biography of Geiler, remarks: "Preparatory to so large a work as a biography of Geiler is the study of the *Lucubraciunculae*... (*Problems in German Literary History*, pp. 47 f.).

## II. TEXTS

### A. *Lucubraciunculae*

The first and only edition of the *Lucubraciunculae* was édited by Jacob Wimpheling and published 2 October 1498 in Strassburg by Schott's cousin Martin Schott. Its full title is: *Petri Schotti Argentinensis Patricii: Iuris utriusque doctoris consultissimi: Oratoris et Poetae elegantissimi: graeceque linguae probe aeruditi: Lucubraciunculae ornatissimae.* Margaret Stillwell, *Incunabula in American Libraries*, lists seven copies of the work in the United States. We have used the microfilm made by The University of Chicago of the very excellently preserved copy acquired from Magg in 1922 by the Newberry Library.

The description of the incunabulum is as follows: quarto,

bound in vellum, with metal clasp, 146 (157) × 88mm., Roman type, 34 lines per page, 192 leaves, 187 folios numbered with Roman numerals and letter subscripts. On folio CLXXXVII appears the colophon of Martin Schott and beneath it his device, a tree with roots which was the coat of arms of the Strassburg branch of the Schott family. To the right of the device is the initial P, to the left the initial S (cf. plate 4). On folios VIb (plate 2), XXXVIIb, LIIIa (plate 3), LIIIIb, LXIIIIb, LXXXIXa, CVIIb, CLXVIIb, CLXXIa and CLXXIb are lacunae. These represent Greek quotations which were in the original manuscripts and for which Martin Schott had no Greek type. Since the length of the lacunae varies from a few spaces to more than a line (cf. plates 2 and 3), that is, presumably according to the length of the omitted quotations, Martin Schott may have intended to have the Greek written in by hand. That the Greek quotations were never entered can be assumed, because lacunae are to be found in both the Newberry Library copy and the Huntington Library copy, as well as in the one used by A. W. Strobel. The only entry by hand is the word 'priora' at the end of line three of Wimpheling's epitaph on folio IIa.

The edition, as Thomas Vulpinus says, "ist gut gedruckt, aber der vielen Abkürzungen wegen nicht leicht zu lesen." Folios VIb and LIIIa, reproduced in this volume (plates 2 and 3), illustrate how carefully the printing was done. The type is clear; the words are well separated; the errors relatively few. Indeed, because folios with a number of errors occur only here and there, one wonders whether they are the work of an apprentice who was occasionally allowed to operate the press.

The contents of the *Lucubraciunculae* represent the various types of writing Schott left behind. Letters account for more than one-half of the material; then in order of volume are discussions of legal and religious matters, poems and miscellaneous items. These were collected after Schott's untimely death by Geiler von Kaysersberg and Jacob Wimpheling. That the task was not an easy one is apparent from Wimpheling's remark (*Epitome rerum germanicarum*, chapter 57), "cujus editiones et ingenii monumenta ubique expetuntur." Their work was finished sometime before 1498, for Wimpheling himself says as much and a letter written in 1494 by Conrad Leontarius to Johann Amerbach states that the collection was to have been printed by the latter in Basel. Not all the items in the collection are by Peter Schott. Geiler and Wimpheling included writings of others which they felt were pertinent, such as: letters and poems to Schott, legal opinions of lawyers on questions which Schott discussed, Bohuslaus von Hassenstein's oration in honor of Schott.

It was not possible to assemble everything Schott had written, as Wimpheling observes in his conclusion (f. CLXXXVIa),

xiv

"Pauca haec ex multis Petri Schotti lucubraciunculis ne despicias....
Longe enim plura ex eius officina perdierunt: quae vel in vrbe Roma:
vel apud Parisios/ eorum ad quos scripsit incuria periere." For
instance, correspondence between Schott and Reuchlin must have
existed, although the only remnant is Reuchlin's invitation in verse
(f. CLXXVIIIb); Schott states in a letter of 1478 to Sebastian Brant,
that he greatly admires Reuchlin's letter (or letters) and would
like to reply in Greek if he were proficient enough in that language
(f. VIb); Geiler writes to Reuchlin in 1494, "Si quas apud te Doctoris
Petri Schotti tenes epistolas, eas mihi mittere digneris."
    The item with the earliest date is a letter to Johann Gesler,
written 26 December 1477 from Bologna (f. CLIIIIa, f.); the last
dated item is a letter of 6 September 1490 to Johann Goez (f.
LXXXXVIb, f.). For the most part, the items are chronologically
arranged and the undated letters are placed as a unit after the dated
letters. Wimpheling wrote a short heading for each item; in the case
of letters and legal discussions, these headings are in fact brief
summaries.
    In the present edition the text of the incunabulum has been
reproduced as nearly as was feasible. Folio numbers, but not
subscripts, have been retained, as have – with the exception of
changes mentioned below – punctuation and spelling. For readier
reference and readability we have:

1. furnished an English table of contents.
2. numbered the items and prefaced them with English headings.
3. divided the text into paragraphs. These are found in the original
   only in the "Imitaciunculae" (folios CLIb, ff.), the questions and
   answers between Schott and Biel (folios CXLIIIb, ff.) and spasmo-
   dically in a few other items.
4. emended typographical errors.
5. resolved the abbreviations. For this work Adriano Capelli,
   *Dizionario di Abbreviature* (Milan, 1954) has proved invaluable.
6. corrected the only three unreadable passages in the microfilm
   of the Newberry Library copy (folios IVb, Ca, CLXIa) from photostats of the copy in the Huntington Library.

Following in outline form are comments on abbreviations, punctuation, etc. in the original text.

*a. Abbreviations*

1. Contractions:
   aīm = animum, añi = animi, Argeñ = Argentinens-, āt or
   aūt = autem, bñ = bene, btē = beate, diuīs = divinis, eñ =

enim, eū = evangeli-, eē = esse, epl'a = epistula, frēm = fratrem, gl'iam = gloriam, hr̄e = habere, kl' = kalendas, lr̄a =
littera, ml'to = multo, noĩe = nomine, nr̄i = nostri, oĩa =om-
nia, pl'm = plurimum, pm̄o = primo, pr̄i = patri, qūo = quomodo, qn̄ = quando, sctē = sancte, sᵱ = semper, sil'is = similis, tm̄ = tantum, tn̄ = tamen, ⱱba = verba, ⱱtutib' = virtutibus.

2. Single letters and symbols:
ā, ē, ĩ, ō, ū = am or an, etc.; h'= huius; i = id est; j = is; n'=
nec; p'= post; ᵱ = pro; p̄ = prae, pre, but p̄la (f. CLXXIIa) =
proelia, suᵱesse (f. LXVa) = superesse; ᵱ = per, par, por; ⳇ =
quod; �q = que, but nequa�q (f. CXIIIIa) = nequaquam; �q =
quam; but te�q (f. VIIIa) = teque; �q = qui; q̄ = qua, quae, but
eq̄ (f. VIa) = eque; r̄ = re; r̄t = runt; R/ = rum; t'= ter; t̃ =
tur; ' = us.

3. First letters of words:
Io.= Iohann-; se. ap. = sedis apostolica.

4. Initial letters in capitals:
R. V. P. = reverend(issim)- vestr- paternit-; S. P. D. = salutem
plurimam dicit; V. M. or M. V. = vestr- majesta-; V. S. or S. V.
= vestr- sanctita-.


## b. Special problems in transcription

1. æ which appears throughout, except in such words where a and e
are pronounced separately, as Michaelis, aeris, has been transcribed as ae.

2. œ which appears throughout, except where o and e are pronounced separately, as poeta, coeget, has been transcribed as oe.

3. ę has been transcribed as e. Sometimes the ę appears for classical
ae, although simple e for ae appears just as often, e.g. bonae
beatęque vite (f. XXIIIIb). At other times the ę seems to have
no significance, e.g. Vitę, vocative of Vitus (f. XIb); thęutonicus
(f. IIb); aduęrse (f. LXXXXIXa); famę, ablative of fames (f. LXXb);
foelicitęr (f. IIIa).

4. The classical ti of abbreviated words has been resolved as ci to
conform with the spelling used in those same words when written
out in full elsewhere, e.g. roēm = racionem, grās = gracias,
sapĩa = sapiencia, scĩe = sciencie, snĩa = sentencia. The ti
does occur a few times: etiam (f. CVb), ineptijs (f. XXXIXa),
emptionis along with empcionis on the same folio (f. CXXIXa),
sententiam (f. XVIIb).

5. Abbreviations within references to canon laws or civil laws have
been left as in the orginal. These references are still applicable

to editions of canon and civil laws from the fifteenth to the seventeenth centuries; spot checking in such editions has shown the references to be fairly accurate; in the cases where they were not accurate, it was found that the editions themselves contained inaccuracies.

### c. Punctuation

1. Both the virgule and the colon appear where we today would expect commas: the virgule usually indicates a closer relationship, such as between words in a series and words or phrases in apposition.
2. The period is extremely versatile. It is used:
   a. like our comma at the end of a dependent clause.
   b. like our semi-colon. Hence there may be several periods before the sentence is completed.
   c. at the end of a sentence.
   d. like our colon before examples and before quotations. In the former instance there is no capital letter following.
   d. after each item in references.
   e. before and after such abbreviations as I (id est), before and after numbers. These two types of periods have been omitted in the present text because they may be confusing.
   f. to separate numbers for tens, hundreds, etc. within dates, as M.CCCC.LXXVII.
3. The question mark occurs for both the modern ecxlamation point and question mark. If the question is long, periods may intervene. Rarely is there a capital letter after the question mark.
4. Parentheses correspond to modern usage.
5. All punctuation marks at the end of a line may be lacking if there is not space for them. Even the hyphen, indicated by the symbol =, appears only where there is space; otherwise the word is simply continued on the next line.
6. On folios LIIIIa, LXXXXVIb and CXXa occurs a vertical line|. In the first instance the line follows a colon; in the two latter instances it interrupts a phrase. Perhaps, therefore, these marks are merely printer's errors.

### d. Capitalization

1. Every line of poetry begins with a capital letter. After a period within a line, however, there is no capital.
2. Given names begin with capital letters.

3. Family names and appellations may or may not be capitalized, e.g. Hieronymus immolae (f. LXXVIIb); Keisersberg appears with a capital only a few times (f. CXXIVa, f. CLVIIIb, f. CLIXa, f. CLXXIXa, f. CLXXXVIa).
4. Proper nouns are not always capitalized; Deus, for instance, often appears as deus.
5. Common nouns are sometimes capitalized without apparent reason, as Salutem (f. LXXXVIIIb).
6. As already noted, capital letters do not necessarily follow periods.


*e. Spelling*

1. double consonants appear as single consonants and single consonants are doubled:
   a. Forms of commodo and its compounds are regularly spelled comod-, accomod-, etc.; the form commode appears once (f. XIa).
   b. Spellings such as comunicandi (f. CXXIVb), comunicacio (f. CXXVa), comunione (ibid.), comunionem (f. CXLIIb) occur too frequently to be considered typographical errors.
   c. diffinire for definire.
   d. dosa for dossa.
   e. glosa for glossa.
   f. occeanus.
   g. Appollineum, oportunitas, Saphicum, suppellectili.
2. The following are interchangeable:
   a. ae for e: aelectum, Aeoas, caetera.
      e, ę for ae: cœtanum, dietis, sęcula; bonae beatęque.
      ae for oe: phaebegene.
      oe for e: foeci.
      e for oe: penus (i.e. Phoenician).
   b. c, ch: colera, Cristophori, Cristi; achademia, archanam, ·charus, charitatis.
   c. c, qu: assecuretis, prosequuti.
   d. f, ph: freneticus, falerata; nephas, phas.
   e. i, y: lirico, Tethios, Hiperion; sydus, Syrenarum, ymo.
   f. t, th: Pentesilea, Tomas, Demostenes; Therencij, Penthecostes, epithapium.
3. c before t is omitted: dialetices, autoritas; but auctor (f. LXIIb)
4. h is omitted or added: abilis, epatica, eremus, rematum, scismate; hostia, Horesti, prohdolor, prohemio, Rhomam.
5. ii at the end of a syllable or word is written ij: reijciebam; Vergilij Varijque.
6. s occurs for x: septuns.

xviii

7. ss occurs for sc: immarcessibilem.
8. Initial u is written v, however uno (f. CLXXXIIIa); ut generally is written as ut, occasionally as vt.
9. v medially is written u; hence the word uvis becomes vuis (f. XXXVIIIa). ve appears as both ue and ve.
10. w is written vu: Pleinsvuiler, Vuolf; but Hagenaw (f. CLXXb).
11. Small z is written ç, except in German words; e.g. Elizabeth (f. LVIa), zum (f. LXIIa), zur (f. LXXXXIIa).
12. Interesting forms are:
    a. Fotricem for Fautricem (f. LXXXIVa).
    b. saguin- for sanguin- (folios CLVa, CLVIa, CLVIIb, CLIXa); ligu- for lingu- (folios CLXIIIa, CLXIIIb, CLXXVIIb).
    c. a Greek accusative ending: Peana (f. CLXXVa).
    d. plasphemias (f. Ca), plappardos (f. LXXVb) for blaffardos or blaphardos (MHG. blaphart).
    e. the German phrase 'einer grieben' (f. CLIIIIa) to explain 'interclusi ferri'.

### B. De mensuris syllabarum epithoma

The first edition was edited by Jacob Wimpheling and published 24 December 1500 by Johann Schott at Strassburg under the title: *De mensuris syllabarum epithoma sicuti succinctissimum itaque fructuosissimum.* This short work on prosody must have been a 'best seller', for the first edition was followed within nine years by three other editions. G. C. Knod, "Zur Bibliographie Wimphelings" (*CBL*, v, 1888, p. 472), describes them as follows: the second edition, entitled *Opusculum de syllabarum quantitatibus non modo vtile verum cuique poetices studioso apprime necessarium,* was printed by Wolfgang Schencker at Erfurt in 1504; the third edition, entitled, *Petri Schotti Argentinensis Epithoma de sillabarum quantitate ac versum connexione,* was printed by Mathias Hupfuff at Strassburg in 1506; the fourth edition, with almost the same title as the first edition, *De mensuris Syllabarum epithoma sicuti succinctissimum ita et fructuosissimum,* was printed by Johann Otmar at Augsburg in 1509.

According to Margaret Stillwell, there is only one copy of the *Epithoma* in the United States, a copy of the first edition from the library of Arthur Copinger in the Free Library of Philadelphia, H. Josephine Widener Branch. We have used this copy in a xerox reproduction of The University of Chicago microfilm. The book has 14 folios, 38 lines per page, Roman type. The folios are numbered with letter subscripts only; the title page has no subscript and is followed in order by 3 folios numbered Aij-Aiiij, 4 unnumbered folios,

4 folios numbered Bi-Biiij, 2 unnumbered folios. On the last folio is the colophon of Johann Schott. On the next to the last folio are four Greek proper names, an eta and an omega in Greek characters written in by hand; several breathing marks are missing. These Greek words and letters were quite possibly entered by a one-time owner or user, for it is unlikely that Johann Schott had them put in. Knod notes that the third edition of the *Epithoma*, printed also in Strassburg but by Hupfuff, has lacunae for Greek words. Someone, perhaps the same owner or user mentioned above, has scribbled beneath the title on the title page 'Et fructosissimum [sic!]' and below that '[?] Otmar', doubtless to indicate the words of the title in the Otmar edition which were different from those of the title in the first edition.

The 1500 edition of the *Epithoma* appeared about two years after the *Lucubraciunculae* and was printed in the same shop. During those two years Johann Schott had succeeded his father Martin; however, Johann had not changed the techniques of printing, albeit the quality of his work – if one may judge it from this one example – was not then so fine in quality as that of his father. Was Johann in haste to put the *Epithoma* on the market, because the *Lucubraciunculae* was selling well? At any rate, the lists of examples contain frequent mistakes in spelling and in order. Indeed, the arrangement of the sub-headings within the lists is sometimes highly confusing. The one-time owner or user of the Philadelphia Free Library copy not only underlined the text throughout, but also tried to rectify the order with vertical lines, curves, etc. which in some instances almost obliterate letters and serve only to make matters more confusing.

When the *Epithoma* was written is not known. Perhaps Schott was working on it in 1485 when he asked Agricola about spellings and derivations (*Lucubraciunculae*, f. xxxviib). That he had collected a large body of material on poetics is evident from his two letters of 1486 in answer to question on rules of syllable quantities put to him by Wimpheling, who himself had composed a work on prosody in 1484, (*ibid.*, folios liiia, ff.).

Scholars of today may scorn the *Epithoma* as the work of an amateur. Compared to modern prosodies, it is definitely amateurish; there are mistakes in syllable quantities and confusion between Greek and Latin; Greek, Hebrew and Teutonic words are given as examples of Latin rules. We must realize, however, that in Schott's time the wealth of reference books we have at our disposal did not exist. Indeed, it is because medieval scholars and then humanists like Schott, Agricola and Wimpheling were willing to do the drudgery of compiling lists of examples for syllable quantities, of questioning the spelling and meanings of words, of comparing notes on the derivation of Latin and Greek terms that we now have authoritative reference material. We must remember that Schott's contemporaries deferred to him as an authority on things Latin and Greek and on poetry. It is, therefore, rather as an example of the kind of painstaking spade work done by the early humanists that we should assess the *Epithoma*. If we consider it from this point of view, we cannot but be amazed at the breadth of Schott's scholarship, at the number of classical works he knew and at the quantity of material he assembled.

What has been said above about the preparation of the present edition of the *Lucubraciunculae* and about the abbreviations, punctuation and spelling applies also to the *Epithoma*. A few points should, however, be mentioned.

a. The use of different letters to represent the same sound is very clearly illustrated in the lists of examples:

1. For ae, e, ę, oe cf. examples under E ante B, E ante C, E ante D (f. Aiiij b).
2. For i, y cf. examples under I ante B (f. Avi a), I ante L (*ibid.*), I ante M (f. Avi b), I ante P (*ibid.*) and I ante T (*ibid.*).
3. For p, ph cf. examples under A ante P (f. Aiiij a) and I ante F (f. Avi a).
4. For t, th cf. examples under A ante T (f. Aiiij b), I ante T (f. Avi b) and A ante T (f. Bi a).

b. In the list of examples for I ante P (f. Avi b) are German words to define homonyms: stipes is vulgo soldt, stipes itis vulgo ein stock.

c. We have retained the subscripts indicating folio numbers. On the four folios between Aiiij and Bi and on the two folios following Biiij the subscripts are missing; these folios we have numbered as [Av], [Avi], etc.

### C. *German letter to Anna Schott*

This letter from Bologna in 1476 is the earliest extant letter of Peter Schott. It is also the only example we have of his German writings. He evidently wrote German letters at times even to those persons with whom he normally corresponded in Latin, as is indicated by a statement in a note of 1486 (*Lucubraciunculae*, f. xlva) – that he is letting his friend read the news about Strassburg in 'lingua nostra', so that the latter, exposed, to the mores of the Italians and the curia, may not 'unlearn' his native tongue.

The letter to Anna was first published by Weislinger (*op. cit.*, pp. 680-681) who found the original and claims to have copied it 'von Wort zu Wort' from Schott's own handwriting. On the page preceding the letter he tells of his discovery: "De ejus [Schotti] Epistolis inter manuscripta Bibliothecae Johanneae unicam reperi germanice A. 1476. Bononiae, ubi Literis operam tum nauârat, exaratam ad Sororem suam Annam Schottin, Monialem Ordinis S. Dominici Argentinae ad S. Margaretham, et ne Cimélion hocce anecdotum periret, hic duxi inserendum." Dacheux in a footnote (*op. cit.*, n. 1, pp. 425 f.) reprinted the text of the letter from Weislinger.

The contents of the letter are not of importance. The sole noteworthy passage is the one in which Schott refutes, with quotations from the Scriptures, Anna's contention that law is a 'dorechte kunst'. Students of the German language should, however, find the letter interesting because of the verb forms, the spelling and the dialect. One may question the dialect term 'fierd' which Weislinger explains in parentheses as 'freud'. Was it perhaps 'freid' in the original, especially since this form occurs earlier in the letter and the plural occurs in the sentence following as 'freiden'?

The text in this edition is as it appears in Weislinger, except that it has been put into paragraphs and that Weislinger's notations have been omitted. Whether the original manuscript had commas, as well as virgules and colons, is not known, for although Weislinger says he copied the text verbatim, he makes no mention of the punctuation.


### III. BIOGRAPHICAL NOTES ON PETER SCHOTT

Much source material of the fifteenth century and many secondary sources of the later centuries have perished in the periods of violence which Strassburg has experienced since the Reformation. Until the disastrous bombing of World War II, the most destructive periods were those of the French Revolution and the seven weeks of siege during the Franco-Prussian War. Most of what remains of primary and secondary source material on Peter Schott has come down to us in copies. Unfortunately, mistakes were made in copying the old chronicles, the civic records and other documents; the three so-called first-hand copies of Schott's epitaph, for example, do not agree. These errors and discrepancies have in the succeeding centuries become cumulative. Therefore, almost the only reliable source on Peter Schott is the *Lucubraciunculae.*\*

Schott's letters to his father and to his friends, as well as some of his poems, contain a great deal of autobiographical information

\* In the following pages, the folio references are to the *Lucubraciunculae.*

for the years 1477-1490. Details of his boyhood and other data not in the letters of poems are found in Trithemius' short biographical sketch at the beginning of the *Lucubraciunculae*, in Wimpheling's introduction and conclusion, and especially in Bohuslaus von Hassenstein's oration. Neither Wimpheling nor Bohuslaus cites dates for the various events of Schott's life; Trithemius gives the date of death as 1490 and states that Schott died in his thirty-first year, but he does not mention the day and month of either birth or death.

There is no disputing the accuracy of the information in Schott's own writings, nor can there be much doubt about the accuracy of Bohuslaus' statements since he delivered his oration in the presence of both Schott and the father Schott, Sr. For centuries scholars have erred in terming the oration a funeral oration, possibly because Wimpheling placed it at the end of the *Lucubraciunculae*. Internal evidence in the oration does not warrant such a conclusion; indeed, Bohuslaus speaks of Schott as being alive and present (f. CLXXXVa). Trithemius' details can also be quite safely accepted as true, for presumably his sketch was read by Geiler, Wimpheling and Martin Schott, all three of whom were close to Schott in his lifetime and knew the facts.

The Schotts of Strassburg were an old and important patrician family, mentions of which appear in records as early as 1179. A manuscript on genealogy names a number of Schotts who were members of the Strassburg city council, from Conrad Schott in 1237 to Claus in 1400. The last record of the family seems to be from the year 1554; Bernard Hertzog, in his *Chronicon alsatiae*, lists the Schotts among the families which had become extinct before his time.

Peter Schott (1434-1504), the father of our Peter Schott, was perhaps the most eminent of the long line of Schotts. Certainly he was Strassburg's outstanding citizen in both civic and foreign affairs during the late fifteenth century. Not only was he on the city council, but from 1470 to 1490 he served four terms as mayor ('Ammeister'). In 1483, while mayor, he had the constitution of Strassburg – the 'Schwörbrief' of 1382 and 1416 – rewritten. Because Strassburg, as an influential member of the confederation of Rhine cities, took an active part in foreign affairs, Schott, Sr., often had to go on diplomatic missions. The son then lamented his father's absence, for the official duties which he disliked devolved upon him. In the conflicts between Charles the Bold and the confederation, Schott, Sr., was one of the two commanders of the Strassburg forces. He held the office of a director on the committee called the 'fabrica' which managed the finances, the construction and repairs of the Strassburg cathedral and which, in his time of service, had the great organ renovated. It was in his capacity as director of the 'fabrica' that he brought Geiler to Strassburg in 1476 to be the cathedral preacher. Among his many gifts to the Church is the beautiful pulpit he donated to honor Geiler in 1486. This is still to be seen in the cathedral.

Susanna von Cöllen († 1498), the wife of Schott, Sr., is described as an unusual woman, equal to her husband in nobility and piety. It was she, reportedly, who first became acquainted with Geiler and suggested him as a candidate for the post of cathedral preacher. She took an interest in the renaissance music of the day and was evidently quite an authority on herbology, a subject in which her son also acquired a considerable reputation.

Five children were born to the Schotts: four daughters – Margred († 1524), Maria, Ottilia († 1519) and Anna (? † 1519) – and a son Peter, Jr. The three first daughters who married into important Strassburg families were obviously much older than Peter; by 1484, when Peter was twenty-four, Ottilia's daughter of the same name was already the wife of Martin Sturm; her son Jacob, the famous educator was born in 1489. The youngest daughter Anna entered the convent of St. Margaret at Strassburg, probably in 1471. Her command of Latin is said to have been so excellent that she was able to give a speech in the language eloquent enough to move Maximilian into granting the convent special privileges. She was apparently prioress in 1494, when her father gave an altar in her name to the convent. Her Latin work on the Passion of Christ has been lost.

The only son, a very precocious but frail child, was to follow in his father's footsteps as a statesman and to carry on the family name. The parents spared no effort to give him every advantage, yet their constant concern for his health, even after he was grown, restricted his activity and caused him many a bitter disappointment. At an early age, he was entrusted to the care of a tutor, the 'meister hans' of the letter to Anna, Johann Müller who remained a lifelong friend. For his first formal training, the boy was sent with Müller to the school at Schlettstadt which counted among its alumni many famous Alsatians. Whether Wimpheling, who was ten years older than Schott, had already left the school is not known; Brant, who was just two years older and whom Schott may have known in Strassburg, was probably still in Schlettstadt. Under the guidance of the head master Ludwig Dringenberg, young Schott advanced so rapidly that, from all accounts, he was only ten when he translated the Alsatian proverb (f. CLIIIIa):

Alt Aff, jung Pfaff, darzu wild Beren
    Sol nieman in syn hus begeren.
extemporaneously into Latin metres:

xxiv

Inueterata peti non simia debet in aedes:
Vrsus siluestris: Presbiter et iuuenis.

After completing the course at Schlettstadt, Schott, accompanied by Müller, went to the University of Paris. Here he applied himself diligently to the study of law, as his father wished, and also took subjects in the philosophical faculty from Johann Heynlin a Lapide and Johann Scriptor von Kaysersberg. In 1475, having received his A.B. degree at Paris, he returned to Strassburg for three months and then with Müller travelled to Italy, where he matriculated in the University of Bologna, a live center of the new humanistic studies. Stimulated by the contagious enthusiasm for the 'humaniora', Schott heard lectures on the classics from Antonius Cadrus Urceus and from Philipp Beroald and learned Greek under Antonius Manlius Britonoriensis; these courses were, of course, in addition to his work in law. During the winter of 1479 or 1480, he spent several months in Ferrara and from there probably went to Rome to see the 'eternal city' before it might be captured by the Turks and to transact business for his father. He then returned to Bologna.

In Bologna Schott made lasting friendships with fellow Alsatians and with 'Germans' from other parts of the empire. Among his friends were Gualter d'Halewin, later bailiff in Bruges; Heinrich Moser who became a lawyer in Constance; Vitus Maeler von Memmingen who went to Rome in 1480 as solicitor in the curia and with whom Schott carried on a lively correspondence in the years following; the young Bohemian nobleman Bohuslaus von Hassenstein who subsequently acquired the eponym of 'the Bohemian Ulysses' because of his extensive travels in Palestine, the Near East and Africa; and the Alsatian Friedrich Büchsner who accompanied Bohuslaus on his travels.

The deep and abiding affection between Bohuslaus and Schott is a charming thread of story that runs through the *Lucubraciunculae*. While the two were in Bologna, they composed intricate Latin verses to one another, studied together and analyzed classical dramas. When separated, they exchanged books and letters, though their efforts to communicate were often frustrated, because Strassburg and Bohemia were not connected by direct travel routes. Bohuslaus with Büchsner made several trips to Strassburg. During one of these visits, Bohuslaus no doubt delivered his oration in honor of Schott to a group including Schott, Schott, Sr., and, one may conjecture, all the Strassburgers interested in the 'humaniora'. Indeed, it is possible that such a group met regularly and formed the nucleus of the later society of Strassburg humanists.

At Bohuslaus' urgent request, Schott wrote the treatise on Christian life to guide Bohuslaus 'on the stormy seas of the court' when he was serving as Archchancellor of Bohemia. Schott wanted desperately to join Bohuslaus on the 'grand tour', but feared his parents would be sick with anguish. Having been a guest in the Schott home and understanding the parents' solicitude for their son, Bohuslaus refrained from informing Schott of the exact date of his departure until he was on the point of sailing from Venice in May 1490. It is an irony of fate that Schott avoided the perils, real or imagined, of the journey only to succumb a few months later to the plague in his own city. Had he undertaken the journey, he might, like Bohuslaus and Büchsner, have survived it unscathed.

Schott's years in Italy were interrupted by two lengthy sojourns in Strassburg, in 1478 and again in 1479, either to escape the plague or because Schott, Sr., called his son home, for there was some question at the time whether the son should complete the work for a doctorate in laws (folios IIIb, ff.; VIIb). During the two stays in Strassburg, Schott met Geiler and, although Geiler was fifteen years older, was greatly drawn to him. How intimate his relationship to Geiler became in those months may be gathered from the frequent, confidential letters Schott wrote to Geiler after his return to Italy and from his audacity in twitting the irascible Geiler about his apparent desire to have posterity remember him for his emaciation rather than for his accomplishments since he refused to eat the extra Lenten foods permitted by the bishop's new decree – a decree which Geiler abominated, not because of the foods, but because the tax exacted for the privilege of eating them was just another ruse to fill the bishop's coffers. Schott confided to Geiler his distaste for the civic career which his father intended him to follow and his predilection for theology which would allow him to pursue the 'quiet life' he desired. Under pressure from Geiler and perhaps from Müller, the father was persuaded to allow his son to study theology during the last years in Italy, while he was completing his law studies.

According to a notation in the 'Acta Nationis Germanicae universitatis Bononiensis', Schott was presented on 7 September 1480 by the faculty of law for the degree of 'doctor utriusque iuris'. He had completed his work in Bologna when – probably in the early months of 1481 – an outbreak of hostilities between the Germans and the 'Malvicii' forced him to leave in such haste that he was unable personally to reimburse each of his professors or to pay all his university fees (f. XLIa). Before going home, he stopped in Rome to receive his first tonsure, in Ferrara to visit Bohuslaus and in Venice to buy books for himself and Müller (f. XIb).

After his return to Strassburg in July 1481, Schott was lonely and depressed. He fretted because his books did not arrive, he missed the friends and the stimulating atmosphere of his university life, he found in Strassburg no kindred spirits, no one who knew Greek. Yet he was far from being idle. He assisted his father with affairs of state, continued his classical and theological studies and heard lectures on scholasticism. It may have been at this time that he jotted down from Geiler's sermons the aphorisms which he later translated into Latin and which appear under the title of 'Imitaciunculae' in the *Lucubraciunculae*.

The more he worked with his father and the more he observed the exhausting life his father led, the surer he was that he wanted a 'quiet life' which would give him opportunity for contemplation and study (f. cviib). With the support of Geiler and, we may assume, of his sister Anna, he succeeded in winning his father's consent to enter the priesthood. In 1482 he became canon of New St. Peter; an entry in the records of the Strassburg bishopric for 22 April 1482 reads: "Petrus Schot erhält Quittung über Zahlung seiner Schuld von 24 fl. für Kanonikat u. Präbende an Jung St. Peter..." In December of that year he was ordained (f. xviib), and in early 1483 he celebrated his first mass (f. xxib).

Having completed more than the year of residence required for retaining his post as canon and the income from the prebends, Schott prepared in the fall of 1484 to enter the University of Paris for further study in theology. Eager to be off, he had already sent his 'famulus' Gangolf von Steinmetz ahead, dispatched his baggage and ordered the carriage, when a letter arrived from Müller, then at the University of Paris, with the report that the plague was raging in that city. The parents, beside themselves with anxiety, prevailed upon their reluctant son to postpone his departure until the winter was over, for by then the epidemic would have subsided (folios cxib, f.). This was evidently the end of the cherished dream of going away for advanced academic work in theology, since there is no mention of it in later letters. With the exception of holidays at baths and occasional short trips in and around Alsace, Schott spent the rest of his life in his native city. These years were, however, not unfruitful.

His collaboration with Geiler, called by Dacheux one of the most interesting chapters in the *Lucubraciunculae*, continued. To support Geiler in his fight for reforms, Schott collected data on abuses of civil and religious laws, such as the adulteration of coinage and the usury in the lending and selling of grain (folios cvia, f.). To the papal nuntius Emmerich Kemel he sent a lengthy description of abuses which were particularly flagrant and asked Kemel to collect the opinions of influential persons on these, so that Geiler might proceed in his attack with greater confidence (folios cxvia, ff.). During Geiler's long struggle to permit criminals condemned to death the solace of the Last Sacrament, Schott wrote letters soliciting the support of the University of Heidelberg (folios cxxiiib, ff.) and prepared the detailed, well-documented opinion on this case for the bishop of Strassburg (folios cxxiiib, ff.).

Both he and Geiler were instrumental in enriching the school curricula with more work in the classics. Incidental to this effort were the Latin poems, in the style of the classical poets, which Schott composed for the use of the Strassburg schoolmasters. Some of these poems were meant to be sung in three-part harmony by the boys and to replace the traditional scurrilous verses sung during the December festivals, particularly on St. Nicholas Day and on the Feast of the Innocents. It is probable that Schott helped Geiler formulate the plans for a secondary school in Strassburg. These plans, though not realized in their lifetimes, undoubtedly formed the ground-work for the later Strassburg gymnasium.

Schott's keen interest in raising the niveau of education by offering more and better course content stemmed 1) from his enthusiasm for the 'humaniora'; 2) from his own appreciation for the sadly neglected German heritage; and 3) from his desire to develop a body of German scholars equal in learning to those of other lands, notably of Italy, for the Italian taunt that the Germans were unlettered barbarians had stung deeply. In an early poem to Bohuslaus, he enumerates the many fields of knowledge already taught in German schools and lauds the 'res gestae' of the Germans (folios clva, ff.). He urged Adolf Occo to write the history of German achievement, which Occo had previously discussed with him and Geiler (folios lxxxxib, f.). He composed a poem commemorating the decisive victory of the confederated Rhine cities over Charles the Bold at Nancy in 1477 and addressed it to Wimpheling, in the hope that Wimpheling's muse might thereby be inspired to treat the same subject (folios clxiia, f.). His inconsolable grief over Agricola's death was due not just to his sense of personal bereavement, but to the realization that in Agricola Germany had lost a humanist at whose scholarship even the Italians marveled and who had only begun his work of 'refining' German youth (folios clxiib, f.).

As a personal contribution to education, Schott, like Geiler and many others, took in boys of impecunious families, trained them in the rudiments and sent them off to study, usually in schools where he had friends who might keep an eye on them. While the boys were away, he worried about their welfare, dispatched money to them and wrote them letters enjoining them to answer his communications not in the vernacular, but in Latin, and giving them news of home, along with bits of cleverly phrased admonition, such as: "The hopes which I originally had for you have grown into a trust so great that I do not doubt you are working very hard on

xxviii

your character, mores and disciplines. If you do not deceive me in this, you will bring exceeding joy to all of yours; and indeed to yourself emolument, honor and eternal glory" (folios xLvb, f.). We know of at least one such 'famulus' who fulfilled Schott's hopes, namely, Gangolf von Steinmetz. After attending the University of Paris, Steinmetz became a priest and served for years as secretary to Geiler. Later he furnished Beatus Rhenanus with biographical material on Geiler. His name appears on Geiler's will as a witness. The third edition of the *Epithoma* contains a poem by him.

As an authority on civil and canon law, Schott was called upon to give his opinion about secular and religious problems, like the following. Could the bishop of Spires legally declare war on the enemy of an ally (folios cxLviiib, f.)? Might an eleven year old girl be legally married or only betrothed (f. cxLviia)? Was it permissible to eat lard or fat of any kind on days when a diet of milk and eggs was allowed (folios cxLvib, f.)? In the case of a stolen confession, could the person who had written the confession be legally accused of the crime confessed? Schott's opinion here is interesting: not the one who wrote the so-called confession, which might be just a note on something heard in the confessional, but the one who stole the note is culpable (folios cxxiib, ff.).

Also in his capacity as a lawyer, Schott was commissioned to write letters for the magistracy of Strassburg, for the bishop and for individuals on matters involving questions of law or diplomacy. To plead the case of the homeless Clingenthal sisters, who had been driven out of their convent, Schott wrote to the chancellor of France, Guillaume de Rochefort, to the king of France (either Louis xi or Charles viii) and to Pope Sixtus iv in the names of the sisters themselves and of the two counts of Lyningen who had given the sisters temporary refuge. Of the letter to Sixtus iv, Wimpheling comments in his heading, "It would have moved a Saracen or Turk, but in Rome all things are bought for a price" (folios xxvb, ff.; xxixa, f.).

One of Schott's greatest services to Strassburg, if not to Geiler, was his concerted effort to prevent Geiler's being wooed away from Strassburg by the offer of more attractive posts elsewhere. In a dialogue with Gabriel Biel, Schott put the question whether Geiler should stay or leave. Biel responded Geiler should resist the lures of Satan and stay (f. cxLva). A report of this answer Schott apparently sent to Geiler, when the latter was looking over the prospective posts. Schott also wrote Geiler several extremely eloquent letters; the most masterful of these is the one on folios Lxxxa to Lxxxib, in which he sets forth powerful and incontestable arguments for Geiler's remaining in Strassburg.

Schott was indefatiguable in obtaining benefices for his friends and acquaintences. The frequent letters to Vitus Maeler von Memmingen contain plea after plea for Vitus' help. His tireless efforts to secure a proper post for his beloved 'magister' Müller continued over a period of years. Finally, in September 1490, he succeeded in getting him elected as canon of Old St. Peter in Strassburg. Among the last dated letters are those to Müller in which Schott describes his ceaseless campaign and his eventual installation in that office as proxy for Müller. Like Geiler, Schott had no patience with plurality of benefices and refused his support to persons who sought more than one. Even to so eminent a friend as Friedrich von Zollern, bishop of Augsburg, who had requested help for a colleague, Schott wrote that he could not serve as procurator, because he disapproved of the colleague's collecting any more benefices (folios LXIIb, f.). He often warned Maeler against the evil of acquiring too many. One of his numerous witty sallies is apropos of Maeler's pronouncement as a student that he would never desire an annual income of more than forty florins: "O what a change! Now you prefer forty benefices!" (f. XLIIIIb.)

Like other humanists of his time, Schott was active in publishing earlier works available only in manuscripts. Influenced by Geiler who greatly esteemed Jean de Gerson, Schott with Müller's help collected as many of Gerson's works as was possible and published them in one volume of three parts. His eulogy of Gerson (folios CXLIXa, ff.) in the introduction to the edition is and has always been considered a fine piece of prose writing. In the same introduction, Schott states that the *De contemptu Mundi* is not included among the works of Gerson, because "it is evident that it was written by a certain Canon Thomas" (folios CLIa, f.). He was also one of the first to contend that the *Imitatio Christi* was written by Thomas à Kempis, not by Gerson. In February 1490 his edition of Thomas von Strassburg's commentary on the four books of the sentences by Peter Lombard was being printed by Martin Flach (f. LXXXVIIb). Schott was interested in the publication of not only the works he himself edited, but of any worthwhile works. He seems to have worked closely with his good friend, the printer Adolf Rusch, in collecting material for Rusch to publish; even while he was in Bologna, he searched the libraries there for a special text Rusch wanted (f. IXb).

The voluminous correspondence with his widely scattered friends and with absent Strassburgers earned Schott the reputation of a fine Latin stylist. Enthusiastic admirers maintained that his prose was worthy of Cicero. His poems which covered a variety of subjects and employed different kinds of metres were considered models of style; in fact, Wimpheling wished to have them published as a text for use in schools. Some later critics, in particular Schmidt, have said that the poems are too crammed with classical allusions. This criticism is true of the early poems composed in Italy, for the schoolboy verses fairly bulge with the most recondite names of classical heroes and with abstruse references. The criticism is not true, however, of the poems written during the Strassburg period, many of which have few or no classical allusions. The encomium to Strassburg, for example, has only one phrase 'Cereris dulcisque Lyei' that can be classified as an allusion. The "Carmen annale" (folios CLXIXa, f.), with its charming passage about the school-master who – hoarse from teaching and disciplining his pupils – rejoices over the holidays, has no allusion. In the lengthy, three-part poem "De tribus Iohannibus", admired by contemporaries and scholars of succeeding centuries, Schott says he carefully avoid-ed mention of anything classical as unsuited to the subject (f. CLVIIIb).

In the summer of 1490 there was an epidemic of the plague in Strassburg. On 24 August Schott writes to Müller that he and his family have decided it is safer to stay at home; on 6 September he writes again to Müller, "Other friends are away because of the plague... I was bathed in perspiration the entire night and, because we are suspicious of everything these days, I have been bled" (f. LXXXXVIb). Only one more dated letter follows, that to Goez, which was also written 6 September. We may assume that Schott died of the plague a few days later, probably on 12 September, the date which appears on the three copies of his epitaph. He was buried in his own church of New St. Peter. The epitaph, carved on a gilded plaque, was placed by his friends in his memory on a wall of the Zorn chapel of that church.

Schott's friends and colleagues mourned his early death as a loss not only to themselves but to Strassburg. Bohuslaus returning from his travels writes sorrowfully to Geiler, "I have never had nor hope to have such a friend" (f. CLXXIXb). Johann Simmler declared that in Schott Strassburg had lost its 'gemma sacerdotum' (f. CLXXXa). It seemed to everyone that Schott had been struck down just as he was entering a maturity of great promise. In the words of Wimpheling (CLXXXVIa): "These items he wrote in his youth... From these few you may conjecture what there would have been... had it been granted him to attain his sixtieth year."

PETRI SCHOTTI ARGENTINENSIS PATRICII:
JURIS UTRIUSQUE DOCTORIS CONSULTISSIMI:
ORATORIS ET POETAE ELEGANTISSIMI:
GRAECEQUE LINGUAE PROBE AERUDITI:
LUCUBRACIUNCULAE ORNATISSIMAE.

# TABLE OF CONTENTS*

* Items listed as "to ...." are letters written by Peter Schott. Letters written by others are listed as "to .... from ...." Similarly, unless otherwise indicated, the poems and legal opinions are by Peter Schott.

3

8

Folio 1a

## 1. *Introduction by Jacob Wimpheling*

Omnibus Germanis: Alsaticis precipue et Argentinensibus.
Optimarumque litterarum amatoribus quibuslibet Iacobus
Vuimphelingius Sletstatinus Salutem et caritatem optat.

Petrus Schottus Argentinensis abineunte euo bonas artes
sedulo coluit. Primum enim in patria nostra/ opido Sletstatino:
Grammatices et Dialetices rudimenta: sub Ludouico Dringenberg-
ensi Vuestualo. Deinde in Gallijs Philosophiam/ subtilisque Scoti
theoreumata. Postremum apud Italos Oratoriam et Poeticam:
Historias et Cosmographiam: Cesareasque et Pontificias leges: cum
grecis eciam litteris hausit: et optime didicit. Adeo/ ut haud facile
crediderim similem virum: nostro presertim seculo Germaniam
habuisse. Quamuis Rhabanum olim sortita sit Germania: summum
poetam et theologum: Heinricum Boyck et Ioannem Theutonicum
summos Iurisconsultos. Albertumque Sueuum/ Philosophum et
eximium et singularem. Thomamque: et Vdalricum Argentinenses:
theologos tum acutos tum profundos.
Fuit eciam in Petro decora et innocentissima vita: nulli
molesta: mitis grauitas: placida constancia: blandusque vigor animi.
Quippe qui omnibus prodesse conabatur: nulli unquam obesse visus
est. Nullum offendit: nulli obloquebatur: neminem despexit.
Neminem iudicans: neminem damnans: nulli malum pro malo
reddens. In Parentes pius: in domesticos humilis: in equales benignus: In Deum vero semper deuotissimus fuit. Non illum extulit aut
inflauit Senatoria Patris dignitas: non amicorum splendor: neque
nobilitas cognatorum. Fuit enim minimorum amicicie cupitor magis
quam maximorum gloriator. Tranquillus/ mansuetus/ et sobrius.
Vini coeneque temperantissimus: solam virtutem amans. Imprimis
pudiciciam et castitatem colens: et asseruans. Laudis proprie
pertesus: Ambicionis inimicus: cultu simplex: veste frugalis. Prebendas ecclesiasticas cumulare

Folio 1b

recusans (vnam enim sibi sufficere aiebat) consilio bene suadens.
Tandem eciam ex çelo et Christiana pietate populo praedicans: ut
consciencie reatum euitaret: ecclesie/ cuius erat Canonicus: curam
ad sese quoque pertinere arbitratus. Quisquis omnem vite sue
tenorem introspexerit: non inueniet in factis/ dictis/ et moribus suis
aliquidi [aliquid] vicij: vel aliquam leuitatem.
Quamuis enim innumera magne dulcedinis ac eleganciae

9

Carmina persepe cuderet: semper tamen cauebat: ne quid libidinose: ne quid effeminate a virili grauitate alienum admisceret. In Epistolis pari studio: simili stilo cum Cicerone contendebat: summa semper sentenciarum vsus houestate [honestate]. Omnibus qui eum quiddam interrogaturi accesserant: adeo promptus: adeo humanus: adeo beniuolus erat: adeoque modeste et humiliter docuit: et aerudiuit: ut cum ipsa doctrina et erudicione/ virtutum quoque suarum: ac humanissimorum placabiliumque morum: aliquam partem sese consecutos arbitrarentur. Equidem longa et certa experiencia: diuturnaque sua a teneris annis familiaritate doctus: condignis ingenij sui: virtutumque suarum meritis: longe inferiora scribo. Animi vero virtutes: et praeclaram honestatem: ex grauissimis atque honestissimis sentencijs pensiculare poteris: non absque singulari fructu tuo: benigne humanissimeque lector. Petrum ergo in Christo valere optes: mei quoque memor sis obsecro precorque.

Ex pago Sulce prope Mollisheym Argentinensis diocesis. Sexto kalendas Sextiles. Anno Christi M.cccc.lxxxxviij.

Folio IIa

2. *Epitaph for Peter Schott by Jacob Wimpheling*

Eiusdem Iacobi Vuimphelingij Sletstatini Epithaphium Petri Schotti.

Heu Petrum Schottum rapit inclemencia Mortis
    Qui Patriae nostrae gloria magna fuit.
Argentina sibi vitam: Sletstat rudimenta priora
    Grammatice: Logices Gallia docta dedit.
In Lacio Leges: et sacratissima Iura
    Imbibit: et quicquid Itala terra docet.
Notus ei Cicero: notus bene Quintilianus
    Historie Vates: Grecaque lingua fuit.
Illi cara fuit semper virtus: et honestum:
    Mens humilis/ mitis/ religiosa/ grauis.
Virgineos mores: vultum: gestusque pudicos:
    A teneris annis: visus habere fuit.
Innocuam vitam: mundum castumque nitorem:
    Crediderim numquam deseruisse Petrum.
Inde mihi spes est: animum virtute choruscum:
    Cultoremque Dei mox penetrasse Polos.

3. *Distich by Jacob Wimpheling*

Distychon eiusdem.

10

Saecula tot cornix: tot viuit secula ceruus:
Schott obit ante diem: Patria nostra dolet.

4. *Distich by Jacob Wimpheling*

Aliud eiusdem.

Quisquis apud tumulum/ Petri spaciabere Schotti:
Dic saltem: dulcis sit tibi Petre quies.

Folio 11b

5. *Item on Peter Schott from Johann Trithemius*, DE ECCLESIAS-
TICIS SCRIPTORIBUS

Ex libro Abbatis Spanheymensis de Ecclesiasticis Scriptoribus.

Petrus Schottus nacione theutonicus: Patria Argentinensis:
Canonicus sancti Petri ibidem: vir in diuinis scripturis exercitatus:
et in vtroque Iure doctissimus: atque in ceteris humanitatis artibus
valde eruditus. Philosophus: Rhetor: et Poeta celeberrimus. Ingenio
excellens: vita et conuersacione preclarus. Scripsit tam metro quam
prosa quedam pudica/ elegantissimaque opuscula: quibus se posteris
commendauit. De sanctis Iohanne Baptista: Euangelista: et
Chrisostomo scripsit pulchrum et delectabile opus: carmine Elegiaco.
Laudes Iohannis Gerson. Epistolas elegantissimas. Carmina insuper et diuersa: et compunctioni legentis non contraria: sed probe
apta et congrua: vario metrorum genere composuit. Moritur
Argentinae: in Ecclesia sancti Petri sepultus: sub Frederico Imperatore tercio: et Innocencio Papa octauo. Anno domini M.cccc
Nonagesimo. Indicione nona. Etatis vero sue tricesimoprimo.
Consumatus in breui: impleuit tempora multa: et sublatus est: ne
malicia mutaret intellectum eius.

Folio 111a

THE LUCUBRACIUNCULAE OF PETER SCHOTT BEGINS

Lucubraciunculae Insignis atque Celeberrimi Iuris Vtriusque
Doctoris Petri Schotti Argentinensis viri Pacricij [Patricij]:
poete elegantissimi: foeliciter incipiunt.

6. *to Peter Schott, Sr.*

Incolumitatem suam scribit: et Parentum optat.

11

Prouido ac circumspecto viro domino Petro Schotto senatori: genitori suo non minus honorando quam amando: Petrus Schottus filius salutem plurimam dicit.

Si vos et vestri valetis verendissime genitor: bene res geritur. Magister etenim mihi venerandus atque ego sani valemus: Deo id optimo elargiente. Fuit apud nos die Sabbati post Pascha circa meridiem Laurencius Graue tabellarius ociosissimo quidem cursu Romam tendens. Nec nos cerciores reddidit de huiusce cursus causa: nisi quod in negocijs vestris se viam illam suscepisse profitebatur. Promisitque nobis propediem affuturum alterum Laurencium Hertçog mercatorem: quem vehementer admodum videre cupio: praecipue ut consilium vestrum intelligam: quod de me litterisque nostris: quas viro venerabili domino Iacobo Dedinger ad vos dedi: sumpsistis.

Genitrici mee charissime: Sororibusque atque amicis reliquis: plurimam ex me salutem imprecemini velim. Breuibus ad vos scripsi: parum enim erat quod scriberem: et praesentium lator dominus Ioannes Sartoris festinare se nos monuit.

Valete. Data Bononia kalendis Aprilibus. Anno a natiuitate Domini M.cccc.lxxviij.


7.   *to Peter Schott, Sr.*

Auide expectat scripta Patris: suamque valitudinem a nuncio petit audiri.

Prouido spectatoque viro domino Petro Schotto senatori genitori suo amando pariter et verendo Petrus Schottus filius salutem plurimam dicit.

Pluribus ad vos scriberem verendissime genitor: nisi et tabellarij fides apud vos non minor esset quam litterarum mearum: et non tam nobis dandis quam vobis recipiendis opus esset. Quas per Iohannem hunc Meyger pecunias nobis transmisistis recepimus: probe liberalitatis

Folio iiib

vestre crebra agnoscentes monumenta. Litteras vestras expectamus perinde atque Vlixem praestolabatur Penolope [Penelope]: et eas praecipue: quae non in nostram conferrentur voluntatem: sed quae id praeseferrent: quo de sentencia menteque vestra cerciores efficeremur. Etenim honorandum mihi Magistrum quietum reddideritis numquam: donec id aperueritis: quod opinioni vestre de nobis sedeat.

Sanitatem nostram celesti conseruatam gracia: non minus fideliter relacione nuncij percipietis: quam litteris meis. Eo sane fit

12

ut nec genitrici mihi charissime: nec consanguineis reliquis scribere decreuerim. Viuam enim vocem quam mortuam maioris extitisse semper energie: vel ipse doctrine lumen Hieronymus testis est.

Valete. Data Bononie sexto Nonas Maias. Anno domini M.cccc.lxxviij.

8. *to Peter Schott, Sr.*

Si insignia Doctoralia velit eum Pater recipere.

Prouido ac circumspecto viro domino Petro Schotto senatori: genitori suo honorando non minus quam amando Petrus Schottus iunior salutem dicit plurimam.

Si vos et vestri verendissime genitor bene valetis: ex optatis meis res agitur. Magister quidem mihi honorandus dominus Iohannes Muller atque ego: diuina id tribuente clemencia sani et expertes inopie degimus. De insignijs Doctorij culminis a me suscipiendis: etsi mihi constitueram nulla apud vos verba facere: tum quod abunde de his informaremini: litteris praefati Magistri mihi honorandi: tum vero quod persepe iam vobis significaueram et in his et in ceteris: paternitatis vestre sentenciam me secuturum: tamen eiusdem Magistri venerandi verbis intellexi: nonnihil mearum esse parcium: quid senciam hac in re vobis apercius explanare. Precipue cum res plus mea quam alterius cuiusuis mortalis agi videatur. Equidem audencius de his ad vos scribo: quod longa experiencia didicerim: ad id dumtaxat consilium vestrum conferri solere: quod honori/ vtilitatique mee conducere plurimum arbitremini.

Itaque amantissime atque prudentissime genitor: vie se tres offerunt quibus hanc rem procedere posse video. Vna siquidem ut ex sentencia vestra in Septembri proxime futuro insignitus: patriam repetam. Altera

Folio iiiia

ut reuisendi vos gracia: absque insignijs domum me recipiens: rursus Bononiam repetam: post ampliora studia Doctoreo culmine decorandus. Tercia vero ut Bononie manens prouectiorem etatem et corporaturam et scienciam expectans: tunc in patriam reuertar: dum nec sciencie honor/ nec honori etas sua defuerit.

Quod ad primum attinet: minus id consultum esse cum pluribus de causis: tum his praecipue iudico. Imprimis etenim/ si recte memini: fuerat ex optatis vestris: me non modo leges ciuiles: sed et pontificios canones imbibere: atque de vtrisque reportare coronam. Ad hec autem consequenda quam breui adhuc tempore

13

militauerim: paternitatem vestram ignorare non putem. Quippe cum contextui solum legum: semotis tortuosis glosarum Doctorumque inuestigacionibus: legalissimus ille Imperator Iustinianus quinquennium concesserit. Magnopere sane desiderarem: aliquando votis vestris satisfacere: atque pro eo quo me complectimini amore: in eum deuenire statum: in quo vos me maximopere cuperetis esse. Plane et iuuenis sum et corpore pro etate graciliori: quam exigeretur ad gradum tanti honoris suscipiendum. Scienciam eciam licet adhuc exilem admodum adeptus sim: non tamen minus ceteris frugem amplam sperauerim: si temporis non desit comoditas. Non potest Pater optime iuridica hec disciplina: nisi tempus et id quidem legum accomodetur: plene percipi: ab his praesertim: qui rudes penitus negociorum forensium Iuribus operam indulgent. Nam cum in reliquis artibus breui admodum momento: nonnullos ob ingenij viuacitatem perfectos euasisse videamus: nisi et ingenium et memoria et studium exactissimum et exercitacio: quam praxim vocant: apprime conueniant iurisconsultum: consultum inquam iuris esse posse neminem crediderim.

Quamobrem genitor amantissime precibus a vobis contendere non vereor: ut eam quam terciam viam proposueram complecti velitis: quandoquidem intellexeritis eam et honori et vtilitati mee plus ceteris conducere. Quod si tamen visendi mei desiderio (ut audire visus sum) ducamini: atque id vobis expe-

Folio iiiib

dire videatur: quamquam id ut confido necessarium non est: quia hactenus aeris temperiem et habuimus: et bonam speramus: Erit id sapiencia vestra moderandum: atque ea quae secundo loco viam exposui progrediendum erit. Eam profecto quam primam graciori animo suscipiam: ita tamen ut sim terciam magnopere desideraturus. Hec sunt colendissime genitor: quae ex sentencia prefati honorandi Magistri mei ad vos scribere decreui. Ex quibus id vos delecturum spero: quod accomodacius esse honestati: pro summa sapiencia vestra intellexeritis. Equidem pro vestro in me iure quicquid foeceritis (ut par est) approbabo. Verum id vos facturum spero: quo honori meo consultum iri magis existimabitis.

Valete. Genitrici mihi charissime itidem rogo significate. Etenim ipsi me scribere: temporis vetat praecipicium. Eique suadete ne absenciam meam diucius quam cupierat: grauius ferat quam oporteat: quoniam id ex re mea esse intelligit. Amicos omnes ex me saluere iubete: et imprimis sorores meas: Auunculamque Nostram et familiam vestram totam. Iterum Valete obseruandissime genitor.

14

*to Johann Rot*

Excusat numeri singularis vsum ad quemcunque scribatur.
Et Philosophiam ad alciores sciencias conducere ostendit.

Petrus Schottus Viro imprimis erudito atque liberalium Arcium Magistro dignissimo domino Iohanni Rot Argentinensi maiori suo plurimum obseruando salutem plurimam dicit.

Sex ampliusve menses acti sunt: cum ad te Epistolam scriberem vir amicissime: quam ad te perlatam non fuisse: ex litteris genitoris mei conijcere potui. Quod profecto maximopere mihi dolori fuit: non tam aliam ob causam quam ne me amicicie tue negligentem fore suspicari posses. Equidem ad te antea sepenumero litteras dedissem: si te Argentinam nostram incolere: certo mihi constitisset. Arbitrabar etenim Parisiense gymnasium rursus te petiuisse: perinde atque in primis litteris tuis facturum te

Folio va

mihi significaueras. Nunc vero cum nec tabularij desit comoditas: nec temporis: ab ydibus enim Sextilibus vsque ad kalendas Nouembres ab ordinarijs vacamus lectionibus statui pluribus apud te verbis vti: quo si mihi desidie quodque nomen imputari posset: tarditatem meam litterarum harum magnitudine compensarem.

Inter alia itaque quae nostra hac etate inferiori: deserta antiquitate: inoleuisse partim doleo: partim admiror. Vnum est cuius idoneam satis racionem nondum perspicere potui: vnicum videlicet hominem pluratiuo numero compellari solere a nobis: soli quod multorum est tribuentibus. Equidem induci non possum: dignitatem eorum: quos hoc sermonis genere alloquimur: elegantem satis causam praeseferre[.] Tum quod mihi verisimile fieri non potest: Maiores nostros viros me Hercule omni doctrina ornatissimos: atque obseruande dignitatis/ mirum in modum studiosos: in honorandi genus non perspecturos/ vsurpaturosque fuisse: si neruosum satis existimassent. Tu [tum] vero apud nos quoque eum: a quo dignitas atque honor vniuersus propendet: Deum inquam ineffabilem: quin et sanctos suos: cum ad vnum ex eis sermo noster vertitur: antiquitatis memores: singulari oracione prosequimur. Piaculum nimirum existimantes: hoc tam absono dicendi modo apud eos vti: quibus placandis: honestissimum quodque oracionis genus accomodare obnixe curamus. Et sane si verba non alia racione nobis data sunt: quam vt rem perinde ut mente concipimus: ita in palam efferamus. Vnicam autem rem binam concipere non nisi falso possumus. Quis nam negare ausit: vel stulti vel fallacis esse: quam rem simplicem esse intelligit: duplicatis nomine appellare?

Quamobrem vir amantissime: non sum veritus ad te maiorum more verba facere. Iamdudum perspectum habens pluris te facere

15

peritorum et sacre vetustatis monumenta: quam vsus immo abusus causam sui ignorantis: ineptas profecto blandicias. Id tamen habeto: facile me sentencia cessurum: si te (cuius iudicium non paruifacio) secus sentire significaueris. De his hactenus.

Quod me

Folio vb

cerciorem reddidisti: de quorundam praeceptorum mihi plurimum (ut par est) venerabilium: optatissima sanitate: rem non modo redolentem: ut tu ais: sed quam iucundissimam effoecisti. Nam quid putas mihi gracius significare poteras? quam eorum foelicem valitudinem: quorum rudimenta puero mihi infusa: quicquid bonarum arcium superingerendum venit: mitigant: exornant: atque vt firmissime bases immotabile locant.

Sane beneficio tuo: in eius etatis dulcem memoriam reuocatus fui: quae quintum ante annum in Achademia Parisiensi: liberalibus vna exercebamur studijs. Nonnumquam tortuosis dialetice nodis certantes: nunc sillogismos complectendo: eosque complexos conuertendo: nunc entileumatibus: nunc dyleumatibus reducendis intenti. Aliquando naturalia: et quae ad coelorum motum pertinent contemplantes: et denique in continuis ingeniorum versantes acuminibus. Quorum ego tanto suauius nunc reminiscor: quanto in pluribus ediscendis: conducere mihi sencio hec prius percepisse. Neque enim his ego assencior: quae [qui] asserunt liberalium arcium noticiam: sacratissimarum legum cognicioni nihil conferre: quia scilicet non ingenio: sed memoria dumtaxat legalem sapienciam consistere: perquam insulse putant[.] Quorum ego opinioni cum numquam adheserim (quia fieri posse non credidi: quod scienciam sine racionis atque ingenij adminiculo conquireremus) nunc penitus eam a veritate alienam esse: compertum habeo. Quandoquidem videam in legali disciplina: tot subtilissimas indagines racionis: tot perplexas ambiguitates: tot inextricabiles fere raciocinaciones: quas nisi vel naturalem: vel partam Dialeticam callens: vel ipse Carneades homo portentuosa memoria enodare: frustra tentaret. Quapropter dulcissimas et pernecessarias arcium liberalium doctrinas crediderim: dummodo ad alciores disciplinas ingenium nostrum se conuertat: nec in eis finem sibi constituat.

Atque idcirco vbi primum te vir doctissime intellexi: gradu Magisterij insignitum: sperabam te quoque Iuri nostro operam daturum. Id enim tibi studium accomodatissimum semper existimaui: tum quod perspicacitate animi: et rerum spectacione sis ornatus: tum (quod potissimum puto)

Folio vıa

quia natura iustus: facili momento iusticie scrutareris precepta.

16

Cur id minus factum sit nondum ad me perlatum est. In eo quod me admones: ut insignia doctoralis culminis opportunitate data suscipiam: amiciciam tuam agnosco libens et quibus verbis graciam tibi habeam non reperio. Etsi enim cum in ceteris: tum in hac re praecipue: meum sit: Parentum meorum voluntatem audire: tamen mihi per ipsos studendi tempus prorogatum esse: plurimum ex re mea fuerat. Quia sane id et etas mea: et iuris vtriusque amplissima volumina expostulabant.

De rebus bellicis quae Italiam fere totam commouerunt: a nuncio velim scisciteris: qui cerciora ad vos perferre potest: quam nobis scire liceat: qui iterum ob pestis metum: nullorum aduenarum frui possumus aduentu. Magister mihi ut par est verendissimus dominus Iohannes Muller: sese amori tuo plurimum commendat. Litteras tuas cum mihi sint iucundissime: ad me des sepenumero eciam atque eciam vehementer oro.

Vale. Datum Bononia ad xvij kalendas Octobres. Anno domini M.cccc.lxxviij.


10. *to Sebastian Brant*

In amicicia constantem se pollicetur. Iohannis Reuchlin studium in grecis litteris admiratur: et laudat: eiusque se discipulum fore cupit.

Petrus Schottus Magne doctrine viro domino Sebastiano Brant: Basiliense gymnasium incolenti: amico sibi plurimum obseruando salutem plurimam dicit.

Quas ad me dedisti litteras: eque ut luculentissimas: ita pergratas quoque legi. Eisque multo antea respondissem: nisi et tarde posteaquam date erant: ad me perlate essent: et ego voluptatis balnearis gracia absens: quo tibi nuncio rescriberem non reperissem.

Quod me admones: ut amiciciam/ quam abineunte etate peperimus: adolescens conseruem in te adolescentem. Quamquam eo te animo esse doleo: qui me hac in re exhortandum esse censeas: tamen non tam mihi molestum fuit: suspectum tibi esse amorem meum: quam iucundum requiri. Quippe cum ipse mihi constantis animi: in bene ceptis sim conscius. Sane breui habeto: charum mihi esse praeter cetera: bonorum amore comprehendi: et eorum precipue: qui bonarum arcium et scienciarum

Folio vɪb

gloriam tentant: qualem tete esse vel ipso rumore in propatulo situm est. Hec enim cum et iucundissima sit amicicia: Flacco

17

nostro canente. Nil ego contulerim iucundo sanus amico. Vbi de
P. Virgilij: Varijque: et suo amore loquitur. Eciam perpetuitatem
suiipsius pollicetur. Ita etenim Isocrates scribit. [τὰς δὲ τῶν
σπουδαίων φιλίας οὐδ' ἂν ὁ πᾶς αἰὼν ἐξαλείψειεν.] Sed hec hactenus.
Fac aliquando periculum: reperies profecto opere quam verbo
veriorem.

Quod ad litteras Magistri Ioannis Reuchlin Phorcensis pertinet: non possum satis mirari: viri huius ut insolitam: ita perutilem
operam. Et quidem eorum industria/ quos nostra etas obstupescere
solet: vel anteriorem: vel non minorem. Nam quid putas accomodacius unquam esse potuit: pro Romane lingue perfectta [perfecta]
erudicione: quam grecorum fontes nouisse? quibus ea partim pa-
tenti meatu: partim per cuniculos quosdam abditos deriuatur[.]
Equidem litteris grecis delector: non quod eas teneam: sed quod
tenere desiderem. Respondissem quoque Magistro Ioanni grece:
nisi veritus fuissem imperite quicquam inserere: non dignum: quod
subeat trutinam periti adeo iudicis[.] Legi etenim in Hesiodo hanc
sentenciam.... Quamobrem te pro amicicia nostra oratum velim:
gracias ei verbis meis permaximas agas: qui me tantifoecerit litteris
suis. Plane ipse amiciciam meam obsecrat: ego vero ipso praeceptore
doceri: vel famulatu contenderem: si comoditas adesset. Ei me
plurimum commendes velim. Nec minus domino Doctori Gabrieli
de Chambriaco: et domino Hieronymo Berlin. Equidem spero si
deus optimus maximus fauori erit: propediem vos coram videbo:
rediturus vel Bononiam: vel Patauium petiturus.

Vale. Ex Argentina ij Ydus Decembris. Anno domini M.cccc.
lxxviij.


11. *to Johann Geiler von Kaysersberg*

Magnificat consilium sibi a Iohanne keisersberg de resistendo
vicijs et seruanda caritate datum.

Petrus Schottus Egregio diuinarum litterarum Doctori Iohanni
Geiler de keisersberg: Domino maiorique suo plurimum honora-

Folio VIIa

bili salutem plurimam dicit.

Que ad me praecepta misisti: egregie atque insignis diuinorum
eloquiorum interpres: ut te dignissima: ita mihi perquam necessaria
contigere. Quibus videre visus sum: profusissimum illud desiderium
tuum cum in mortalium omnium: tum in meam praecipue salutem
foelicitatemque. Vincit me profecto profunditas negocij: ut quid
respondeam non satis sciam ne me ridere posse existimes. Apes

18

gl̃am tentant:q̃l̃e tete esse v̾ ip̃o rumore i̾ ṗpatulo fl̾
tũ eſt. Hęc em̃ cum et iucũdiſſima ſii amicicia: Flacco
nr̃o canẽte .Nil ego cõtuleri iucũdo ſan⁹ amico.Vbi
de P. Virgilij: Varijq̃:& ſuo amore loq̃t. Eciã perpe
tuitatẽ ſuiipſius pollicet. Ita etem̃ Iſocrates ſcribit.

Sed hec hacten⁹. Fac aliq̃n̄ picl̃m:reperies ṗfecto oṗe
q̃ ẙbo veriore.Q̃ d̾ ad lr̃as Mg̃ri Io. Reuchlin Phor⸗
cenſis ṗtinet:non poſſũ ſatis mirari:viri h⁹ut inſolitã:
ita ṗutilẽ opam.Et qdem eoꝶ i̾duſtria/q̃s nr̃a ętas ob
ſtupeſcere ſolet:vel anteriore :vel nõ minore. Nã qd
putas accomodaci⁹unq̃ eſſe potuit:ṗ Romanę liguę
ṗfectta erudicõe:q̃ grecoꝶ fontes nouiſſe:qb⁹ ea par
ti patẽti meatu :ṗtim p cuniclos q̃ſdã abditos deriuat̃
Eqdẽ lr̃is grecis delector:nõ q̃d eas teneã: ſed q̃d tene
re deſidere.Reſpõdiſſem q̃c̃ Mg̃ro Ioanni grece:niſi
verit⁹ fuiſſẽ i̾perite gc̃q̃ inſerere: nõ dignẽ:q̃d ſubeat
trutinã piti adeo iudic̃ Legi etem̃ i̾Heſiodo hãc ſnĩam

Qꝝobrem te ṗ amicicia nr̃a
oratũ velim:gr̃as ei ꝟbis meis ṗmaximas agas : q me
tantifœcerit lr̃is ſuis.Plane ipſe amiciciam meã obſe⸗
crat:ego vero ip̃o p̃ceptore doceri:vel famulatu con
tendere:ſi comoditas adeſſet.Ei me plurimũ cõmen⸗
des velim.Nec min⁹dñ̃o Doctori Gabrieli de Cham⸗
briaco:& dñ̃o Hieronymo Berlin.Eqdẽ ſpero ſi deus
optim⁹ maxim⁹ fauori erit: ṗpediẽ vos corã videbo:
reditur⁹ vel Bononiã :vel Patauiũ petitur⁹. Vale. Ex
Argeñ. ij. Yd⁹ Decẽbris. Anno dñ̃i M.cccc.lxxviij.
Magnificat cõſiliũ ſibi a Io. keiſerſberg de reſiſtẽdo
vicijs & ſeruãda caritate datum.
Petrus Schott⁹Egregio diuiaꝶ lr̃aꝶ Doctori Iohanni
Geiler de keiſerſberg:Dñ̃o maioriq̃ ſuo p̃l̃in honora.

PLATE 2. Folio VIb of Peter Schott, *Lucubraciunculae*
(Strassburg, 1498). This item is reproduced by permission
of the Huntington Library, San Marino, California.

mihi nescio quas commemoras: quibus circumuolantibus/ obsisten-
dum euestigio suades. Stipaciores certe quam credere possis circum-
quaque constrepunt: neque qua obsistam relinquunt viam. Abacte
enim crabronum more concitantur: ut quo obnixiori studio procu-
leris: impetuosiores eo commocioresque contra nitantur. Adeovsque
ut victoria iam desperata: sola in fuga salutem queram. Que si me
ab eis vendicauerit: obductis profecto fenestris: cubili omnes eas
arcens: mel despiciens: stimulos horrebo. Hoc quo facere possim
prudentissimus mones: charitatem ut habeam. Sine illa profecto
nihil haec omnia. Que cum nos et deo plenos: et in deo manere
facit: prochdolor quam facili e causa: tanto nos et immortali bono:
ipsi nos ipsos miseri spoliamus: et quod nobis quoad voluerimus
relictum est: quam leui momento/ vili delectaciuncula commutamus.
Figendus profecto figendus mihi pes erit/ vt mones: in dextrum
elementi Samij ramum. Virtutis enim arduum iam dudum meditatus sum callem. Cum autem et hic varius sit: tuis precibus obtine
vir deo dilectissime: comodiorem ut eligam. Hic enim non secus
atque cautes Marpesia hesito[.]

Vale. Ignosce ruditati: precipicium enim est. Data eodem die
quo et recepte tuee. Anno a natali Christiano. M.cccc.lxxix. Bononie.


12.  *to Vitus Maeler von Memmingen*

Non habere se scribendi argumentum. Se sanum. Ioannem
Muller Decanum Badensis ecclesie factum. Cupere in Italiam
redire.

Petrus Schottus Venerabili bonarum arcium Magistro Vito
Maeler de Memmingen: tanquam domino colendo salutem plurimam
dicit.

Folio viib

Pluribus ad te scriberem Maior obseruande: si vel quod significarem haberem: vel ad litteras nuper ad te datas respondisses.
Itaque cum scribendi argumentum nullum mihi relictum sit: te
vulgari exhortacione ut bene valeas admonebo. Atque ut itidem
faciat: communem amicum nostrum kilianum Herbipolensem ad-
moneas quem eisdem tecum edibus concludi: domino Cristofero
Augustensi referente: intellexi. Equidem munimine dei sanus inter
meos versor. Nec secus de honorando mihi Magistro Ioanne sencio:
qui inter Badenses presbyteros principatum fertur: et discipline et
morum vsurpasse.

De reidtu [reditu] meo in Italiam nihil plus certus sum: quam

20

prima die abitus mei fuerim. Et cum praefixi mihi termini hactenus semper prorogati fuerint: nescio quid susurrari audio: atque a nonnullis consuli: ut vel in ipsum noui studij inicium discessum meum differam. Vtcumque erit: paciens feram differri pocius: quam auferri prorsus. Litteras tuas valde desidero: quibus et de tua: et de condicione domini Ioannis Vueschbach vbi nam sit: et de domino kiliano vt valeat: cercior efficerer.

Vale. Et te ab hoc estatis estu imminente quoad vales cura. Ex Argentina ad xv kalendas Maijas. Anno domini M.cccc.lxxix.

### 13.  *to Johann Geiler von Kaysersberg*

Gaudet sacris litteris ex desiderio Patris: et consilio Iohannis keisersberg se vacare debere.

Petrus Schottus Viro integerrimo: in sacris litteris peritissimo interpreti: domino Iohanni Geiler de keisersberg: maiori suo plurimum honorato salutem dicit plurimam.

Ago tibi gracias vir Clarissime: quod me tanti facis: ut non dubites: tuas atque meas fortunas: easdem reputare: scribis enim idcirco te gaudere pocius quam gratulari mihi voluisse. Ceterum si ipse quoque tibi unquam graciam referre potero: conabor omni studio: ne ingratus et immemor tui erga me animi censeri passim. Scripsit ad me parens meus nonnulla: quae abste emanasse certo scio: quibus profecto multo mihi iucundius parere fuit: quam vobis imperare[.] Itaque satisfaciam summa promptitudine vtriusque vestrum desiderio: et diuinis litteris incumbam: ad quas natura mea est inclinacior: meoque imprimis obsequar animo: quem vos auctoritate vestra

Folio viiia

confirmastis. Teque oratum velim: ut sicut ei rei principium faustissimum ut spero dedisti: ita reliqui cursus mei: moderacionem omnem/ et gubernacionem in te sumere velis.

Super his quae mihi Rome perficienda mandasti: quod illuc pestem vitans: non veni: nihil adhuc actum est. Si illuc venero: non minori diligencia rem eam exigere adnitar: quam a Parentibus meis optimis incepta est.

Ex Ferraria ad xiij kalendas Ianuarias. A natali Christiano Anno M.cccc.lxxx.

## 14. *to Johann Geiler von Kaysersberg*

Nonnumquam animum esse laxandum: sanitatis racionem habendam[.] Describit mores praedicatorum Italie: eis Iohannem keisersbergium preferens.

Petrus Schottus Insigni diuinarum litterarum interpreti: Doctori Iohanni Geiler de keisersherg [keisersberg]: domino atque maiori suo obseruandissimo salutem dicit plurimam.

Quod sciebam has meas litteras perlatum iri ad te: rebus arduissimis et diuinis omelijs iam penitus addictum: idcirco eas confidencius liberiusque ausus sum ad te scribere: ut non tam aliud operepraecium haberent: quam quod sollicitam illam mentem tuam: quae sibi ipsi in serijs vix satis temperare nouit: in humilioribus his suis nugis vel pauxillo tempore detinerent. Remittendum enim esse nonnumquam animum: laxandasque curas: cum omnes sapiencie studiosi tradunt: tum omnium sapientissimus Socrates quam id conducat: certissimus/ grauissimusque testis est. Qui aliquando interposita cruribus arundine (ut Valerius maximus autor est) cum paruulis filiolis ludens: rideri se ab Alcipiade discipulo maluit: quam immota cura: indefessaque cogitacione: acerbioris sibi mortis occasionem ferre. Noscens probe tempestiua laboris intermissione: ad laborandum nos vegeciores reddi. Huius profecto rei racionem te habere maximopere desidero: ut laborem tute exigas: ne ab eo te exigi paciaris.

Plane spero clemenciorem non nihil hanc tibi quadragesimalem operam esse quam annis superioribus fuerit. Quippe qui lactis et butiri concesso nunc edulio: corporis imbecillitatem abunde possis curare. Nisi forsitan Stoica illa sentencia atque immota opinione: neque admissis vtendum: neque benigna principis indulgencia

Folio VIIIb

fruendum tibi fore putaueris: quia scilicet plus maceracioni corporis studeas: quam te labori superesse. Quod si faceres vereor ne contra monicionem Hieronymi: mediocre bonum/ maiori praeferres. Carnem enim castigare: vel imperiti possunt: populum autem quotidiana doctrina fouere: non nisi tibi similes: quos neque corporee vires deficiunt. Hoc profecto tametsi pro summa illa prudencia tua examussim te moderaturum cognoscerem: tamen ut hec ad te verba facerem: partim mea in te obseruancia: qua sanitatem tuam perpetuam optarem: partim commune patrie nostre bonum in causa est: quod noui praeclarissimos fructus vniuerso nostro populo per te comparari.

Equidem sepenumero sortem nostrorum foelicem faustamque nomino: quibus Deus te Doctorem praefecerit: cum eos praedicatores intueor quibus Italia sese iactare consueuit: quorum magna

22

pars: quamquam sunt eloquentes admodum: et doctrinarum scatentes: omne tamen quod in eis est industrie et artis: eo conferunt: ut
nominentur: ut amentur: ut et memorie et gloriam ingenij videantur
assecuti.  Hinc doctrinas suas non tam euangelio: aut doctoribus
sacris: quam prophanis Philosophorum et Poetarum sentencijs: ad
longam continuacionem enarratis fulciunt.  Et ut ostentacioni sufficiant: non numquam mutuis se conuicijs lacessunt: nominatim se in
certamen litterarum inuitant: alter alterum: utpote hereticum a
populo vitandum monet: et dum religione nequeunt: fauoribus
ciuium sese tuentur[.]  Quos quia tu non dicam longe vincis: sed
abhorres: verus enim es euangelij seminator: qui ostentacioni nihil:
omnia ad fructum accomodas.  Te oro euangelium in modum cures:
ut qui te dei munere consecutus est: tardius quoad eius fieri poterit:
amittat.

Vale.  Et hec omnia/ eam in partem cape: quam predixi.  Mei
quoque: qui deo vicinior es: ceteris/ quippe per quem ceterie
[ceteris] deus loquatur: ne obliuiscere.  Iterum vale.  Sapiencie
religionisque columen.   Ex Bononia ad iij kalendas Februarias.
Anno M.cccc.lxxx.

15.  *to Vitus Maeler von Memmingen*

Commendat Parentes: et Fridericum Buchsener.  Petit rescribi.

Folio ixa

Petrus Schottus Insigni Canonum Doctori: Magistro Vito
maeler de Memmingen: Romam incolenti: maiori sibi colendissimo
salutem dicit plurimam.

Quod in rebus meorum sollicitus es: amicissimi viri facis
officium: facies autem non ingratis.  Inscribi velim Parentes meos
et filium cum sororibus si fieri possit: quam rem pro sapiencia tua
moderaberis.

Dominum Fridericum Buchsener qui mecum e communi patria
Comes Bononiam perrectus est: et ibi socius hactenus fuit: si quo
fato Rome reperies: rogo ut meo nomine commendatum eum
habeas.  Etenim cum non nullis ante diebus vidende Rome desiderio:
se teneri ludibundus significaret: pridie quam has litteras darem:
dum mane expergisceretur: confestim e somno exclamauit: Romam
se profecturum: idque sibi certum esse.  Que verba cum vilipenderem: existimaremque ridicularia: atque idcirco scholas peterem:
dum domum reuertor: hominem nusquam reperio.  Itaque cum
nonnihil vereor: ne minus paratus abiuerit: eumque nonnumquam

23

incomodius habiturum quam optarem. Quicquid ei foeceris: mihi factum existimabo. Laurencius hominem nouit.

Litteras tuas expecto: quibus et de superioribus rebus: et de barbacianis meis quinternis quatuor: ex tractatu de praestancia Imperatoris: de quibus antea tibi scripseram: cercior reddi possem.

Vale. Et me ama. Ex Bononia ad iiij ydus Marcias. Anno M.cccc.lxxx.

Dominus Georgius Vngarus sodalis noster nomine suo te plurimum saluere iubet.


16. *to Johann Rot*

Congratulatur amico Plebanatum esse consecutum: sed tamen grauem esse curam animarum. Apud Italos omnia prodicionibus agi.

Petrus Schottus Venerabili atque doctissimo bonarum Arcium Magistro Iohanni Rot: maiori sibi plurimum obseruando salutem dicit plurimam.

Accepi exactis paulo ante diebus: scribente ad me praeceptore meo viro integerrimo: te sibi in cura Tambachensi successisse. Quod profecto nuncium: incredibili me iucunditate delectauit: propterea quod sciam eum locum et amenissimum esse:

Folio ixb

et non sine emolumento. Equidem cum egerrime ferrem: praebendam istam Magistro meo deserendam fore: quod ea re Argentinensi agro extorrem sese constituere meditaretur: vir de me plusquam dici queat bene meritus: hoc vno meipsum solatus sum: quod alterum virum ei cure praeesse videam: quem et praeceptoris et amici summi loco sum non iniuria habiturus. Adeo/ ut non minus grata mihi sit huius receptio: quam illius abicio fuerit molesta.

Itaque curam habes. At cuius curam? Animarum certe. Hoc igitur age: ut accurate cures. Arcium arte nunc tibi opus est Magister insignis. Non ea inquam: quam Dialetici se profiteri iactitant: sed quae paucis admodum et quidem Deo peculiarius amatis concessa: illustri operum serenitate et luculentissima veritatis doctrina: commissum sibi gregem pascere: et in promissionis tandem Campos: quos Elisios fabulantur perducere docet. Sed quid hisce monicionibus tento? An ut tibi viuendi regulam ego praefigam: quo Vticensis ipse Cato integritate vite sit inferior? At eam in partem ne acceperis: obseruanciam in te meam: et gratulacionem volo cognoscas: qui non minus gaudeam: ecclesiam te habere prefectum: quam quod tibi et vtilitati/ et honori prefectura hec sit cessura. Sed hec hucus-

24

que. Aliorum quae scribam: argumentum apud me vel nullum est
vel paruum.

Pacem aiunt Italis esse: verum quoniam omnia prodicionibus
aguntur: certum affirmare nihil possum. Tu ut valeas cura: idque
ut agat: Adelphum virum honestissimum iube verbis meis. Huius
ego mandato Bononie in nonnullis Bibliothecis perquisiui: librum
rerum memorabilium: neque hactenus reperi: quod si velit ut
pergam: fac ad me det autoris nomen: et stili genus Antiquus ne sit:
an coetaneus.

Vale. Ex Bononia: pridie ydus Iunias. A natali Christi Anno
M.cccc.lxxx.


17.  *to Vitus Maeler von Memmingen*

Agit gracias nomine Parentum. Cupit hiemare cum Domino
Vito eiusque consilium de recipiendo Doctoratu petit. Scribit
quasdam nouitates.

Petrus Schottus Doctissimo pontificij Iuris et Arcium Doctori
Magistro Vito Maeler de Memmingen domino et

Folio xa

maiori suo amplissimo salutem plurimam dicit.

Et si tibi pro locupletissimo in meos munere: tardus admodum
gracias ago: id tamen mihi pro solita in me mansuetudine tna [tua]:
condonandum fore sperauerim: quod qui meas ad te litteras ferrent:
non haberem. Plane rem egisti: et mihi et vtrique Parenti meo
quam gratissimam. Deum tibi remuneratorem petunt: se autem
memori corde retenturos[.]

Scripseras quoque te ea esse sentencia: ut apud te hyemem
vnam morarer. Id cum mihi quam acceptissimum esset: Parentibns
[Parentibus] quoque meis significaui. Hij mihi eam in formam
responderunt. Cupere quidem se reditum meum quam celerrimum:
verum quoniam ita mihi liberet: facile se passuros: me Romam
aliquot menses visere modo et honestatis/ et sanitatis mee racionem
habeam. Itaque cum mihi et celerandum viderem: et honeste
redeundum esse: expectaui diu aduentum tuum: ut scripseras: ut
hec tecum conferrem quae iam scribo. Quem cum tardatum esse ex
margarita Pauonis audirem: saltem litteris tecum agere constitui[.]
Quamobrem a te cercior fieri vehementer cuperem: si in hanc
proximam hyemem: comode me te apud permansurum existimares:
et an insignitum pocius quam adhuc incinctum. Equidem quamquam inopie mee (quantum ad litteras attinet) ipse inprimis sim
conscius: tamen vereor ne si diucius expectem: alteram hyemem

25

mihi non fore concedendam. Mirum enim est: quam reditum meum
praecipitent hij: quorum sum in potestate. Mentem meam tenes.
A litteris me euelli grauissime fero: tamen si inductiones Iurium
praestant (ut tu scribis) vtcunque doctrinam aucupari potero:
gratissimus fuero. Hec itaque velim pro tuo in me amore: et item
in te obseruancia mea: ad me dilucide perscribas: vbi primum
poteris. Nam ut te consulentem audiuero: me ipsum componam.

Fui ante exactos aliquot dies Ferrarie: vbi et amenissime/ et
lautissime acceptus sum: per Dominum Ioannem Vueschbach: quem
bene valere credo. Dominicus noster: propter occisum a se famulum
domini Gualteri Halevuin flammingi: qui sibi in Bedellatus confirmacione obstabat: officio suo priuatus: eciam a re publica Bannum
passus est: non sine spe restitucionis. Verum domina Margarita: Ia-

Folio xb

coba/ et filie sue bene habent. Et siquid tui apud eas reliquisti: id
non minus quam antea saluum mansit.

Nicholao barbitonsori nomine et Parentum meorum: et meo
graciam plurimam habeas et agas de exhibitis in re nostra laboribus.
Fac cito rescribas: litteras enim tuas non secus praestolor quam
Parentis.

Vale. Ex Bononia iij kalendas Iulij. Anno a natali Christiano
M.cccc.lxxxi.


18.  *to Johann Geiler von Kaysersberg*

Magnifacit studium sacrarum litterarum: cuius est auidus:
securum et tranquillum vite tenorem praeferens.

Petrus Schottus Sacrarum litterarum interpreti peritissimo
Doctori Iohanni Geiler de keisersberg: non secus quam patri honorando salutem plurimam dicit.

Si te auctorem earum rerum/ quas ad me diebus superioribus
Parens meus perscripsit: idcirco negas extitisse: quod de me bene
mereri mauis: quam id de te praedicari. Non profecto efficies: quin
quam gloriam tantopere fugis: ea te impensius continuo consequitur.
Sin autem: quod ita res se habet ut scribis: ignosce quaeso impru-
dencie mee: nam non expostulandi sed habende gracie causa huiuscemodi ad te perscripsi. Neque enim non gaudere potui: et quidem
vehementer: quod mihi huius rei: quam natura mea semper amplecti cupiebat: occasionem pulcherrimam: et ut ita dicam ansam
oblatam esse videbam.

Tranquille inquam vite et quiete: non dico ab infestacionibus
callidi illius calumniatoris: cuius insidijs cum pro augmento integri-
tatis increbrescant: vita nostra carere nequaquam potest: sed ab

26

illecebris et voluptatibus: immo vere perturbacionibus et molestijs earum rerum: quibus vniuersum ferme hominum genus cum se delectari credat: in exhaustis sollicitudinibus vexatur: et illis potissimum: quae neque ad deum: in quo salus est constituta: nec ad ea quantulacumque sunt gaudia: quae nobis deus hic degentibus admisit: pacatam inquam et illesam mentis conscienciam conducunt. Eam ego cum meopte ingenio desiderarem: exemplum doctrine tue pariter et vite (quod dum domi agerem perspicere potui) me non parum confirmauit: vna mihi obstare visa est: Parentis mei voluntas: que me nescio quibus rebus im-

Folio xia

plicare velle videbatur: ad quas nec corpore nec animo satis idoneus essem: secutus tamen sum auctoritatem eius: tum quia plus saperet: tum quod Parenti optimo et per quem salutem meam perditum iri nequaquam timebam: dum optarem: speraui me apud deum id consequi posse: ne quid aliud aggredi iuberer: quam quod salus mea postularet. Ecce autem is quoque ad sentenciam meam recidit: et a me per litteras ipse prior petiuit: siue te suadente: siue diuino aliquo spiritu incitatus: non enim nisi deo propicio id factum puto. An ego occasionem mihi ostentatam: tam breuem tam optatam tam insperatam (ut Comici verbis vtar) amitterem? tum profecto vere mei ipsius paruam admodum racionem habere viderer: id quod simulabar. Hec hactenus.

Quod obstupuisse Patrem scribis: id quo tendat miror. Nec enim ex litteris meis quicquam perspexit quod voluntati sue contrairet. Etenim si theologie studiosum me cupit: existimare proculdubio debet: me rerum diuinarum amore captum: humanas minoris factturum [facturum][.] Non id dicam quod quicquam vouerim: nec sane voui: nec monachum futurum hactenus me sum meditatus: nec theologie gracia sacerdocij culmen conscendam: verum idcirco ad theologie studium fui propensior: quod ad vitam quietam quam dixi: accomodacior esset. Hec autem vita quo in statu comparari facilius possit spero deum nobis reuelaturum. Non enim sciencie vitam accomodare decreui: sed vite scienciam. Hec fortasse lacius: at aperte et ex sentencia: quoniam te maioris facio quam quod conquisitis et commenticijs apud te vtar. Cetera coram.

Romae que nomine tuo agi oportet: vbi illuc venero si potero commode exequar. Nondum enim illuc sum profectus hyems enim primum pestifera fuit: deinde illecebras ante quadragesimales Ferrarie malui quam Rome sine fructu et impensis magnis tolerare. In quadragesima illuc me conferam: ut si a Turcis sit capienda prius eam viderim. Tu fac ut Deum pro me ores.

Vale. Ferraria pridie Nonas Marcias. A natali Christiano Anno M.cccc.lxxxi.

19. *to Vitus Maeler von Memmingen*

Amoris constanciam admiratur: cum gratitudine Patriam se rediturum.

Petrus Schottus Viro praestantissimo: Arcium atque pontificij Iuris Doctori dignissimo: domino Vito Maeler de Memmingen: fratri suo charissimo salutem dicit plurimam.

Ego cum me tibi semper coniunctissimum sim arbitratus Vite humanissime: arctius longe vinculum amori erga te meo comparatum est: singulari illa beniuolencia in me tua: quam nos diebus nuper exactis: dum Rome essemus: affecisti. Non enim non admirari potui: constanciam amoris tui: quem nec temporum nec locorum intercapedine passus fueris labefactari: verum perinde auxeris: ac si magnis meis meritis inuitatus interim fuisses. Quamobrem ingratus sim: nisi me tibi debere fatear: plurimum ut spero aliquando debiturus. Id enim et pericia et fides tua polliceri mihi videtur. Sed hec vbi in Patriam rediero: Deo fauente pluribus.

Nunc quid te moneam nihil habeo: nisi quod postridie huius diei Ferraria patriam petam per Venecias. Instrumentum de prima tonsura mea vbi miseris: ita rogo litteris tuis signatis inuoluas: ne in alterius antequam meas manus peruenire possit. Dominus Ladislaus et Dominus Bohuslaus sese tibi magnopere commissos faciunt. Atque Dominus Ladislaus vbi famulus eius quem expectat aduenerit: ad te quamprimum litteras dabit.

Vale. Sanitatem tuam cura. Equidem ego caloribus cedere ex re mea esse apertissime sencio. Ex Ferraria Septimo kalendas Iunij. Anno a natiuitate Christi M.cccc.lxxxi.

20. *to Johann Geiler von Kaysersberg*

Optat sibi vina posse mitti: dolet se colloquendo quam scribendo esse timidiorem.

Petrus Schottus Sacrarum litterarum Doctori doctissimo: atque religiosissimo viro domino Iohanni Geiler de keisersberg: maiori suo plurimum obseruando salutem plurimam dicit.

Quod tibi cetera ex sentencia suppetant: praeter me et vinum: non possum non gaudere. Velim enim ita te optime valere: ut tamen nostri/ nostraciumque non obliuiscaris. Etenim si quando eum locum sortireris vbi nihil tibi deesse iudicares: vereor ne posthabitis

Folio xiia

Argentinensibus: apud quos tibi multa desunt: ad nos numquam reuertereris. Sane mei copiam tibi facere nunc non possum: propter-eaquod alias in thermas quas nosti Parentes comitabor. Vinum clemencius ut tu appellas: vellem voto desiderioque nostro ad te transferri ex Cella nostra vinaria posset. Curru enim vehi calor non sinit. Vnum tamen mirari cogor: quemadmodum id vsu venerit: ut cum exquirendarum aquarum: quibus cutem lauares: tantam curam adhibueris: vini suauis racionem: quibus ipsa praecordia abluuntur fouenturque: diligenciorem non multo prius habueris: praecipue cum eo duce nunc viuas regaris ve: apud quem vinum maioris semper extitit quam aqua. Sed hec hactenus.

Reliqui huiuscemodi sunt: ut tunc demum apud me esse videar: vbi quae scribis lego. Ita enim ex institucione et perinde salute mea sunt scripta: ut meipsum quidve mihi expediat longe clarius noscere videaris quam ego. Plane quid sibi velit quod scriptis familiariores apercioresque sumus quam sermonibus: non satis scio: nisi forte idcirco deus id voluit: ut crebrius lecta firmius hereant. Ego profecto pusillanimitate vna teneor: quantum ad hoc pertinet: non enim Parentem solum: sed mortalem omnem timere videor. Sed quid bec [haec] scribo? Verum Epistola ut Isocrates voluit non erubescit. Ego nisi non satis sapiencia tibi parebo. Vtinam deus aduentum tuum nostrumque maturet. Omnia enim te duce: te rectore agere constituam. Deum ora ut prospere secundet coepta nostra.

Vetterclaus suadet: ne pecuniam perperam prodigatis: se enim neque ex promissore neque constitutore pignora luetis. Elisabet vestra orat: ne canem negligatis: quamquam nonnihil subuereatur: ne non vector: sed comes nauis Rhenum traijecerit.

Vale. Dominum Doctorem Rectorem Friburgensem ex me plurimum saluere iube. Cura ut valeas. Admonerem te ut tibi prospiceres posteaquam Domina insanit: solent enim Astrologi comminisci ex fatis capitis/ fortunari membra. Sed te fatis superiorem iudico: quippe qui alios ad sapienciam ducere soles: pocius quam insipiencia quorumcumque conta-

Folio xiib

minari.

Vale. Ex Argentina ad xi kalendas Augusti. A natali Christi Anno M.cccc.lxxxi. Magistrum meum Charissimum in arce Badensi: verbis meis saluta.

21. *to Johann Geiler von Kaysersberg*

Ex thermis scribit: facecias Iohannis Kerer mirum in modum commendans.

Petrus Schottus Ornatissimo sacre Theologie interpreti domino Ioanni Geiler de keisersberg: maiori suo non secus ac patri charo salutem plurimam dicit.

Consulcius forsitan fuisset Doctor ornatissime: ut cum tu apud me verborum litterarumve parcior apparueris: ipse ego ne mutire quidem aduersum te auderem: praecipuum cum iunioribus audiendi pocius quam dicendi praecoeptum sit constitutum. Verum lassitudinem tuam (si Nicholao tuo credi oporteat) voluptati nostre obstare noluerim[.] Quam ea in re maximam nobis ducimus ut et te iucunde balneantem audiamus: et noş eadem sorte dies hos agere significemus. Sane maiorem voluptatis nostre partem tibi vel pocius domino Doctori de Friburgo debemus: qui ad nos eum miseritis: qui omelijs et scomatibus suis coenam nostram/ adeousque condiuerit: ut risu pene omnes defecerimus: praesertim famule nostre quibus risus in vrinacionem cessit.

Ceterum nos montibus et quidem pluuia stillantibus: dum balneis vacare licet oblectamus. Presenciam vestri tantopere desideramus: ut deos ipsos incusemus: qui nobis eam opportunitatem praeripuerint: ut qui omnino aquis excoriandi essemus: non simul pocius excruciaremur. Hec tantisper rogat genitrix mea: ut si per egritudinem licuerit: ita vos componatis: ut in solennitate beatissime genitricis dei: Assumpcione dico: Argentinensi populo verbum diuinum exhibeas[.] Id enim non parum ad amorem erga te sui conferre. Deinde si natalem vestram patriam visitare sit animus: liberius licere. Quid aliud scribam ignoro. Sumus omnes: ut thermis indulgentes solent: vtinam Deo satis accepti. Om-

Folio xiiia

nes salubritatem tibi tuisque tantam desiderant: quantam maximam animo concipere possunt. Doctori Friburgensi me commendatum effice. Nisi siluestribus penitus occluderemur rupibus: aliquod ciuilius ad vos munus mitteremus[.]

Valete. Ex Vuiltbaden ad vij ydus Augusti. A natali Christi M.cccc.lxxxi.

22. *to Johann Widmann*

Gracias agit pro remedijs Matri impensis. Describit valitudinis Materne condicionem: consilia petens vlteriora.

30

Petrus Schottus Peritissimo atque doctissimo Arcium et Medicine Doctori: domino Iohanni Vuidman in Baden tanquam fratri charissimo salutem plurimam dicit.

Incredibilis humanitas tua vir praestantissime quam in meos exhibuisti: efficit ut audenciori animo quam in rem nostram esse existimem: a te doceri queram. Ingenui siquidem (ut Cicero noster ait) est animi: cui multum debeas: eidem plurimum velle debere. Itaque cum post deum optimum maximum: tibi recuperatam sanitatem: vel pocius vitam charissime Genitricis mee videar debere: non sum veritus a te quoque qua perseuerare possit: racionem expostulare.

Qua valitudine confecta fuerit Genitrix mea: dum apud vos diebus proxime exactis esses: vidisti. Que iussisti praeter vnum foecimus cetera. Pillus Alefaginas semel sumpsit vij numero: neque tamen laxarunt. Electuario quod ordinasti: utitur quotidie. Verum pillus grossas non sumpsit: verita vehemenciam eius qui apud nos est caloris[.] Quod ad eam pertinet: altero statim die robustiorem se exhibuit. Verum per interualla quedam dierum rursum languit: paulo quam prius remissiori breuiorique defectu. Id ter quaterque passa est. Sepe noctu sudauit. Duos dies continuos praeter consuetudinem suam: beneficio ventris naturaliori soluta: iterum vix ad quartum diem semel ventrem exonerat. Sanguinem Epatice parum: Rosarie autem copiosius eodem die minuit. Id enim proficere sibi existimauit. Ad balneas seu thermas in Valtbrun: vnacum

Folio. xiiib

genitore meo proficisci parat: idque non minimum ex consilio tuo. Igitur te maiorem in modum oratum velim ut si quid ex his que foecit: rursum facere debeat: precipuum si Electuario semper vti debeat: aut quid aliud pro sanitate sua in hijs conducere speres: ad nos scribere velis. Et quidem cito: nam ad tercium aut quartum diem hinc abibimus. Erit enim hec res nobis ut gratissima ita iucundissima.

Vale. Et me tibi recommendatum reddito. Ex Argentina ad xi kalendas Augusti. Anno a natiuitate Christi M.cccc.lxxxi.


23.  *to Vitus Maeler von Memmingen*

Gracias agit. Committit negocium quoddam[.] Pollicetur diligenciam in signifcandis [significandis] absencijs.

Petrus Schottus Doctissimo Canonum sacrorum Doctori Magistro Vito Maeler de Memmingen: fratri suo plurimum obseruando salutem dicit plurimam.

Amorem tuum in me Doctor ornatissime omni ex parte in propatulum effers. Ago gracias. Vellem referre possem. Formatum meum recoepi: et alteras subinde litteras: itaque ad te florenos tres mitto: ut vno tibi satisfacias: duos impendas in negocio quodam: quod ex cartula inserta cognoscere poteris: quod tibi diligenter commendatum esse velim: atque ita/ ut cito expediatur: et si pecunie non sufficient: rogo ut mutuo nos iuues: restitui enim tibi curabo. De vacancijs diligens ero: quamquam nunc aliquot dies non sim futurus presens: spero id non minus tibi quam mihi profuturum. Rudis in hijs sum: velim per te erudiri.

Noua apud nos sunt nulla. Nemo ex hijs eger est: qui beneficia ampla possideat. Vale. Ex Argentina vij kalendas Augusti. Anno M.cccc.lxxxi.


24.   *to Vitus Maeler von Memmingen*

Tedet eum carere libris suis. Reducit in memoriam negocium prius commissum.

Petrus Schottus Eximio Iuris pontificij Doctori Magistro Vito Maeler de Memmingen tamquam fratri charissimo salutem dicit plurimam.

Folio xiiiia

Ego te mi charissime Vite valere cupio semperque prosperitate atque salute frui. Ego sane inter Parentes et amicos versor sanus quidem et iucundus: non tamen sine tedio quod libris careo: nondum enim ad me venerunt quamquam ante me Venecijs abierint. Quod ad reliqua pertinet omnia apud nos sunt in tranquillo: nemo presbyterorum talium languet qui talia beneficia possideat. Commisi tibi aliquod negociolum per Laurencium Mercatorem: nec tamen scio si ad te littere et pecunie sint delate: que vbi receperis: spero pro consuetudine tua ages sicut in te fido. Me ama. Equidem te amo.

Ex Argentina ad ix kalendas Septembris. Anno domini M.cccc.lxxxi.


25.   *to Bohuslaus von Hassenstein*

Egre carere se libris suis: ordinem vite sue: quodque a consistorijs abstineat: et cuidam instituto communis vite se satisfacturum.

Petrus Schottus Magnifico atque Generoso domino Bohuslao

32

de Hassenstein domino suo plurimum amato salutem plurimam dicit.

Quemadmodum valeas mi charissime Bohuslae intelligere maxime vellem. Equidem valeo: in vtramuis partem cape. Sum quidem sanus corpore: et ita mei fere omnes: sed animo vehementer langueo: quod amenissima illa et suauissima familiaritate tua careo: sola spe viuo. Scripsi ad te antea per Laurencium mercatorem: quam longe a meipso diuertissem: et quanto dolore afficerer propter libros meos qui nondum venissent. Eadem me et amplior angustia tenet: quia posteaquam Venecijs eos dimisi: ne verbum quidem vbinam essent audiui: quid suspicari debeam ignoro: nisi ex Nundinis Franckpfordensibus ad me deferentur perditos credam. Ego mi Bohuslae rem nostram ita paro: ut quasi perfecerim: Deus inicium esto et finis. De theologia admisit genitor post aliquot tamen menses: interim tamen domi sum: et in re familiari quae nobis nunc est intricata valde: vel Patrem praesentem iuuo vel eius vices absentis gero.

Quid dicam? Omnia cum molestia ago: atque a re a proposito nostro non amoueor sed potissimum impellor. Extra domum nihil ago publici: Amicos aliquando

Folio xiiiib

conuenio. Iudicium neque seculare neque spirituale vllum vidi. Adeo/ ut me Doctores plerique: Beginalem doctorem vocent: qui praedicaciones quam iudicia plus visitem. Cum matre rem nostram fundo: Patrem moneo tacite nonnumquam ut ab impedimentis publicis abstineat: que profecto semper augentur: atque se ipsa odiosa reddunt. Quippe que inuidiam ampliorem creent quam graciam. Itaque de libris quos emerim: quosue a te petam: nihil scribo[.] A libris sum adeo abstinens: ac si cicuta infecti essent. Vbi plane omnia composuero (quantum hominum defectus admittit) ad te scribam: quomodo ages. Id tibi certum sit: quantum ad me pertinebit efficiam: ut si volueris simul salubrem vitam agemus: quando id futurum sit intra annum ne an tercium non possum adhuc scribere. Nollem subito exasperare Parentes meos: sed paulatim lenire[.]

Mi Bohuslae/ habeo qui me seducere conantur: habeo plures quam speraueram: qui me ad vitam beatam inuitent. Eos ego amo: eos colo: imprimis Doctorem Iohannem de keisersberg praedicatorem nostrum: hic pro nobis non cessat orare deum. Fui in thermis in Vuiltbaden: illic quoque fuit is de quo mihi sepe dixisti: Prior Ratisponensis fratrum praedicatorum: qui cum te nosceret: familiaris mihi valde fuit. Mitto ad te Codicillum quendam: non tam ob aliud: quam ut nomina instrumentorum que in eo continentur: ad artificia fere singula peculiaria probes: si latina sint. Fac ut litteris

33

des operam. Curabo enim (Deus iuuet) ut edificio deuoto amenoque simul vtamur. Peram et pugionem misi ad te et dominum Ladislaum: per Laurencium Mercatorem. Fac ut ad me scribas. Litterarum tuarum cupidus sum: perinde ut tu mearum. Dominum Ladislaum ex me plurimum saluere iube: et dominum Vlricum Fronsperger cum suis[.]

Vale. Et me ama. Ex Argentina Nonis Septembris. Anno M.cccc.lxxxi.

Folio xva

Hic qui has litteras a me reddendas coepit: si Bononie non manserit: sed Ferrarium veniet: rogo si poteris cura: ut apud honestos seruiat: ita ut studio quoque vacet. Est enim mihi per amicos cognitus: diu versatus in Germania inferiori: quamquam ex Patria nostra oriundus: studiosus ut spero bonarum litterarum.

26. *to Vitus Maeler von Memmingen*

Petit graciam expectatiuam pro paupere sacerdote extrahi[.] Pecuniam se missurum per Iohannem Burckardum.

Petrus Schottus Eximio Iuris pontificij Doctori Magistro Vito Maeler de Memmingen fratri suo charissimo salutem plurimam dicit.

Vererer equidem Doctor insignis ne te pluribus occuparem negocijs quam expediret nisi amorem erga me tuum perspectum adeo clarumque mihi reddidisses. Sane per Laurencium Hertçog mercatorem causam Matrimonialem ad te misi: spero quod expedies.

Nunc eadem confidencia aliud onus tibi iniungere non dubitaui. Quidam sacerdos sufficientis litterature ut arbitror pauper tamen: et qui beneficium seu praebendam non habet ullam: nomine Martinus Lauri de Vingen Constanciensis diocesis: multum apud me instetit ut eum iuuarem si quam graciam expectatiuam obtinere posset in forma pauperum: ad aliquod beneficium eciam curatum quod pertineret ad collacionem Episcopi: Decani: Prepositi: Custodis vel cuiuscumque de Capitulo et Capituli Argentinensis. Item ad collacionem Abbatisse monasterij sancti Stephani Argentinensis ciuitatis: ita ut forma et modo meliori fieret quibus aliquid sperare posset[.] Ego cum libenter obsequerer: est enim mihi probitas eius nota: et alioquin mihi familiaris: te rogo ut tantum laboris assumas et ei talem graciam extrahere praesumas. Mittam ad te nomine suo sedecim florenos Renenses: qui si non sufficient eciam aliquid pro labore tuo computando scribe: et mittam plura. Velim tamen ut cum ea clam impetres ut si aliquando opus ei esset priuilegia opportuna extrahere posset. Eos florenos nunc non mitto

34

quia nuncium non nosco: sed feret ad te dominus Iohannes Burckardi: qui in principio

Folio xvb

Nouembris Rome erit ut ait. Fac ut in te spero.
    De me nihil tibi scribo. Pater meus rarissime est domi: nihil
praeter voluntatem eius incipere audeo. Nullam vacanciam apud
nos audio: omnia sunt tranquilla. Scribam plura per Dominum
Iohannem Burckardum.
    Vale. Me ama. Ex Argentina ad v ydus Septembres. Anno
A natali Christi M.cccc.lxxxi.


27.  *to Vitus Maeler von Memmingen*

    Denuo petit graciam extrahi: et florenos xvi mittit[.]

    Petrus Schottus Insigni Decretorum Doctori: Magistro Vito
Maeler de Memmingen: tamquam fratri suo charissimo salutem
plurimam dicit. Si vales bene est: equidem dei gracia valeo.
    Scripsi ad te diebus superioribus: ut adueniente tempore/ quo
gracie expectatiue dabuntur: impetrares vnam pro quodam presbytero mihi valde familiari: domino Martino Lauri de Vingen
Constanciensis diocesis. Nunc tibi pro eius expedicione mitto per
Dominum Iohannem Burckardum florenos sedecim Renenses. Petebat ut sub forma pauperum extraheretur: sed ut audio quamuis
pauper sit: item beneficium nullum habeat: tamen absencia sua a
curia id non patitur. Quare rogo ut fideliter iuues virum bonum et
pauperem: atque in signatura obtineas: ut si quae priuilegia in
Bulla postea extrahere vellet: posset perinde ac si cum illis priuilegijs
signatura emanasset. Id tu melius nouisti quam ego. Extrahes
autem ad collacionem Episcopi et Capituli Argentinensis et nominatim singularium personarum de Capitulo quas Dominus Iohannes
Burckardus tibi dicet. Item ad collacionem Abbatisse monasterij
sancti Stephani Argentinensis. In his poteris non minus obsequi
mihi quam si pro me quicquam faceres. Si quid ex his aureis tibi
superfuerit: pro labore tuo serua: sin amplioribus egueris: ad me
scribe.
    Nondum recoepi a te dispensacionem illam in causa Matri-
moniali: quomodo res se habeat ignoro. Pro me nihil tibi committo:
nisi ut me ames et in pristina beniuolencia tua conserues. Te enim
plurimum ut par est obseruo: amoque. Magister Iohannes Muller te
plurimum saluere iussit: dum nudiustercius apud me esset.
    Vale. Ex Argentina. Idibus Octobris. Anno a natali Chris-
tiano M.cccc.lxxxi.

35

28. *to Johann Rot*

Ociosum se non esse sed sanum: et parentum sororisque statum narrat.

Petrus Schottus Arcium liberalium Magistro peritissimo domino Ioanni Rot in Tambach Curato: amico non secus atque fratri charo salutem plurimam dicit.

Graciam tibi habeo vir amicissime: qui mei et meorum tantopere curam geris. Verum vt cercior reddaris: ego cum nihil agam: nunquam tamen in ocio sum: ita me parentum onus: quod cum priuate tum publice subire coguntur: ad se nectit. Alioquin sanus dei gracia viuo. Pater grauedinosus abijt Legatus ad Foederatos. Mater domum anxia curat. Soror filium enixa: apud nos puerperam agit. Cur ad te non venerim: aduersa valitudo non est in causa: occupaciones quas dixi effoecerunt: ut neque presentem patrem consuetudine mea priuare: neque absentis vices negligere vellem. Magister Iohannes Muller decimum ante diem sanus a me recessit. Cura ut valeas: atque existima me tui obseruantissimum esse.

Vale. Data Argentina ad xiij kalendas Nouembris. Anno domini M.cccc.lxxxi.


29. *to Vitus Maeler von Memmingen*

. Meminit iterum extrahende gracie et priuilegiorum: expectat dispensacionem pro amicis.

Petrus Schottus Insigni Decretorum Doctori Magistro Vito Maeler de Memmingen: fratri suo charissimo salutem plurimam dicit[.]

Scripsi ad te vir optime/ diebus iam pridem exactis: de gracia quadam expectatiua impetranda: pro quodam Martino Lauri de Vingen: presbytero Constanciensis diocesis: ad duas collationes: videlicet Episcopi: Capituli et singularium personarum de Capitulo Argentinensi. Item Abbatisse Monasterij sancti Stephani in ciuitate Argentinensi siti. Subiunxi etiam me pecuniam missurum per Dominum Iohannem Burckardum. Sane eadem adhuc est petitio mea: et quoniam vt intelligo sub forma pauperum extrahi non potest: quia sit absens a curia: rogo alioquin sub meliori forma supplicacionem concipias: qua putaueris expedire. Dedi ante mensem/ sexdecim aureos Renenses domino Iohanni Burckardo: ut tibi eos numeret. Hic ut spero antequam litteras has receperis: tecum Rome erit. Itaque si non sufficiat hec pecunia pro Bulla et salario tuo: scribe ad me: et curabo ut plures habeas: Id tamen velim: ut in supplicacione eciam interseratur/ si possit: ut si opus fuerit postea priuilegia necessaria extrahere possit. De his satis.

Nondum redijt ad nos Laurencius mercator: cum quo spero me visurum litteras tuas: quas cum altero Laurencio nullas dedisti. Expecto eciam dispensacionem illam: in causa Matrimoniali.

Ego te amo mi Doctor: et ita existimes velim: si in quo tibi prodesse possem: me ea facturum/ que amicicia nostra postulat. Hos qui ad te litteras has ferunt: ita tibi commendatos esse velim: vt si qua in re iuuare eos possis: gratum mihi admodum foeceris. Noti mihi sunt amborum Parentes: immo et vicini nobis vtrique. Seruire vellent si copia esset. Itaque mea causa fac: eos recommendacionem nostram iuuisse intelligant.

Vale. Ex Argentina quarto Nonas Nouembres. Anno a natiuitate Christi M.cccc.lxxxi.

[*Postscript*]

Mutatam esse sentenciam de extrahenda gracia: et de dispensacione.

Magister Vite vir optime/ scribo ad vos praesentibus: et prius scripsi: ut in personam cuiusdam Martini Lauri: graciam expectatiuam extraheretis. Sed mutata est sentencia[.] Non enim sperat inde aliquid posse consequi: ideo nullam a Domino Iohanne Buckardo pecuniam recipietis. Quod si quid prius in ea causa expendistis: soluite vobis de pecunia mea/ quam apud vos habetis: et scribite mihi. Similiter in causa Matrimoniali: quia difficilem scribitis: nihil amplius peto. Valete.

30.   *to Thomas Wolf, Sr.*

Excusat se cur non scribat pro quodam amico: aliud dat consilium. Sacerdocio se iniciatum: et an pomposas aut priuatas primicias habiturus sit dubitat: de eaque re consilium petit.

Folio xviia

Petrus Schottus Prestantissimo Decretorum Doctori domino Thome Vuolff: Canonico Vuormaciensi precoeptori ornatissimo salutem plurimam dicit.

Consolarer te exulantem vt quereris Doctor praestantissime: nisi tute tibi pro incredibili prudencia tua/ efficacissimum leuandi tedij genus adhibuisses. Nam quid viro docto iucundius esse potest: assiduitate lectionis? quid vero decencius? modo in deum clementissimum omni ex parte lectionem deducat.

Quod ad rem Thome nostri attinet: ampliorem longe prouinciam pro vtilitate eius non detrectarem. Verum Magistro Iohanni Burckardo et mihi visum est: in rem Thome conducibilius fore: nil tale quod tu mandabas: per me Engelhardo scriptum iri. Tum quia familiaritas qua is mihi iunctus est: tanta non est: quin nouerit me arciori longe necessitudine: tibi et tuis (meritis id tuis) obstrictum esse. Itaque ex eiuscemodi meis litteris suspicaturus: te metuentem cause tue: supposuisse aliquem: qui simulatus: familiaritatis pretextu/ eum vt desisteret hortaretur. Durior nimirum et audacior redderetur[.] Tum quia vt virum noui: Epistolis non cedit. Memini quociens in lite/ quam cum magistro Ioanne Rot inceperat: et per me et per nuncios suos: Prepositum et Decanum sancti Thome in vtilitatem suam admonitus: vix tandem consensit. Quamobrem honestius tibi tuisque fuerit: eum per auditorem Rote compesci: quam litteris tuorum incassum hortari. His igitur causis non sum obsecutus verbis tuis: menti vero vt spero non contraveni. Neque enim te ambigere crediderim me tuum esse.

Vnum est quod te monitum Parentes mei et ego volumus: vt qui pro tuenda praebenda Thome tui sollicitaris: vite quoque eius racionem geras. Et quo honestiori medio iudicaueris/ efficias: vt de cetero non apud Dominum Theobaldum Fuchs: sed apud Dominum Ioannem Onheim: per Otiliam eius educetur. Grauissima

Folio xviib

etenim tussi concussus: nisi ad Otiliam receptus fuisset: vite quoque discrimen timendum fuerat: adeo puer delicatus fideli cura indiget. Narrabit et famulus tuus. Deo optimo gracias habemus: quia iam sanior puer et plene incolumis: satis durum laborem euicit.

Ego si de meis rebus audire cupis: nudiustercius sacrum presbiterij ordinem diuino munere conscendi: vtinam digne. Quanam die prima sacrificia deo patri sim oblaturus: nondum decreuimus. Verum vnum est: quod nos ambiguos reddit: an solemni conuocatione amicorum et ceterorum (ut assolet) an vero tanquam res sacratissimas: sine omni seculari pompa celebraturi simus[.] Tu si adesses: consilio tuo obtemperaremus. Itaque si contingat te ad nos

38

paulo post litteras dare: hac quoque de re precor sententiam tuam significes.

Libros quos a me comodatos habueras Bartolum super C. et super prima parte ff. noui: et tractatum clausularum presente famulo tuo recepi. Id tibi ut significarem: ipse iussit.

De reliquis nihil noui est in rebus nostris. Tu vt valeas benefacito: ididem nos deo iuuante curabimus[.] Me tibi commendato/ commendaciorem esse velim. Ex Argentina x kalendas Ianuarias Annorum Christi M.cccc.lxxxij[.]

31.  *to Vitus Maeler von Memmingen*

Cupit amiciciam animorum effectibus tandem patefieri.

Petrus Schottus peritissimo Decretorum Doctori Magistro Vito Maeler de Memmingen: tamquam fratri charissimo salutem dicit. Si vales Doctor charissime/ plurimum gaudeo: ego diuina gracia sanus sum.

Vellem aliquando ut vel tu mea: vel ego tua opera egeremus: vt nostram beniuolentiam/ quam animo mutuo gerimus: effectus quoque patefacerent: quamquam tu me pluribus iuueris. Scis quid dico. Si prebenda aliqua vacaret: nihil esset reliquum si Romam scriberem: tibi rem concrederem. Similiter si quid a me petis promptum videres. Duos Aureos quos a me habes: quia ignoro quem in vsum vertere debeas: diucius seruato.

Vale[.] Ex Argentina

Folio xviiia

ad quartum kalendas Marcij. Anno a natali Christi M.cccc.lxxxij.

32.  *to Emerich Kemel*

Petit pro se litteras commendaticias ad summum Pontificem.

Petrus Schottus Reuerendo et religioso patri: fratri Emerico de Kemel: ordinis fratrum minorum de Obseruancia: et nuncio Apostolico: maiori suo plurimum obseruando salutem dicit.

Reuerende in Christo pater: et maior plurimum obseruande: Humanitas illa singularis/ quam domui nostrae dum Argentine essetis: diebus superioribus exhibuistis: utpote quam praesencia vestra reddideritis illustriorem: audenciorem me reddidit ad scribendum: et supplicandum paternitati vestrae in causa: quae mihi plurimum cum omni honestate Deo optimo concedente sit profutura. Supplicabitur sanctissimo domino nostro Papae pro persona mea:

39

in causa quadam praebendali. In qua cum promotoribus egeam:
qui sanctitati sue grati esse possint qui accomodacior sit paternitate
vestra/ inuenimus neminem. Itaque genitor meus reuerenciam vestram plurimum oratam esse petit: ut litteras vestras commendati-
cias/ huic nuncio nostro adiungere velitis ad Sanctissimum. Quibus et
parentem meum iam in Magistratu summo vrbis nostre constitutum:
et huic negocio cruciate valde affectum: ut forsitan ex litteris patris
Ioannis de Laudenburga intelligetis: meipsum eciam commendare
dignemini.

Id sane polliceor: quod neque ambicioni/ neque auaricie obse-
quimini. Nam quicquid hac in re tento: hunc in finem dumtaxat
statuo: ut cum quiete et pace cordis: Deo optimo maximo seruire
possim: semotus prorsus a secularibus et negociosis commercijs:
quibus coniugalis status obnoxius est et deuinctus. Quamobrem
cum vos religionis promotorem esse summa vite integritas ostendat:
vos vehementer oro ut commendacione non vulgari/ sed efficaci uti
velitis. Curabo ego: curabunt et mei ne immemores aut ingrati

Folio xviiib

iudicemur.

Nondum vllus vobis honor a re publica nostra exhibitus fuit:
verum id egit repentinus vester abscessus. Nam utprimum vos
concionantem audierant: statuere continuo: prandium vestrum sub-
sequens: muneribus huiuscemodi honorare: quibus principes ornari
a re publica nostra consueuerunt.

Ego me vobis ita commendo et dedo: ut amplius deditus esse
non possim. Ex Argentina Nonis Aprilis. A natiuitate domini
Anno M.cccc.lxxxij.

33.   *to Johann Widmann*

Mittit libros. Valitudinem Sororij describit.

Petrus Schottus Eximio artis medicae professori: Doctori
Iohanni Vuidman: phisico principis Badensis fratri charissimo salutem plurimam dicit.

Vir venerabilis: libros alios non mitto: preter eos/ quos ipse
emisti. Reliquos enim nisi duobus aureis et quarta vendere recusauit.

Sororius meus eadem febre laborat: nondum tamen minuit
sanguinem: quod vbi cras foecerit: speramus melioracionem. Hodie
frigus vehemencius quam antea: a secunda post meridiem vsque ad
quartam: deinde ad octauam vsque/ calorem passus est. Tunc in
pectoralibus et dorso resedit: derelictis membris extremis. Si quid
significare potes: quod conducere iudicabis: fac queso.

40

Nos ama[.] Vale. Ex Argentina Sabbato post Vdalrici: hora octaua post meridiem. Anno M.cccc.lxxxij.

## 34. *to Johann Geiler von Kaysersberg*

Desiderat presenciam absentis in thermis: patrem esse apud Confoederatos.

Petrus Schottus Celeberrimo atque Integerrimo sacrae Theologie professori: Doctori Iohanni Geiler de Keisersberg: maiori suo obseruandissimo. Salutem in eo sine quo (quicquid est) vanitates sunt et insanie false.
Siue tedio torpueris: siue supra quam satis esse iudicaueris: litteras ego tuas vel minutissimas legisse mallem. Etenim non sine fructu/ eius saltem temporis quo eas reuidissem: a me

Folio XIXa

suscepte fuissent. Nam etsi forte monitis tuis non obtemperassem: tamen ea ipsa a te praecepta mihi esse: supra quam dici possit: iucundum fuisset. Annus propemodum mihi lapsus videtur: quo abfueris: ita tui desiderio ducor. Deus optimus te nobis reducem faciat: et id cito[.] Verum cum balnearum gracia secesseris: cupiunt omnes ut ita pergas: ne incepisse poeniteat.
Vt itaque litteris pecijsti: pollicitus est mihi Procurator fabrice: currum apud vos futurum: ad dominicam ante solennia Virginis. Id ego nomine Patris absentis curaui. Absens autem est genitor meus in negocio illo turbatissimo: accitus a Confoederatis ad Baden: quod superius dicimus. Illic de summa rei tractari aiunt. Vtinam ad pacem magis quam ad Bellum diffiniant. In eo conuentu spero vel pacem vel bellum efficient. Deus quod melius nouit esse: pro salute omnium hominum nobis concedat.
Mittimus ad vos hominem perlepidum: qui si oneri fuerit: abigi poterit. Dominam commatrem meam/ matrem tuam/ et reliquos viros optimos velim moneas: ne aliter sese prebeant: quam eius balnei condicio deposcit. Quid amplius? Indulge corpori: ut anime labores annuos perferre sustineat. Deo te scis non ingratum quippiam hac in re committere. Pro me rogo ora: ut me Deus in se conseruare velit: non solum inquam per essenciam: sed et per graciam. Mater mea te ut bene valeas: iucundusque sis: hortatur. Idem vt verbis eius/ ceteris dicas: praecipue Domine et matri Fridrichen: plurimum orat.
Vale[.] Ex Argentina kalendas Sextiles Anno M.cccc.lxxxij.

41

## 35. *to Thomas Wolf, Sr.*

Agit gracias pro beneficijs. Describit statum Nepotis.

Petrus Schottus Insigni Iuris pontificij Doctori Magistro Thome Vuolff: Canonico Vuormaciensi dignissimo: praeceptori suo ornatissimo salutem dicit.

Humanitatem et incredibilem in me benificenciam tuam: et presens lu-

Folio xixb

culentissime exercuisti: et absens praetermittere non potes. Adeo prorsus animo tuo me infixisti: ut neque pirum in viridario tuo decerptum sit: cuius me partem non volueris sortiri. Nobilitatem animi omni ex parte demonstras. Nam cum pro immensis tuis erga me beneficijs: a me graciam referri tibi congrueret: tu tamen quasi parua contulisses: non cessas munificenciam tuam: nouis semper donarijs efficere illustriorem. Deus optimus velit dono beatitudinis bonitatem tuam in me compensare. Equidem quod ad me et meos pertinet: id agemus: ne obliti beniuolencie tue iudicari valeamus. De hijs hactenus.

Quam sanus viuas: qua ve voluptate animi: ad me vellem perscriberes. Plane tui (quod equidem sciam) omnes deo autore bene valent. Et ipse Thomas Canonicus tuus acerba propemodum tussi hactenus concussus: leniorem iam condicionem morbi suffert. Adeo/ ut iam aliquot dies nihil tale perpessus sit. Ne verearis: cura diligenti adseruatur: et a domino Thebaldo: et si quid possumus et Parentes mei et ego presto sumus. Verum eo per graciam Domini res deuenit: ut iam nihil sit quod ea in re timeamus. Tu vide Doctor ornatissime: ut tuipisius [tuiipsius] racionem habeas: et eam accuratam ut incolumem te nobis praestare possis. Que alia noua scribam nulla scio.

Vale. Ex Argentina Nonas Nouembris. A natali Christiano M.cccc.lxxxij.

## 36. *to Bohuslaus von Hassenstein*

Petit ad se rescribi: et fidem non esse in Boemo iocatur. Statum suum narrat.

Petrus Schottus Magnifico atque Generoso domino Bohuslao de Hassenstein Domino sibi maxime obseruando salutem plurimam dicit.

Quamquam ignoro: vbi nam gencium vitam agas vir huma-

42

nissime: prorsus ignoro: domum ne redieris: an adhuc inter Italos bonis artibus operam impendas. Tamen oportunitas Magistri Valentini de Ponte nuncij: cuius fidem te po-

Folio xxa

tissimum narrante cognoui: effoecit/ ut in Castellum quoque vestrum litteras ad te meas perferri curarem: si forte a Bohemia responsionem merebuntur: quam in Italia tociens misse non impetrauerunt.

Nemo mihi facile persuasisset Bohuslae: me ita tuo potuisse excidere animo: ut non dicam non mihi responderes: sed tuapte ad me non scriberes. Neque enim id conuenerat: ut semoti corporibus: ea quoque que ad amiciciam tuendam pertinerent posthaberemus. Quin pocius tu dies noctesque obtestabaris: vt litterarum vicissitudinem numquam intermitterem: id ego cum pronissimo consensu spoponderim: quod ad me pertinet: sine fraude non modo impleui: sed et tibi viam significaui: qua tabellariorum ad me facultatem adipiscereris. Verum tu/ quid multis opus est? si te mutuus amor qui in meipso nhil [nihil] prorsus imminutus est: non mouet: profecto exprobraciones hee [hae] in te nihil faciunt. Sed quid mecum stomachor? gratus es. Magnificatorem rerum vestrarum Pium secundum falsitatis insimulari non poteris: qui vestri generis viros fidei tenaces scripsit. Id etenim sic accipi oportere: ut Iohannes ille Canonicus Eistetensis interpretatus est: tu satis superque testimonium affers: qui et id ita accipiendum iudicauit. Non quod fidem seruent: sed quia apud se teneant: id quod promiserunt: nec in effectum foris deducunt. Conuiciari me tibi: si adhuc me amas: mihi non succensebis. Nosti enim quam egre paciatur amicus iniuriam ab amico. Sin amare desijsti me: me Hercule longe ampliorem increpacionem mereris. Sed omnem hanc indignacionem a me vindicabis vel vnis litterulis: quibus de condicione et voluntate in me tua cerciorem foeceris.

Ego iam per dei graciam eum statum adeptus sum in quo me sperem salutem anime deo concedente consequi posse. Plane si nihil aliud ex amicicia tua consecutus essem: saltem illud maximi facio: quod tuis hortacionibus prudentissimis in electione vite: quam mihi con-

Folio xxb

stitueram: cum sepe vacillarem: corroboratus fui. Deo benignissimo sit laus immortalis. Sed vide vt et tibi bene consulas. Scis quid dico. Ego nunc vsque adeo processi: vt ad festa Natiuitatis proxima: presbiterij sublimitatem sim suscepturus. Deus omnia accepta habere velit. Vbi annum residencie compleuero: in Canonicatu sancti Petri iunioris: si deus dederit: Theologie operam dabo.

Tu si que reliquie amoris apud te restant: quid suspensum

tenes? fac intelligam. Per Nurenbergam si tibi res cordi foret:
comodissime mittere posses. Aut per patrem Iohannem Nigri
Priorem Predicatorum Ratisponensium. Quem cum diebus superioribus Argentine conuenissem: pollicitus est omnem se operam
daturum vt ad me littere tue peruenire possint.

Vale[.] Ex Argentina: ad xvi kalendas Decembris. A natali
Anno M.cccc.lxxxij.


## 37. *to Peter Schott from Bohuslaus von Hassenstein*

Bohuslaus Bohemus clarissimo Iuris vtriusque interpreti domino Petro Schotto de Argentina amico singulari salutem plurimam dicit.

Cuperem ad te late scribere: sed tot molestijs circumseptus
sum: vt nihil prorsus agere possim. Non satis est enim Venetos
hostes nobis imminere: sed eciam pestilencia vrbem populatur: que
tamen omnia graciora mihi sunt: quam patrie calamitatem intueri.
Litteras trinas a te recepi: quibus an viuam edoceri cupis. Habe
breue responsum.

Viuo: licet nostre forsan Rhamnusia vite
Inuideat: sed diua parens que pandit Olympum:
Non sinit hanc animam: donec commissa priora
Elueret lachrimis: terrenum linquere corpus.
Non Lachesis non Clotho mihi non Atropos vlla/
Sed genitrix aderit: summe veneranda Tonantis.
Cui mare/ cui tellus/ cui coeli sidera parent:

Folio xxɪa

Hec tulit auxilium misero: Stigieque paludi
Eripuit: calidum prope iam Flegetonta videntem.

Quid aliud scribam nescio: quippe qui dubito an hae littere
unquam ad te peruenient: adeo incertum eas Bononiam misi. Ex eo
enim tempore/ quo Daniel recessit: nullum prorsus nactus sum: qui
ad te proficisci vellet. Itaque si me idcirco tui immemorem putas:
quod raro a me litteras suscipis: iniquus es (ne dicam peius) qui me
inaudito: sentenciam de meo in te animo fers. Petrus accelerat: et
non permittit aliud scribere.

Vale. Tuus sum si unquam fui. Videbo te cicius: quam
speras forte. Data M.cccc.lxxxij. Die xx Maij. Duo paria cultrorum
mitto: et in Hesiodum commentum.


44

38. *to Thomas Wolf, Sr.*

Refocillacione opus esse: presertim in loco pestilenti.

Petrus Schottus Clarissimo Decretorum Doctori Magistro Thomae Vuolfio: Canonico Vuormaciensi tamquam Parenti charo salutem dicit plurimam.
Quamquam vir humanissime/ litteris quas ad te pridem scripseram: nondum respondisti. Non alia vt arbitror racione: quam quod nihil earum rerum continebant: quibus tu solis detineris: serij dico et negociose sollicitudinis. Tamen nonnumquam remittere seueritatem: et leuioribus his nugis locum dare: vel prudentissimi viri consueuerunt. Id vero cum expediat omnibus tibi probe perquam necessarium esse: omnes qui te amant iudicauerunt. Equidem cum inter ignotos in loco (vt aiunt) pestilenti verseris: nisi meticulosum illum animum tuum/ iucundiore conuictu refocillaueris: verendum profecto fuerit: ne supra vires oppressus: timore pariter oneratus et curis: succumbere compellaris. Id itaque vt facias: hortantur te imprimis tui: quibus ut Longeuum Patrem reducas: opereprecium admodum videtur.
Noua quae apud nos sunt: narrabit nuncius[.] Decanus noster possessionem adeptus est in octaua Martini. Tui bene valent: et ut idipsum in te cures: te magnopere hortantur.
Vale[.] Ex Argentina. xi kalendas Decembres M.cccc.lxxxij.

Folio xxib

39. *to Vitus Maeler von Memmingen*

Se sacerdotem infra tricesimum rem diuinam facere: hortaturque ut et idem dominus Vitus quandoque facere meditetur.

Petrus Schottus Egregio iuris pontificij Doctori Magistro Vito maeler de Memmingen: tanquam fratri charissimo salutem dicit.
Et valere te: et accessionibus tuis amplissimis maximopere gratulor: vtinam deus optimus perseuerare longos annos concedat. Ego iam diuino munere summum sacerdocij culmen: quamuis immeritus conscendi: atque adhuc intra tricesimos solennes dies/ quotidianum illud illibatum sacrificium patri omnipotenti mitto. Te vt aliquando idem mediteris agasque: et Decanatui tuo consulas hortarer vrgeremque: nisi tuam tam probam conscienciam aliquando cognouissem: qua tute que te deceant: efficere studes. De his tantum.
Tu vt me solito amore complectaris facito. Si quid esset quod Romae mihi expediendum occurreret: nemo esset cui te vno plura confiderem: eadem ut a me speres velim: nec frustra decipieris etc.

45

Duos aureos Renenses si adhuc apud te sunt: huic Laurencio si placeat tradas. Is enim cuius causa ad te miseram eos desiderare videtur. Que noua scribam ignoro. Ego de deo contentus/ vtinam gratus esse possim: de tam innumeris in me beneficijs suis. Tu vide vt et anime tue in primis racionem habeas agas.

Datum praecipitanter ex Argentina pridie Nonas Februarij. A natali Christiano M.cccc.lxxxiij.

Vnum est: quod pro praecipuo illo amore in Magistrum Iohannem Muller tuo/ te vehementer oro: ut si contingeret nouum creari Pontificem summum: ipsius memor esse velis: in obtinénda gracia expectatiua pro persona eius: Ad collacionem Episcopi et Capituli Argentinensis Capitulorum sanctorum Thome et Petri iunioris Argentinensum meliori forma et modo/ quibus tu optime nosti. Que impenderis: proculdubio a me tibi rependentur. Age

Folio xxiia

ut magister Iohannes et ego speramus. Ipse scriberet: sed Argentine non est.

40.  *to Thomas Wolf, Sr.*

Excusat tarditatem litterarum. Agit gracias pro consilio dato super celebrandis primicijs.

Petrus Schottus Clarissimo Iuris Pontificij Doctori Magistro Thome Vuolff: Canonico Vuormaciensi maiori plurimum obseruando salutem plurimam dicit.

Quod ad te tantisper litteras non dederim: vel occupaciones nostre effoecerunt: vel quod nihil opereprecium in rebus meis iudicaui: quo aures tuas obtunderem. Et quamuis nec adhuc noui sit quippiam: quod ego tua interesse cognouerim: tàmen ne me negligencie insimules: malim apud te dicacior videri: quam non satis benificiorum in me tuorum memor.

Quod ad nos pertinet: sani per immortalis Dei graciam et Parentes mei/ et tui/ et ego viuimus: salubriora de te percipere desiderantes. Prudenter quidem solennitati oblacionis nostre primarie consuluisti. Verum tamen et si ante perfectum negocium litteras tuas receperimus: res tamen iam integra non erat. Quippe cum iam pridem Canonicos et Vicarios vniuersos Collegij nostri inuitauissemus: et preterea sacerdotes perpaucos: ex Coniunctis autem nostris/ nisi quos sine probro pretermittere non potuimus: sex aut octo ad summum[.] Itaque sollicitudo tua perquam grata nobis fuit. Verum perinde foecisti ut consueuisti. Vtinam erga deum immortalem oracionibus compensare possem.

46

Plura scribere tempus: et obruens me obstrepencium turba vetat: inter epulas etenim hec dictabam: quare ut bene valeas cura. Granaria tua plena te opperiunt: ita/ ut iam que ad Dominum Laurencium Hell pertinent: in domum tuam/ quam ego incolo deferantur. Iterum vale. Ex Argentina kalendas Marcij. Anno domini M.cccc.lxxxiij.

### 41. *to Johann Widmann*

Se et suos incolumes esse narrat. Aduentum optat.

Folio xxiib

Petrus Schottus Celeberrimo medicine Doctori: Magistro Ioanni Vuidman: Phisico principis Badensis: maiori obseruandissimo salutem plurimam dicit.

Si vales cum tuis Doctor ornatissime: ex optatis nostris res agitur. Nos etenim diuino munere: et tuo incolumes (ut arbitramur) vitam agimus. Precipue vero Soror mea de conualescencia sua: te cerciorem esse cupit. Littere hijs iuncte post abscessum tuum ad nos date fuerunt. Quod aliud scribam non habeo: nisi ut nos (quod consueuisti) ames: et aduentum ad nos matures: ut amplior nobis sit graciarum agendarum facultas. Magistrum Iohannem muller ex me saluere iubeas.

Vale. Ex Argentina vi kalendas Iunias Anno M.cccc.lxxxiij.

### 42. *to Thomas Wolf, Sr.*

Gracias agit pro compassione sui morbi. Optat reditum. Sperat officio eum sacerdotali satisfacturum: et negocia secularia posthabiturum.

Petrus Schottus Clarissimo Iuris pontificij interpreti et Doctori Magistro Thome Vuolfio: Canonico Vuormaciensi maiori plurimum obseruando salutem plurimam dicit.

Quamquam te ex infirmitate nostra turbari dolebam: iucundum tamen mihi vehementer eueniebat: beneuolentissimum animum tuum/quem rebus prosperis sepe senseram: in aduersis quoque mihi non deesse. Verum clemencius mecum egit celestis Pater: quam et nos et Medicus sperabamus. Ipsi laus et gloria: tibi autem graciam habeo: quam vtinam referre aliquando possim[.]

Quod ad te pertinet: gaudeo residencie tue terminum aduentare: tum quod ad tuos te Deo duce recipies: tum quod mihi et

47

patronum: et alterum ferme parentem tecum adduces. Tui quod equidem sciam et mei incolumes sunt omnes. Simili modo Canonici nostri: praeter Prepositum: qui tercianis laborat.

Quid aliud scribam ignoro. Nam neque ego seria scribere noui: neque tu nugis delectaris. Parentes mei se plurimum tibi commendant. Precipuum autem genitrix: quae miro desiderio aduentum expectat tuum. Eam potissimum ob causam: quod spe-

Folio xxiiia

rat te inter tam compositos diuinarum laudum concentores: illuc usque per deuocionem profoecisse: ut extemplo cum repedaueris: summissarie tue munus/ per tete ipsum sis executurus.

Breue est quod me tibi precipere incredibilis amor cogit: quod neque presbyterum dignum Christo: secularibus implicatus negocijs agere potest: neque qui sic implicitus est: nisi vim sibi faciat: et funem ut Hieronymus docet non soluat: sed rumpat: facile unquam extricari valet.

Vale[.] Ex Argentina pridie kalendas Iunias. Anno M.cccc. lxxxiij.

43.  *to Vitus Maeler von Memmingen*

Languisse se narrat. Statutum quoddam vrbis Argentinensis significat obstare/ ne Pater suus in causa quadam moneatur.

Petrus Schottus Eximio Iuris pontificij Doctori Magisto [Magistro] Vito maeler de Memmingen: litterarum apostolicarum sollicitatori dignissimo: tanquam fratri charissimo salutem plurimam dicit.

Si bene habes vir praeclarissime: vehementer gaudeo. Nos enim/ ego inquam et mei deo clementer nobiscum agente: bene valemus. Quamquam cum ad me littere perferrentur tue: tam graui et molesto morbo decubuerim: ut nec post quindecim dies eas legere: prae dolore et calore capitis possem. Quid multa? Iam et Coniuncti et Medici me non in viuorum: sed mortuorum numerum deputabant. Sed aliter Deo maximo visum est. Vtinam ad meritum mihi vitam prorogauerit.

De causa Abbatis in Ottenburn: de qua mihi antea scripsisse significas: nihil prius a te recepi. Verum res in scriptis agitur: et certis dilacionibus: et actricis et ree partis merita cognoscentur. Spero Consules vrbis nostre nihil acturos: nisi quod pium et iustum censuerint. Non autem expediret vel genitorem meum vel ceteros ea in re quicquam moneri: nisi nolles in sentencia ferenda: eos super hoc pronunciare. Ita enim statutum iuratum est: ut qua in causa quisquam pro altera parcium rogatus fuerit: in ea sentenciam ne dicat.

48

Quid aliud scribam? nisi quod soleo: meque et mea tibi offeram. Duos quos habes aureos: a me tibi pro dispensacione/ in cau-

Folio xxiiib

sa quadam Matrimoniali missos: vel diucius serua: vel Laurencio presencium latori trade: et scribe. Magister Iohannes muller Canonicatum: et ut arbitror Decanatum in Pfortçheim consecutus est. Deus te et tua fortunet. Si qua in re opera tua egerem: vterer pro pristina amicicia confidenter admodum. Eam ut de me spem habeas velim.

Vale in Domino. Ex Argentina Nona die Iunij. Anno M.cccc. lxxxiij.


44.  *to Johann Widmann*

Condolet infirmitati.

Petrus Schottus Celeberrimo medicine Doctori Magistro Iohanni Vuidman: fratri plurimum obseruando salutem plurimam dicit.

Non sine vehementi dolore Doctor insignis accepimus: Parentes mei et ego: te tam infesto decubare morbo. Neque enim potuit non molestum nobis esse: cum te (cuius industriosa fidelique opera: quantum per homines effici poterat: in periculosissimis egritudinibus: incolumitatem recuperauimus) intelligeremus talibus perturbari incommodis: quibus curandis: vicem rependere non valeremus. Verum speramus rem ipsam fama leuiorem esse: et Dominum deum non defuturum tibi: et te sospitem nobis: quem tam longo anhelamus tempore: transmissurum. Si quid sit quod tibi per Parentes meos vel me fieri petas: significa libere: inuenies re quam verbo veriores. Tibi non deerunt oraciones mee: vtinam deo maximo ita sint accepte: ut te propediem apud nos sanum et incolumem sim visurus.

Pluribus te non obtundam. Tu si potes: fac significa ut valeas. Non enim satis nostri compotes sumus: nisi de rebus tuis cerciores facti fuerimus. Prepositus ecclesie nostre ad balnea vestra diuertit. Per vectorem eius nobis significare poteris: si quid sit quod nos facere velis[.] Dominus deus te sanitati reddere dignetur.

Vale[.] Ex Argentina ad xvij kalendas Septembris. Anno M.cccc.lxxxiij.

45. *to Jacob Hagen*

Optat balnei salubritatem. Munuscula mittit. Petit reditum: ob penuriam Canonicorum Capitulum representancium.

Petrus Schottus Venerabili atque praestanti viro domino Iacobo Hagen: Cantori et Canonico ecclesie sancti Petri Iunioris Argentinensis maiori sibi plurimum obseruando salutem plurimam dicit.

Quoniam ignorantibus nobis: et perinde ut surrepticius termarum vaporacionem adijsti: non potuimus te abeuntem: quemadmodum tu nobis antea foeceras: muneribus huiuscemodi balneacioni accomodatis preuenire. Itaque et Deum immortalem magnopere rogatum velim: ut adaquacionem hanc tuam: prosperam et salubrem tibi faciat. Et te vehementer oratum: ne hec nostra volatilia contemptui habeas. Iamdudum siquidem desideraui: quod ad te mitterem: sed et venacio et vectura tam repentina fuere: ut neque munera cumulaciora: nec Epistolam productiorem efficere potuerim.

Doctor noster Thomas Vuolff ad nos redijt: propediem Vuormaciam rediturus. Tu fac ut termis indulgeas: non secus ac mihi prius persuasisti. Vtpote/ ne cum redieris: diem vnum aut alterum balneacioni tuae deesse queraris. Haec vbi probe pro necessitate confoeceris: ad nos te repedare operepraecium est admodum. Ad eam etenim penuriam Canonicorum numerus deuenit ut plerumque per duos Capitulum celebrari contingat. Sed obtundo verbis. Pater et Mater mei: se oracionibus tuis plurimum commendant: et salutem profectumque in balneis perquam maximum optant.

Vale. Et oremus pro inuicem ut saluemur. Ex Argentina xi kalendas Septembres[.] A natali domini M.cccc.lxxxiij.

46. *to Vitus Maeler von Memmingen*

Congaudet prosperitati. Suadet ne curie negocijs: conscienciam vulneret. Iacobum Marchionem Badensem: cum praeceptore Parisius profectum esse.

Petrus Schottus Insigni Decretorum Doctori: Magistro Vito Maeler de Memmingen: sollicitatori litterarum apostolicarum: uti fratri charissimo salutem plurimam dicit.

Te bene valere: et honoribus tolli: ac emolumentis/ accesionibusque [accessionibusque] subinde locupletari: maiorem in modum gratulando letor: et ut tibi saluti sint sempiterne vehementer exopto. Sed vide ne vel ambicio hyantem te ducat: vel opum praesertim ecclesiasticarum (quae pauperibus debentur) mole graueris. Ne ve solicitudo nimia negociorum forensium obstrepet ei cure: quam animae tuae: et saluti debere te nouisti. Scilicet/ ne apostolice littere te vetent: apostolicis monitis obtemperare. Quamquam enim te spero pro integritate tua: bonae beateque vite impendio: studio- que ampliori operam dare: quam ego litteris attingere: et monere possum: tamen pro continnanda [continuanda] et confirmanda ami- cicia nostra: nihil mihi visum est expediencius: quam de eo te commonefacere: per quod in perpetuas etates foelicissime sit dura- tura. Praesertim cum inter [res?] eiusmodi verseris: quae nisi accurata diligencia tibi prospicias: vix sine consciencie pure iactura tractari possunt. Sed hec hactenus: ne te forte indignantem obtun- dam. Verum humanitas tua irasci mihi nescit. Tuus sum: et tuam beniuolenciam confirmari cupio.

Magister Iohannes muller cum primogenito principis Badensis Parisius redijt. Causa Abbatis in Ottenburn (ut audio) nondum finita est. Ciues nostri si possent declinarent: ne iudicium ferre cogerentur. De terminis cause nihil mihi notum est.

Vale. Et me ama. Deum pro me ora. Ex Argentina xiij kalendas Nouembris. Anno M.cccc.lxxxiij.


47. *to Vitus Maeler von Memmingen*

Graciam expectatiuam pro amico expediri rogat.

Petrus Schottus Eximio Decretorum Doctori Magistro Vito maeler de Memmingen: litterarum apostolicarum sollicitatori

Folio xxva

tanquam fratri obseruandissimo salutem plurimam dicit.

Scripsi non multos ante dies Vir praestantissime litteras tumultuarias: quibus tibi supplicaui: ut graciam expectatiuam expedire velles: pro quodam amico meo Ioanne klein de Pliensvuiler: presbitero Argentinensis diocesis: ad Collaciones ecclesie Argentinen- sis Episcopi/ Prepositi/ Decani/ Thesaurarij et ceterorum Capituli diuisim et coniunctim. Item Abbatisse et Capituli Monasterij sancte Richardis in Andelo Argentinensis diocesis. Si eas litteras receperis: spero te mihi morem gesturum: sin minus tibi sunt reddite: iterum atque iterum oro: signaturam eius graciae obtinere quam primum cures: et deinde mihi significes: quid pecuniarum pro litterarum expedicione: et salario tuo: tibi mittendum veniat. Si quidem in ea mora non erit.

51

Vellem quoque intelligere: quemadmodum valeretis: tu et dominus Iohannes Vueschbach. Nihil enim de vobis longo iam tempore ad me perlatum est. Vtinam dominus dirigat pedes affectionum vestrarum in viam pacis. Vale vir amicissime. Ex Argentina[.] Anno ab incarnacione domini M.cccc.lxxxiiij.

### 48. *to Johann Geiler von Kaysersberg*

Orat: ut Decano persuadeat: quatenus iniuriam familiari illatam: remittat.

Petrus Schottus Viro doctissimo atque integerrimo: sacrarum litterarum Doctori Iohanni keisersberg: maiori plurimum obseruando. Gracia et pax.

Iniuriam illatam Vdalrico Stromeiger iuniori: non ignoras vir praestantissime. Pater illius/ qui facinus perpetrauit: cum sim ei compater: me lachrimis obtestatus est: ut has ad te darem litteras. Narrat deductum esse negocium inquirende composicionis ad eum: qui lesus fuit: et illum non renuisse oblatas condiciones: sed tamen in eo perstitisse: se nihil prorsus initurum: nisi ex voluntate domini sui: nobilissimi viri Decani Argentinensis. Continuo cum haberetur racio placandi eiusce reuerendissimi hominis: visum est eis: per

Folio xxvb

me te rogari posse: per te autem dominum meum Decanum: ut is in ea re austeritatem mitigaret. Quippe cum ipsi parati sint: pro omni voluntate partis lese concordiam acceptare: hoc est: ut ei de damnis/ et iniurijs acceptis: plenaria satisfactio exhibeatur. Ea in re si quid agere possis quod proficuum sit: gratum mihi fuerit: tum propter compatrem: cui debere videor: tum propter dominum meum: ne videatur clemenciae: quae vel principem summopere decet: nihil debere. Tu ipse nosti quantum secundum Deum vel agere vel remittere possit. Nihil praeterea rogo.

Quod ad Casparem organistam perinet [pertinet]: cum intellexerim a Patre: rem post tres ebdomadas terminandam et non ante: nihil innouandum statui: priusquam dominus noster Decanus adueniret. Ex Argentina tercia ante Apolloniae: propere. Anno M.cccc. lxxxiiij.

### 49. *to Guillaume de Rochefort*

Petrus Schottus ex persona Sororum a Clingental minoris Basilee eiectarum Doctori praestantissimo domino Guillermo de Rupeforti Preces et humiles et debitas.

52

Insignis atque clarissime Doctor: Humanissima bonitas vestra/
quam cognouimus inter calamitates nostras: dum Basilee turpissime
et immaniter rebus et sedibus nostris pelleremur: praestitit nobis
singularem fiduciam vestro fauore atque suffragijs/ erumnas nostras
leuari et sanari posse. Nihil enim ab eo tempore quo haec perpesse
sumus: gracius accepciusque fuit: quam quod accessiones successus-
que vestros: tam egregie tanquam digne audiremus fortunari. Itaque primum excellencie vestre magnopere congratulamur: et ut
vobis sit sempiterne saluti hic honor et regius fauor: Deum deuotissime oramus. Deinde nobis ipsis maiorem in modum letamur. Iam
enim/ quae hactenus in solum Deum confidebamus: cepimus eciam
humanam opem (qua nobis dum in corpusculo hoc detinemur necessaria est) non modicam sperare.

Nam postquam recuperandi

Folio xxvia

Monasterij in Clingental Basiliensi nulla nobis spes supererat: malui-
mus collecte/ simulque habitantes: quamcumque deus afferet condicionem acceptare: quam singule singulis Monasterijs hinc et inde
separatim deputari. Proinde cum nihil nobis accomodacius reperi-
remus: acceptauerunt nos hospicio in casas nemoribus obsitas: in
loco qui lingua nostra Rhentingen dicitur: paupercule quedam et
deuote xxviij sorores: in omni paciencia et penuria labore manuum
victum queritantes. Vbi hactenus perseuerauimus quindccim [quin-
decim] Reformatrices cum Reformatis nouem: que ex Clingental
misero exilio: vi immani eiecte detruseque: manum celestis Domini
maximo desiderio expectamus: si forte auxilio misericordis alicuius/
atque magnanimi Principis: eousque saltem deueniremus: ut in
claustrali structura/ professioni nostre satisfacere possemus. Ad
quam rem nemo nobis visus est et opibus magnificencior et animi
pietate clemencior: quam christianissimus Francorum Rex: presertim si vestras persuasiones et informaciones aptiores quam scribere
valeamus: adiungere dignatus fueritis.

Quamobrem Vestra humanitate et pietate frete ad Maiestatem
Regiam litteras deprecatorias mittunt: generosi fratres Comites de
Lyningen: Domini eius loci/ in quo nunc misere versamur: quibus
nostras quoque iungi non inconducibile videbatur. Hac igitur in re/
in qua omnis nostra consolacio consistit: ne nos desiderium nostrum
fallat: vos obnixe et pro spe/ quam in vos vnicum post deum summam habemus: confidentissime oramus: si quid unquam preces
nostre licet exiles/ licet indeuote/ sedule tamen apud deum maximum
possunt: perpetuo beneficio omnem congregacionem sempiternis
seculis vobis deuincietis. Id tamen breui habete: si excellencie
vestre consilium nostrum minus placeat: in manu vestra sit: litteras
et Comitum et nostras Regie Maiestati

non reddere. Verum Deus maximus menti nostre ·spem dedit: ut videamur auxilio potissimum vestro non incassum petitum iri. Valete in Christo Iesu.


50. *to the King of France*

Commendaticie Comitum de Lyningen pro Sororibus a Clingental eiectis.

Petrus Schottus nomine Comitum de Lyningen: Christianissimo Francorum Regi. Salua sit Regia maiestas et in eternum foelix.

Serenissime atque Christianissime Rex. Amplissima pietatis ac munificencie fama: qua per vniuersum orbem diuini cultus atque Christiane obseruacionis precipuum et fere vnicum presidium Illustre Vestra Maiestas praedicatur: audenciores nos effoecit: ut in re sicuti pijssima/ ita vehementer necessaria: per litteras supplicatorias: nomen illud vestrum clarissimum celebrius atque illustrius reddere conaremur. Quamquam autem nos non tanti meriti simus: erga inclitam Coronam Francorum: ut nostri gracia quicquam postulare posse videamur: non quod animus/ sed obsequendi occasio defuerit: tamen res ipsa tantum honestatis: tantum presefert necessitatis: ut non dubitauerimus: pijssimum atque christianissimum Regem: precibus nostris/ immo saluatoris nostri clementissimi Christi: pro cuius castissimis sponsis verbum facimus: propensum atque procliuem se prestaturum.

Eiecte fuerunt Rex serenissime diebus nuper exactis et nouo quodam immanitatis genere: e sedibus templi et monasterij ciuitatis Basi?ensis [Basiliensis]: Virgines quedam omni virtutis et religionis ornamento decore. Nec sane id aliam ob causam factum est: nisi ut his/ qui reiecto pudore: solo nomine et vestitu Religionem preseferunt et simulant/ pateret: his vero que tenorem obseruancie Regularis summa diligencia conseruarent: eciam quam possidebant: mansio cum vniuersis Monasterij opibus/ quibus honestissime alebantur: auferretur. Id quemadmodum fuerit: dominus Guiller-

mus de Rupeforti egregius atque celeberrimus Doctor: qui nunc in Curia Maiestatis Vestrae fouetur: tunc autem cum haec commiterentur Basileae degebat: clarius atque dilucidius explanare valebit. Itaque cum deuotissimae Sanctimoniales sedibus orbatae: et facultatum omnium subsidio destitute: deligendi habitacionis condicionem meliorem non adipiscerentur: in territorio nostro nemoribus pocius quam edificijs sese receperunt. Sperantes nimirum succesu [successu] temporis: Deo maximo largiente: hominibus autem opem suppeditantibus: ex asperis durissimisque inicijs: deuocioni atque sanctimonie: et vero Christiano cultui: aptissimum locum constituendum fore.

Verum Rex Christianissime: cum labor et impensa: perinde ut in coeptis alijs: amplior· et desperacior nunc: iam circa principia vigeat et molestet: nec possint sine preclari alicuius munificencia: pro sese omnibus vel tectum vel templum constituere: visum est nobis inter omnes Christiane Reipublicae principes neminem esse: qui his meritis et honori dignius acciri et aduocari posset: quam Christianissimus Rex Gallorum. Nihil siquidem iacture prouenit tanto Regi: si vel amplissimum Monasterium construxerit. Nomen vero honoremque perpetuum consequitur: sed et meritum ineffabile apud Deum: cuius cultui (quo nihil ei acceptius a mortalibus exhiberi potest) restaurando efficitur auctor. Has quoque sacratissimas virgines perpetua precum obligacione sibi deuincit. Pluribus vteremur Rex christianissime: nisi certo sciremus erumnosam harum virginum calamitatem et eiectionem: quam propterea quia iustae viuebant perpessae fuerunt: iniuriamque sponsi sui Iesu Christi/ qui pro eis orare videtur plus apud clementissimam maiestatem vestram valere: quam preces

Folio xxviib

et supplicaciones nostras. Quamuis nos quoque si quid in nobis est quo Maiestatem Vestram Regiam morem gerere posse videamur: omni cura et opera diligentissima conabimur erga Maiestatem Vestram et inclytam Francie Coronam promereri. Cui nos et nostra supplices commendamus. Quam Dominus celestis perpetua foelicitate et pace conseruet: et augeat.

51.  *to the King of France*

Sorores ex Clingental eiecte: rogant pro assistencia Regem Francorum.

Petrus Schottus ex persona Sororum a Clingental propulsarum: eidem christianissimo Francorum Regi.

Serenissime Rex atque christianissime: deus omnipotens Maiestatem Vestram et Regnum florentissimum perpetua foelicitate et pace ditare dignetur. Calamitatem nostram Illustrissime Rex prefari deceret: atque clementissimas aures vestras miseria nostra mollire: si non speraremus: ex litteris generosorum et nobilium Han

55

et Vueckeri Comitum de Lyningen: Dominorum nostrorum: et potissimum clarissimi viri domini Guillermi de Rupeforti Doctoris egregij informacione: Vestram Maiestatem abunde cognituram. Presertim cum tam erumnoso exilio contra phas et equum premamur: ut non satis decorum esset litteris velle: serenissimam Maiestatem Vestram tanta rerum serie molestare.

Consueuerunt serenissime Rex maiores et progenitores Serenitatis Vestrae admirandas et immensas opes impendere: instruendis Basilicis Coenobijsque et Clericis: quos illic instituebant: amplissima largitate dotandis. Vnde inter omnium Regnorum principes/ non fuerunt: qui Francorum Regi cum in ceteris: tum in hac re potissimum possent conferri. Earum virtutum Maiestatem Vestram semper emulam fuisse plurima templa vel e fundo recenter extructa: vel post totalem subuersionem recidiua: vel locupletissima donacione ornata: luce clarius demonstrant.

Hac itaque tam illustri fama: in grauissimis erumnis nostris: spem

Folio xxviiia

aliquam sumentes: ad Maiestatem Vestram vtpote vnicum praesidium confugimus: supplici prece opem rogantes: qua in tam lamentabilem condicionem deiecte: saltem claustrali domo tegi: et pro voto nostro deo omnipotenti seruire et famulari possemus. Ea re sane nos: et quae post nos venture sunt: perpetua precum oracione obnoxias reddetis. Plura sunt que christianissimam Vestram Maiestatem hec ut faciat mouere possunt. Vel quod contra iustum/ templo vi deiecte fuimus: vel quod foeminei generis et eius quidem virginalis: vel quod deo maximo velate et dicate: non (nisi monasterio concludamur) professioni nostre satisfaciamus. Sed potissimum impetracionis locum Cbristus [Christus] preclarissimus sponsus obtineat: qui quecunque suis vel minimis exhiberi contigerit: sibiipsi facta putabit: et sese compensaturum pollicetur. Eius doni ut se Maiestas Vestra participem faciat idem ipse largiatur qui Maiestatem Vestram et Regnum longo euo foeliciter tueatur et seruet.

## 52. *to Pope Sixtus IV from Thomas Lampertheim*

Pro Sororibus in Rhentingen petuntur Indulgencie.

Beatissimo sanctae Romane sedis: atque vniuersalis ecclesie Pontifici maximo domino nostro: domino Sixto quarto: Frater Thomas Lampertheim peregrinancium Sororum inutilis confessor Ordinis Predicatorum. Post desideratissima sanctissimorum pedum oscula.

56

Non satis digne possum beatissime Pater de sanctitate vestra cogitare.: et scribere presumo. Veniam mihi vilissimo peccatori super audacia hac obtineat: et Sanctitatis Vestrae benignitas: et vrgens necessitas.

Deuotissime Vestrae Sanctitatis oratrices (ausim adhuc presumere) filie ac peregrine singulares nuper de Monasterio Clingental minoris Basilee: quod ex commissione Sanctitatis Vestrae reformauerant eiecte: adhuc minus prouise exulant. In vnum pariter collecte: in loco qui Rhentingen dicitur: diocesis Metensis: quem nobiles domini

Folio xxviiib

Comites de Lyningen qui eciam Sanctitati Vestrae inpraesenciarum scribunt donauerunt. Ad quem quidem locum/ ut satisfacerem et obtemperarem Sanctitati Vestrae apostolico breui super hoc mihi misso: easdem exulantes perduxi: cum ipsas alias nullibi potuissem collocare. Vbi manent vsque nunc in magna necessariorum penuria suscepte a quibusdam pauperculis ordinis de penitencia beati Dominici: que solo manuum labore viuunt: adiuncta possessione: quam supradicti domini Comites dederunt.

Cum quibus dicte Sanctitas Vestra oratrices peregrine: deuotissime ad pedes beatitudinis vestre prostrate: quatenus solita largitate: nec vlli quidem negata: et ipsis dignetur graciam impartiri: qua perseuerare possint: in augmentum diuini cultus: et suam in extrema tribulacione consolacionem. Hoc est autem clementissime Pater quod humilime petunt. Vt singulis annis in festo Annunciacionis gloriosissime virginis: omnes christifideles septem loca constituenda in ecclesia antedicti loci Rhentingen: in honorem eiusdem intemerate virginis dedicata visitantes: et manus porrigentes adiutrices: indulgencias eas consequantur: quas fratres ordinum Predicatorum/ Minorum et Carthusiensium septem altaria locorum suorum cum certis oracionibus visitantes: a Sanctitate Vestra quampluribus anni diebus sunt adepti: et ut duo milia personarum/ que elemosinas pias elargirentur: auctoritate et de benignitate speciali Sanctitatis Vestrae fratribus dictorum ordinum/ quo ad pretactas indulgencias prorsus equiparentur: prout supplicacio pro parte earum Sanctitati Vestrae porrigenda lacius explanabit.

Hanc itaque beatissime Pater graciam: mihi despectissimo vermiculo in comodum tam miserabilium exulum: et in primis ad honorem patris omnium orphanorum fieri queso: pro ea quam vestra beatissima sanctitas/ mihi propria benignitate spopondit: quam gloriosus deus in perpetuum exaltare dignetur.

Ex Rhentingen praedicto xiiij kalendas Marcias. Anno a natali Christiano M.cccc.lxxxiiij.

### 53. *to Pope Sixtus IV*

Denuo pro indulgencijs et assistencia Sedis apostolicae adeo
deuote et efficacitur ut Sarracenus aut Thurcus his moueri
potuisset. Sed omnia heu venalia Romae.

Foelicissimo atque beatissimo sedis Romane et vniuersalis
ecclesie Pontifici maximo: domino nostro/ domino Sixto quarto.
Petrus Schottus: nomine Sororum ex Clingental eiectarum.

Post humilimam sacrosanctorum pedum deosculacionem.
Beatissime pater: incredibilis et prope diuina benignitas Sanctitatis
Vestrae quae supra etatum omnium principes nomen immortale est
consecuta: sperare nos cogit: et proinde certo nobis ipsis promittere:
extremam illam et calamitosam necessitatem nostram: quam propter obedienciam Sanctitati Vestrae exhibitam tolerare cogimur:
beatitudinis vestre subuencione leuatum iri: praesertim cum ea re
nobis quidem fructus amplissimus: at Sanctitati Vestrae meritum
immarcessibili [immarcescibile] sit accessurum. Sane non latet
beatitudinem vestram ut arbitramur: quemadmodum mandato
Sanctitatis Vestrae primarium Monasterium nostrum obediencia
promta deserentes: in Conuentum Clingental minoris Basilee inuestiri nos passe sumus. Illum eciam tribus ferme annis per auxilium
beatitudinis vestre in obseruancia regulari continuerimus: Sororibus
plerisque: et earum que prius illic fuerant: et que noue snperuene-
runt [superuenerunt] nobis accumulatis.

Postremo post tractatus iuges et anxios Sanctitati Vestrae
credimus non incognitos: in mandato coepto non potuisse persistere:
sed contumeliosa et seculis nostris inaudita rerum innouacione
eiectas esse: cum immanibus et abominandis (que dicere pudet)
verborum et factorum iniurijs: effractis violenter portis Conuentus/
Ecclesie/ et Chori non sine detestanda: ut plurimum veremur:
violacione templi diuini. In quo tamen sine reconciliacione mysteria
sacra in hodiernum vsque diem exercentur: quod sane am-

pliori nos affoecit molestia: quam miserabilis et erumnosa expulsio
nostra. Quandoquidem non credimus tale quippiam a sanctitate
vestra praeceptum fuisse. Quamobrem post huiuscemodi spolia-
cionem prestolabamur annum integrum: si forte Sanctitas Vestra
facinorosam hanc/ et Christiano nomini indignam peruicaciam:
iniquo se animo ferre ostendens: innocenciam et obedienciam nostram pio ac paterno vultu contueretur: pro muliebri simplicitate
non animaduertentes: non posse vnius Monasterij calamitatem

solicitare eum: cui tocius orbis gubernacio et iudicium incumbit: nisi recenti rerum commemoracione: diuina illa tanti Patris misera- cio fuerit excitata.

Itaque sanctissime Pater inclinate saltem hoc momentulo paternas vestras et foelicissimas aures: ad nos exules huilimas [humilimas] mulierculas: minimam partem commissarum vobis ouium: et vel parumper miserie nostrae compaciamini. Eo clemen- cius et ampliori misericordia: quo verius intelligitis: nos ex Monas- terijs duobus collectas: in exilio/ in heremo deserta: ambobus expertes coenobijs: communem adhuc tolerare penuriam pocius quam vitam.' Etenim omni fere humano destitute auxilio: desidera- tissime praestolamur: quid Sanctitas vestra inopibus suis orphanis sit impensura. Non dubitantes: quin immensa hec benignitas vestra: que vniuersum christianum orbem largifluis exhilarauit donarijs: in nos indigentissimas Sanctitatis Vestrae filias: solitam munificenciam et graciam sit remissura. Nempe vel id nobis profuturum confidi- mus: quod hec omnia quantacumque sint sustinemus: propter iusti- ciam et obedienciam huic sanctissime sedi et beatitudini vestre impensa: quam vt Pater omnipotens longa incolumitate in eternam foelicitatem conseruare velit: maximopere rogamus.

Datum in exilio nostro Rhentingen xiiij kalendas Marcij. Anno Christi M.cccc.lxxxiiij.

Folio xxxa

54. *to Johann Müller*

Se quartum Scoti ex quodam doctore minorum Argentine audire.

Petrus Schottus Viro venerabili bonarum arcium Magistro Ioanni Muller: Collegium Burgundie Parisius incolenti maiori pluri- mum obseruando salutem dicit.

Valere te: et perinde triumphare inter tuos: ex Nycholao Grummel intellexi: quamuis per litteras tuas maluissem. Id enim ut faceres litteris nostris orabamus.

Ego inter Parentes ut consueui diuino munere pergo cum accessione tamen deliberacionis cuiusdam theologice doctrine. Equi- dem cum mihi Parisiensis adhuc schola differatur. Interea ad Minores quartum Scoti quotidiana frequentacione audio: ab Doctore Conrado Bondorffer: quem nonnumquam predicantem audisti: cuius auditorium postquam ipse incoepi: frequenti concursu propter consuetudinem locupletatum est: non solum religiosorum sed et clericorum secularium. Id ut scires significare volui: ne me prorsus ocio torpere doleres. Verum si quae comoditas obueniret: quod sepe

59

visum fuit: efficere conarer: et si non nihil desperare cogor: et quia
Parentes magis et magis renituntur: et quia te abiturum intelligo.
Sed de his satis.

Ego ut tibi parcas: neque solicitudine te nimia perturbes: sed
etati/ quieti/ et religioni consulas/ indulgeasque: vehementer oro.
Tametsi enim precipere me tibi nequaquam conueniat: tamen quia
te incolumem opto: et prospera ad nos valitudine reuerti: et si
domino placeret foelices nobiscum dies et ducere et concludere: hec
ut scribam: immensus amor hortatur. Domino meo Marchioni
Iacobo commendatum me facito. Magistro Mathie: et Iohanni
Iorger salutem verbis meis significes. Litteras autem tuas quoniam
plurimum desidero: consilium tuum ad me des eciam atque eciam oro.

Vale. Parentes mei: soror Otilia: et filia eius cognominis: nunc
vxor Martini Sturm: Magdalena quoque veterana: sese tibi maximopere commendant. Iterum vale. Ex Argentina tercio Nonas Marcij.
Anno domini M.cccc.lxxxiiij.

Folio xxxb

55. *to Vitus Maeler von Memmingen*

Amiciciam esse raram. Noua quedam: de reformacione minorum Vlmensium. Indigne se citatum tanquam curatorum
Thome Vuolff iunioris scribit.

Petrus Schottus Viro peritissimo: atque venerabili Magistro
Vito Maeler de memmingen: Decretorum Doctori: Decano Iuncensi:
solicitatori litterarum apostolicarum fratri charissimo salutem dicit
plurimam.

Non potest non esse vehementer gratum Vite dulcissime: te
inter tot perstrepentes vndique solicitudines tuas: quae ad nos vno
omnium ore creberrime perferuntur: mei tamen non obliuisci: quo
minus litteras officio plenas: et eas frequenter ad me scribas. Equidem cum honestum sit admodum: inchoatam amiciciam: temporum
aut locorum dispendio non finiri: eo tamen mirandam magis praesefert pulchritudinem: quo rarior inter mortales inuenitur. Itaque
cum manifeste intelligam: amorem in me tuum non deficere: ingratus sim: et plane improbus oportet: nisi te ampliori quam antea
beneuolencia et obseruancia complectar. Id quod ita esse: te minus
dubitare velim: quam quod certissime nosti.

Que apud nos noua sint: pauca mihi sunt cognita. Erunt
forsitan plura quam optemus: quamprimum tempus confoedera-
cionis inter Principem Austrie: nostros et Heluecios expirauerit.
Quod quidem erit quarta Aprilis. Vtinam dominus misericorditer
agat cum populo suo.

60

Que mihi imperasti pro virili et foeci: et faciam. Quantum enim noui: reformacionibus faueo. Idcirco/ et laudem et meritum non paruum es assecutus: in Reformacione conuentus Minorum Vlmensium: quamuis nescio quid moliantur Prouincialis: et fratres Conuentus Argetinensis [Argentinensis]: et causa coram conseruatore Episcopo Argentinae indecisa: adhuc sit intentata.

Que plura scribam non occurrunt. Magister et preceptor meus dominus Ioannes Muller Parisiensem rursus cum discipulis suis Achademiam [Academiam] incolit: Aurelianensem ut audio propediem/ legum Imperialium gracia: que ibi sole leguntur petiturus.

Tu vt valeas cura. Citatus sum heri ad Curiam Romanam ex parte Engelhardi Funck:

Folio xxxia

nomine curatorio cuiusdam Minoris Thome Vuolff: nepotis ex fratre Doctoris Thome Vuolff tibi cogniti. Cuius ego neque tutor sum: neque curator. Eam causam cum principaliter contingat Thomam Vuolff iuniorem Patruus eius commisit Magistro Iohanni Burckardo[.] Quid ad me pertineat negocium illud: non video. Tu si meum nomen audies inter causas ventilari: ne me litigiosum existimes obsecro. Pocius tuere: ne excommunicacionis vinculo innodatus: a diuino officio: cui me vnice deuoui repellar.

Iterum cura ut valeas: et in amore meo pergas. Ex Argentina xiiij kalendas Apriles. Anno a natali Christi M.cccc.lxxxiiij.

*[Postscript]*
Abhorret a practica Beneficiorum Curie Romane.

Decreueram scribere domino Iohanni Vueschbach: verum inopia temporis prepedior: presertim cum dignitatis/ si quam interim est adeptus: titulum ignorem. Neque enim vereor quin Prepositeram: aut certe Episcopatum alicubi iamdudum sit assecutus[.] Quippe qui earum rerum apprime doctus ex litteris suis mihi visus est: quibus beniuolencia eorum/ quibus hec in manibus sunt conciliatur. Sed taceo. Vt mihi parcat: fac persuadeas. Conuertat pocius industriosam hanc practicam suam in Benificiosum quempiam: et praebendis onustum. Prosit mihi antiqua familiaritas: pocius defensionem meam sumat in causa quam supra scripsi. Ego me ei plurimum commendo: et ut scribat ad me crebras litteras: vehementer obtestor. De Romane ecclesie sanctitate: et sui integritate malim: quam de quibus pridem.

## 56. *to Johann Riedner*

Congratulatur fortune. Statum suum et Magistrum Ioannem Muller describit.

Petrus Schottus Insigni Iuris pontificij Doctori: atque Artis humanitatis elegantissimo professori Iohanni Riedner in Ingelstat: tanquam fratri charissimo salutem dicit plurimam.

Accessionibus tuis vir dignissime tantopere gratulor: quem scio

Folio xxxɪb

lucubracionibus tuis: et erumnis Herculeis non inferioribus tocius humanitatis et doctrine fastigium merito tuo maximo conscendisse. Quod ad te hactenus non scripserim: in causa fuit quod minus certus eram: quam regionem expurgandam/ illustrandamque excoleres. Proinde crebriores ad te dabo litteras. Et si quid obuenerit super adolescentibus tui non ero immemor. Ego te aliquando nobiscum visurum me sperabam: sed placet oblata tibi condicio: eam ut non floccifacias: verum tuearis augeasque curato.

Statum meum ipse nosti: inter Parentes Sacerdos: libris et rei diuine vaco. Magister Iohannes noster nondum doctor: cum primogenito principis Badensis: Parisiensem petijt Achademiam. Itaque et psalterium suum grecum secum habet. Tu a domino Bohuslao copiam facile impetrabis: qui originale habet. Temporis angustia vetor plura scribere. Te amo mihi crede. Tu ut me ames facito. Vale. Ex Argentina xv kalendas Iunij. Anno M.cccc.lxxxiiij.

## 57. *to Thomas Wolf, Sr.*

Equites ei mittendos: et dispositionem possessionis domorum.

Petrus Schottus Viro clarissimo Decretorum Doctori: Magistro Thome Vuolfio Canonico Vuormaciensi: maiori sibi plurimum obseruando salutem dicit plurimam.

Accelerare residencie tue terminum: et tibi gratulor et mihi letor: pariterque tuis omnibus/ quibus aduentus tuus longe desideratissimus obtinget. Deus precor omnia secundet. Quod ad satellitem et equos pertinet: Pater ita curauit: ut nisi quid aliud significaueris: in profesto Bartholomei/ alter ex his: quos nominasti: apud te sit cum equis ut petisti. Interea ut adhuc placet: cum parentibus thermas in Vuiltbaden petemus. De curia quondam domini Theobaldi Fuchs: quam procuratorio tui nomine possideo: et item de quondam tua/ quam Thomas tuus vel pocius noster consecutus est: alij ut arbitror ad te scripserunt: propterea ne te plu-

Folio xxxiia

ribus obtundam: ut hec noua habitandi comoditas et honori et
saluti tibi sit: vehementer opto. Parentes ambo se tibi commenda-
tissimos esse volunt.

Vale. Ex Argentina pridie Nonas Iulij. Anno M.cccc.lxxxiiij.


58. *to Johann Scriptoris*

Commendaticias petit litteras ad Parisiense gymnasium pro
adiumento studij sacrarum litterarum.

Petrus Schottus Profundissimo sacrarum litterarum Doctori
Ioanni Scriptoris ecclesie Moguntinensis concionatori dignissimo:
praeceptori plurimum honorando salutem dicit plurimam.

Summa ac singularis humanitas tua celeberrime Doctor: qua
me discipulum tuum officiosissime complexus es: audenciorem me
reddidit: quo minus dubitarem: id a te precibus desiderare: quod in
rem meam maximopere fore confiderem: tu quoque facile praestare
posses: praesertim in re tibi ut arbitror non displicitura. Equidem
si recte meministi: dum anno superiori apud nos esses: cum excellen-
cia tua contuli super desiderio meo: quo ad sacre Theologie studium
afficiebar. Quod tu non solum probabas sed ad illud tuendum ex-
plendumque non minus fideliter quam sapienter adhortabaris. Plane
cum idem in me desiderium adauctum hactenus vehementer agnos-
cerem: vix tandem Parentibus meis persuasi: ut me saltem quousque
principia praeclarissime illius facultatis acciperem: abire paterentur.
Neque enim sublimiorem gradum desidero: sed tantisper in ea
progredi: ut scriptis Doctoris subtilis auditis (cuius ego a te rudimenta olim percoepi) quotidiano deinde exercicio apud meipsum:
pro gloria omnipotentis dei et mei edificacione dies meos cum salute
exigere concedatur. Id autem vbi conducibilius consequi possim
quam in amplissima Parisiorum vniuersitate non inuenio: tot doc-
tissimorum virorum conuersacione eius artis quam dixi principia
cicius faciliusque assecuturum me confido.

Porro sola tua bene-

Folio xxxiib

uolencia fretus: id tento. Quamquam enim id mihi alioquin difficilius videretur: tamen si tu me et prouisori Collegij: et ceteris quibus
videbitur Magistris nostris commendare dignaberis: non verebor:
quin et hospes illic accipiar et in optima domo cum mihi gratis et
placidis viris constituar. Id igitur vt facere velis: quanto efficacius
fieri poterit: te maiorem in modum pro ea gracia/ qua id summi

63

beneficij loco semper habebo: obtestor et oro. Easque litteras: si placet: ad me mittas: quibus intelligam: quas res mecum abducere debeam: et proinde ad me scribere digneris: quid tibi videatur ea praecipue in re consultum. Intellexi eciam adhuc arbitrio tuo relictam domum in eo Collegio: quae si vacaret: et ea beneficencia me prosequereris: ut in ea mihi liceret habitare: et si quam suppellectilem illic haberes eam mihi locares: pro tuo arbitrio tibi satisfacerem. Idque mihi tam gratum existimarem: ut nihil supra. Ea siquidem domus iampridem mihi cognita: semper quieti et solitudini mihi gratissime visa fuit accomodata. De his satis.

In re mihi per te commissa: immemor nequaquam extiti: sed nulla se adhuc obtulit ad eam occasio. Ab eo enim tempore/ nemo adhuc quicquam talibus gracijs assecutus est. Vtinam ita deus faciat: ut etatem nobiscum agas: tum officijs ego tibi si non prorsus referrem graciam (id enim vix possibile) ingratitudinis tamen certarem nota nequaquam contaminari.

Vt bene valeas ornatissime praecoeptor cura. Vterque Parens tibi se totum offert: et orat ut que a te petita sunt: minime recuses. Id enim et ipsi si vnquam poterunt: pensare curabunt. Et fac obsecro pro vectione mea ad deum: eandem adnoscam beniuolenciam tuam: que fuerat in erudicione ad artes.

Iterum vale Doctor eximie. Responde obsecro cicius. Nam tuas solummodo litteras moror. Ex Argentina iij kalendas Septembris. Anno M.cccc.lxxxiiij.

Folio xxxiiia

59. *to Vitus Maeler von Memmingen*

Congaudet prosperitati. Suadet officio ac dignitati satisfactum iri. Beneficiorum pluralitatis iacturam tangit[.] Commendat amicum ex animo.

Petrus Schottus Eximio Iuris pontificij Doctori: Magistro Vito Maeler de Memmingen: Preposito sancti Viti Frisingensis bene merito: fratri suo charissimo salutem dicit.
Valere te: et accessionibus cumulari: non sine vehementi gratulacione litteris tuis intellexi. Modo cures ut quibus beneficijs ad opes honoresque consurgis: eisdem ad largitoris dei inquam immortalis amorem beatam quoque conuersacionem: et quae tali nomine vere sit digna: inuiteris et traharis. Equidem etsi pro perspecta mihi iampridem integritate tua plurima tibi tribuam: nequeo tamen non subuereri: ne si plerisque similis/ tot tibi praebendas aggregaueris: eorum quoque persuasione deludaris: qui arbitrantur: satis superque sibi fore: si ab hominibus minus molestentur. Diui-

64

num autem iudicium non aduertentes: ignorant his solis ecclesie: hoc est pauperum stipendia deberi: qui officijs illis satisfaciunt: propter quae beneficia huiuscemodi sunt instituta. Quare pro amore quo te complector: oratum te velim: ut maioris facias anime quam corporis saluacionem: memor admonicionis eius: qui nos sanguine redemit suo: nihil prodesse homini: vniuersum mundum lucrari: animae vero sue detrimentum pati. De his hactenus.

Causa Ottenburnensis adhuc indecisa pendet: negligencia ut audio partis actricis: quae probaciones nondum adduxit[.] Que reliqua noua sint: nulla percipio scriptu digna. Vnum est quod te vehementer oro: ut presencium exhibitorem: commendatum tibi esse velis: si quid erit: in quo eum iuuare possis. Erfordie didicit: probrorum imprimis Parentum in vrbe nostra filius. Iterum oro ne vulgarem commendacionem existimes. Namque ut ita commendarem Parentes mei iusserunt. Confidenter scribo: ita enim amor cogit.

Vale. tui meique memor. Ex Argentina xiij kalendas Septembres. Anno domini M.cccc.lxxxiiij. Dominum Ioannem Vueschbach si Rome sit ex me plurimum saluere iubeas.

Folio xxxiiib

60. *to Johann Müller*

Pro beneficijs gracias agit. Puerum commendat. Cupit redire Parisius pro studio Theologiae. Monet ne seuerior sit in filium Principis. Operam se daturum pro beneficio in Argentina consequendo.

Petrus Schottus Viro in primis venerabili: Magistro Iohanni Muller: maiori plurimum obseruando salutem dicit plurimam.

Beneficencie in me tuae: tot apud me monumenta praeceptor optime relicta sunt: ut nouis illis officijs tuis/ qui tam solicitus Cancellarij scripta conquisieris: nihil iam amplius me tibi obligare posse videaris: quem iampridem totum et quicquid in eo est: pleno tibi iure deuinxisti. Verum tametsi meritis tuis nequaquam sufficiam tamen singulari humanitate fretus tua: non verebor: cui plurima debeo: plura velle debere.

Mitto ad vos vel ut spero premitto puerum meum Gangolifum: cui oro velis donec ego venio: auctor esse: ut vel in Collegio Camerista: Grammatice det operam: vel alicui vbi tamen discere possit famuletur. Octo floreni Renenses qui sibi istic reddi debent: apud te deponantur paciaris: in extremam necessitatem impendendi.

Ego vix tandem Parentibus persuasi: ut abire me sint perpessuri. Itaque si quid sit: quare id minus e re mea perpendere possis:

te vehementer obsecro: ad nos vbi primum poteris significes. Sin autem inter collegas Sarbonenses hospes admitti desiderarem: ut in maiori frequencia tam clarorum theologorum: vel quotidiana conuersacione: familiariora mihi redderem eius sciencie fundamenta: quibus imbutus: iucundius fructuosiusque mihi/ ut tibi sepe dixi: exercicium cum in patriam redirem compararem. Eorum itaque collegarum si quem forte nociorem habes: super ea re conuenire placeat: et intelligere si fieri possit: ut cum ad vos venero: quod spero Deo clementissimo fauente propediem futurum: adminiculo pro perspecta mihi be-

Folio xxxiiia

niuolencia tua ea in re: aut quae tibi plus sedeat: existere possis. Impetrabo eciam a Magistro nostro Ioanne Scriptoris commendaticias litteras: ad eos quos illic familiariores habet. Sed de his plura coram.

Nepotem tuum ex fratre praeclarissime indolis/ infantem apud nos nuper vidi: nec fuit quod amplius optarem: quam ut te quoque inter curas tuas oblectacionibus quas mille subinde accumulat: frui liceret.

Dum apud nos esset in nundinis nostris dominus Iacobus Capellanus Illustris principis Badensis: commisit ut te litteris monerem: ne seueriorem tristioremve praecoeptorem ageres erga adolescentem: quam Parentes eius cupiant. Siquidem intellexisse eos de febri eius: quam ea causa suspicantur aduenisse. Quid plura? Mouit mihi stomachum: qui praeter ceteros mortales: mansuetudinem et indulgentem admodum curam tuam tot annis expertus: nunquam mihi egritudini: sed sanitati fuisse proculdubio scio. Sed hec sunt quae redduntur tibi pro tam laboriosis et solicitis anxijsque erumnis. Vtinam liber esses: et Magistr [Magister] Iohannes Rot et ego possemus efficere: ut tandem in vrbe nostra conquiesceres. Tentamus et cogitamus sepe: sed frustra[.] Quamquam nunc aliquid spei sit: ut si beneficium quoddam in ecclesia maiori: cuius collacio ad Prepositum/ Decanum/ et Portarium: vel ad duos ex eis concordantes spectat: cuiusque possessor valitudinarius senex in mense ordinariorum vacet: auxilio domini Decani viri admodum egregij: et domini Nycholai zeis Sletstatini amici tui: aliquid pro te obtinendum occurret. Vtinam ita deus faxit.

Quod reliquum est: Gangolifum utcumque de me acciderit: ita mone ut proficere possit. Pro eo siquidem amore quem et in eum te aliquando habuisse vidi: tibi eum pro arbitrio tuo committo.

Vale. Et virum venerabilem Magistrum kolb ex me saluere iubeas. Ex Argentina x kalendas Septembris. Anno a natali Christi M.cccc.lxxxiiij.

Folio xxxiiiib

61. *to Johann Geiler von Keisersberg*

Orat ut Argentinam cicius reuertatur.

Petrus Schottus Insigni sacrarum litterarum facundissimoque
Doctori: Magistro Iohanni Geiler de Keisersberg maiori plurimum
obseruando salutem dicit plurimam.
    Vbi sis: et ut tu et tui valeant: maximopere desideramus
intelligere. Nam qui tot diebus absis: nec cerciorem quempiam
facias: suspiciosos quamplures reddis. Vel quod aduersi tibi quicquam
acciderit: vel quod sub pretextu diuersionis/ discessionis dissimu-
laueris deliberacionem. Ego contrarium constans defendo. Quare
obsecro et obtestor: ut si fieri possit: quamprimum reuertaris: vel
saltem ea nos ambiguitate scriptis tuis liberare cures. Nam cum te
vniuersus populus/ quem diuino illo dicendi flumine frustraris:
desideret: in primis tamen ministra tua: solitudinis tam diutine
minus paciens: noctes insomnes se ducere queritur. Propterea quod
aliter tecum agi veretur: quam omnes velimus. Erequens [Frequens]
etenim rumor de pestis crassacione: que istic debacchatur: ad nos
defertur: quare tibi magis magisque timemus. De genitricis eciam
tue successu soliciti sumus: de quo et nos per egregium hunc
tabellarium effice cerciores.
    Dominum Decanum post duos aut tres dies visuros nos spera-
mus. Deum optimum pro me precare: ut vias meas dirigat. Et si
qua comoditas fuerit cura cicius repedare. Neque enim facile credi-
deris: quid turbarum et confusionis in populo consurgat: qui perinde
ut pastore carentes: mercenarios passim errabunda vagacione pas-
cende sequantur.
    Vale. Ex Argentina vi ydus Nouembris. A natali Christiano
Anno M.cccc.lxxxiiij.

62. *to Vitus Maeler von Memmingen*

Rogat pro duobus amicis gracias impetrari expectatiuas.

Petrus Schottus Eximio Decretorum Doctori: Magistro Vito
Maeler de Memmingen: solicitatori litterarum apostolicarum amico
plurimum charo salutem dicit plurimam.
    Quam in te semper expertus

Folio xxxva

sum fidem atque constanciam: audenciorem me reddidit: ut quas
tociens humanitate singulari pollicitus es mihi operas tuas: ego nunc

non sim veritus exposcere: in causa mihi plurimum grata: et tibi vt arbitror nequaquam onerosa. Est quidam mihi propter probitatem vite et doctrinam: cuius est admodum studiosus: valde familiaris et charus. Nomen eius Iohannes Klein de Pliensvuiler: presbiter Argentinensis diocesis. Hic orauit ut in impretranda [impetranda] gracia expectatiua: adiumento sibi vellem esse. Ego cum dignum eum arbitrarer: quandoquidem viderem bonum hominem inopia premi: et sine vllo prorsus Beneficio ecclesiastico degere: fretus tua beneuolencia: promisi facturum me quod possem. Itaque te oro ut adiuuare eum velis: et impetrare pro eo quem supra scripsi: qui nullum beneficium possidet: graciam talem ad collacionem ecclesie Argentinae Episcopi/ Prepositi/ Decani/ Custodis etc. Capituli tocius coniunctim et diuisim. Item ad collacionem Domine Abbatisse Monasterij sancte Richardis in Andelo Argentinensis diocesis. Et id clausulis et priuilegijs si haberi aliqua possint: opportunis et vtilibus adiectis: ut tu pro solercia tua et vsu rerum longe melius nosti. De pecunia ne curam habueris. Nam quam primum significaueris quanta sit opus: vbi nuncium fidedignum adeptus fuero: mittam ego. Est enim in manibus meis ideo precor: ne propter pecuniam signaturam tardiorem obtineas. Erit enim praesto: quamprimum a te quod dixi intellexero.

Scripsit eciam ad me Magister meus Iohannes Molitoris ex Parisiensi Achademia: quam nunc cum domino Iacobo primogenito Marchionis Badensis incolit: ut si nullo modo apud nos prouideri ei posset: tua quoque opera talem graciam obtinere eum facerem. Quod pro nunc non a te peto. Spero enim quod propediem si deus fauerit: aliquid sibi obtinget. Tamen eciam consilio tuo rem eam agere vellem: scis enim vir quam sit et probitate et sciencia conspicuus. Si videretur tibi quicquam tale

Folio xxxvb

posse huiusmodi litteris assequi: ad me significa. Primum nunc oro cures: et ad me significa: quid in eo egeris: et in altero quid agendum consulas.

Festinans haec scribo: idcirco contaminata sunt omnia incompta et inornata. Causa Ottenburensis adhuc indecisa pendet: negligencia parcium: quae testes nondum produxerunt omnes. Actrix tamen renunciauit probacionibus. Rea pars nunc producet.

Me tibi totum commendo: ita enim sum tuus: ut cum verbis animum exponere non possim: malui magnitudinem amoris tete concipere: quam verbis meis minuciorem videri.

Vale foelix mi Vite. Idem ut facias Dominus Prepositus sancti Petri senioris Doctor Thomas Vuolff te hortatur: miratus quemadmodum eius tam penitus sis oblitus. Ex Argentina viij kalendas Decembris. Anno Christi M.cccc.lxxxiiij :[.]

63. *to Johann Müller*

> Excusat tarditatem literarum. Puerum commendat. Spem et operam consequendi Beneficij pollicetur.

Petrus Schottus Iohanni Muller Magistro suo salutem plurimam dicit.

Puduisset me iampridem ignauie mee: qui tibi officiosissimo viro: ad tam frequentes litteras tuas nondum responderim: si culpa mea vel leui pretermissum illud fuisset. Verum crede diligencia me omnis in hanc vsque horam frustrata est. Adeo/ ut que littere ad Nanseyum vsque: per Iohannem Falckner satellitem ciuitatis nostre perlate erant: mutata itineris causa: non tibi sed mihi sint reddite et restitute. Quare et eas rursum ad te mitto: prosperioribus ut spero auibus. Plane nihil in eis est quod mutatum esse: dicere possim.

Perstant siquidem Parentes: ut saltem hyemem hanc domi agam. Tu interim pueri curam vel modicam habe ne pereat. Tanta est enim benignitas in me tua: ut cum videaris omnia libentissime facere: que mihi conducant: ego a te non verear

Folio xxxvia

omnia desiderare: quibus mihi et meis morem gerere possis: fretus non quidem gracia relata: sed quam totis visceribus charitatis referre posse concupisco. Quod tibi nondum numerati sint viij aurei Gangolifi nomine: Adelpho Rusco conquestus sum: is pro humanitate sua grauiter commotus: ait se vel inuectiuam texuisse epistulam: quae illum moneat.

In re tua: nondum soluit nature debitum decrepitus: sed si acciderit: ut sepe scripsi: spes nos bona tenet[.] Vnde et Magistro Vito Romam scripsi: ut condiciones rerum: que nunc illic sunt: ad me perscribat. Si enim hic aliter quam vellemus eueniret: conarer viam graciarum experiri. Quamquam eciam audiuerim Magistrum vestrum de Lapide aduocatum: in officium predicacionis: in ecclesia Basiliensi: et per hoc vacasse Beneficium quod in Baden obtinuit: ad quod tete assumendum vltro omnes quos audiui conijciunt. Deus quod salubre tibi sit faxit.

Cum hec scriberem: grauedo et pituita mihi admodum molesta etat [erat] ideo ineptijs parce. Parentes mei te plurimum valere desiderant. Commenda me domino Illustri: et Magistro Mathie. Ex Argentina pridie kalendas Decembris. Anno M.cccc.lxxxiiij.

64. *to Johann Neguiler*

> Excusat se quod de nauicula diue Vrsule non lucubrauerit: sicut quidam Carthusiensis Argentinensis ab eo petiuerat.

69

Petrus Schottus Religioso et praecipue deuocionis fratri Iohanni Neguiler: ordinis Carthusiensis Pacem et in Christo Iesu salutem plurimam dicit.

Multum et diu desudaui Pater integerrime: ut precibus tuis obtemperans: tandem expectacioni tue responderem. Sed facile possum asseuerare: nihil vnquam a me susceptum esse huiusmodi rerum: in quo vel mihi ipsi hoc vno minus satisfacere posse viderer. Siue id adeo dispensacione celesti idcirco contigerit: quod animorum deuocionem: religiosissimi cuiuslibet verba magis inflamment: atque ideo mihi peccatorum vilissimo: hac in re ingenium et verba non

Folio xxxvib

sint subministrata. Siue quod ipsa per se rei moles ponderosior sit: quam humeri mei valeant sustinere. Illud certe scio: sepenumero conatum me: et per hos precipue sacrosanctos dominici aduentus dies: quos huic labori iampridem destinaueram: quocienscumque a diuinis vacare licuit: omni aliarum litterarum studio pretermisso: huic intendisse: et iam non minorem eius partem attigisse. Verum ita mihi visa sunt: omnia mea arida et sicca: quia scripturis sanctis (quarum ego sum imperitus) minime rigata: omnia minus consistencia: et in mysticacionibus/ omnis illius suauis et concinne accomodacionis expercia. Praesertim quod pleraque omnia quae huic nauicule adaptare nitebar: toti militanti ecclesie conuenire pocius videbantur.

Eousque sane: ut quum in mentem veniret praeceptum Horacij et Quintiliani: quo vel peritissimo cuique suadent: edicio ne precipitetur: sacius esse duxerim: animum tuum non diucius suspendere. Et tibi proinde patefacere praesumpcionem meam: qua id tentaueram: et impericiam: propter quam id minus impleuerim. Quamuis nonnullorum: eciam quorum ego et doctrine et deuocioni non parum tribuo: iudicium fuerit: non ab re fore: ut ita agerem. Quamobrem Pater indulgentissime: quum id quod conficiebam non placeret: et id quod placuisset: consequi non possem: modestie tue fuerit: non mihi succensere: qui pudoris honesti pocius racionem habeam: quam inconsulte mee aggressionis.

Vale. Et alioquin me tui amantissimum: Deo immortali oracionibus tuis commendatum facere ne cesses. Ex Argentina x kalendas Ianuarij. Anno M.cccc.lxxxv.


65. *to Rudolph Agricola*

Cupit scire flammascat an flammescat dicatur. Aliaque dubia mouet.

70

Petrus Schottus Rodolpho agricolae: Oratori priscarum eleganciarum Salutem plurimam dicit.
Si Epistolarum ge-

nus illud est praecipuum: vt Ciceroni videtur: quo cerciores facimus
absentes: si quid sit: quod eos scire: aut nostra aut ipsorum intersit:
veniam mihi dabis vir doctissime[:] qui te mihi nondum plane cognitum: his meis inepcijs adoriri non erubescam. Nam tametsi faciem
tuam nunquam viderim: nec dextera dextram (ut aiunt) contigerim:
tamen posteaquam honestissimarum arcium tuarum: quamplures et
eos grauissimos testes audiui. Quin et Italos ipsos alioquin gloriam
propriam exaggerare: alienam attenuare solitos: te tamen et erudicionem tuam: incredibili quodam peritissimorum assensu mirari et
extollere: dum Ferrarie tercium ante annum agerem: presens intellexi. Continuo coepi et amare te quamuis ignotum (id quod virtus
efficere consueuit) et in commune gratulari Germaniae nostrae:
quam sperarem tanto policiorum litterarum principe: a squalida illa
et penitus radicata barbarie: aliquando aufferendam liberandamque
fore. Itaque et tunc libellos/ qui in manus meas venire poterant:
quos tu e grecis latinos foecisti: excribere curaui: et vbiubi occasio
preberetur: familiaritatem tuam/ quo erudicior euaderem: inquiren-
dam mihi constitui.

Tandem Argentinam reuersus: cum a domino Thoma Vuolfio
iure consulto: et Adelpho Rusco: viris mihi singulari amicicia iunc-
tis intellexissem: te Heidelberge iam coepisse purgare et linguas
iuuenum et aures: ut illae nil scelerosum balbuciant: hae vero tuis
tam peritis et dulcibus elegancijs delibate: omnes illas sciolorum
insulsas et verbosas inepcias: quasi magicas incantaciones declinent.
Tum ego vehementer sum gauisus: et ilico meditatus: familiaritatem
litteris inchoare: si forte (quod deus: ex re tua tamen: faxit) et
presens conuictus accederet. Idque eo audencior egi: quo plurimum
ad me ore vno perferebatur: te non tam humanitatis artes profiteri:
quam ipsum omnium esse humauissimum [humanissimum].

Quia igitur argumentum

querebam: quo te ad scribendum prouocarem: visum fuit super his
tuum requirere iudicium: que et tu promptissime doces: et ego
studio singulari desidero. Ea licet minutissima sint: nec digna quibus doctrina tua solicitetur: tamen quo videntur abiectiora: eo me
vehemencius pudet ipsa negligere: qui sim memor eius quod Horacius mouet.

Vilibus in scopis/ in mappis/ in scobe quantus
Consistit sumptus? neglectis flagicium ingens.

Primum igitur te obsecro vir litteratissime: ne te pigeat cerciorem me facere: quum in hymno quopiam canimus.

Os[/] lingua/ mens/ sensus/ vigor
confessione personent:
flammascat igne charitas.

Et quae sequuntur. Flammascat an flammescat legendum sit? Inuenio siquidem labasco et ingrauesco. Deinde si eam dictionem quam littere sacre tociens frequentant: charitatem dico grecam arbitreris an latinam? Et si grecam: qua deductione .... deriuetur. Sin latinam dumtaxat: cur ab his qui erudiciores haberi volunt aspiretur? Auctor per c scribendum sit semper? Lachrime et Pulcher in quo Apuleius et Seruius dissenciunt: aspiracionem paciantur? Euxenia: vel vt quidam contendunt Enxenia: idonea sint vocabula pro strenis et xenijs. Et si quid de morticinis habes: quo accentu proferantur? et quam apud priscos significacionem obtinuerint? Plura sunt alia: sed vereor obtundere.

Tuum igitur erit vir doctissime: ignoscere impudencie mee. Equidem cum te propter doctrinam maximi faciam: atque ideo mirifice desiderem a te doceri: inductus sum: ex meo animum tuum expectare: et proinde persuadere mihi ipsi: non passurum te pro liberali ingenio tuo: hanc me spem frustrari. Sic enim habeto: si meum in hac re studium non aspernatus fueris/ fore: ut tibi tanta sim debiturus: quanta ei/ qui me beneficio supra quam dici possit grato affoecerit.

Vale. Date Argentina ad duodecimum kalendas Marcij. Anno a natiuitate saluatoris M.cccc.lxxxv.

Folio xxxviiia

66. *to Johann Widmann*

Se febre laborare: et omnem habitudinem: ante et postquam morbus in se irrepsit ordinatissime narrat.

Petrus Schottus Praestantissimo atque doctissimo Medicine Doctori: Magistro Iohanni Vuidman: ordinarie legenti in Thubingen: maiori plurimum obseruando salutem dicit plurimam.

Numquam mihi non molesta fuit absencia tua Doctor insignis: at nunc mihi aduersa prorsus est et calamitosa: Tercianis laboro febribus: pro quibus pellendis: cum me nondum cuiquam medicorum nostrorum crediderim: tua vel vnica consolaciuncula curari posse confiderem. Verum quoniam deus voluit: et te abesse et me egrotare: sumendum est mihi pro rerum condicione consilium: si forte quod a te presente percipere non possum: absens tui litteris/ pro humanitate et mira in me beneuolencia tua adipiscar. Itaque ut

72

rem apercius intelligas: ab ea quam ipse proximam morbi causam
iudicaui incipiam.

Secunda post dominicam Inuocauit in dolio operto: estuarij
vice me laui. Egressus/ cum calefactus admodum essem: neque
coenarem: auidior collacionem foeci in vuis: quas vino apud nos
condire solent: et plus bibi quam cibus ille requireret. Continuo
sequenti die: qua colebatur festum Cathedre beati Petri: toto mane
libere me aeri exponens: qui tunc erat asper et rigidus valde: circiter
horam decimam/ ante meridiem/ in choro coepi cum vehementi
horripilacione totus frigore concuti. Et quoniam id in aeris algorem
reijciebam: in choro perseueraui. Post horam vndecimam domum
reuersus: adhuc frigens: assedi mense. Cunque ius cicerum (quod
forte apponebatur) comedissem: et de pulmentario ex pomis parum
gustassem: subito nausea surrepsit: et statim subsecutus calor: in
capite/ ceruice/ et dorso/ precipue tamen circa lumbos me vehementer molestauit.

Aperueram quindecim antea diebus venam Epaticam:

Folio xxxviiib

atque ideo tunc Cephalicam percussit tonsor: quamuis non sine
syncopi. Senciebam frequentes oscitaciones et eructaciones: ideo
conati prouocare vomitum: oleo et aqua tepida: parum tamen
profoecerunt. Illo igitur die totus languidus: circa ingruentem noctem vires resumpsi. Adeo/ ut postera die nihil de morbo quopiam
sentirem. Altera autem die sancti Mathie: paulo ante octauam:
iterum corripuit me horripilacio et calor. Et sic iam quartum passus
sum paroxissimum: tercio semper die: tamen anticipatis duabus
ferme horis[.] Et iterum hac nocte expecto circa horam primam.
Deus si volet auertere potest: fiat quod vult.

Ceterum in duobus vltimis paroxissimis: non me multum torsit
frigus: calor tamen molestior/ per tres horas durans: et derelinquens
post se destitutionem a viribus: et capitis obtusum languorem: ita/
ut tediosus mibi [mihi] sit omnis situs: iaceam/ stem/ vel sedeam.
Concurrit eciam tussis aliquando: sed semper largus fluxus catarra-
lis: per nares et os: et admodum est viscosus: ita/ ut linguam
palatis seu faucibus conglutinaret: nisi aqua cocta detergerem.
Visa vrina per quendam Phisicum: qui Argentinam nuper venit:
indicata est iudicare febres: resultantes ex vehementi inflammacione
Epatis: ex colera et fluxu reumatum ex capite: et tendere ad
Ictericiam. Reuera quod ego video: spumosa est valde: et transparet
color croceus/ cum commouetur: alioquin rufa subfusca.

Hec sunt vir praestantissime: que notare et scribere volui.
Tu qui me intus et in cute nosti: facile poteris iudicare: an mihi sit
aliquid tentandum: cum medico aliquo: an vero nature committen-
dum[.] Nam quia hic tuus affinis intra octauum ad nos rediturus

73

est diem: mentem tuam: et consilium obsecro transcribere velis. Interea dietam que febricitantibus conuenit: pro medicina habebo. Scribere eciam velis: si forte (quod deus omnipotens nouit) duriorem progressum morbus sortiretur: an sperare

Folio xxxixa

possemus: te ad nos si vocarereris [vocareris] venturum. Et si ipse forsitan ex his que scripsi: aliquid malum suspicareris: ex [et] nunc per eam/ quam erga te habeo confidenciam: rogatum et obsecratum te vellem: ut ad nos properares. Nihil enim est quod non sperarem: dei et tui auxilio: quod corpus meum infestare posset: eiusmodi me superaturum. De his satis.

Quamuis doleamus te abesse: tamen bene tibi esse gaudemus. Parentes mei et ego: precipue genitrix mea: vxori tue matrone honestissimae plurimum gratulatur: et optat salubrem letumque partum. Atque ut id facilius assequatur: mittit ei Agnum dei: qui ex benedictione sui/ deferentibus secum: pericula plurima auertere creditur. Misisset maius aliquid: sed onerasset nuncium. Ei nos commendatos/ commendaciores facito. Obsecro cito responde. Dominus sit tecum. Et ignosces ineptijs: neque enim paucioribus morbum scribere noui: nec impeditum caput ornare potest.

Vale. Ex Argentina kalendas Marcij. Anno domini M.cccc. lxxxv.


67. *to Johann Widmann*

Agit gracias. Describit valitudinem Parentum.

Petrus Schottus Preclarissimo Arcium et Medicinae Doctori: Magistro Ioanni Vuidman: tanquam fratri maiori colendo salutem dicit plurimam.

Pro his quae nobis magnificentissime donasti volucribus: graciam tibi quam maximam habemus. Egisti tu quidem ut solitus benificentissime. Nos vero quamuis molestarent impense: si quas habuisti: gratissimo tamen gustu delectati sumus presertim cum insanas nequaquam iudicaremus: quas tu nobis misisses.

Prestantissime doctor: passio illa quam tu Arteticam nominasti: in genu Patris mei indies augetur. Ita ut somnum impediat: et gressus difficultatem inducat. Tumor quidem remissior est; sed compressionem vehemenciorem quam

Folio xxxixb

prius: venarum/ neruorumque pati se conqueritur. Proinde oratum te sumopere [summopere] velimus: consulere velis: quid rerum sibi

74

agendum iudicaueris. Balneacionis finem facere posse videtur: ex-
coriacionis gracia: que iam sanata esse perspicitur. Itaque si putaueris: balneum contra Arteticam nihil conducere: curru quem hodie
aduenturum speramus: cras Argentinam reuertemur. Nisi quid
matri: quae adhuc tumore rubet: in tibijs et lacertis adhuc opus sit.
Alioquin bene habemus: munere dei. Respondebis: vel si tibi vacet
ad nos diuertere: ipse nobis coram edisseres: qua cura crus illud
foueri: deinde debebit.

    Vale vir optime. Prepropere secunda post Exaudi. Anno
M.cccc.lxxxv.


68.   *to Vitus Maeler von Memmingen*

    Petit iterum expectatiuam pro amico.

    Petrus Schottus Praestantissimo Decretorum Doctori: Ma-
gistro Vito Maeler de Memmingen: fratri suo charissimo salutem
dicit plurimam.
    Binas ad te litteras pluresue superioribus diebus scripsi: quibus
quum nondum responderis: dubitare coepi: aut eas tibi presentatas
non fuisse: aut te Romae desijsse morari. Itaque in eandem sentenciam iterum scribo. Primum me tibi commendatum velim. Teque
erga me pristina perseuerare beneuolencia: quandoquidem ego nihil
minuerim: sed auxerim pocius: eam/ qua te semper prosecutus sum
charitatem. Deinde amicum quendam: plus mihi perspecta probitate: coniuncta doctrina acceptum: quam alio quouis benificencie
genere. Nomen eius Iohannes klein de Pliensvuiler: presbiter Argentinensis diocesis. Eum inquam tuo commendaui patrocinio: ut graciam expectatiuam: in eius personam quamprimum impetrare velles:
super collacionibus Episcopi/ Capituli/ Prepositi/ Decani/ Custodis/
Portarij/ Camerarij/ etc. ecclesie Argentinensis. Item Abbatisse et
Capituli/ Canonicorum et tocius chori Monasterij sancte Richardis
in Andelo Argentinensis diocesis.
    Id si foeceris nec ne: non-

Folio xLa

dum intelligere potui. Sin impedimento fuerit: quod praesens non
esset pecunia. Scito nullam aliam causam esse: cur non ilico mitte-
retur: nisi quod primo metuebamus: ne forte illic non esses. Deinde
ignorabamus numerum. Itaque ut antea scripsi: et nunc scribo: vbi
primum cerciores nos foeceris: quanto argento opus sit: non erit
mora: habita nuncij copia quo tu voles illud mittendi. Tu modo si
me ames: et consultum putaueris: ne paciaris signaturam: et datarij
notam diucius differi: propter prerogatiuam temporis. Obtundo te

75

forte. Sed more meo facio: et eo forte facilius mihi ignosces: quod iam septem ferme hebdomadibus tercianas passus: vix tandem diuino munere respirare incipio: quale genus hominum/ morosius esse reliquis: non ignoras.

Tu vide ut animo valeas: in corpore sano. Et meis verbis Iohanni nostro Vueschbach salutem plurimam dicito.

Vale. Ex Argentina xviij kalendas Maij. Anno ab incarnacione domini M.cccc.lxxxv.

69. *to Vitus Maeler von Memmingen*

Retractat de gracia: propter consecucionem Beneficij ordinarie collati.

Petrus Scbottus [Schottus] Praestantissimo Decretorum Doctori: Magistro Vito Maeler de Memmingen: Praeposito sancti Viti Frisingensis: amico singulari salutem plurimam.

Litteras tuas quamuis tumultuarias: gratissimas tamen perlegi: quod intellexi pristinam erga me amiciciam tuam: vel inter vrgentissimas solicitudines tuas/ non pati: ut mei obliuiscaris. Ego vero tibi graciam habeo vtinam et referre possim. Itaque cum scribas te pro illo: cuius nomine desideraueram graciam expectatiuam: expediturum. Velim intelligas illi interim: hoc mense praesenti prouisum fuisse auctoritate Ordinaria: de quodam Beneficio curato in diocesi Argentinensi. Quare cum ignorem: an adhuc graciam eam expediri desideret: oratum te velim ne quid agas: nisi te rursus foecero cerciorem. Nollem enim

Folio xLb

sine causa eum pluribus Beneficijs irretiri.

Interea forsitan a Magistro Ioanne Molitoris: qui adhuc est Parisius accipiam: an et ipsi libeat: quicquam talium graciarum expectacione tentare. Nam adhuc minus fortunatus fuit: ut quicquam apud nos consequeretur: quamuis multa conemur.

His in presenciarum contentus: me tibi totum committo. Hoc vno adiecto: si fratrem Emericum ordinis Minorum in Ara celi nosti: ei me plurimum commendes. Et ut id/ de quo ei prius scripsi exequatur: me plurimum desiderare significa. Id et dominus Doctor keisersberg: quem optime noscit: maximopere cupit. Et dominum Iohannem Vueschbach/ si Romam redierit: meo nomine saluere iube.

Vale amicorum praeclarissime. Ex Argentina v kalendas Iunij. Anno M.cccc.lxxxv.

76

70. *to Theodoricus Ribysen*

Commendat puerum.

Petrus Schottus Venerabili viro domino Theodorico Ribysen Sexprebendario Spirensi salutem plurimam dicit.

Commendacionem pueri mei/ solita beneficencia tua: tam prompte fauisti: ut nihil nunc ad te orandum putem: nisi ut quibus ipsum Spire iuuare dignaris: ea tibi molestum non sit: quam properantissime conscribi cures. Nactus enim nauclerum propicium: non sine graui dispendio nauem preterlabi pateretur. Vehitur siquidem gratis Mogunciam. Atque inde pollicetur nauta: promoturum se pro viribus: ut eodem precio Coloniam vsque perferatur. In eo si sis ei adminiculo: et probitati quam in adolescente proficiendam spero: opem feres: et me tibi alioquin deuinctissimum/ tamquam nouo beneficio obnoxium reddes.

Vale. Ex Argentina xvij kalendas Iulij. Anno M.cccc.lxxxv.

71. *to Hieronymus de Zanctivis*

Excusat se. Et Ducatum mittit promotori.

Petrus Schottus Prestantissimo viro Domino Doctori Hieronymo de Zanctiuis salutem plurimam dicit.

Si me forsan minus agnoscis vir praeclarissime. Ego is sum: qui quartum ante annum sub te praecoeptore et promotore: in excelsa Bononiensium

Folio xlia

vniuesitate [vniuersitate]: Iuris vtriusque insignia non sine diuino munere sum consecutus. Quique te praecipuum/ ob affectionem singularem: qua me beniuolentissime prosequebaris: in supernumerarium promotorem elegi. Verum tametsi cum Domino Ioanne Sala: Doctore praestantissimo: et ipso promotore meo: ita rem egisse videbar: ut accepto certo aureorum numero: vtrique Collegio: et vniuersis quibuslibet: qui eius doctoratus gracia/ aliquid a me petituri essent satisfaceret. Tamen posteaquam a Bononiensium praeclarissima vrbe decessi: idque prepropere: propter perniciosas ea tempestate Germanis a Maluicijs paratas insidias: intellexi neque tibi: neque domino Floriano de Dolpholis viro doctissimo: nec vero pro tempore Vniuersitatis tabellioni: per dominum Iohannem Sala satisfactum fuisse: quod quam iuste obmiserit: viderit ipse. Notarius siquidem: nescio quas res meas relictas arrestans: quod a domino Iohanne recipere debebat: cum quo ego ita ut prefertur conueneram:

77

a me iterato extorsit. Tibi autem prestantissime Doctor: pro illa peculiari promocione tua: nihil forsitan obuenisse conijcere possum.

Quamobrem cum ferre nequeam: ut tam diligens et operosus tuus circa me labor careat remuneracione iampridem constitui: non debere tibi officere: quod ego minus caute cum domino Iohanne: rei mee consulerim. Itaque Ducatum aureum ad te mitto: quem ut grato suscipias vultu: te maiorem in modum oro. Nam nulla alia racione/ dilatum eum existimare debebis: quam quod semper sperabam: eum te a domino Ioanne recipere aliquando debuisse. Verum ut et ego nuncij fidem probem: et apud me super ea re cercior sim: obsecro solucionis et quietacionis mee caucionem: manu tua signatam: nuncio qui aureum dabit/ tradere: ad me perferendam digneris. Postremo/ quod plurimum opto: me tibi commendatum volo. Equidem te tota cordis obseruancia colo.

Vale. Ex Argentina v kalendas Iulij. Anno domini M.cccc. lxxxv.

Folio xlıb

72.  *to Vitus Maeler von Memmingen*

Cupit Beneficia vacancia signari pro amico si gracie fuerint reuocate.

Petrus Schottus Eximio Iuris pontificij Doctori: Magistro Vito Maeler de Memmingen: Preposito sancti Viti Frisingensis: tanquam fratri charissimo salutem dicit plurimam.

Tarde quidem resciui iturum esse ad te nuncium: adeo/ ut vix suppecierit tantillum temporis: quo hec ad te scribere possem. Pietas tamen/ quam debeo Magistro meo Iohanni Muller de Rastetten: viro et doctissimo et mihi tanquam filio obseruando/ suasit: ut hec forsitan temeraria et friuola non negligerem. Obijt apud nos xxvi die Septembris Gregorius Stuckman: Vicarius perpetuus ecclesie Argentinensis et eciam ecclesie sancti Thome Argentinensis. Et licet in vtroque loco adepti sint possessionem Beneficiorum duo: vigore graciarum expectatiuarum: tamen quia intellexi ex litteris tuis: forsitan in mense Septembris omnes tales litteras reuocatum iri: volui te pro antiqua nostra amicicia oratum esse: ut si tunc reuocate fuerint: Vicariam illam ecclesie maioris: cuius taxa non excedit: immo vix attingit quatuor marcas argenti: pro Magistro Iohanne muller impetrare velis. Et id quamcito fieri possit: ne quis prior nobis sit impedimento. Hominem nosti. Arcium est Magister fere emeritus Sacerdos diocesis Spirensis. Duas Capellanias possidet: vnam xl florenorum Renensum: alteram xxx. Quae sint earum onera: aut vbi sint site: cerciorem me nunquam fecit. Preterea

78

habet officium manuale in castro Badensi a quo amouibilis est.

Quare si speres aliquid obtinere: ne peperceris impensis vel labori. Nam non secus ac si pro mea persona agendum esset: rem cordi habeo. Quia incertus fui de facto: non videbatur esse consultum: nuncium mittere: nec eciam habita copia tabellarij: pretermittendum esse duxi. De Vicaria ecclesie sancti Thome taceo: quia taxam eius ignoro: quamuis suspicer: non

Folio XLIIa

esse maiorem illa superiori. Et audio eum (Laurencius est nomen eius) qui adeptus est in ea possessionem: personaliter Romam pecijsse. Tamen si quid in ea sperares: te iterum atque iterum rogarem: ut eciam pro Magistro Iohanne signari tibi curares: ut si in ambobus minus: saltem ut in vno quippiam iuuante deo consequeremur. Breui habeto rem totam tibi commendatam: et age sicut et ego et Magister Iohannes noster/ tibi maximopere confidimus.

Viris doctissimis domino Leonardo de Egloffstein: et domino Ioanni Vueschbach me plurimum commenda. Quibus si iam vacasset non praetermisissem: quin vel paucis scripsissem. Quem mihi commendasti: venerabilem patrem Vuilhelmitarum Prouincialem: quia priusquam nos videret: in itinere mortem obijt[:] Deo Optimo eommendatus [commendatus] esse debet. Dominus meus et frater carissimus Bohuslaus de Hassenstein/ apud me pluribus diebus fuit: et vos omnes nominatim ut saluere iuberem mandauit.

Prepropere. Ex Argentina iiij kalendas Octobris. Anno domini M.cccc.lxxxv.

Rem fidei tue committo. De illo Iohanne klein de quo sepe scripsi: sic habeto. Adeptus est Beneficium quoddam Curatum: quo contentus: nullam amplius talem graciam desiderat. Vale.


73. *to Antonius Manlius Britonoriensis*

Statum suum describit. Noua de Imperatore. Et excusat se: de non facile obtinendo Argentine Beneficio.

Petrus Schottus Anthonio Manlio Britonoriensi salutem dicit.

Ego vero Anthoni non solum memor sum praeceptorum tuorum: quibus me in grecorum litteris erudisti: sed eciam quotidiano vsu/ non mediocrem voluptatem mihi affere conspicio. Vnde fit: ut quum tibi ob id plurimum debeam: plura tamen sim debiturus: qui perseueranciam amicicie nostre efflagites vltro. Que profecto cum sit mihi iucundissima: non praetermisissem ad frequentes dare litteras: nisi locum quo degeres: exploratum non habuissem. Itaque cum nunc me super eo cerciorem

Folio xliib

foeceris: non moremur litteris colloqui: et deambulaciuncularum nostrarum (cum tu aliquando Bonontae [Bononiae] praecoeptor: ego discipulus de eis que ad bonas artes pertinebant conferebamus) subinde reminisci. Vbi etsi nullum aliud argumentum sit: tamen vel hoc iuuabit ut ego te saluum audiam: et idem de me significem.

Equidem inter meos saluus sum: quantum ad hec exteriora bona pertinet. Nisi quod vnum hoc me torquet: quod a Parentibus nimis delicate: et amore maiori quam velim tractor. Adeo/ ut me iampridem ad studia redire anhelantem: nequaquam pati velint abire. Cuius ego rei desiderio summopere laboro. Attamen qui hactenus tam indulgentes sum expertus: certum est non turbare: neque digredi: nisi ipsi velint. Atque ita manere apud nostros cogor: vbi amplior est epulis atque armis locus quam litteris. Et quamuis quamplures aliarum facultatum doctos socios studiorum habeam: ego tamen vnus in vrbe nostra: id parum quod noui grecarum litterarum preferre possum. Atque ita omne tempus partim diuinis psalmis: partim lectioni accomodo: partim ocio et corporis refocillacioni.

Pauca sunt apud nos noua. Nam pace quieta fruimur: vtinam propicio deo. Imperator tamen mense superiori in vrbe nostra fuit: quid moliatur: incertum est. In Nurenberga opido hibernaturus fertur: et collecturus auxilia: contra Pannoniorum Regem/ qui ciuitatem opulentissimam Noricorum Viennam: latitante et non repugnante Cesare occupauit.

Quod scribis desiderare te: ut hic Canonicatum: vel aliam ecclesiam tibi parem: quo apud nos honeste viuere possis. Te quidem apud nos esse: imprimis gratum mihi esset: sed prebendas tibi apud nos/ facilius tu in vrbe conflabis: vbi officina est: in qua hae cuduntur. Vbi et ego eam/ quam habeo vnicam (nec plures cupio) paraui. Non deerunt tamen:

Folio xliiia

quibus ego te: et erudicionem tuam notam foeci: quos apud sine penuria vitam agere libebit.

Iohannes Muller Magister meus nunc Parisiensem incolit Achademiam: et theologicis incumbit litteris. Habet tamen sibi commissum filium Marchionis Badensis: Principis nobis vicini: quamuis quietem mallet.

Vale. Ex Argentina pridie Nonas Octobris. Anno a natiuitate domini M.cccc.lxxxv.

74.  *to Vitus Maeler von Memmingen*

Commendat Thomam Vuolff iuniorem: Patrinum suum: aut filium spiritualem.

Petrus Schottus Peritissimo Decretorum Doctori: Magistro Vito Maeler de Memmingen: Preposito sancti Viti Frisingensis maiori obseruandissimo: Salutem plurimam dicit.
Longioribus te nuper allocutus sum litteteris [litteris] vir amicissime: forsitan ut vereor sine fructu. Sed nil videtur mihi non tentandum esse: quod in quemuis vel fortuitum euentum: viro tam bene de me merito: conducibile fore sperare possim. Tu mihi quid egeris scribes. Nam pro amore in me tuo non dubito: te negocijs/ que obueniunt solicitum facere: non quia erga te meruerim: sed quod mereri: si qua facultas detur: nequaquam pretermittam. Itaque et nunc est de quo a te cercior reddi vehementer desidero.
Non ignoras ut arbitror: Engelhardum Funck substitutum Magistri Heinrici Schonleben/ mouisse litem: Thome Vuolff Iuniori puero Argentinensi super Canonicatu et prebenda ecclesie sancti Thome Argentinensis. Ea causa me quoque non videtur non attingere. Sum enim Thome Patruus: ipseque filiolus meus. Itaque te maiorem in modum oratum esse velim: ut ignorante Patrono cause: Iohanne inquam Burckardo vel Engelhardo: quod ego id quesiuerim: tu quasi ex te ipso sciscitari et scrutari velis: in quo statu lis ista versetur: et quibus armis puerum obpugnare actor nitatur: et super hoc

Folio XLIIIb

quid intellexeris: me proximis litteris informare. Siue enim dolo siue negligencia: causa hec diucius pendere videtur: meritis eius nondum perspectis.
Hec abste desideraui: tum propter me/ cuius interesse videtur ut Thomas tanta mihi coniunctione spirituali/ quae carnalem superat cognatus: non paciatur calumniam: tum propter Doctorem eximium Dominum Thomam Vuolff: virum de me supraquam dicere possim bene meritum: qui cum Patruus et alumnus sit huius pueri: non tam metu litis exitus (qui incertus et dubius esse solet) quam protractione illa cause/ torquetur. Non enim dubitat: quin puero satis cautum sit in iure: neque per id eum quicquam posse perdere: nisi vel dolo aduersariorum/ vel negligencia aliqua in periculum praecipitaretur. Ea igitur cura si eum liberare possem: scio me facturum esse: rem ei quam gratissimam. Quod ut facerem: tuam perscrutacionem mihi postulandam esse constitui. In qua re si me cerciorem foeceris: plurimum mihi voluptatis attuleris. Id tamen semper obseruandum tibi erit: ut scripsi: ne experiatur Engelhardus

81

aut Ioannes Burckardus: me hec a te desiderare. Ne ille/ iura sua si que habet: eo secrecius celet: hic autem sibi fidem non haberi suspicetur. De his hactenus.

Ego mi Doctor tuus sum: et te meum esse littere tue plane declarant: qui tam vnica familiaritate/ omnia quae Rome aguntur: mihi aperueris. Ego vero Beneficia ecclesiastica plura non moror. Vnicus est Magister Iohannes Muller qui nunc apud Parisiense gymnasium Theologie indulget: quem ego magnopere vellem aliquid assequi posse apud nos. Sepius tentaui. Nescio qua sorte: an fato dicam: nihil arripere potui. Si quo medio ei consultum iri sperares/ significa: presertim si eo modo: quem tibi litteris proximis detexi. Nam amare te eum: non dubito.

Vale foelix. Ex Argentina pridie Nonas Octobris. Anno a natiuitate domini M.cccc.lxxxv.

Folio xliiiia

### 75. *to Vitus Maeler von Memmingen*

Commendat amicum deuocionis causa Romam profectum: et causam Thome Vuolff iunioris. Petit oraciones coram pontifice habitas.

Petrus Schottus Insigni Decretorum Doctori: Magistro Vito Maeler de Memmingen: Preposito sancti Viti Frisingensis: maiori summopere caro salutem dicit plurimam.

Ne sine litteris proficisceretur is: qui tibi eas reddet: foecit summus in te amor meus: quem ut inter presentes familiaritate/ sic inter absentes litterarum vicissitudine: conseruari et foueri non ignoras. Ipsum quoque virum affinitate et amicicia non vulgari mihi iunctum: commendatum tibi facere: visum fuit non impertinens. Ea siquidem loca non eorum negociorum gracia/ quae vulgo Romam quosque accersunt/ petit: sed pietatis et christiane deuocionis causa. Quare si in aliquo tua ei opera necessaria fuerit: cura obsecro: senciat litteras meas ei profuisse.

Ceterum quod ad te proxime scripsi: de scrutinio illo inuestigando: super statu cause inter Engelhardum Funck et Thomam Vuolff iuniorem: fac oro et secrete: et ut tibi fido.

Vnum tibi mandarem: si molestum non esset. Audio oraciones quamplures habitas coram Pontifice maximo: impressas Rome: passim venundari. Eas si mihi redimeres: et nisi onerosiores essent: huic domino Leonhardo/ qui has litteras reddit: ferendas ad me traderes: et mihi rem gratissimam esses facturus: et ab hoc ipso Domino Leonardo precium recepturus.

Domino Leonardo de Egloffstein: et Iohanni Vueschbach si

82

apud te est: ita me commenda: ut commendacior esse amplius non possim[.] Vale optime. Et quid in Magistri Iohannis praeceptoris mei negocijs effoeceris: cerciorem me facito. Iterum vale. Ex Argentina Nono kalendas Nouembris. Anno a natali Christi M.cccc.lxxxv.

Folio xliiiib

76. *to Vitus Maeler von Memmingen*

Petit sibi mitti oraciones coram Sanctissimo Domino Nostro habitas.
Suadet auaricie et pluritati Beneficiorum non seruire[.]
Preteritos sermones in memoriam reducit.

Petrus Schottus Viro quamcelebri Magistro Vito Maeler de Memmingen: solicitatori litterarum apostolicarum: ac Decretorum Doctori: fratri carissimo salutem plurimam dicit.
Scripsi ante menses duos per Dominum Leonardum Sturm ordinis sancti Benedicti: et desideraui oraciones coram Sanctissimo Domino Nostro habitas. Eas si illi non tradideris: obsecro per hunc nostrum tabellarium mittas[.]
Fuit apud nos Ioannes noster Vueschbach mense superiori: qui Comitem illum celebrem Osualdum de Dyrstein associat: consiliarium Sigismundi principis Austrie. Is mihi plane aperuit institutum tuum: te prorsus adeptum esse animum curialem: hoc est rebus agendis accomodatum. Vide mi Vite: ne te cupiditas absorbeat. Insensibilem enim reddit quemcumque perfecte occupauerit. Memini quum non semel aut iterum: sed sepenumero asseuerare solebas: existimare te perniciosum esse admodum: si ecclesiastici viri nimijs copijs abundarent. Proinde si tibi opes essent: ut Beneficio alicui fundando sufficerent: nequaquam velle te: amplioribus prouentibus beneficiatum locupletare: quam quadraginta aureis Renensibus annuis. O quanta rerum immutacio? Iam tu quadraginta Beneficia malles: quam quadraginta aureos annuos. Deficit me scribendi tempus: quo minus animo meo satisfaciam. Nam qui te totum amem: et vnice diligam: non viderer amici officium implere: nisi tibi vel modicis errata detegerem. Mi Vite christiani sumus[:] Christi monita amplecti nos decet. Non possumus Christo seruire: et Mammone. De his satis.
Quae antea aperiri et significari mihi per te concupiui: nisi molestum sit facito. Dominum Leonardum de Egloffstein saluere iube: et dominum Antonium Britenoriensem praecoeptorem meum in litteris grecis.
Vale. Ex Argentina ad tercium Nonas Decembris. Anno M.cccc.lxxxv.

77.[?] *to Vitus Maeler von Memmingen*

Cur scripserit alias lingua vernacula. Amicum commendat.

Nolui his litteris videri: interdictum esse aspectum tuum mi Doctor. Senas enim vsque prius delate: ad me repedarunt. Itaque tibi eas remitto: et quae apud nos noua sunt: volui te lingua nostra intelligere: ne ea inter Italos: et Italorum curialiumque mores adeptus: prorsus dedisceres. Responsionem tuam ad has: et ad eas quas superioribus diebus ad te dedi litteras expecto. Animum in me conceptum fac conserues. Et in Magistrum meum Iohannem Molitoris: Rectorem Vniuersitatis Parisiensis qui se tibi commendatum esse postulat. Omnes qui me nouerunt: saluere nomine meo iube.
Ad sedecimum kalendas Aprilis. Anno M.cccc.lxxxvi.

78. *to Rudolph Agricola*

Litteris suis se a Febre quodammodo leuatum: gracias agit. Gaudet saluum redisse in Germaniam.

Petrus Schottus Preclarissimo bonarum Arcium sectatori Rodolpho agricole: amico carissimo salutem plurimam dicit.
Agere tibi iampridem debebam ingentes gracias vir humanissime: qui me tuis tam peritis et suauibus litteris non solum edoceris: sed eciam incredibili iucunditate affoeceris. Nam ut omittam reliqua: febricitantem me forte tempestate illa: tam vehementi gaudio affoecerunt: ut quem deiectum prorsus animo: ex viribus languidum: Parentes mei lugencium instar deflebant: exultantem protinus: subita quadam vultus festiuitate: et alacritate membrorum: non sine magna leticia mirarentur. Verum quo minus id agere tentauerim hactenus: foecit absencia tui: qui priusquam vires reciperem: Romam pecijsses. Nec nunc tamen vacat mihi id efficere: quum properet Dominus Thomas Vuolfius vir doctissimus[.] Sed neque persuadeo mihi: posthac aliquando dignas a me tibi posse agi gracias: ne referre dicam: adeo

vincit acceptissimum illud tuum beneficium: omnem sermonis mei facultatem. Vtinam quandoque Argentinam nostram inuiseres: id quod te Adelphus noster Ruscus: facturum esse sepenumero confirmauit. Ita me profecto tibi officiosum agerem: ut animum tibi deditissimum facile prospiceres. Tum igitur de his coram.

Ceterum quod primum esse oportebat: deo diuisque (ut Plau-
tum imiter) ago gracias merito magnas: quum te reducem tuae
patrie reddiderunt: quumque et miserijs plurimis te exemerunt.
Plangebam ego maximopere vicem tuam: et patriae nostrae[.] Nunc
gratulabundus saluti tue: et vniuerse Germanie: te obsecro et obtestor: quando deus clementissimus viuum te nobis seruauit: animum/
et beneuolenciam in me tuam: vel litteris tuis mihi multo omnium
suauissimis: conseruatam esse intelligere possim.
    Vale. Date Argentina ad sextum ydus Decembres. Anno
M.cccc.lxxxv.
    Relate per Dominum Thomam Vuolfium ad tercium kalendas
Ianuarias M.cccc.lxxxv narrantem virum praestantissimum morti
concessisse.


79.  *to Johann Klitsch von Rixingen*

Litteras suas petit: et ad officium vite hortatur.

Petrus Schottus Iohanni klitsch de Rixingen salutem dicit
plurimam.
    Vidi mense superiori litteras Andree comitis tui: quas ad
patrem dedit: tuas autem nullas. Itaque in suspicionem meticulosam
concido: ne vel tu Parentum tuorum oblitus: scribere mihi negligas:
vel aduerso quopiam casu id efficere impediaris. Quare ut quamprimum fieri poterit me cerciorem reddas. Ecquid in litteris pergas:
qua condicione vitam omnem ducas: te rursum moneo. Neque enim
id tibi difficile fuerit si Antvuerpiam ad Florencium: ad Ludouicum
Mugen mercatores Argentinenses: litteras tuas transmiseris.
    Alia tibi precepta non pono: spes enim quam de te coepi:
confidenciam tantam ingenuit: ut non dubitem te probitati/ mori-
bus/ et disciplinis impensissime

Folio xLVIa

operam indulgere. Qua in re si me non fefelleris: mihi et nostris:
tuisque omnibus iucunditatem ingentem: tibi autem emolumentum/
honorem/ et gloriam parabis eternam[.]
    Parentes tuos et Magistrum Thomam: non nisi incolumes
intelligo: qui proculdubio litteras tuas et ipsi expectant[.] Saluere
te iubet Genitrix mea: quae te vehementer diligit: bona de te
opinione ducta. Tuum erit: ut expectacioni nostre respondeas. In
summa omnes domus nostrae qui te nouerunt: saluum te esse optant.
    Vale. Imprimis deum ama. Ex Argentina quarto ydus De-
cembris. Anno M.cccc.lxxxv.


85

Argumentum ex quo supplicacio ad Romanum pontificem concipi posset: per Petrum Schottum conceptum.

Fama volat beatissime pater Sanctitatem Dominum Nostrum Sixtum papam quartum Sanctitatis Vestrae predecessorem: importunis quorundam Canonicorum sollicitacionibus obrutam indulsisse: quod de cetero viri docti: militaria licet insignia non ostentantes: in quarundam cathedralium ecclesiarum: presertim Spirensis in qua semper hactenus doctores non militares: aut equestris ordinis fuere: membra et Canonicos non debeant assumi. Quamquam non credimus prefatos Canonicos (ut ipsi iactant) a Sede apostolica unquam obtinere potuisse: si rem veram non supprimentes: narrauissent quod Rhabanus Spirensis quondam ecclesie Episcopus: vir prudentissimus: pro ecclesie sue incremento et salute: cum summa diligencia et matura deliberacione ab eadem Sede apostolica impetrauerit: posse et debere in ecclesiam suam recipi pro Canonicis: bonos et doctos viros: licet militaribus insignijs non tumentes.

Admiraremur enim: immo vix nobis persuaderi posset: si vera narrassent: idipsum quoquo pacto a Sede apostolica obtineri potuisse: ut scilicet dignioris status via his praecludatur: qui a teneris annis optimas litteras prosequuti: ingenio/ consilio/ doctrina/ prudencia/ virtutibus laudabiliter preesse et prodesse possunt. Qui suis artibus/industrta [industria]/

Folio xlvib

sapiencia/ labore et exercitacione fidem Christi fulcire: ecclesiam dei corroborare: fideles instruere: virtutes et bonos mores augere: hereses collidere: Respublicas manu tenere: suarumque ecclesiarum iura/ priuilegia et possessiones conseruare. Lites scindere: iustas causas tueri: dubia in vtroque foro dissoluere. Sedem apostolicam et sacrosanctum Cardinalium cetum: contra latratores defendere: potissimum nouerunt[.]

Digni plane sint cathedralium ecclesiarum Canonicatibus vulgo nobiles: et a validis militaribus progeniti: sed non indigni certe docti: et illuminati doctores. Quippe qui prudencia/ laboribus/ studijs et virtutibus nequaquam demeruerunt in prestanciori et digniori ecclesie loco: cum ceteris qui Paternos clipeos et galeas tantum ostentant: presertim in his ecclesijs: in quibus hactenus prebendas et Canonicatus possederunt: collocari. Ibique Crucifixi patrimonio vti: et christifidelium elemosinam (a qua docti non sunt excludendi) equaliter cum eis percipere. Si vtique visum est: doctores non esse indifferenter cum militaribus recipiendos: saltem dignetur Sanctitas Vestra prouidere: ut sub aliquo certo numero

Doctores recipiendi comprehendantur. Quod si militares/ propterea quod suo proprio: et vulgi iudicio nobiles reputantur: cathedrales ecclesias ornant et decorant: eo magis in eas assumendi sunt nobiliores: puta Baronum/ Comitum/ et Principum filij. Itaque militares simplices eciam in cathedralibus eicientur. Nam si simplex nobilis (ut ipsi asserunt) ecclesiam venustat: magis vtique nobilis eam vehemencius illustrabit.

Quapropter beatissime Pater deuotissime supplicamus: ut Sanctitas Vestra indultum de quo nonnulli Canonici gloriantur: ex potestatis plenitudine cassare irritumque decernere dignetur: et viros doctos in antea ut multis hucusque seculis obseruatum fuit: sicut equum et iustissimum est: in cathedralium ecclesiarum Canonicos reassumendos esse diffinire. Pro gloria dei: fidei christiane exaltacione: ecclesiarum incremento: et inci-

Folio xlviia

tamento amplioris studij. Proque condigna honestissimorum studiorum/ laborumque mercede: et debita remuneracione.

Sacroromanus Imperator per Germaniam
Vrbes: Ciuitates: Senatus et Respublice
Collegiatarum Ecclesiarum Canonici et Prelati
Duodecim Germanie Vniuersitates. Sanctitatis Vestrae humilimi oratores.


81.  *to Pope Innocent VIII*

Epistola super eodem: ad summum Pontificem per Petrum Schottum concepta.

Post humilem sanctissimorum pedum exosculacionem.

Scimus beatissime Pater: apostolicae sedis sentenciam tanta semper consilij moderacione concipi: tanta deliberacionis grauitate proferri: ut non facile quicquam immutacione dignum/ in ea deprehendi possit. Non ignoramus eciam: idque per sacratissimorum Pontificum tradiciones didicimus: multa per supplicancium fastidiosam importunitatem nonnunquam extorquere: multa per impudentem falsitatis suggestionem: aut veri suppressionem surripi: quibus dolosi oratores et consilium concedentis fallere: et deliberacionem eius praecipitare non erubescunt.

Quia igitur rumore quamuis incerto accepimus: nonnullos nobilitatis fastu tumentes: in tantam amenciam elatos esse: ut sibi solis Cathedralium ecclesiarum Germanie Canonicatus vsurpare contendant: repulsis inde quantumlibet doctis et bonis: quorum scilicet Parentes militaribus insignijs non sint illustres. Et quod impuden-

87

cius est: id ipsum a sacrosancta sede (cui christi Vicarius possidet) confirmari: admirandis sollicitacionibus/ per confictas quasdam insinuaciones efflagitent.

Idcirco nos tam perniciosis: et christiano nomini supra quam dici possit: aduersantibus commentis: non sustinentes beatitudinis tue aures sanctissimas obtundi: et inflecti. Statuimus pro re breuissimis verbis (ne nos quoque fastidio simus) illorum fastuosis: atque audacissimis coeptis

Folio XLVIIb

occurrere. Et ostendere primum illud christiane prorsus religioni contrarium. Deinde cum omnibus ecclesijs: tum praecipue Germanicis graue et perniciosum. Que quia claro et succincto sermone deducere praeponimus: oramus ut et beneuole et attente legere: vel sanctissima clemencia tua non dedignetur.


82.  *to Jacob Wimpheling*

Consilium ex arte contra quarundam cathedralium ecclesiarum Canonicos qui contra vetustissimam consuetudinem a Canonicatibus doctos et praestantes viros excludere nituntur absque culpa.

Petrus Schottus Clarissimo Magistro Iacobo Licenciato Vicario Spirensi: fratri plurimum caro salutem dicit.

Tu vide quam ceca sit amoris affectio. Quia te plurimum amo: idcirco quod iniunxisti: statim facere me posse: arbitratus sum. Non videns: primum te tibi ipsi eleganciorem longe operam exhibere posse. Deinde rei mandate condicionem: et ordinem non ediscens. Itaque dum tibi morem gerere conarer: et iam animo reuoluere viderer: non nihil quod ad rem faceret: incautus tandem aduerti: certum mihi non esse Oracionem ne an Epistolam confingere deberem. Et si Epistolam (quod verisimilius videbatur) a quo proficisci: seu cuius nomine subscribi deberet: item ignorabam. Praeterea visum fuit: ad aduersariorum intencionem infirmandam: neruosissimum fore: si impetracionis eorum tenor aspiceretur: et raciones quibus animum pontificis pellexerunt: confutacionibus validis dissoluerentur. Id enim non fore difficile non dubitabam: quod falsum veris racionibus probatum fuisse: impossibile iudicant logici. Quamobrem cum a coepto: quod ut res exposcebat: perficere non poteram/ desistere compellerer: ad te retuli: qui nota tibi habes: quae mihi cognita non fuisse: intelligis.

Ceterum/ quod subuerebaris: dum nobiscum esses: ne forte plus debito excandesceres scribendo: et pontificis acta mordacius

88

inuehendo: lacerare videreris. Ego tibi aperiam: quo nam pacto id
ego subterfugere: et declinare

Folio XLVIIIa

meditabar. Primo siquidem: laudabam Sedis apostolicae sentencias
et responsa: quod ea circumspecta semper consilij moderacione
concipi: longa deliberacionis grauitate proferri: solerent. Deinde
annectebam: non terreri tamen ex hoc: audacissimam nonnullorum
improbitatem/ qui multa per impudentem falsitatis suggestionem:
veri ve suppressionem: surripere plurima per fastidiosam importunitatem extorquere niterentur. Et perinde consilium sanctissime sedis
fallere: et deliberacionem eius precipitare: non erubescerent. Sane
id ipsum sepe committi: quotidiano rerum vsu discimus: et ipsi nos
sacratissimi Pontifices: multis decretalibus monuerunt. Qui taliter
impetratis: et fidem et autoritatem omnem ademerunt: modo vicium
illud surreptionis: importunitatisue ad concedentem deferatur.

    Quia igitur tale aliquid a nonnullis nobilitatis fastu tumentibus
suggestum intellexerimus: quod sub velamine cuiusdam secularis et
pomposi splendoris doctissimis quibuslibet et bonis iniuriosum:
ecclesijs omnibus perniciosum: ipsi christianae professioni aduersis-
simum sit futurum. Nos enim non sustinentes beatitudinis sue
aures: tam dolosis tam noxijs mendacijs inflecti: statuimus illorum
fastuosis et audacissimis coeptis occurrere: et impudenciam falsita-
temque eorum: apertissime demonstrare. Id nostra esse putantes
pro pietate et obseruancia quam et Sedi apostolicae et religioni
christiane debemus: ne vel illam decipi: vel hanc ledi paciamur[.]
Ostensuros nos igitur. Primo id euangelicis: et ecclesiasticis tradicionibus aduersum. Deinde cum omnibus ecclesijs tum praecipue
Germanicis graue et perniciosum. Que quia pro re: breuissimis
verbis clarissime patefactefuturi simus: rogare nos et orare: ut
benigne et attente/ clementissima sua sanctitas audire: legere non
dedignaretur.

    Hec pro Prohemio et Diuisione. Hic iam narracio vel sup-
plicacionis vel impetracionis ab illis facte subsequi debebat. Deinde
firmamentorum: quibus ipsi niterentur subuersiones. Post hec confirmaciones ex locis his:

Folio XLVIIIb

quos tu plures notasti: et omnis non solum sacra: sed et Phisica et
Poetica doctrina vbertim tradit. Postremo per exaggeracionem con-
cludendum erat: et monendus Pontifex cum succinctissima rememo-
racione locorum validissimorum: ut vel non assentiret: vel si forte
assensisset: curaret bonus pastor: quod in perniciem ouium paliata
dolositas erexisset: id aperta et detecta veritas cum salute omnium
demoliretur.

Itaque fiet Iacobe carissime: ut Papa sese carpi: aut grauius aliquid in se dici: causari non possit: quum omnia in impetrantes: non in concedentem retorqueantur. Tu igitur/ quum fundamenta illorum intuitus fueris: pro ingenio et doctrina: pulchrum quippiam efficies: quo non dubito: Papa mouendus fuerit: modo tempore exhibeatur.

Vale. Ex Argentina tercia kalendas Ianuarij. Anno a natiuitate Christi M.cccc.lxxxvi.

### 83. *to Friedrich von Zollern*

Congratulatur in Episcopum eum sublimatum[.] Episcopi officium tangit. Adulatores cauendos[.] Sermonum Iohannis Keisersbergij commonefacit. Pro primarijs precibus agit gracias.

Petrus Schottus Domino Friderico electo Augustensi Episcopo. Humilimi et obsequentissimi cordis obedienciam.

Gratularer ego tibi reuerendissime Pater: et copiosiori Epistola foelicem te et beatum testarer: qui vel ignorans accersiri: et inuitus vocari: ad tam sublimem clarissime diocesis Presulatum: non solum vnanimi Canonicorum Augustensium electione: sed eciam tocius fere Germanie iudicio: dignissimus visus es. Quippe cuius tam spectata: et egregia morum apparet maturitas/ industria/ doctrina/ iusticia: ut in illo tam celeberrimo Imperatorie atque Regie Maiestatis: cum reliquis vniuersi Imperij Principibus/ proceribusque conuentu: ad quos ut verisimile fit: spectatissimus quisque: et ornatissimus frequen-

Folio xlixa

tes confluxerant: tu precipuus omnium: ad hanc pastoralem Curam: incredibili omnium fauore/ commendacione et ope sis prouectus.

Verum cum te mihi propemodum cognitum: effoecerit benigna tua in me dignacio: videor videre: te non tam exultare super honore et opibus: que Episcopatui recte administrato/ merito debentur: quam molestari ab onere: et operibus/ quae ipsum in se Episcopatus nomen (si Augustino creditur) concludit: et veluti principalia prefert et notat. Idcirco non tam tibi reuerendissime Pater: quam ecclesie sancte dei: Augustensi praecipue: non adulatorio: sed vero corde et ex sentencia congaudeo et gratulor. Cui diuina claemencia tete prefoecerit: qui non ut plerique omnes istas fasces/ opes/ voluptates: et quae nihil in se stabile: nihil non perturbacionis obnoxium habeant: suspicias/ mireris: et eorum possessione tanquam per se bona sint: capiaris. Sed pocius paucorum: id est vere sapiencium: am-

90

plexus persuasionem: ea nequaquam honesta et bona iudices: nisi quoadusque adminiculo sunt: voluntati diuine perficiende. Et proinde pro virili tua quicquid in te est facultatis/ opis/ et industriae: eo sis collaturus: ut saluti omnium tibi commissorum: in his quae ad fidem: et ad bonos mores attinent (id enim Episcopi officium esse: vocabulum notat) superintensurus esse: et inuigilaturus videaris.

Tibi vero gratulacionis vice: id vnum imprecor: ut hanc tuam summam et verissimam persuasionem: quam commemoraui: nullis tibi blandimentis subdolis: nullis circumuencionibus adulancium Syrenarum: euelli atque aboleri paciaris. Quare/ ut Marci Ciceronis grauissimi Oratoris ad Curionem verbis vtar: te hortor: ut omnia gubernes: et moderere prudencia tua: ne te auferant aliorum consilia. Nemo est qui tibi sapiencius suadere possit: te ipso. Numquam labere si te audies. Non scribo hoc temere. Cui scribam video. Noui animum: noui consilium tuum. Non vereor: ne quid timide/ ne

Folio xlixb

quid stulte facias: si defendas: quae ipse recta esse sencias.

Hec ego idcirco recensui humanissime Pater: non arroganti praecipiendi libidine: non ambiciosa docendi praesumptione (longe a me tam impudens temeritas) sed condescensione tua tractabili: affabilique facilitate tua fretus: institui te inter ipsa rerum exordia: circumstrepentibus vndique occupacionibus lassatum: probissimi tui animi commonefacere. Et ne alieno prorsus consilio assuescas hortari: eorum maxime: qui non tantopere querunt quae Iesu Christi sunt: quam quae sua: aut mundi. Solent enim: pro condicione Principiorum: reliqua plerumque consequi: et quemadmodum inchoaueris prosequi ut plurimum oportet. In summa breuibus habeto: numquam te perperam acturum quicquam: si ab his non excidas: que sepenumero monente illo singulari christiane obseruacionis persuasore: Doctore Iohanne de keisersberg: assensu et plausu fauentissimo confirmasti. De his satis et super.

Quare finem faciam: si tibi gracias immortales egero: qui tam benigno vultu Patris mei: supplicacionem nomine Magistri et didascali mei susceperis: in primarijs dico precibus obtinendis. Quod ut reuerendissima Papa terrae exequi dum facultas fuerit dignetur: te supraquam dici possit: maiorem in modum oro. Nec eo minus si quid ad Predicacionis officium: in ecclesia adhuc tua Argentinensi largitate et opera tua possit accedere: scis ipse quam necessarium quam honestum fuerit.

Parentes mei ambo: se et sua tibi deuouent: et ut sempiterne saluti tibi sit Presulatus iste: exoptant. Et tue dignantissime gracie cupiunt esse commendati. Vale. Ex Argentina tercio kalendas Aprilis. Anno M.cccc.lxxxvi.

84. *to Johann Müller*

Promittit se bene facturum: opportunitate data. Excusat de nominandi difficultate.

Petrus Schottus Insigni bonarum Arcium professori: Magistro Iohanni Muller praeceptori dulcissime adamato salutem dicit plurimam.

Quod a me petis: quid sit non ignoras. Vtinam tibi cras conferre valerem. Non esset quem tibi conferrem:

Folio La

ne preferre dicam. Ad id enim omnis conatus meus tendit ut tibi prosim: et ab alijs longum est scribere: hoc vnicum iam videor desiderare: quamuis sine fructu hactenus. Qua fronte igitur ab alijs peterem: quod ipse tibi non praestarem: si possem? Verum frustra ut vereor hec: quoad hoc caput agimus. Neque enim ego mihi tantum vite promitto: ut hunc diem contingam: quo mihi nominandi in Canonicum sors obtingat. Quum videam aliquos sexagesimum et amplius annum transgressos: illud nondum adeptos. Neque ego quouis pacto suspicari possum: fortunam tibi tam aduersam: ut interea pro dignitate tua/ nou [non] prospiciatur. Verum ne me Antigonum insimules: si ego ad eam sortem peruenero et tu (quod absit) hac mea prouisione indigebis: non esse quem libencius et iucundius mihi fuerit: Canonicum et Concanonicum meum efficere te vno.

Vale. Ex Argentina xvij kalendas Maij. Anno M.cccc.lxxxvi.

85. *to Marcus, Cardinal of St. Mark and Patriarch of Aquilegia*

Commendaticie pro Sororibus: in quodam loco Argentinensis diocesis receptis.

Petrus Schottus Ex persona Domini Alberti Episcopi Argentinensis Ducis Bauarie: Reuerendissimo in Christo patri: domino Marco: Cardinali sancti Marci: ac Patriarche Acquilegiensi domino suo imprimis obseruando. Quamplurimum potest honoris et obseruancie.

Cum vos reuerendissime Pater: propensissimo studio in ea semper inclinari: quae diuino cultui corroborando: et animarum saluti conducunt: multis subinde argumentis didicerimus[:] non sumus veriti: a Reuerendissima Vestra Paternitate litteris nostris desiderare: ut pie cuidam prouisioni: quam nos exulantibus nonnullis Sanctimonialibus: probissimis virginibus Paterna caritate moti

92

impendimus: vos firmitatem stabilitatemque (id quod ex autoritate et voluntate Reuerendissimae Paternitatis Vestrae potissimum ut intelleximus propendet) adhibere seu procurare velitis.

Etenim cum paulo superioribus annis Sorores quamplures ordinis Sancti Augustini sub cura et iuxta

Folio Lb

regularia instituta fratrum ordinis Predicatorum de Obsercia [Observancia] degentes: e Monasterio eius ordinis Basiliensis pro cuius reformacione apostolica auctoritate fuerant introducte: et in quo tribus ferme annis perseuerauerant: miserabili et mira rerum innouacione: eiecte essent et expulse: atque ideo diu per diocesim nostram mendicando vagarentur: et in nemoribus se ad tempus recipientes: vitam sibi asperam nimis: atque proinde intolerabilem ducere: diucius non valerent. Nos probitatis earum et sexus miserti: locum eis in diocesi nostra non incongruum: censibus/ redditibus/ agris/ pascuis/ siluis/ et pratis competenter dotatum: qui ad beatam Mariam cuius nomen in Steyga superiori nuncupatur: eis pro ecclesia et Monasterio: cum communi consensu omnium: ad quos locus ille antea pertinebat: anno superiori tradidimus et assignauimus. Quo in loco in presenciarum degentes: accolis omnibus exemplo bono sunt: et profectui salutari.

Verum Reuerendissime Pater cum timeamus ne forte tam salubre ac diuinum inceptum: subsistere non possit: nisi a sacro Predicatorum ordine in protectionem ac tuicionem locus et Sorores recipiantur: cum et Confessoribus et Visitatoribus eis opus sit: idcirco Reuerendissimam Paternitatem Vestram maiorem in modum oratam esse petimus: ut in Capitulo generali dicti Ordinis nunc futuro: pro innata vestra in Deum pietate: operam benignam adhibere dignemini: ut dictus locus cum Sororibus: in curam/ visitacionem/ et correctionem: et omnimodam obedienciam dicti Ordinis suscipiatur. Id sane si (ut confidenter speramus) dicte Sorores consecute fuerint: non solum eas in oracionum suarum deuocionibus: reuerendissime paternitati vestre perpetuo vinculo obnoxias reddetis: sed et omnipotentis dei honorem: non mediocriter videbimini extulisse. Nos quoque ad vota reuerendissime paternitatis vestre veluti acceptissimo beneficio: obstructissime [obstrictissime] deuincietis. Cui nos et ecclesiam:

Folio LIa

Diocesimque nostram et offerimus et commendamus.

Datum xi kalendas Iunij. Anno a natali Christiano M.cccc. lxxxvi.

Oraciones se non accepisse.  Commendat Thomam Vuolff iuniorem: et cautela opus esse scribit.

Petrus Schottus Insigni Iuris Pontificij Doctori Magistro Vito Maeler Preposito Sancti Viti Frisingensis ac litterarum apostolicarum solicitatori: amico vnice caro salutem dicit.

Littere tue cum mihi semper sint iucunde: nunc grate non esse non potuerunt.  Quod in eis scribebas: monitis meis te aurem propemodum adhibuisse: vel pocius animum tuum/ priusquam scriberem: in viam non abhorrentem a salute composuisse.  Quod vbi plane effectum esse intellexero: tum vero de te mihi gracior nuncius: alter non poterit aduenire.

Operam quam pro Magistro meo viro optimo impendisti: vtinam non frustra factum fuisset[.]  Sed nihil inde de gratitudine tibi a nobis debita: decerpi debebit: cum non tua/ sed nostra desidia id contigerit.  Acceptam inquam eam operam habeo: et gratam: et amoris tui attestatricem.  Vtinam posthac felicius succedat.  Si quid tamen eris impendisti: fac me cerciorem: ne duplici damno graueris.

Scribis eciam te mittere aliquas Oraciones: verum nullas recepi.  Negat enim nuncius se eas recepisse.  Vbi eas videro: tum tibi gracias agam: quamuis antea mihi aliquas miserit: dominus Leonhardus Sturm Ordinis sancti Benedicti.

Per quem vel antea ego tibi litteras amplas scripsi: cupiens per te cerciorari: de statu cause/ quam Engelhardus Funck mouit Thomae Vuolff iuniori filiolo meo: super Canonicatu et prebenda ecclesie sancti Thome Argentinensis.  Et licet te sepenumero pro responso solicitauerim: tamen in litteris binis/ quas ab eo tempore ad me dedisti: ne mencionem quidem illius rei fecisti.  Atqui ego vehementer id cuperem intelligere: si saltem caute et secreto id perscrutari

Folio LIb

posses.  Quare si priorum litterarum mearum adhuc meministi te iterum atque iterum oro: ut si quid intelligere possis: ad me scribas.  Videor enim duplici vinculo: ad hanc solicitam pro Thoma iuniore curam: astrictus esse.  Primo quod ipsi ut scripsi: Patruus sum.  Deinde quod Patruus eius Dominus Doctor Thomas tibi non incognitus: de me supraquam scribere possum: bene meritus est.  Age igitur mi Doctor: ne succenseas: quod te hisce actibus onero.  Vides enim causas.  Verum imprimis ut monui caute fiat: ne vel aduersarius se metui: vel procurator Thome sibi fidem non haberi suspicetur.  Fraudem etenim solam: et nullum ius pars nostra formidat.  De his satis.

94

Vale. Et inter tela Martis et Apollinis hoc est bellorum et estus: fac tibi prospicias. Ex Argentina Nono kalendas Iunij. Anno a natali Christi M.cccc.lxxxvi.

Saluta verbis meis Dominum Leonardum Egloffstein. Et dominum Anthonium praecoeptorem grecum. Hortare eos ut scribant. Causam domini Doctoris Kerer de Friburgo: super Vicaria in ecclesia Argentinensi tibi committo. Vir est mihi famliaris [familiaris]: audio eum ab aduersario citatum.

87. *to Johann Meiger*

Intercedit pro Magistro Iohanne Muller: ut ad Plebanatum in Andelo promoueatur.

Petrus Schottus Venerabili Arcium et Philosophie Magistro Iohanni Meiger: Rectori in Bliensvuiler salutem plurimam dicit.

Quod ad te potissimum scribam Magister venerabilis: inde contigit: quod prestancia tua ceteris mihi magis est cognita: et is cuius intuitu scribo: tibi ut arbitror non est prorsus ignotus. Adeo/ ut non mediocriter sperem: te in causa hac: non tam orari a nobis oportere: quam ipsum vltro promotorem futurum: atque autorem. Vacauit (ut ad Magistrum Ioannem Rot: communem amicum nostrum virum optimum relatum est) Vicaria quedam perpetua in Andelo: quam quia ipse propter condicionem rerum suarum: necesse habuit recusare: coepimus Magistri Iohannis Muller nunc

Folio LIIa

Parisius degentis reminisci. Qui quam ad huiusmodi Beneficium esset idoneus: verbis ut credo: non eget. Sciencia siquidem: facundia: atque moribus probatissimis pollet.

Is ad me scripsit iteratis saepe Epistolis: iampridem pertesum se esse laboris Gymnastici: toto desiderio cupere quietem: qua sacerdotalibus operam indulgere posset officijs. Contentum se esse: si sibi alimenta/ vestesque suppetant. Nolle se tam dubijs periculis/ quibus in gubernado [gubernando] Principis filio objicitur: diucius obnoxium esse: presertim cum nulla gratitudine. Proinde obtestari se: et Magistrum Ioannem Rot et me: ut sibi in tali aliquo prospicere curemus. His et in hanc sentenciam litteris suis moti: non dubitauimus: personam eius commendatam facere: Domino Andree concanonico tuo: praeclarissimo viro. Sperantes/ quod si eiuscemodi Beneficium consequeretur: quamprimum studeret ad id se conferre: et auiditati suae diu desideratae satisfacere. Hoc est: ut in loco non nimis impedito: animae et litteris vacaret. Plane Magistrum Ioannem Rot: et me in procuratores constituit: qui eius nomine accep-

95

tantes: et interim prouidentes curaremus: ut quo cicius fieri posset: ipse ad vos proficisceretur.

Quamobrem venerabilis Magister: quia spero gloriam dei: et animarum salutem per id promouendam esse: maiorem in modum oratam velim praestanciam tuam: ut Deum habens pre oculis: si litteratum et probum/ aptum esse credis: et dignum ad hoc Beneficium: hunc non recuses: ad id pro viribus admouere[.] Indubitatum est siquidem mihi: nihil ecclesie isti detrimenti: sed amplum pro integritate illius viri/ emolumentum: in spiritualibus praesertim: si ipse ea pocietur: consecuturum.

Vale. Et me tibi deditum fac obsecro dediciorem. Ex Argentina quarto kalendas Iunij. Anno domini M.cccc.lxxxvi.


88. *to Johann Widmann*

Petit aduenire eum in thermas.

Petrus Schottus Eximio Arcium atque Medicine Doctori: Iohanni Vuidman in Tubingen: fratri plurimum

Folio LIIb

obseruando salutem plurimam dicit.

Valemus gracia diuina omnes: tu et tui ut bene valeant: optantes. Petituri sunt Parentes post dies quatuor thermas vestras ferales. Illuc (ut si comodum sit) vxor quoque tua diuertat desiderant: et tu quoque nisi molestum sit: reuisere eos velis. Sunt etenim: super quibus consultum te habere cupiunt presertim super nescio quo accidenti: quod sororem meam de Adeltçheim: et filiam ipsius: ut vel aboriantur: vel difficiliores partus edant: cogit. Animatum est (ut audio) quoddam monstrum: quod post foetum prodire cernitur et cetera. Quid plura? Ipsi tecum agent omnia: nec mihi scribendi tempus est.

Domino Iohanni Sifridi significa: nos omnes gracia dei incolumes: et solita eum beneuolencia complecti. Vale. Datum prepropere/ sub noctem: ad pridie Nonas Iulij. Anno domini M.cccc. lxxxvi.


89. *to Peter Schott from Jacob Wimpheling*

Iocobus Vuimfelingus Sletstatensis Elegantissimo viro: Iuris vtriusque Doctori profundissimo Petro Schotto Canonico sancti Petri Iunioris Argentinensis praeceptori suo semper venerando salutem plurimam dicit.

96

Suauissime vir: sunt qui credunt communes sillabas: pute [puta] Tenebre/ Cathedra et huiuscemodi in soluto campo non posse breuiari: sed semper posicionis causa produci oportere. Oratus sum vehementer ab amicis et praecoeptoribus meis: tibi scriberem: ut quid de ea re sencias: non solum sentenciam tuam: sed et confirmaciones: atque testimonia congerere digneris. Quanto tibi pro tua maxima doctrina et industria: labor iste facilior est: tanto te minus spem nostram confisus sum frustraturum. Ego aliquid in eo putabam me effoecisse: at nihi [nihil] profoeci. Tu quoque aggredere: ut ora peruicacissimorum hominum importuna: tandem obstrui possint. Facies hercle magnis et praestantibus viris: rem quam gratissimam: qui sibi alienam veritatem praesidio: quam proprias asserciones esse malunt.

Tu quoque mei esto memor: nonnumquam cum ad

Folio LIIIa

Deum optimum maximum litaueris: acceptabilissimam victimam. Et me nostro Ioanni keisersbergio effice commendatum. Vale. Ex Spira septimo kalendas Augusti. Anno M.cccc.lxxxvi.

90. *to Jacob Wimpheling*

Contra quosdam obtusos et capitosos [captiosos] grammatellos: qui sillabas communes Tenebre: et similes contendunt semper esse producendas.

Petrus Schottus Sacrarum atque saecularium litterarum viro probe erudito Iacobo Vuimpfelingo Sletstatensi Vicario ecclesie Spirensis fratri carissimo salutem plurimam dicit.

Quid tu me speras affere posse: quo sciolorum quos commemoras: arrogancia retundatur. Quos videris nec tibi: nec legittimis [legitimis] testimonijs (que tu haud dubium plura produxisti) cedere voluisse. Venit in mentem ut litteras tuas legi: sentencia Marci Celij Quintiliani: qui in primo institucionem Oratoriarum libro. Nihil inquit peius est his: qui paulum aliquid vltra primas litteras progressi: falsam scienciae persuasionem induerunt. Nam et cedere praecipiendi peritis indignantur: et velut iure quodam potestatis: quo fere hoc hominum genus intumescit: imperiosi atque interim seuientes: stulticiam suam perdocent.

Quamobrem non quod sperem amplius aliquid assequi: quam tu effoeceris: sed ut voluntati tue [(]cui iucundissimum mihi est obsequi) morem gererem: decreui rem patentem et aput me indubitatam digito monstrare: plus opere quam ingenij ostentans. Itaque Tenebras/ latebras/ Celebres media breui enunciari posse: testes sunt

97

Deũ optimũ maximũ litaɇeris:acceptabiliſſimã victi
mã.Et me nr̃o Ioannikeiſerſbergio cffice cõmẽdatũ.
Vale.Ex Spira ſeptimo kl̃.Auguſti.Anno.M.cccc.
lxxxvi.

 Contra q̃ſdã obtuſos & capitoſos grãmatellos:
  q̃ ſillabas cõmuñes Tenebrɇ:& ſimiles cõten
  dũt ſemp̃ eſſe ,pdɥcendas.

Petrus Schottus Sacrarũ atcꝗ ſæculariũ lr̃aꝛ viro pro
be ɇrudito Iacobo Vuimpfelingo Sletſtateñ.Vicario
eccleſiɇ Spireñ.fratri cariſſimo. S.P.D.Q̃ uid tu me
ſperas afferre poſſe:q̃ ſcioloꝛ quos cõmemoras:arro
gancia retundatur.Q̃ uos videris nɇc tibi :nec legitti
mis teſtimonijs (quɇ tu haud dubium plura ,pduxiſti)
cedere voluiſſe.Venit ĩ mẽtẽ ut lr̃as tɥas legi:ſnĩa M.
Ceļij Q̃ uitiliani:q̃ ĩ primo iſtitucionũ Oratoriarũ li
bro.Nihil ingt peius eſt his: q̃ paulũ aliqd vltra p̃mas
lr̃as ,pgreſſi:falſam ſcĩæ p̃ſuaſionẽ induerũt.Nã & ce
dere p̃cipiẽdi peritis indignanɇ:& velut iureq̃dã po
teſtatis:q̃ fere hoc hominũ genus intumeſcit:imperi
oſi atcꝗ interim ſeɥientes:ſtulticĩã ſɥã perdocent.Q̃ɇ
obrem nõ q̃d ſperem amplius aliqd aſſeq:quã tu effœ
ceris:ſed ut volũtati tɥɇ cui iucundiſſimũ mihi ẽ ob
ſequi)morẽ gererẽ:dɇcreui rem patentem & aput me
indubitatam digito monſtrare:plus opere q̃ inge
nij oſtẽtãs .Itacꝗ Tenebras/latebras/Celebres media
breui enũciari poſſe:teſtes ſunt Lucanɥs in primo
Pharſaliɇ.In ſeptimo & nono.Ouidɥus in.xv.Me
thamorphoſ.Virgiliɥ ĩ tercio Georgici carmĩs.Iuɥe
nali Sathyra Et ſpes.Poſſemadducerɇ ex Horacio &
alijs lõge pl̃a:ſed qb⁹hɇc nõ ſufficiũt:eos nᶜ pl̃a moue
bũt.Cathedra q̃d e breuẽ habeat racio grɇcitati:vñ id
nomẽ nobis vſurpauim⁹:expoſcit.Eſt eĩ
q̃d ſp̃ẽ breue.Vale.Ex Argeñ.xiij.kal̃.Septẽbris.A
natali Chriſti Anno.M.cccc.lxxxvi.

 i ij

Lucanus in primo Pharsalie. In septimo et nono. Ouidius in xv Methamorphos. Virgilius in tercio Georgici carminis. Iuuenalis in Sathyra Et spes. Possem adducere ex Horacio et alijs longe plura: sed quibus hec non sufficiunt: eos nec plura mouebunt. Cathedra quod e breuem habeat racio grecitatis: vnde id nomen nobis vsurpauimus: exposcit. Est enim [καθέδρα] quod semper est breue.

Vale. Ex Argentina xiij kalendas Septembris. A natali Christi Anno M.cccc.lxxxvi.

Folio LIIIb

### 91.  *to Jacob Wimpheling*

Petrus Schottus Iacobo Vuimpfelingio Sletstatensi Salutem dicit.

Quoniam priori Epistola tua me oraueras: ut in ligato campo ostenderem: medias sillabas dictionum eius generis: qualis sunt tenebre/ latebre: breues incedere posse. Ego tibi carmina probatissimorum non pauca congessi: quibus id luce meridiana clarius appareret: nihil tum de soluto stilo: super quo non inquisieras: nihil de accentu dubitari posse suspicatus. Quippe cum perspectum esset: tempus penultimae sillabe: quam penes/ latini plerique omnes: accentum in trissillabis meciuntur. Sane perspectum esse dixi: quamuis in posterioribus litteris tuis significes: illius probaciones alias desiderari.

Nam quid obsecro: apud studiosum praeclarissimorum ingeniorum sectatorem: indubitacius atque fidelius erit: pro dignoscendis sillabarum quantitatibus: quam si exempla et celebres obseruaciones: receptorum Poetarum intueantur? Ex eorum siquidem autoritate: quum omnes latine vocales dichronae sint: omnes ferme quantitatum illae regule prodierunt. Nec est quod dicunt aliqui: Poetica quadam licencia committi: ut vel posicio corripiatur: id vero in soluto campo nequaquam licere. Nam non iam licencie: sed vicio merito dabitur (quamquam eciam licencia vicium sonat) si tam frequenti: et crebra exorbitancia: Poete numeros suos: quibus vel soli vel ceteris peculiarius student: asserantur neglexisse. Quod profecto de hisce viris quisquis senserit: is non modo ipsos: sed et omnes priscorum aetatem: que eos ut certissimos et exactissimos venerata est: videbitur iusticie nota contaminare.

An non callidissimi eorum critici: qui non solum in emendatae: sed eciam figuratae dicta: calumniati sunt? Numquid Grammatici plurimi: qui vix pauca aliqua in Poetis: quae producenda erant: correpta per Sistolem deprehenderunt? Hunc quoque manifestarunt et creberrimum vsum: si sillabarum tempori preiudicasset: non vidissent/ notassent/ casti-

99

gassent? Num faciliora opera: excusasset Priscianus illud Virgilij?
Ponite spes sibi quisque. Et hinc quamplura similia. Sic asseueras-
set illi poetica licencia: posicionem correptam esse: quam quod ad id
recurrit s litteram vim suam dimittere? Mirum sane est: Poetas qui
alioqui rarissime longarum sillabarum naturam accurtasse reperiun-
tur: in hoc genere non solum longas natura (ut illi aiunt) sed eciam
posicione artatas: tam crebro et passim corripere[.] Mirandum vero
magis: si Poetis qui ligatissimi sunt: dissolucio tanta concedatur:
eos qui solutam oracionem effundunt: ligatos magis esse debere:
praecipue cum licencia illa Poetarum: non ad numeros: in quibus
astrictiores sunt Oratoribus: ut Marcus Cicero dixit: sed ad verborum libertatem spectet.

　　Quid ergo? inquiunt. Num in his de quibus est questio:
posicionem esse negas? Equidem fateor posicionem esse. Nam due
consonantes contigue vocalem in vno eciam sequuntur vocabulo.
Verum in hoc distare dico posicionem: quae ex muta et liquida
resultat: ab ea quam mute due constituunt: quod quum hec vocalem
praeeuntem utcumque breuem: longam perpetuo reddat: duriori
nimirum enunciacione fluxum cohercente: illa quod salebrositate
quadam/ moretur praecipitacionem: non adeousque tamen: ut lapsum prorsus exasperet. Hoc efficit: ut in Carmine si ex vsu Poete
sit: longam constituere possit: praeeuntem vocalem breuem. In
Oracione vero soluta: si nonnumquam longe prolatam excuset:
frequencius tamen breuem efferre: et vsus et doctrina tradit.

　　Ecce sentenciam nostram: quam si qui minus recipiant: nihil
mirum profecto in Grammatica: quae inter artes ceteras: professori-
bus est opulencior: sectas inueniri: quum eciam Astronomi: quamuis
paucissimi: non sint semper vnanimes. Verum ut responsum nostrum: quantum ad id quod de Oracione soluta diximus: asstruamus.
Nam quod ad carmen attinet: cum aduesarijs [aduersarijs] conuenit.
Allégare primo possem:

celeberrimorum omnium: quos equidem in Italia et extra noui
plurimos: consuetudinem et vsum: quem penes ut Horacius ait:
arbitrium est et vis et norma loquendi. Sed ne calumnie locus
aliquis detur: audiantur tres testes: meo iudicio omni excepcione
maiores: quibus si non credatur: nescio quid in Grammatica solidum
precipi possit.

　　Loquatur igitur Diomedes: ille antiqui inter Grammaticos
nominis: qui in tradicione de accentibus. In trissillabis inquit: et
tetrassillabis et deinceps: secunda ab vltima semper obseruanda sit.
Hec si posicione longa fuerit: acuetur. ut Catullus/ Metellus/

Marcellus. Ita tamen si posicione longa: non ex muta et liquida fuerit: nam mutabit accentum. ut Latebre/ Tenebre. Hec ibi. Et paulo post. Si penultima posicione longa ita fuerit: ut excipiat tam ex muta quam ex liquida: accentus transfertur ad terciam ab vltima. ut Tenebre/ latebre. Et postea apercius. Et tenebras inquit et latebras: acuto accentu: prima sillaba offertur. Tantum a Diomede.

Accedat et Priscianus diligentissimus in re Grammatica: qui in tractatu quem de accentibus reliquit: his verbis testimonium nobis perhibit. Trissillabe vero .... et deinceps: si penultimam correptam habuerint: antepenultima acuto accentu profertur. ut Tullius/ Hostilius. Nam si pura posicione longa fuerit acuetur: antepenultima vero grauabitur. ut Catullus/ Metellus. Si vero ex muta et liquida: longa in Versu constat: in Oracione mutat accentum. ut Latebrae/ Tenebrae. Sic Priscianus.

Num hec clara satis? Numquid aperte et sine vlla circuicione quod asseuerauimus: illi sunt testati? Forsitan adhuc videri poterunt alicui: iustum autoritatis pondus/ in Grammatica: Grammaticorum Principes non habere: qui in re tanta: sublimiorem quempiam tractatorem desiderabit. Sed ut huius quoque insolencie morem geramus: adducatur Rhetor longe amplioris nominis quam ut in tam friuolis/ ei fides non

Folio LVa

habeatur.

Audiatur itaque Quintilianus: qui in primo institucionum Oratoriarum libro: sic ait. Euenit ut metri quoque condicio: mutet accentum. ut pecudes picteque volucres. Nam volucres media acuta legam: quia et si natura breuis: tamen posicione longa est: ne faciat Iambum: quem non recipit versus Heroicus. Ecce quam dilucide declarat: posicionem quae ex muta et liquida constat: sillabam breuem prolongare posse: si id versus condicio requirit. Verum extra Carmen: accentu proprio debere proferri: qui nimirum alius est ab eo: quem versus exigit. Aliter enim diceret Quintilianus: metri condicione accentum mutari.

Hec sunt vir amicissime: quae super his ad te scribenda putaui. Quibus si quid pro veritatis tuicione est effectum putabis: nihil mihi fuerit gracius: sin minus: solabor ego me saltem testificacione: grati erga te animi: qui videas me inepcias effundere malle: quam impositam per te mihi scribendi prouinciam: omnino declinare.

Vale. Date Argentina ad Nonum kalendas Octobres. Anno a natiuitate domini M.cccc.lxxxvi.

*Carmina probatiua prescriptorum.*

1) Nocte premunt: quod iam tenebris et sole cadente.
                              Vir. Geor. tercio.
2) Noctem hyememque ferens: et inhorruit vnda tenebris.
                              Idem Aenei. tercio
3) Rursum ex diuerso coeli caecisque larebris [latebris].
                              Idem in eodem
4) .... et regna recludat
   Pallida: Dijsque inuisa: superque immane baratrum
   Cernatur.                   In eodem Idem.
5) Pernicies et tempestas: baratrumque macelli.
                              Hora. Meuius vt rebus.
6) Queque reportandis posita est orchestra cathedris.
                              Iuuenalis.  Et spes et racio.
7) Poenituit multos vanae sterilisque cathedrae.
                              Idem in eadem.

Folio Lvb

 8) Respexit: cum iam celebres notique Poete.
                              Idem in eadem.
 9) Menala transieram: latebris horrenda ferarum.
                              Oui. Meta. primo.
10) Interea repetiuit cecis obscura latebris.
                              Idem in eodem.
11) Quod si sola times: latebras intrare ferarum.
                              Idem in eodem.
12) Funeribus ferri celebrique in parte cremari.
                              Idem.  In xiij.
13) Quid Styga: quid tenebras: et nomina vana timetis?
                              Idem in quindecimo.
14) Vt ne te capiat: latebris sibi foemina notis.
                              Idem secundo de Arte.
15) Et si non tenebras: et quiddam lucis opacae.
    Querimus: ast aliquid luce patente minus.
                              Idem tercio de Arte.
16) Inuoluitque orbem tenebris: gentesque coegit:
    Desperare diem.              Lucanus in primo Pharsaliae.
17) Attonitus: mortisque illas putat esse tenebras.
    Nox subit: atque oculos vastae obduxere tenebre.
                              Idem in tercio.
18) Venturi discrimen habent perire latebre.
                              Idem in quarto.

    Licet latebras produxerit quod iuste potuit. Sicut et tenebrae
saepe leguntur.

102

19) Inque vicem vultus tenebris mirantur opertos.
   Hanc fuge mens partem belli: tenebrisque relinque.
                                          Idem in septimo.
20) Pascitur et dulci facilis gallina farina:
   Pascitur et tenebris: ingeniosa gula est.
                                          Marcialis in Xenijs.
21) Interius fuscata genas: et amicta dolosis.
   Illecebris tornos auro circumlinit hydros.
                                          Claudianus in Stillicone.

Folio LVIa

92.  *to Vitus Maeler von Memmingen*

Petit dispensacionem pro amicis.

Petrus Schottus Insigni ac venerabili Decretorum Doctori:
Magistro Vito Maeler de Memmingen: litterarum apostolicarum
solicitatori: maiori plurimum obseruando salutem dicit plurimam.
   Ego vero tibi clarissime atque carissime Doctor graciam habeo:
nec minorem quam si litteris tuis oblatum gaudium: probe et re
ipsa suscepissem. Quamuis enim Oraciones a te mihi beneuolencia
summa paratas: non receperim: quod scilicet nuncius causabatur:
sibi in castris a militibus ereptas: tamen ego amiciciam tuam mihi
gratissimam: non sine mira atque suauissima iucunditate agnoui:
quam apophoretis accumulare non praetermitterem: nisi eodem fato
hunc quoque nuncium compilandum forsitan: vehementer timerem.
Erit spero alia nobis occasio: qua comodius amore mutuo fruamur.
   At nunc est: quod te maiorem in modum oratum velim ut
mihi expedias. Sunt Argentine duo Iohannes et Elizabeth: qui
plusquam decennio tamquam coniuges cohabitauerunt/ contractu/
copula/ et solemnisacione [solemnitacione] ut moris est: praeceden-
tibus. Liberos non habent. Hi nunc/ casu quodam/ deprehenderunt
se sibi inuicem coniunctos esse: et attinere in quarto gradu affinitatis: quod prius ignorabant: ignorancia iuris non facti. Et hec
tamen affinitas secreta est adhuc: nec nisi paucissimis tamquam
confessoribus reuelata. Vnde ad me: tamquam amicum eorum
singularem confugerunt: petentes et orantes: ut dispensacionem
aliquam: eis secreto impetrarem: qua et Matrimonium contrahere
possent: et a censuris prius ignoranter incursis: absoluerentur.
Ego itaque cum libenter eis inseruirem: non credidi negocium illud:
per aliquem fidelius et occulcius expediri posse: quam per te vnum.
Et pollicitus sum: me habere fautorem singularem Rome: per quem
sperem: me eis obsequi posse.
   Quamobrem mi Doctor: ne me spes hec fallat: da operam ut

                                                            103

hec fiant: et ita fiant: quo minus Argentinensis aliquis hoc intelligat. Metuunt enim fame sue: si tanto tempore: in concubinatu vel incestu: pro Matrimonio

Folio LVIb

cohabitasse diuulgarentur. Pecunia apud me est deposita et misissem: nisi nuncius hic portare abnuisset. Sed per primum/ quem sperauero: tibi deferre posse: vel qua alia via per cambium ad te deferri poterit: habebis. Quo et dispensacionem per Poenitenciariam: vel si haberi possit: per Cameram: si alia in foro contencioso non sufficeret/ expedias: et tuo labori satisfacias. Oro igitur per fidem tuam mi Preposite: ut in hac re mihi obsequaris: quamprimum poteris: et vbi primum poteris: ad me scribas: quid egeris: et si minorem summam tibi miserim quam egeres: et cela.

Magister Iohannes Molitoris ex Parisio cum Domino suo nuper redijt sanus: in arcem Badensem. Tu ut sanus sis cura. Vale mi carissime Vite. Ex Argentina Nonis Septembris. Anno domini M.cccc.lxxxvi.


93.  *to Vitus Maeler von Memmingen*

Petit iterum scire statum cause Thome Vuolff iunioris.

Petrus Schottus Viro sibi amicissimo: Magistro Vito Maeler de Memmingen: Decretorum Doctori: ac litterarum Apostolicarum solicitatori solertissimo salutem dicit plurimam.

Scripsi plerisque vicibus Doctor amicissime: super controuersia/ quae inter Engelhardum Funck: et Thomam Vuolff iuniorem: de et super Canonicatu et prebenda in ecclesia sancti Thome Argentinensis vertitur: cupiens a te statum seu terminos cause intelligere. Id sane quemadmodum mea intersit: prioribus Epistolis cognoscere potuisti. Precipue tamen hec egi astrictus precibus viri mihi propemodum paterna necessitudine deuincti: domini doctoris Thome .Vuolff: tibi non incogniti. Verum quum litteras tuas item frequentes legerim: magna iucunditate et beniuolencia tua alioqui suaues: de hac autem re ne verbum quidem attingentes: et proinde nequiens in ea re satisfacere: desiderio viri: mihi ut dixi coniunctissimi: compulsus sum iterata eius instancia: id a te litteris deposcere: quod prius sepe intellexisti. Quod si sis oblitus: ipsemet Doctor Thomas litteris suis: ut mihi

Folio LVIIa

dixit: cerciorem te faciet. Quare vel vnico versu negocium hoc percurrens: saltem ostende in litteris tuis: me tibi super ea re

104

scripsisse: ut diligencie mee testimonium habeam: scilicet/ ne me putet tibi nunquam scripsisse quicquam. Ignosce obsecro: quia vides neque amicis deesse decere: neque polliciti fidem violandam esse.

Quod in nouissimis litteris: per quendam fratrum ordinis sancti Vuilhelmi ad te scripsi: super dispensacione in quadam causa affinitatis etc. laciores ad te postea dabo: et honustas litteras. Nam non fuit tanta familiaritas ei: cuius res agitur: cum hoc nuncio: ut videretur e re sua esse: pecuniam et causam hanc commiti [committi].

Vale. Ex Argentina iiij kalendas Octobris.
Anno M.cccc[.]lxxxvi.

94. *to Walter de Halewin*

Veterem amiciciam aliquandiu interceptam renouans: status honori congratulatur.

Petrus Schottus Insigni ac nobilissimo viro: domino Gualtero de Halevuin: Equiti aurato: Iuris Doctori: ac Baliuo Brugensi magnificentissimo salutem plurimam dicit.

Induci non possum vir magnifice: ut credam litterarum amorem: ac humanitatem incredibilem: quibus te imprimis pollentem Bononiae cognoui: his tuis amplissimis accessionibus abactas esse. Quin pocius arbitror: his ornamentis/ quibus ad honorem et gloriam: non minus quam generis nobilitate conscenderis: eam te graciam referre: ut quo te pluribus dignitatum praemijs accumularint: eo diligencius et studiosius a te colantur et adseruentur.

Quamobrem non veritus ego: tam diuturnam familiaritatis nostre intercapedinem (sextus enim nunc annus euolutus est: quo te non vidi) attamen fretus beneuolencia et amicicia mutua: quam in primo tuo appulsu ad Bononiense gymnasium: non sine multa bonarum arcium suauitate contraximus: indignum duxi vtrique noflrum [nostrum]: ut cum hos fratres probatissimos viros: te conuenturos intelligerem: non gratularer per litteras honori tuo: et amiciciam antiquam/ iam veterno ferme torpentem: innouato cultu: ad familiaritatem reuocarem.

Itaque

Folio LVIIb

primo: ut tibi et res vxoria et administracio clarissimi honoris: bene/ prospere/ ac feliciter euenerit: Deum immortalem maximum: mirum in modum oro. Deinde ut cum vacare ab occupacione Reipublicae licuerit: et ad dulcissima studia animum oblectare: nostri quoque/ qui ingenij ac familiaritatis pristine numquam non meminimus:

105

recordari velis. Et vel vnis: vel quod malim frequentibus litteris: amorem in me tuum (siquidem studium nostrum non asperneris) comprobare. Nam quum honestissimum sit: amorem nec tempore nec loco dirimi: clarius id tanto fuerit: quo et diucius cessauimus: et distanciori loco segregamur.

Vale. Et me meosque tibi commendatos esse persuade. Datum Argentina ad viij kalendas Nouembres. Anno M.cccc.lxxxvi.

### 95. *to Heinrich Moser*

Familiaritatem pristinam commemorat. Illum coniugatum esse gaudet: et se ecclesiasticum narrat.

Petrus Schottus Argentinensis Iuris pontificij consultissimo professori: domino Heinrico Moser: fratri honoratissimo salutem plurimam dicit.

Magna me iucunditate affecit Heinricus de Hevuen: nobilis ac praestantissimus ecclesiarum Argentinensium Custos: Constanciensis Decanus. Qui interroganti mihi nuper: si quempiam Heinricum Moser doctorem nouisset. Ego vero inquit: et virum noui et non modica mihi familiaritate: iunctum esse profiteor. Tum ego/ quasi diuturni desiderij compos: gratulabundus inquam: ecquid bene baberet [haberet] Constancie? Num pro doctrina et virtute: fortuna responderet? Qui ait bene te habere. Vxorem enim haberes: et nummosus patrocinator/ ceteris esses celebrior. Itaque non mediocriter gauisus fui: qui vel tandem intelligerem: te ex sentencia viuere: et quod occasio nobis obtigisset: per generosum illum virum: longam nostram cessacionem: creberrimis Epistolis deinde pensare. Equidem posteaquam a te decessi: praeter salutacionem vnicam: quam a te mihi Dominus Ioannes de Seckingen Eques auratus pertulit: ne verbum certum de te intellexi.

Quare ut familiaritas nostra:

Folio LVIIIa

inter dulcissima litterarum studia inchoata/ reintegretur: te oro et obsecro. Quamuis enim interea/ ab eisdem disciplinarum pincipijs [principijs]: ad diuersos fines et operaciones confluxerimus: utpote cum tu Coniugatus: litibus populi dirimendis indulgeas: ego autem Ecclesiasticus: quietem petens: ab omni strepitu me alienauerim. Tamen ut cetera sileam: vel in hoc conuenimus: quod constantes in institutis nostris: quam quisque viuendi sibi condicionem: vel tunc cum Bononie discebamus/ meditabatur: hanc arripuerimus: et opitulante Deo: satis foeliciter hactenus: reliqua pro placito suo idem ipse moderetur. De his satis modo.

106

Oracionem hanc funebrem: quam a te comodato aliquando accepi: inter libros meos reperi. Ne succenseas obsecro: quod non iam pridem receperis. Id enim tum incertitudo foecit: quod ut dixi: vbi nam esses non sciebam: tum quod verebar committere nuncijs: nisi certis.

De consortibus nostris Bononiensibus: dominus Bohuslaus nunc Achicancellarius [Archicancellarius] Regni Bohemici: anno superiori Argentine me reuisit: et perquam plures dies apud me moratus est. Fridericus Bussener: in comitatu et familia eius est. Auibus (si forte oblitus es) animum oblectat. Vdalricus Buck cocus quondam noster: nunc Pedagogus Alberti: filij Principis Bauarij: Ludouici Moguncie: Iuris Cesarij apicem: propediem attinget. Quid plura? Deficeret me charta: si recenserem omnes[.] Vbi tu scribendi ampliorem materiam suppeditaueris: pluribus vtar.

Vale. Date ex Argentina v kalendas Nouembris[.] Anno M.cccc.lxxxvi.

## 96. *to Johann Klitsch von Rixingen*

Ad scribendas litteras: et non barbaras hortatur.

Petrus Schottus Ioanni klitsch de Rixingen salutem dicit plurimam.

Sepenumero ad te litteras dedi: quibus te monui ut parsimonie/ litteris/ et bonis moribus operam impenderes: quo magis miror quod et litteras a me nullas recepisse scribis: et id amplius quam sperabam: barbare. Itaque ex litteris: quas

Folio LVIIIb

vna cum aliquot pecunijs: e Colonia recipies: intelligas voluntatem meam. Et curabis nitidius/ aut saltem latine ad me Epistolas conficere.

Parentes mei valent: et te saluere iubent. Tui quoque ut audio: bene habent[.] Sed postquam litteras tuas: quas attulit Andreas: ad eos misi: nihil responsi ab eis/ quod ad te perferrem: accepi. Ioannes successor aput me tuus: forsan exacta hieme ad te properabit: cum quo pluribus.

Vale. Deum ama: et disce. Ex Argentina Dominica post Natiuitatis gloriosissime virginis. Anno a natiuitate Domini M.cccc.lxxxvi.

97. *to Vitus Maeler von Memmingen*

Commendat amicum. Et causam dispensacionis in causa Matrimoniali.

Petrus Schottus Iuris pontificij non imperito Doctori Magistro Vito Maeler de Memmingen: fratri honorando salutem dicit plurimam.

Qui has tibi reddet litteras Argentinensis est: homo haud impurus. Eius vbi mores contemplabere: admiracioni tibi erit: eum incolumem Romam vsque pertigisse. Nam qui prope sexagesimum agat annum: nec unquam duabus dietis a Patria discesserit: et inter suos/ gracillimus sit semper habitus: hic iam distractis omnibus quae domi habebat: nec seuiciam hiemis nec asperitatem moncium: nec itineris longitudinem veritus: Romam petit: istic inter sanctorum exuuias/ membra sua: ut sperat: compositurus. Itaque orauit: ut cum tibi commendatum faciam: si forte benificenciam tuam/ quandoque sit requisiturus. Tu vero vides amicissime Doctor personam ipsam: opis indiguam. Itaque si ingratum non fuerit: commendatum eum: per me tibi persuade.

Scripsi superioribus diebus: et misi vna aureos Renenses decem: pro expedicione cuiusdam dispensacionis: in causa quadam Matrimoniali. Itaque maximopere oro: ut si pecunia illa/ pro tuo salario: et expedicione ne-

Folio LIXa

gocij sub forma/ qua commisi sufficiat: maturare velis. Sin minus sufficiat: tu quemadmodum prius rogaui: fidem meam secutus: quod deest suppleas: restitucionem proculdubio recepturus. Modo negocium legaliter: et cito expeditum: ad nos deueniat.

Quid plura? te amo. Itaque te liberius solicitare non vereor: fretus animi mei consciencia: qui si opportunitas offerretur: tibi graciam referendi proptissimum [promptissimum] me fore sciam.

Vale. Ex Argentina quarto ydus Decembris. Anno domini M.cccc.lxxxvi.


98. *to Vitus Maeler von Memmingen*

Amiciciam ratam spondet: et petit.

Petrus Schottus Preclarissimo Iuris pontificij Doctori: Magistro Vito Maeler de Memmingen: tanquam fratri carissimo salutem plurimam dicit.

Nullam tam stabilem ac firmam amiciciam esse putant: quae

108

diuturna familiaritatis omnis intercapedine: detrimentum aut remissionem sui non paciatur. Itaque quum sim tibi non vulgari/
sed antiquo: et ut spero intimo amore deuinctus: statui/ eciam si
nihil sit aliud: quod a te desiderare debeam: tamen ne familiaritas
diucius cessare videatur: frequentibus tecum Epistolis loqui: quae
vtcumque breues fuerint: tamen et tuam erga me beneuolenciam
feruidiorem reddant: et meam in te constantem testentur. Quod
igitur solum in presenciarum intendi. fac mi Doctor: mi Preposite:
mi Decane: mi Rector: et si quid sit aliud: fac inquam ut bene valeas:
non solum corpore: sed potissimum anima. Me amare non desinas.

    Cerciorem me facito: ecquid in negocio tibi pridem credito
effoeceris. Et si enim confectum esse sperem: tamen nihil adhuc
litterarum tuarum vidi. Super statu Italie: quem nouis tumultibus
moueri audio: aliquid intelligere velim.

    Vale amice amantissime. Prepropere. Ex Argentina ipsa
dominica Oculi. A natiuitate domini Anno M.cccc.lxxxvij.

Folio LIXb

99. *to Johann Geiler von Kaysersberg*

    Omnes Argentinenses desiderare reditum Iohannis keisersberg
sui concionatoris.

    Petrus Schottus Eximio sacrarum litterarum interpreti: et
Doctori: Magistro Iohanni Geiler de keisersberg: patri suo plurimum
amato. Gracia et pax. Pater optime: celeberrime Doctor.

    Omnia fauente deo sunt nobis prospera. Tui solummodo
absencia: et desiderium nos cruciat. Ne multa dicam: vacuam incolere videor vrbem: dum festis diebus/ consuetum eris campani
sonum non audio: tantam frequenciam populi coire nusquam con-
tueor: nec solum eruditissima efficacissimaque praedicacione tua:
verum eciam iucundissimo nostro conuentu carere cogor. Sed hec
minora sunt: quamquam sua quisque maxime senciat.

    Maioris ponderis sunt: ea quae totus populus tua doctrina
destitutus: perpeti se conqueritur. Scio te nequaquam credere:
quanto tui desiderio ducatur. Adeo me obtundunt passim accurrentes sciscitantesque: vbi nam sis? quando sis rediturus? ut vix
audeam in publicum prodire. Etenim quum id quod iussisti respondeo: me ignorare: persuadere non possum: ut credant: adeousque
paternum in me amorem tuum/ omnes perspexisse videntur. Quod
sane/ quum per se molestissimum sit: molestius intolerabiliusque
reddit desiderium tui: qui mei sis amantissimus: talisque omnibus
videaris. Quare mi Pater/ aut redi: aut me ad te vocato. Sperabam
intra constitutos a te dies: videre litteras tuas: que cum nulle ve-

nerint: sperare incipio: te non litteris/ sed praesentem nobis statuisse loqui.

Dum hec propero scribere: superuenit Magister Iohannes Rot communis amicus: qui et sacerdotem harum latorem: primus mihi adduxerat. Is significauit: hoc vesperi per Iohannem nuncium dominorum Capitularium: litteras a domino nostro Augustensi ad te perlatas esse: quas nemini/ nisi tibi ipsi sit redditurus.

Plurima cupit affecta mens ad te scribere: sed et temporis penuria: et dolor/ qui me prorsus turbat: abrumpere meditata cogit. Vnum id memori corde seruato: nauim quo maioribus fluctibus quatitur:

Folio LXa

eo magis egere gubernatore: eum autem tanto spem ampliorem regende nauis assumere debere: quo viderit se: et condicionem nauigij: et scopulorum latencium pericula: et ventorum eo mari dominancium flatus: vel aliquorum temporum ampliori experiencia perdidicisse.

Deum pro me tuo/ nobisque omnibus ora. Fratrem Sebastianum saluere iube: et ad preces inuita. Deus cor et pedes tuos dirigat in viam pacis. Salutant te: vel pocius desiderant praesentem saluere omnes: longum est numerare.

Vale in domino nostro Iesu Christo. Ex Argentina Dominica Exaudi. Anno domini M.cccc.lxxxvij.


100. *to Vitus Maeler von Memmingen*

Commendat amicum.

Petrus Schottus Decretorum Doctori solertissimo Magistro Vito Maeler de Memmingen: fratri suo plurimum honorato salutem plurimam dicit.

Litteras recipis: viri Insignis Domini Doctoris Thome Vuolff. Ei quantum ego debeam: propter summa in me merita: intellexisti ut arbitror sepenumero ex eis/ quas ad te frequentes dedi Epistolas. In summa: Parentis hic mihi loco est: quippe cuius opera et cura: quam vnicam possideo prebendam: fuerim adeptus. Quamobrem si me amas: huic viro/ fidelem sedulamque operam praesta: et fac senciat hanc meam commendacionem: roboris aliquid apud te sortiri. Quamuis enim ipse tibi sit: non mediocri amicicia carus (id quod ex litteris tuis nuper ad me perlatis: apertissime perspeximus) voluit tamen hac mea intercessione: apud te vti: qui omnium relacione didicerit me tibi amicorum omnium esse amicissimum. In

110

eo nec vel ipse fallatur: vel ego fallar: summopere curare debebis. Presertim cum res ista: eiuscemodi iuuenem tangat: qui non solum ei quem scripsi Domino Doctori nepos sit ex fratre: sed et mihi filiolus spiritualis: quam attinenciam/ eciam carnanali [carnali] strictiorem esse: non ignoras. Est praeterea tante et tam praeclare indolis: ut longe ampliora mereri posse videatur. Itaque non aliter tibi rem commissam esse velim: quam

Folio Lxb

si mea sit. Te autem mei amantissimum esse scio: te enim semper plurimum amaui.

Vale. Datum Argentine Sabbato post visitacionis Marie. Anno domini M.cccc.lxxxvij.

Hae littere tanta celeritate Romam perlate fuerunt: ut Sabbato proximo post datam: in aurora illic fuerint. Duabus horis minus/ quam septem diebus naturalibus: Romam vcnerunt ex Argentina: quamuis non praesentate sint: sed ad me relate: quia earum ope non egebat qui detulit.

101. *to Vitus Maeler von Memmingen*

Agit gracias. Dispensacionem silencio transeundam: ob mortem alterius coniugum.

Petrus Schottus Insigni sacri pontificij iuris interpreti: Magistro Vito Maeler de Memmingen: fratri sibi plurimum caro salutem dicit plurimam.

Breuibus tibi verbis gracias agere compellor: pro ingentibus donis: quod intelligo nuncium vel paucis deferendis grauari. At si tibi eas referrem gracias vir amicissime: quas me tibi debere ipse perspicio: facile cognosceres gratissimas mihi extitisse: quas ad me dedisti oraciones. Sane non est quod ad vos a nobis deportari possit dignum lectione vestra: qui non nisi accuratissime et doctissime recensita: audire consueueritis. Verum si Dominus fauebit: aliquando compensabitur.

Quod prius super dispensacione in causa Matrimoniali impetranda postulaueram: id sopitum ire: vehementer oro. Alter siquidem coniugum/ diem functus est extremam. Itaque ne nomen quidem vllius: a te propalari velim: siquidem fieri possit.

In reliquis: tibi diligentissimo faueo. Video siquidem te bonorum/ iustorumque partibus fauere: quod ut semper facias: tui vero nequaquam obliuiscaris: te iterum atque iterum hortor.

Magister Iohannes Molitoris Patauium: cum Domino Iacobo

111

Primogenito Marchionis Badensis incolit: nisi eos quod vereor bellum inter Ducem Austriae: et Venetos dispulerit.

Vale. Et me solito ama. Te enim magisque diligo. Sed quod breuibus scribam: causam in capite legisti. Ex Argentina

Folio LXIa

secunda post corporis Christi. Anno domini M.cccc.lxxxvij.


### 102. *to Johann Klitsch von Rixingen*

Frugalitatem suadet: ob Parentum egestatem.

Petrus Schottus Iohanni klitsch de Rixingen salutem plurimam dicit.

Quia Iohannes meus successor tuus/ vel ante hunc: qui tibi has litteras reddet: saltem ut spero: paulo post eum ad te venturus est: qui te super omnibus cerciorem reddet: idcirco paucis nunc vtor. Equidem neminem pretermitto eorum: quos te petere intelligo: quin vel perbreues ei litteras dem: ad te perferendas. Que mihi plerumque mutato nuncio/ referuntur: aliquando ut suspicor: non tibi redduntur. Tuas enim raras admodum vidi.

Sed ne longior sim: Parentes tui bene habent: sed ut parce viuas: suadent. Negant enim supra quatuor: aut summum quinque aureos tibi mittere. Magister Iohannes Rot et ego effoecimus: ut ex largicione Magistri Georij illius vetusti: quem sepe in edibus Magistri Iohannis vidisti: qui nuper defunctus est: aliquid consequaris. Itaque et nunc tibi aureum mitto: plures vel per Iohannem: vel per fratres Canonicos Regulares missurus.

Vale. Disce: et Deum time. Date ex Argentina pridie ydus Marcij. Anno a natiuitate Christi M.cccc.lxxxvij.

Socios/praesertim iuuenem Magistri Melchioris ama: et fauore amicabili prosequere: idem ab eis expectaturus. Caue/ in quopiam ab eis discordes in bono. Iterum vale. Salutant te Parentes mei: et omnes tibi fauent si et probus et doctus euadas.


### 103. *to Johann Müller*

Congaudet Doctoratui. Futuram operam pollicetur: in facienda pro possessione diligencia.

Petrus Schottus Insigni atque ornatissimo: Iuris vtriusque Doctori: Magistro Iohanni Muller de Rastetten: maiori suo tanquam fratri obseruandissmo [obseruandissimo]: Salutem dicit plurimam.

112

Folio LXIb

Primum ego tibi ob adeptum honorem gratulor: et ut tibi saluti sit eterne: vehementer exopto. Equidem sperare iam: ac proinde mihi cercius promittere videor: quemadmodum dignitatem: iam multos ante annos tibi debitam: quamuis tarde/ attamen es assecutus: idque et cumulatissime: et cum gloria singulari. Ita eciam condicione [condicionem] vite te dignam: cunctantem hactenus: concitato nunc tandem gressu: vltro ad te properaturam.

Confirmabuntur ut spero: aliquando preces Regales. Neque enim adhuc per sedem Apostolicam acceptate dicuntur. Itaque nullum adhuc in nostra Diocesi: quod equidem sciam: sortite sunt effectum: licet pleraque Beneficia eis obnoxia vacauerint: verentibus quibusque impensas litemque sine comodo. Quamobrem quod mihi mandatum dum abires dedisti: id ego memoriter tenens: si quid eciam in ecclesia tua vacaret (tuam/ spe nomino) nihil tentarem: nisi alterius experienciam antea nouissem: et spem lucri successusue conciperem. Quod quia nondum accidit: confido ut scripsi: nouo quodam et conuerso fato tuo: prope diem occursurum. De his tibi plura scripsi: litteris nuper ad te datis: si reddite sint ignoro.

Addidi quoque Magistrum Mathiam Kolb: quadragesima superiori: per Argentinam patriam vna cum sibi creditis adolescentibus pecijsse: mihique aureos xiij quos ex suppellectili vestra Parisij relicta redegerat: numerasse. Preterea cirographum cuiusdam Badensis cui nomine tuo duos aureos mutuo dederat: praesentasse. Hunc ego primum domino Iacobo keller miseram. Deinde et aureos xiij quos pro assecucione possessionis Canonicalis: apud me veluti depositos retinebam: eidem in Nundinis nostris tradidi: quod asserebat eos non ad te: sed ad dominum tuum pertinere[.]

Quid plura? Ego illustrissimum dominum Iacobum: te tuosque incolumes perseuerare: et vbi e re vestra fuerit: focos laresque paternos foeliciter reuisere: maiorem in modum desidero. Istis tu me maximopere commendabis. Tu vero/ pa-

Folio LXIIa

terno amore complecti me: non desistes. Parentes mei: et Magister Iohannes Rot plurimam foelicitatem Doctoratui tuo imprecantur.

Vale. Ex Argentina iij kalendas Augusti. Anno a natiuitate domini M.cccc.lxxxvij.

104. *to Johann Geiler von Kaysersberg*

Se secum post pharmaciam sumptam cenaturum: et petit explorari de hospicio in balneis commodiori.

113

Petrus Schottus Eloquentissimo sacrarum litterarum Doctori:
Magistro Iohanni Geiler de keisersberg: Patri plutimum [plurimum]
venerando salutem dicit plurimam.

Mirabilis mihi ut ceteris/ esset discessus tuus facundissime
Doctor: nisi te nonnihil noscerem: sed quod eum non antea rescie-
rim: effoecit valitudo mea: non vsque quaque prospera: quae me
domi cohibuit: quo minus te ut consueui/ ad diem dominicum reui-
serem. Verum clementissimus Pater: salubritatem eousque restituit:
ut sperem postridie: quam euacuacionem aliquam assumpsero: hoc
est/ ad diem Mercurij Iouisve: me vna cnm [cum] Magisto [Ma-
gistro] Iohanne Rot tecum coenaturum. Iouis pocius credo: quia
subito post euacuacionem/ quam condicio mea postulat: solis subire
discrimina: non audeo.

Vbi conuenerimus: consultabimus: num tu visendi solummodo eximij Iohannis kerer Decretorum Doctoris gracia: profectus
fueris: an Balnearum? num in istis: an in Cellarijs mollescere malis?
Et ut iustum tibi fuerit: vel repetemus patriam: vna cum Doctore
kerer: hac animi remissione nobis gratissima contenti: vel istic
illicve: legitimum balneandi tempus/ domino fauente explebimus.
Tu interim facile scrutaberis: que nobis taberna sit liberior salu-
briorque. Eam quae ab inconcinnitate dicam: an difficultate in-
auspicatum: zum Vngemach: nomen ducit: a multis praesertim
Parentibus laudari intelligo. Si vacet: sique tibi libeat: illic inuestigare poteris: nec quicquam nostri causa pacisci: nisi tibi imprimis
gratum sit. Eque enim nobis acceptum est reuerti illico: atque
perseuerare. Alium si intelligis accomodaciorem locum: tu qui prior
abiens explorandi officium

Folio LXIIb

sumpsisse videris: tuo arbitratu electionem habe. Iocor tecum:
quia exploratorem simulo: sed id res et locus non abnuit. Cetera
serio scripta.

Vale. Ex Argentina pridie kalendas Augusti prepropere.
Anno domini M.cccc.lxxxvij.

Conclusas iam litteras: coegit reserari: grata nobis plurimum
domini Doctoris kerer salutacio. Non quod apertis adhuc his: eius
obliti fuerimus: quem constituissemus propediem coram saluere
iubere: sed quoniam adnoscimus: omnium excusacionum euersorem.


105. *to Friedrich von Zollern*

Rogatus ab Episcopo Augustensi: ut causam cuiusdam Bene-
ficialem promoueret: sese excusat: quod ex consilio Praedicatoris Argentinensis ab huiusmodi negocio exemerit: et in
Procuratorem/ onus istud transtulerit.

114

Petrus Schottus Reuerendissimo in Christo Patri ac domino Augustensis ecclesie Episcopo dignissimo: domino suo imprimis obseruando. Quicquid veneracionis/ obtemperancie/ ac pietatis potest.

Litteras tuas Antistes optime: ex Nurenberga recepi: plenas solite tue humanitatis ac beniuolencie: quibus mihi causam domini Viti scribe commendasti. In quo cum consultum haberem: illum tibi non immerito carissimum Doctorem: mihique singularem Patrem: Magistrum Ioannem de keisersberg. Is vbi Epistolam tuam legerat: respondit iudicare se: commendacionem illius facti: quod ad accumulacionem Beneficiorum Ecclesiasticorum pertineret: non ex sentencia iustissime dignacionis tue profectam esse: sed extortam pocius: importunis precibus domini Sigismundi Bruschenckner: quibus non facile tale quippiam negares. Neque enim verisimile esse: te semel liberatum a perturbacione quam consciencie tue/ Beneficiorum que possidebas: pluralitas induxerat: iam iterum velle: propter alienas prebendas: ad quas aceruandas: suasor et auctor esses: scrupulorum discrimen incurrere.

Itaque quando id et reuerendissimae Paternitati Tuae et mihi perniciosum foret: suadere se et consulere mihi: ut posthabitis verbis: mentem

Folio LXIIIa

tuam/ timore domini refertam/ amplecterer: et commissionem hanc/ non ex eo quod sonaret: sed quod tu velles: metirer. Quamobrem eximie Pater: cum ego obtemperans consilio eius: qui te optime nouit: ineptum me ad eiuscemodi excusarem: delatum est negocium ad dominum Benedictum: qui vna mecum procurator est constitutus. Is/ si quid recti in hoc agi possit: longe melius expediciusque me ipso perficiet.

Hanc igitur purgacionem meam: Reuerendissima tua Paternitas benigne admittet. Nihil enim est mihi antiquius: nihil venerabilius: nihil cui morem gerere malim: integerrima paternitate tua: cui vni equo animo ferre possum: adiungi vnicum decus Reipublicae Argentinensis Doctorem dico: quem nominaui. Quo si tantopere tuis rebus per eum consultum iri speras: careamus ad tempus: dummodo postea remittas: et contentos esse iubeas Augustenses tuos bono Presule: gaudeant autem Argentinenses eciam tui: saltem bono predicatore.

Confidenter scribo: quod foecit beneficentissima in me humanitas tua: presertim ea/ quam nobis anno superiori in Tillingen exhibuisti: pro qua tibi immortales gracias: ipse Dominus habeat referatque. Parentes mei humile obsequium dicunt Reuerendissime Paternitati Tuae cum sui commendacione. Cui ego me totum deuoueo dedicoque: quam Pater omnipotens dirigat in viam salutis eterne.

Datum Argentine ad ix kalendas Septembris. Anno domini M.cccc.lxxxvij.

### 106. *to Peter Schott from Bohuslaus von Hassenstein*

Bohuslaus de Lobkovuiç: Clarissimo Iuris Vtriusque Doctori Domino Petro Schotto Argentinensi amico carissimo salutem plurimam dicit.

Mi frater mi frater mi frater ne succenseas: si tardius et rarius quam speraueras litteras accipis: neque idcirco animum meum erga te mutatum existimes: neque hoc ignauie aut negligenciae mee ascribas: sed quia aut nulli: aut quam paucissimi sunt: qui hinc ad te proficiscuntur. Nunquam enim aliqua vis fortune tanta erit: ut me abs te saltem animo

Folio LXIIIb

separaret: neque mihi aliquid gracius accidere potest: quam tue iucundissime consuetudinis reminisci. Quae et si tibi persuasa esse non dubito: delectat me tamen de his rebus scribere: quae ad amorem nostrum confirmandum: maxime pertinent: presertim cum nullum aliud scribendi genus se mihi offerat: nisi forte de valitudine mea edoceri cupis: quam vel ex hoc cognoscere potes: quia ad te scribo: quod infirmi facere non consueuerunt.

Te quoque et animo et corpore valere opto: et in pristina erga me beniuolencia perseuerare: quod quidem mihi est exploratum. Nam nuper Magister Iohannes ordinis Predicatorum: Prior Ratisponensis de tuo in me affectu: multa mihi scripsit.

Vale. Mitto tibi munuscula: que fac grato animo suscipias. Ex Hassenstein die x Aprilis. Anno M.cccc.lxxxvij.

### 107. *to Bohuslaus von Hassenstein*

Pro munusculis dono missis agit gracias. Et refert imparem se ad praestandum consilia. Petita fatetur. Fratrem Nycholaum apud Heluecios describit.

Petrus Schottus Magnifico generosoque: atque Doctissimo viro: domino Bohuslao de Hassenstein: Regio secretario: Domino precipua singularitate obseruando: Salutem plurimam dicit.

Diuturnam expectacionem meam: abunde solatus es suauissime Princeps: et litteris et muneribus tuis. Nam et bonam valitudinem tuam intellexi: qua mihi nihil optacius: et amicicie nostre

116

perpetue fructum coepi non mediocrem: cum tabellarium tuum cum tam praeclaris ad me/ meosque donatiuis acciperem: graciam habeo agoque: agunt et mei: peculiariter mater: referre enim non possumus. Itaque non ut pensemus accepta: sed quod tibi grata esse sencio: semina nonnullarum herbarum florumque: salubritate/ odore/ coloreve praestancium: ad te mitto. Preterea quatuor euangelistas: cum Canonibus Eusebij. Cultros nostrates: tuis quidem non preciosiores: sed tibi ut arbitror rariores. Plura misissem: si non molestassem longum iter Michaelis istius: viri nobis propter te pergrati.

Sed nec

Folio LXIIIIa

dum scio: an ea quae tibi per Eselbergum Nurenbergensem reddi curaui: non diu post discessum tuum a nobis praesentata tibi fuerint. Et quas per Fridericum quoque tuum: binas ad te dedi litteras. Quarum alteras/ comitabatur doctrina de accentibus grecis: alteras nescio quid aliud. Habentur apud nos: in satis denso volumine: omnes libri Platonis: per Florentinum quempiam nuper translati. Eos si nondum adeptus fueris: fac me rogo cerciorem: ut tibi per Nurenbergam mittam: si quidem priora tuto illac ad te deuenerint.

Ad litteras tuas redeo: quibus me non solum petis: sed pro iure tuo postulas iubesque: ut tibi praescribam: quid tibi in nouo isto vite genere faciendum sit: qui Curiam Regis sis accessurus. Ego vero: si tibi quicquam negare auderem: aut possem: iustissima id excusacione a me depellerem. Cum non immerito notam vererer: nequaquam imparem ei: qua penus Hannibal delirare dixit Phormionem Peripateticum: de re militari precoepta dantem: qui numquam hostem: numquam castra vidisset. Verum conabor: saltem fretus humanitate tua: iussis tuis obtemperare. Impium enim duxi: tibi eciam in his que vires meas superant: morem non gerere.

Ceterum ne tardius ea precoepta legas: iam nunc tibi prefigendus est finis: in quem tendas: et in quem dirigas arcum: ut Persius ait. Hunc cum constitueris: et frequenti ac iugi cogitacione menti proposueris: quecumque media in eum finem accomodata esse conspexeris: ea complecteris: que in auia ducent ea declinabis. Etenim nihil adeo nos facit imbecilles: in ferendis aduersis: et impotentes in prosperis: quam quod cuius rei gracia in mundum procreati sumus (felicitatis scilicet perpetue) tam raro meminimus: et in eam promerendam: non omnia referimus. Quandoquidem omnia (culpam excipio: quae nihil est) diligentibus Deum: in bonum cedant. Sed de his alias ut spero.

Fratrem Nycholaum e vita discessisse non ignoras: eum dum viueret: conuenimus Pater et ego: hominem inculto crine: vultu honesto quidem: et macie ru-

117

Folio LXIIIIb

gato: ac quasi puluere consperso: qui longos ac proceros artus/ vnica
veste contegeret: blandis verbis: et vere christianis nos acciperet:
sine vlla tamen simulacione: quam hypocrisim vocant: sed simplici
et abbreuiato contextu: quaesit: respondens[.] Eius tibi .... diu
quaesitam aliquando mittam: tum lacius de obitu eius: et de his/
quae inde secuta sunt. Incerta enim pro certis: asseuerare nolim.

Misisti ad me tractatus quosdam: plenos profecto subdolis: et
hypocritis fallacijs: et quae facile potuerint: animos simplicium
pellicere. Quamquam enim parum adhuc intuitus eos fuerim:
notaui tamen passim inter mella: erumpens virus: ut tibi forte
aperiam nonnumquam: licet nequaquam dubitem: id tibi et clarum
et certum esse.

Parentes mei: et quas salutasti soror eiusque filia: eorumque
coniuges: singulariter Doctor keisersberg: humile obsequium et
graciam pro muneribus habent. Fridericus eciam: et Stephanum
saluere iube.

Vale. Ex Argentina iiij ydus Septembris Anno M.cccc.lxxxvij.


108. *to Peter Schott from Bohuslaus von Hassenstein*

Ex varijs negocijs scribere non potuisse. Petitque formam
noui generis vite.

Bohuslaus de Hassenstein Venerando doctissimoque viro:
domino Petro Schotto: Canonico apud Sanctum Petrum Argentine:
ac Iuris Vtriusque Doctori: amico inter praecipuos salutem dicit
plurimam.

Vereor ne subirascaris silencio meo Petre iucundissime qui ex
eo tempore/ quo tecum Argentine fui: vnas dumtaxat ad te litteras
dedi: quamquam ex tuis postremis litteris intellexi: negligencia
Bernardi mei Adelmanni factum esse: ut ne ille quidem ad te
peruenerint. Quod eo mihi molestius fuit: quoniam in eis omnem
vite mee condicionem complexus sum. Ceterum si succenses solum:
non est cur egreferam. Sin autem meam erga te beneuolenciam:
non dico extinctam: sed plane imminutam putas: vehementer iniquus es. Iampridem enim te nosse oportebat: radices amicicie
nostre: alcius solo inherere: quam ut vllis fortune turbinibus co-
nuelli possint. Quod si tibi ante oculos curas/ sollicitudinesque
meas ponere possem: mirareris pro-

Folio LXVa

fecto: tamen mihi ocij superesse: ut hec ad te scribere potuerim.
Noli enim existimare me Rhetorum: et eorum qui de Repu-

118

blica scripserunt: praeceptis vacare. Atque ut tu me forsitan facere velles: mouere affectus et animos hominum: aut ad pietatem/ continenciam/ modestiam/ iusticiamque incitare: aut ab intemperancia/ libidine/ auaricia/ crudelitateque deterrere. Que vtique tolerabilia essent: et studijs meis atque professione non indigna. Verum rem familiarem: a qua semper abhorrui: cogor curare. Partiri inter villicos officia. Prescribere quid vnumquemque facere velim. Audire quid acceptum: expensumque ferunt. Hos messi: alios foenisicio. Illos vindemie: alios pecuarijs praeficere. Videre/ ne incuria eorum arescant prata: sterilescant segetes: arandi/ occandi/ sarriendi/ runcandi tempora pereant. Iubere (vbi res postulat) putari/ ablaqueari/ pampinarique vineas. Vt mihi tandem praeter sentenciam meam: minime operam perdidisse videar: quod Catonem: Varronem et ceteros rerum rusticarum scriptotes [scriptores] legerim. Neque hec tibi ridicula videantur. Quoniam ut ait ille: huiusmodi homines: minime male cogitantes snnt [sunt]. Quod si adesses: et me inter Tytiros Coridonesque meos: diligentissimi Patrisfamilias munus obire cerneres: exclamares profecto.

> O fortunatos nimium: bona si sua norint
> Agricolas: quibus ipsa procul discordibus armis:
> Fundit humo facilem victum iustissima tellus:

et reliqua: que Poeta ille omnium maximus diuinitus cecinit.
    Ceterum utcumque se hae res habent: ego non magnopere abnuerem: quin si fieri possit in hac vita: si plena laboris: at certe minime ambiciosa: consenescam. Sed restat mihi fastum [?vastum] illud et turbulentissimum Curie pelagus: ad quod enauigandum: scis quo ingenio/ qua eloquencia: et quod maximum est: qua foelicitate opus sit. Neque mihi quicquam hactenus impedimento fuit: nisi Fratrum dissensio quos in mutuam perniciem aliquantulum exasperatos

Folio LXVb

quotidie blanda oracione ad concordiam pellicio.
    Itaque si tantum ocij est: te pro nostra mutua beneuolencia: eciam atque eciam rogo: ut ea de re exiguum ad me libellum conscribas. Et doceas: quid mihi potissimum: in hoc nouo vite genere faciendum: aut quorsum curas/ cogitacionesque meas dirigendas existimes. Quoniam solum te duce: per hos conciti maris fragores: integro animo: hoc est: neque aduersis rebus fracto: neque secundis elato: ad portum me peruenire posse arbitror. Id si foeceris (quamquam vix fas puto: me aliquid abs te impetrare non posse) magno tamen me tibi beneficio deuincies. Neque necesse est commemorare: quibus potissimum periculis: huiusmodi genus hominum subiectum

119

sit. Quandoquidem pro tuo ingenio: atque erudicione ea tibi facilia cognitu sunt. Sed voluntate dumtaxat: et labore opus est: quem recusare: pro amici salute: forsitan impium esset.

Multa sunt alia: que tibi scribere vellem: sed ea partim ex nuncio cognosces: partim ego/ vbi plus ocij nactus fuero: ad te scribam. Vale. Parentes cum Filia et Nepte: Genero et Progenero: et potissimum Patrem meum Doctorem keisersberg saluere iube. Stephanus quoque: et Fridericus te magnopere saluere iusserunt. Iterum vale. Ex Hassenstein in quarto ydus Augusti. Anno post natum Saluatorem M.cccc.lxxxvij.

109. *to Bohuslaus von Hassenstein*

Codicillum de vita Christiana transmittit. Arma dissuadet.

Petrus Schottus Bohuslao de Hassenstein salutem plurimam dicit.

Cogitanti adhuc ac deliberanti mihi: quid nam ad te scriberem: quo desiderio tuo satisfecisse viderer: parantique nescio quid excudere: quod studia pristina redoleret: superuenit Fridericus tuus: immo noster: cum litteris quibus promissum exigebas[.]. Quod cum diucius differe nollem: existimaremque sacius esse saluti tue/ meeque studerem: quam verborum ornatui: hunc ad te Codicillum scripsi. Quem ita ut in mentem queque

Folio LXVIa

veniebant: quae salubria cogitatu: et opere iudicarem: compegi. Tua facilitate fretus: ut rudi conceptui parceres: et nature tuae probitatique confisus: quod ea cupide lecturus sis et exercicio digna existimes. Crede mihi: parua sunt: et stulta existimacione hominum imprudencium iudicata: sed paruulis intellectum dat Dominus. Et ea quae despectui sunt mundo: gratissima semper sunt deo.

De his quae Hereticorum doctrinam complectuntur: nihil attigi. Id notaui: diabolicis telis sauciatos fuisse: primos eius Heresis autores sectatoresque. Nam sicut retibus voluptatum nonnullos: et maiorem hominum partem captiuatam habet: ita et telis amariorum affectuum: et immoderati çeli quamplures vulnerat et occidit. Habet enim insidiosus ille venator: animarum et recia et tela: ut Bernardus ait. Itaque ex furore çeli quem dixi: in errorem tantum prolapsi sunt intellectu: ut dum morbus Prelatorum sanare velint: naturam ipsam et officium interimant: et malint credere nauiculam Petri: iam pene totam vsque ad paucos sue factionis assertores: submersam esse: quam confiteri peccata sua: et tocius populi tales promereri pastores. Sed quid apud te his vtor: qui sis

120

in veritate orthodoxa firmissimus? quamuis non careat periculo assiduus conuictus. Presertim cum (ut dicit Apostolus) Heresis ut cancer serpat. Sed de his hactenus.

Fridericus/ si diucius quam vellet abfuerit: me culpato: eciam festinantem redire moratus sum. Atqui accepi: tibi arma parari. Vt quid obsecro? Num te (ne de Clericatu et Christiana professione loquar) foeliciorem in armis speras Marco Cicerone: cuius es discipulus? Haud bene conueniunt: nec in vna sede morantur: Mars et Caliope [Calliope]. O si te armatum contueri mihi liceret: quam tu mihi ut studijs et bonis artibus aptissimus: ita militaribus insanijs ineptus videreris. Sed parce impudencie mee.

Vale: et me ut soles ama. Vtcumque rem inchoaueris: monitorum quae a me recipis: obliuisci noli. Iterum vale. Datum Argentine Nonis Februarij. Anno domini M.cccc.lxxxviij.

Folio LXVIb

110. *To Bohuslaus von Hassenstein, A Treatise on Christian Life*

Petri Schotti Argentinensis ad Bohuslaum de Lobkovuiç: dominum in Hassenstein virum nobilissimum: de Christiana vita salubriter instituenda.

Arbritror ego te Bohuslae: nec ornatam elocucionem: nec philosophicas raciocinaciones: nec ipsa legum instituta a me desiderare: quum inter summam illorum exuberanciam verseris: sed sufficere tibi: si pro consuetudine nostra familiari: nec alte repetito: aut argute comprobato dicendi genere ad ea que iterato iam a me pro iure tuo exigis: coner respondere. Quamobrem hanc/ praetermissis omnibus fucis: aut allegacionum ostentationibus: aggrediar rudibus: at Christianam et veram sapienciam redolentibus verbis. Afferamque: prout in mentem venerint: ea quae mihi facienda esse iudicaui a Magistris vite: et praecipue ab exhortacionibus Iohannis Geiler de keisersberg: Doctoris vere Christiani: commonitus et eruditus. Equidem quoniam te noui: eorundem propemodum studiorum/ morum/ ac nature esse: quorum sim ego: existimaui similia quoque praecoepta vite: ambobus congruere[.] Iustumque esse: ut quos adolescentes: humanarum arcium communia studia amicos foecerunt: eos iam virilem ingredientes etatem: equalis diuine sapiencie sectacio: coniunctos detineat. In eterna tandem foelicitate: perpetuo consorcio et indissolubili caritatis vinculo: in ipsomet summo bono deuinciendos et vniendos.

## [Beginning of Treatise on Christian Life]

1) *Quam egre mores bonos seruare: augereve possit:*
*inter dissimilis vite homines viuens.*

Quum igitur primum a me tibi tradi desideras: quid tibi turbulentissimum Curie Pelagus enauigaturo: in hoc nouo vite genere faciendum existimem. Quantum ego rem intelligo: certum tibi est: in Curiam Regis proficisci. Equidem si te sane noui: nec ambicionis fastus: nec libidinis aut auaricie gracia: te illam petiturum crediderim: quoniam ab his vicijs visus es: semper abhorrere.
Atqui vide: id quod tibi maxi-

Folio LXVIIa

mopere cauendum esse arbitror: ne forte contagione: et ab incursu tot Pestilencium viciorum: quae in Curijs fere Principum: veluti natiua monstra: cubilia sua collocarunt: tu quoque accedens petaris: saucieris. Et cum luctum fufferre [sufferre] molestius videbitur: submisso poplite victus succumbas. Scitum est illud: ex conuictu mores formari: et eum qui picem tangit: inquinari ab ea solere. Quantumlibet etenim videaris mores sanos: per longam consuetudinem in naturam vertisse: ita/ ut vix euelli posse videantur: tamen difficillimum est: mihi crede: in igne medio versantem: non ardescere. Et quum te sencias inuidia premi: immo indignos tibi preferri: contra odio aut liuore non stomachari: inter supplices vniuersorum venerationes: et luxus regios: vel fastu vel libidine non affici: in tot delictis et vanitatibus: quae nisi probes vel Principem vel Proceres offendas: nunquam vel in adulatoriam purgacionem deflecti.

Quid dicam de innumeris alijs sceleribus: quae per Scriptores enumerantur? et quotidiana experiencia in huiuscemodi Regijs grassari docet: presertim auariciam: quae in querendis/ vsurpandisque diuicijs consistit: et quemlibet quo potencior est: eo magis tentat et infestat. Quid de sacrilegis viris te moneam: partim in orthodoxa fide: partim in ecclesiasticarum possessionum detencione: pertinaciter aberrantibus: quos profecto vel acerbissimos emulos habere oportet: vel per assentacionem salutis anime subuersores? nisi forte tam solidus es: ut subuerti nequeas: aut tam vehemens fortisque: ut non tu in illos: sed illi in te commutentur: et non maliciam ab eis: sed ipsi a te probitatem discant. Quod eque facile esse iudico: quam si pendens in ripa procliui et lubrica: volutanti ingurgite: et iam submersioni proximo: manum porrigeret: seueriori etenim periculo seipsum exponeret: illum nihil iuuare posset.
Quare si

122

vel publice vel priuate vtilitatis gracia: in Curiam diuertere compelleris: id tibi menti sedeat: ut te Curie comodes solum: et non des. Et illic quanto breuiori poteris tempore perseueres: et prius eam fugias: quam te mores pristinos exuerit: ac impedierit probacioribus ornari et augeri.

## 2) *Christianum decere Christianam sectari sapienciam.*

Qui sint autem mores illi: quos probaciores voco: quum tibi declarauero: ex hoc simul accipies: quorsum cogitaciones/ curasque tuas dirigere debeas: et quid tibi sit faciendum. Equidem Christianus sum: isque sacerdos: et ad Christianum mihi singulari necessitudine in deo deuinctum loquor. Itaque non ut Ethnici philosophabimur: quorum qui diuiniores habentur: veri tamen finis ignari: ad virtutes hortantur nudas: easque quasi propter seipsas amplectendas esse docent. Sed veluti is/ qui Christianam sapienciam non modo professione: verum eciam corde toto sectari: aut saltem desiderare concupiscit: et te in eandem sentenciam inducere conatur. Hec que sequuntur: summaria coaceruacione perstrinxi: eaque velim non summis (ut aiunt) labris a te contingi: sed ab ipsis praecordiorum tuorum penetralibus auidius absorberi: digeri: ac maturescere: adeousque/ ut in opera ipsa prorumpant.

## 3) *De fide in affectionem trahenda.*

Imprimis igitur: quoniam iustus ex fide viuit: hoc est: is iustus est: qui vitam suam prorsus ijs accomodat: que sibi per fidei lumen apparent. Idcirco quisquis iusticiam Christianam: et per eam salutem assequi statuerit: ei potissimum esse iudicant Patres sancti: ut fidem quam ore profitetur: siue de immensa illa atque perfectissima Dei maiestate: siue de dignantissimo illo incarnacionis Christi mysterio: siue de futura vel saluacione: vel damnacione nostra: et quicquid praeterea credendum nobis necessario proponitur: eam inquam fidem crebro et attente: secum ipse ru-

minando masticet: et recenseat: firmaque ac inconcussa adhesione: in affectionem trahat.
Tum vero dicemur in affectionem trahere: quando verbi gracia: ex tantarum rerum indubitata animaduersione: in summi illius boni admiracionem/ laudemque consurrexerimus: et continere nos nequiuerimus: quin toto cordis ardore: nosipsos/ et omnia

nostra: tam munifico Domino Patrique: gratissima et amantissima mente: accepta referamus. Proinde acerbissimam in nosmetipsos inuectionem/ detestacionemque conuersi fuerimus: qui tam absoluto beneficoque bono: sepenumero peccando extiterimus inobedientes. Exquo porro timore vel pocius pauore vehementi affecti: seueram eius iusticiam formidemus. Qui metus vbi ad penitenciam veram deduxerit: firmissimam atque efficacissimam materiam spei suppeditet: ad misericordiam amplissimam dei oculos conuertentibus.

Sed quid hec recenseo? quum omnium affectionum bonarum inicium sit fides: viuax et firma: quemadmodum et e regione omnem illam a recto peruersitatem: omnem in bonis torporem desidiamque languor ille fidei et labefactio [labefactatio]: in nobis progenerat. Etenim si quis indubitato et affecto animo: Deum ut iustissimum: omnia contuentem: in conspectu suo semper prouideret: si foelicitatem eternam constitutam bonis: malis autem incendium perpetuum: tanquam ea quae oculis cernimus: ita certissimo affectu iugiter meditando conspicaretur: quomodo non illico certatim: in obsequium tanti Dei sese compararet? Quis non momentanea gaudia commutaret eternis? Dolores propediem finiendos: preferret perpetuis? Nemo siquidem adeousque insanus est: ut venenum certum et agnitum: sola specie coloris forsitan allectus diglutire velit. Aut certam sanitatis alioquin interiture/ restauracionem: quia succus amariusculus sit: absumere recuset.

Sed quid? Legimus hec sepe: audimus crebro: fatemur semper: nihilo tamen obseruanciores sumus

Folio LXVIIIb

mandatorum Dei: cuius ego non tam aliam esse causam existimo: quam quod ijs que fides nobis prefert: cruda forsitan intelligencia consentimus: affectionem autem timoris/ desiderij/ ceterasve: nequaquam vehemencius adhibemus: quam si vel ficta essent: vel nihil nostra referret. Eciam si cor nonnumquam tangitur: id tamen subito per momentaneorum et presencium intercessionem: stolidis et insensatis nobis euanescit. Quamobrem sine controuersia asseuerare possumus: fidem viuam: id est: per intellectus captiuacionem: per meditacionem: per operis erupcionem crebro in nobis excitatam: vtilissimum salutis adipiscende medium existere.

Itaque et hanc regulam: velut eam a qua subsequentes dependeant: primam et altissima mente repositam esse velim.


4) *Vt equanimiter suscipiamus: quicquid Deus nobiscum egerit.*

Vbi fides vt diximus cor affoecerit: inter prima quae credenda sunt: apparebit omnia ab illo summo bono creata esse[:] non solum

124

quae olim facta: sed eciam quae quotidie fiunt. Itaque nihil quantum ad Deum pertinet: casu/ fortunave agi: cum omnia creator intenderit. Nos ipsos denique conditos: haud alium in finem: quam ut in placito eius adnitentes viuere: per graciam suam mereamur participes esse beatitudinis eterne. O quam iucunda: o quam salubris est huius rei affectuosa et crebra consideracio? Quam ad hoc proficit: quod tu a me tibi tradi desiderasti? scilicet ut integro animo: hoc est neque aduersis rebus fracto: neque secundis elato: ad portum pertingamus.

Sileant hic omnes: et hortatorij et consolatorij loci: quos tibi notissimos foecit crebra Rhetorum et Philosophorum tractacio. Nonne solum id vel maxime: ad equanimitatem sufficere debet: quod scimus omnia a Patre nostro creari et gubernari? Qui cum potentissimus sit: prudentissimus et clementissimus: omnia tam perfecte: tam sapienter: tam proficue

Folio LXIX a

disponit et agit: ut non possint aliter integrius/ ordinacius/ ac vtilius regi: et administrari. Itaque si prosperitate nobis arridet: ea ex sapiencia eius: in bonum nostrum parata est: nisi nos culpa nostra: nobisipsis desimus. Si nos affligit aduersis: et illa quoque ab amantissimo Patre in gloriam suam: et salutem nostram accomndata [accomodata] sunt: si non peccatum nostrum fuerit impedimento.

Quamobrem quum vtilitas nostra hec sit: ut gloria dei cumulacior fiat: quippe cum in hunc finem creati: ipsam eciam beatitudinem nostram: in eam referre debeamus: quid nobis obsecro blandimur: gloriabundi de bonis et prosperis a Deo receptis? Quandoquidem ne vane dicam iniuste profecto immo et sacrilege delinquamus: aliene dominiceque porcionis impudentissimi vsurpatores. Quippe quum ea lege nobis bona queque: liberalitate mera largiatur Deus: ut quasi societatem nobiscum contrahens: gloriam solam sibiipsi vsurarum loco vendicet: omnem autem vtilitatem: et lucrum ex opere proueniens: nobis accrescere velit. Quid vero deinde in aduersis tristiores sumus? qui credamus ea: siue per homines: siue ab alia sorte in nos seuiant: illius tamen quem dixi: Patris clementissimi manu in nos immitti[.]

Plane si Patres bonos satagere videmus: ut filios caros: tum blandimentis: cum minis verberibusque ipsis: ad bene agendum inuitent: et impellant: idque totum dant vtilitati filiorum: quamuis frequencius ignorancium: et obluctancium: num id non ageret optimus: et verus Pater noster qui est in celis: qui cura est de nobis? qui quid nobis conducat: non estimacione nostra: sed eterna sua sapiencia metitur: omnesque saluos esse: per inscrutabilia nobis media disponit. Nec te moueat: quod nonnullos eternis supplicijs detrudat: quum id culpa illorum non ordinacionis diuine promerue-

125

rit. Qui si quantum in se fuerat: conati fuissent: agere secundum id: quod

Folio LXIXb

super eos signatum est: lumen vultus Domini: nimirum a gracia diuina non derelicti: in agnicionem eius: et amorem accensi fuissent: sicque diligentibus illis Deum: perinde ut ceteris: omnia tam secunda quam contraria: in bonum operata fuissent.

### 5) *Vt et nos cooperemur Deo: proposito et intencione in eum semper firmatis.*

Posteaquam ergo totos nosipsos equanimes: dei ordinacioni praestiterimus: facile pacientes vtrumque figmentum suum: cuius vtilitatem solus ipse nouit: vel expolierit vel exasperauerit: super est: ut nostram quoque operam/ quam pro arbitrio nobis magnificentissime: et in excellentissimam domum tradito: a nobis exigit deus: pro viribus adhibere curemus: ne cum Deus omnia in comodum nostrum composuerit: nos beneficijs eius abutentes: ipsi nobis damnacionem assciscamus [asciscamus]. Que est autem opera nostra: quam Deo debemus? nisi ut Deum toto corde diligamus: et Proximos sicut nosmetipsos. In hoc enim lex pendet: et Prophete.

Primum est igitur: affectantibus dies videre bonos: id est: foelicitatem eternam: posteaquam fides ut dixi cor affoecerit: ad poenitenciam de peccatis: ut proponamus nobis auxilio diuino subnixis: idque firmo et non vacillante decreto statuamus: deinceps nihil unquam in diuinarum legum iussa praeuaricari: et alacri constantissimoque animo: quecumque peccatorum occasiones propinquas praebeant ea prorsus respuere: ac quasi venenum praesentaneum declinare.

Legem autem diuinam eam voco: quae nobis ex reuelacione Spiritus diuini: promulgata est: eo scilicet sensu quem idem Spiritus Ecclesie tradidit obseruandum. In hanc igitur legem: et eius praecoepta: omnem operacionem nostram referamus. Adeo/ ut non solum opera legis faciamus: sed eciam ea idcirco: et ea intencione faciamus: quia in lege nobis Deus precoepit: et quia placere ea Deo credimus. Eam sane intencionem crebro suscitare: et reuocare:

Folio LXXa

summopere conducit: ne siquid eciam boni egerimus: Dei minus memores: sed vel natura proni: vel virtutis consuetudine delectati: temporalem solummodo: non eternam inde remuneracionem sorciamur. In quo maximopere cauendum: ne velut formica succres-

126

centem segetem: sic inanis gloria surrepens: pullulans iam eternae vitae meritum decerpat.

Agamus ergo bona ut dixi: amore quem in deum gerimus compulsi: non nobis sed ipsi gloriam inde querentes. Tum vero comperiemus nos gloriam nostram non querere: quando conscij nobis sumus: nos opus illud bonum: eciam si nullus hominum laudaturus esset: quippe qui ignorarent illud a nobis factum: eodem tamen studio: eodemque fauore peracturos fuisse. Hac condicione proposito firmato: intencioneque directa: tum salubre etit [erit] opus quodlibet inchoare: quod nobis racio/ fide ducta: faciendum esse persuaserit.

6) *Vitam ordinandam esse consilio Sapientis: et quam necessario: et qualiter sit orandum.*

In operacionibus autem eligendis: conducibile plurimum videtur: ut pro condicione gracie: sibi a Deo concesse: quisque sibi viuendi modum: consilio prudentis cuiuspiam experti: et boni praeponat et assumat: ordinemque sibi operacionum constituat: quem non temere transgrediatur. In quo nisi fallor: congruere cuilibet potest: id quod Anthonium heremitam Angelus edocuit: qui alacritatem in seruicio diuino: hac potissimum racione conseruari posse insinuauit: si vicissitudine alterna: Oracioni operacio: et Oracio operacioni succederet. Principi nobis itaque actionum: singulis diebus sit Oracio: primiciasque frugum nostrarum: soli Deo: secundum consilium Thome Abbatis offeramus. Non autem eam Oracionem puto: quae verbis conficitur: sed que spiritu et totis viribus: fide ducente: timore vrgente[:] animante spe: et caritate flragrante [flagrante]: in Deum eleuatur.

Plane ingens nobis necessitas incumbit: ut attento et

Folio LXXb

sollicito: hoc est: deuoto corde Deum non Oremus solum: sed et obsecremus. Quippe si in mentem nobis venerint: immo in affectionem et sensum: peccata nostra nefanda: quibus iram promeruimus: eius/ qui cum iudicaturus fuerit: nulla possit intercessione flecti. Incertosque nos esse meminerimus: an graciam eius recuperauerimus: quum nemo sciat: odio ne an dilectione dignus existat.

Si denique perpendamus: in carcere nos tetro deuinctos: inter assiduas demonis/ carnis/ et mundi: ad ampliorem iram promerendam illecebras/ succumbentes/ et delinquentes expectare: momentis singulis lictores: iam nunc accurrentes: qui nos rapiant et iudicio sistant. Quia vero tanta pericula: corde contrito et humiliato (quod deus non despiciet) euadere possumus: quis nisi prorsus amens non

127

se conetur humiliare: et in oracione prostratus: tantas acerbissimas inferorum poenas: tantas hostium/ quos dixi fallacissimas insidias: ut adimantur deprecari? Praesertim quum veritas ipsa fidem foecerit: quicquid talium perseueranter Orauerimus: id nobis dandum fore.

Quod si quis forsitan: tanto sit sensuum stupore: ut imperfectiones proprias: atque imminencia pericula: affecto animo: meditari aut aduertere non possit: is iam habet eo maiorem Orandi necessitatem: quo discrimine maiori concluditur. Quippe qui eo infirmitatis deuenerit: ut se iam infirmum ignorans: medicinam salutarem refutet: tanta fame conficitur: ut pre stupore: linguam qua panem petat: soluere non possit: tanta denique frenesi laborat: ut morbum sibi curari nolit: propriaque internicione delectetur.

Ab his igitur ut eripiatur anima fidelis: supplici suiipsius humiliacione: Deum Oret: simulque petat graciam: qua opera sua dirigantur: et ad frugem tandem: illius optande foelicitatis: pertingat.

Folio LXXIa

7) *Operacio qualiter sit agenda: et Oracio rursum repetenda.*

Huiuscemodi oracionum aromatibus imbutus: et redolens animus: securior deinde ad constitutum opus diuertet. Intencione ut praemonui semper in Deum lata: propositoque confirmato: nihil vnquam quod Deo displiceat: gracia eius succurrente: committendi seu peccandi. In hac re autem et hoc quoque notandum est: opera nostra integra esse debere: ut scilicet quicquid egerimus (modo ex constituto et ordine proficiscatur: ut prius diximus) id tali attencione et consumacione circumstanciarum omnium perficiamus: ac si certo sciremus: vltimam banc [hanc] operacionem nostram fore: et in qua per mortem corripiendi simus. Quippe cum ea sit quam pro tempore illo a nobis deus exigit: et qua nihil ei gracius facere posse videamur: siquidem ex intencione et instituto a sapiente fideliter accepto propendeat.

Ex ista insuper operum integritate: duo nobis non mediocriter vtilia prouenient. Vnum ut sine trepida ad aliud festinacione: inceptum opus debite ac perfecte absoluamus. Alterum ne quid in nos diabolica moliri: et efficere possit tentacio: cum nos non simulate: sed vere semper inueniat occupatos. Operacio etenim: nisi attento fiat animo: parum ab ocio differt. Itaque cogitacionibus vanis irruentibus: et suggestionibus inimici perinde locum prebet: ac ocium.

Ceterum vbi vel sacietas operacionis nos coeperit: vel prefinitum tempus exactum fuerit: rursus ad oracionem: qualem pre-

128

misimus/ redeamus: nec ad Deum solum emittamus preces: sed eciam Sanctorum (in quibus vult honorari Deus) patrocinia toto affectu inuocemus. Quos eciam vicissitudinibus variare: pium ac salubre videretur: ut scilicet hodie Prophetas/ Patriarchas/ Apostolos: cras Martires: postridie Confessores: sepe Genitricem illam castissimam Dei: cum caterua tot

Folio LXXIb

incontaminatarum Virginum: domi reuisamus. Et velut mendici ad diciorum edes ea quibus carent: per multa lamenta deposcunt: sic nos peccatorum veniam: Dei graciam/ gloriamque: quibus ipsi abunde fruuntur: ab eis tanquam non repellendis impetratoribus: summo mentis ardore postulemus. Adde Angelicos choros. Adde Christum passum. Adde et inscrutabile illud mysterium trium personarum: videlicet/ ut septem tibi superant: magnificentissimorum principum Regie: a quibus singulis: singulos hebdomade dies alemosinas liberalissime suscipias.

Post Oracionem consequatur rursum Operacio: nobis constituta: ita/ ut nihil a nobis fiat: non premissa deliberacione: et intencione. Ipsum certe sic cibum sumamus: non voluptate/ non consuetudine ducti: sed ut nosipsos non occidendo: praecepto diuino obediamus. Somno quoque concedamus: solius diuine voluntatis habita racione. Quin et ocium ipsum: seu vacacionem: quam racio fide illuminata interponendam esse iudicauerit: non a desidia: aut petulancia: alia ve causa suscipiamus: sed quia Deo gratam esse credimus. Sicque non agemur ut equus et mulus: quibus non est intellectus: passim/ prout sors affectusque noster tulerit: sed viriliter agentes: hoc quantulocunque quod restat tempore: Dominum sustinebimus: sperantes quamprimum ei placuerit: dissolui et esse cum Christo.

8) *Plus laboris esse in seruicio Diaboli quam Dei: et quam excellens sit esse seruum Dei.*

Ardua tibi forte videntur quae scripsi: et actu difficilia. Sunt fateor ardua: tantoque magis: quod instituto tali: obluctancia tria monstra: mundum dico/ carnem/ et Diabolum: assidua concertacione debellare compellimur. Sed hec est vita nostra: huius agonis/ huius certaminis gracia in hunc mundum venimus. An ignoras: miliciam esse vitam hominis super terram? Crede mihi

Folio LXXIIa

militare nos oportet: aut Deo aut Diabolo. Age/ recusa militare Deo: profecto non ideo milicie laborem subterfugies: duplabitur tibi

129

graue Martis opus: non solum sine vtilitate et spe praemij: sed cum summo detrimento: et pernicie tua. Tum vero crudelissimi hostis nostri: infoelicissimum subeundum erit iugum: cum ingratissimi mundi: morosis vanitatibus: et insanijs falsis: inseruiendum erit: cum perferendus animus: ipse tortor/ occultum: ut ait ille: flagellum quaciens.

Siquidem quietem nusquam inuenire possit animus: nisi cum se Deo: qui eius saciacio solus est: coniunxerit: poenaque sit sibiipsi: dum in Deo non est compositus: ut Augustinus tradit. Horum ergo comparacione laborum: quos non Deo seruientes: perpeti coguntur: vel nihil est: vel parum admodum: quod iugum Christi: suaue et leue super se tollens: sustinere compellitur. Esto sit graue pondus: durum onus: nequaquam tamen ut Apostolus monet: condigne sunt passiones huius temporis ad futuram gloriam. Quid metuis formidulose athleta? constanter certa: crastina forsitan die: a stadij labore pertinges: ad immarcessibilem [immarcescibilem] palmam. Quod si eciam/ pugna longiori tempore perseueratura sit (si tamen longum aliquid in hominis etate dici mereatur) noli tamen pauore terreri: non erit tibi coaceruatim tolerandus: labor ille longioris temporis: ut metuenti tibi apparet: sed singuli dies: suis solummodo occupacionibus singulis deducentur: quibus affatim sufficient. Adde/ quod et parta consuetudo: et certa spes premij: supra quam dici potest optabilis: et gracia Dei praeueniens et prosequens: non solum non molestos: sed et iucundos reddent labores.

Ipsa postremo superexcellens Dei dignitas: tanta est: ut bene et misericorditer secum actum esse: merito existimare debeat: quisquis in tante maiestatis/ tantique Regis famulatum admittitur: qui alioquin proprijs meritis dignus erat: mundi perfidi et crudelissimi Demonis mancipium esse: adeousque certe id magnum est Christi: quae

Folio LXXIIb

menti: ut eciam si premium nullum sperarent: hoc vnum in familiam Dei assumptam se esse: nullo labore vel maximo pensari posse existimet.


[End of Treatise]


Hec sunt Bohuslae: quae tibi scribenda esse credidi: inepte sane ac succincte emissa. Sed neque festinacio mea passa est apcius colligi: neque pluribus opus esse verbis visum fuit. Quoniam si hec te afficient: ad vberiora Sanctorum virorum scripta: sitibundum te transmissura sunt: quibus non institui modo: sed eciam in via dei perfici discas: ad quae ut te post longam: secularium studiorum

130

pertractacionem conferre velis: et rei dignitas exposcit: et anime
tue salus tandem exigere videtur.

### 111. *to Johann Widmann*

Describit valitudinem Patris et Sororis.

Petrus Schottus Eximo Arcium atque Medicine Doctori: Magistro Iohanni Vuidman: tamquam fratri plurimum obseruando
salutem plurimam dicit.

Sospitatem tuam praeclarissime Doctor: Coniugisque tue cas-
tissime matrone vbertatem saluberrimam: iucundissimo animo intelleximus. Nos quoque omnes diuino munere sanos esse: facile
fateremur: si non esset et Patris mei et Sororis morbus.

Ille siquidem ab eo tempore/ quo primum harenam perpessus
est: numquam cessauit: copiosis flegmatibus et harenis eciam: in vrina apparentibus/ fluere: et quamuis non semper tantopere crucietur
(nam quantum aduertimus: non nisi post admissum frigus: tormenta
illa superueniunt) tamen et copia materie nos terret: et praecipue/
quod plerumque vrina tota quasi sanguine mixta: rubea et ferrugi-
nea spissa est. Idque potissimum post exagitacionem corporalem:
utpote post equitacionem: aut alium laborem vehemenciorem: et
hoc quadragesimali tempore euenire vidimus.

Soror vero mea Zeisolffi de Adelçheim: iam iterum immaturum
foetum: intra quindecim dies eiecit: consueto illo atque horribili
impedimento monstri adiacentis: deuorantisque conceptum/ adacta.
Ea se tibi rem prius aperuisse ait: et post concepcionem se circiter
xiij hebdomadam: dolorem

Folio LXXIIIa

lateris sinistri perpeti: deinde illic quasi gargarisacionem audire:
postea solere abortum sequi.

Hec tibi ut singulari fautori familie nostre aperui: si forte
consilio et cura tua: remedium aliquod ad nos Deus deferret[.]
Vxoti [Vxori] tue mater imaginem virginis pregnantis mittit: ut
eius intemerate Puelle tutela: ab omni periculo liberetur. Eam
nomine nostro saluere iubebis: liberosque tuos omnes.

Prepropere. Ex Argentina viij ydus Marcij. Anno domini
M.cccc.lxxxviij.

### 112. *to Johann Widmann*

Corporis sui egri habitudinem: et Medicine sumpte: explicat.

Petrus Schottus Famosissimo Arcium et Medicinae Doctori:

131

Magistro Iohanni Vuidman: Ordinario in Tubingen: maiori tanquam fratri carissimo: Salutem dicit plurimam.

Dedi ad te litteras Doctor optime decimumtercium ante diem inconcinnas prorsum et verbosas: dosa capitis: et instantis vel pocius seuientis morbi acrimonia turbatus. Sed quoniam clementissimus Pater/ benigne mecum agit: adeo ut post nouum paroxismum: qui me frigoribus plus solito torsit: et calore parum: duos postea dies quibus mihi metuebant: adeo leuiter me molestauerit: ut cessantibus omnibus horripilacionibus: solam interiorem debilitatem et caliditatem cognouerim: et id presertim vltimo breui tempore et leniter. Id tibi non significare non potui: nam qui ipse auxiliante Domino: sperem me propediem viribus restitutum iri: tuum quoque consilium desidero: quid tum mihi sit agendum: nec dum enim ad nos reuersus est affinis ille tuus.

Sane non dumtaxat dietam obseruaui: sed et tres syrupos tribus diebus quietis bibi: quos mihi ordinauit Magister Leonhardus: quorum quilibet beneficium ventris: ter aut quater prouocauit: licet magis eduxerint materiam subtilem et colericam: quam flegmaticam: vnde eciam ignoro: si satis sim purgatus. Syrupus autem hic est.

Recipe syrupi acetosi cum

Folio LXXIIIb

radicibus mese i z ij
aque ysopi/ aque endiuie/ ana i z i
mistis et fac haustus.

Aqua mea adhuc est rubea: et caput reumaticum et obtusum. Sed glorifico Deum qui non acrius me flagellauit.

Pater materque mei se tibi et vxori tue maximopere commendant. Aiunt consiliarios generosi Comitis tui/ Argentinam venturos post pascha. Eis si tu socius itineris ad nos visendos diuerteres/ gratissimum nobis omnibus esset.

Vale: et Dominam honestissimam coniugem tuam ita cura et refoue/ ut puerperium salubre agat. Quod ut Dominus largiri velit vehementer oro. Vale iterum. Ex Argentina secunda post Letare. Anno domini M.cccc.lxxxvij.

Obsignaueram iam litteras tradendas cuidam Migistro [Magistro] profecturo in Tibingen [Tubingen]/ vix horam postea: redit ecce affinis tuus: vnacum litteris tuis: beneuolenciam curam et solicitudinem pro me tuam apertissime praeseferentibus. Pro quibus cum tibi quibus verbis graciam agam non reperio: obtestor et oro omnipotentem Deum ut ipse sit remunerator. Nos quoque Parentes mei et ego conabimur esse non ingrati.

132

Verum quoniam gracia Dei: iam me febris non ita molestat: et res se habet ut in litteris scripsi: supersedebo pro nunc in his que tam fideliter quam docte scripsisti: presertim cum instet incensio lune. Interea si Deus preseuauerit a recidiua: post octo vel plures dies sumam pillulas aliquas aggregatiuas. Ita eas Magister Leonhardus suadet sumendas: pro eductione restantis flegmatis: iudicat siquidem materiam colericam fere consumptam: partim per syrupos/ partim per vrinam quam copiosam semper emisi: praesertim in caloribus. Si autem Deo aliter visum fuerit: ita ut morbus redeat: singulari consolacione fuerint scripta tua. Et quoniam is Magister Caspar ut arbitror nomine: ad nos se cito rediturum dixit oro scribas. Parentes mei se tibi et coniugi offerunt in quibuscumque obsequi possunt.

Folio LXXIIIIa

## 113. *to Jacob Wimpheling*

Idololatra non idolatra scribendum esse.

Petrus Schottus Ornatissimo sacrarum: policiorumque litterarum professori: Magistro Iacobo Vuimpfelingo: Ecclesie Spirensis prebendario: maiori plurimum obseruando salutem dicit.

Arbitrabar ego tibi forsitan duriusculum videri: quod idololatrarum scripsissem: contra assertam iam omnium consuetudinem: que idolatrarum pocius audisset. Atque notaui tandem: nequaquam racionem verbi: sed errorem meum ancipitem te reddidisse: qui vbi a scribendum erat o calamo mihi imponente: depinxerim. Quamquam eciam (quod postea aduerti) plus ostentacionis inuidiose comparare videatur: tam noua vetustissimorum verborum reuocacio quam fauoris. Quamobrem: quum idolatrarum quasi graecae discipline contrarium verbum respuam: neque idololatrarum: quod auribus absurdum sit: vsurpem. In hoc tamen ut in reliquis: tuum sit iudicium.

Causam matrone quam mihi commendatam foecisti: egi apud Patrem: obtinuique conuocatis partibus: nec semel solum: ipsa scilicet nonnumquam propter amicorum suorum absenciam rem differente: randem [tandem] transigi: et prorsus sopiri. Idque Pater meus (ne dicam iusticie) tuis litteris et precibus libentissime tribuit.

Ceterum Theobaldum de Mulnheymo: qui has ad te litteras perferet: obsecro ad bonas litteras reuoca. Acerbum mihi est: laborem tot annorum qui satis prospere cessisse videtur: in medio cursu perire: in homine praesertim nobili: et Argentinensi.

Vale. Ex gentina [Argentina] quinto ydus Marcias. Anno domini M.cccc.lxxxviij.

133

## 114. *to Johann Geiler von Kaysersberg*

Mentem Capituli Argentinensis Statumque domus et familie describit.

Petrus Schottus Eximio atque eloquentissimo: diuinarum litterarum interpreti: Doctori Iohanni Geiler de keisersberg: Praedicatori ecclesie Argentinensis maiori suo vnice obseruato salutem dicit plurimam.

Peticioni tue vel pocius Reuerendissimi Doctoris Augustensis paruit Capitulum Argentinense.

Folio LXXIIIIb

Et quamquam per sese tibi videatur beneuolentissimum: tamen et Magister Iohannes Symler et ego: id ut facerent: precati sumus. Facile quidem auditi: rogati tamen: ut te oraremus: ne tibi aliam dilacionem tercio peteres: quando quidem populus suus: immo tuus te vehementer expectet. Id igitur ut facias: ut iussus sum: te orarem obsecraremque: nisi e litteris tuis intelligerem: te ita statuisse.

Gratulor tibi et populo Augustensi. Illi/ quod doctrinam sanam tam auide sorbet. Tibi vero/ quod non sine tuo merito fructus ei per te excrescit. Miseros nos: qui cum terra sine aqua simus: non tamen sitimus: dormitamus fateor: ac consopiti stertimus in vicijs. Sed quis nos queso excitabit: nisi per te Doctorem nostrum Dominus? In sexternionibus tibi missis: errare me Deus forsitan voluit: si quo/ reditum tuum expediciorem foeci. Illi enim quos misi his quos retinui: longe paucipres [pauciores] sunt. Excusatum tamen ut spero me habebis: vbi rem coram iutuitus [intuitus] fueris.

Super domo tua ac suppellectili: non est quod cures. Omnia diligenter adseruantur a domino Cristiano: et famulo tuo. Iussit autem dominus Cristianus: significarem tibi: se et famulum impensis suis ali: praeterquam pane: qui tibi adhuc omnis e pistrino datur: misisse autem se aureos quatuor: quos a fabrica recoepit Matri tue: quae bene habet: cui eciam postridie aduentum tuum ut petis: est significaturus. Preterea nisi tibi molestum esset: vellet a te per nuncium proximum cercior fieri: ecquid/ ancillam tibi conduci velis. Sunt etenim nonnulle prae manibus: tibi ut conijcit non inepte[.] Videor videre corrugatam frontem tuam: vbi ancillam legisti. Sed age: mentem tuam declara.

Suasi Magistro Iohanni Rot: ut tibi succedat: qui licet non videat: quam vtilitatem afferre possit: tamen motus suasione tua: quam te scribis totis viribus facere: si quid sit: in quo eius opera dominus Augustensis ad tempus egeat: dicit obtemperaturum sese. Paratumque ut eo equo quo tu ad nos veheris: ipse dominum Augustensem pe-

134

Folio LXXVa

tat. Neque enim est: ut ipse prior abeat: quam tu reuertaris. Quis enim interea vices tuas hic ageret? Id quod dominus de Hennenberg ne desideres rogat: ne scilicet ipse ante aduentum tuum proficiscatur. Salutant te omnes: qui me scripturum intellexerunt. In primis Parentes mei. Magister Iohannes Rot: et dominus Cristianus.

Vale. Et Deum pro nobis ora: valde enim egemus. Datum Ex Argentina: ipsa die presentacionis beatae Marie virginis. Anno domini M.cccc.lxxxviij.


115. *to Johann Widmann*

Agit gracias. Andreae cuiusdam Phisici mensionem facit.

Petrus Schottus Insigni bonarum Arcium ac Medicine Doctori Iohanni Vuidman: maiori plurimum obseruando salutem plurimam dicit.

Perspectam iam: ac plane nobis cognitam fidem atque dilectionem: in nos tuam prestantissime Doctor: consumata prorsus integritate exercuisti: qui cum periculum Genitoris mei intelligeres: per tabellarium nos cerciores faceres: et simul curam seu medelam insinuares. Graciam habemus. Gracias agimus. Referemus quoque dum ad nos quemadmodum scribis: diuerteris.

Plane de condicione Patris: scribet tibi Andreas Phisicus: Doctor omnium iudicio non indoctus. Eius consilium eciam requisiueramus: priusquam litteras tuas reciperemus: qui sane de causa et natura morbi: idem ferme sentire visus fuit: quod tu postea scripsisti. Itaque gauius iudicio tuo: confirmaciori animo iam: ut tibi forte scribet: curam suscipiet. Attamen pro maxima quam in te fidem constituimus: certos nos facies: vbi comodum fuerit: quid tibi de Phisico illo in ea re videatur. Simulque de Sororis accidenti: vbi vacauerit scribes.

Te/ vxorem/ et liberos tuos saluos esse cupiunt: Pater/ Mater/ Soror etc. qui tibi se deuinctissimos ex deuinctis effectos esse profitentur. Litteras his iunctas: nisi pigeat: in conuentum Minorum apud vos presenta: Vlmam mittendas. Tabellario Pater duodecim

Folio LXXVb

plappardos numerauit.

Vale. Ex Argentina nono kalendas Aprilis. Anno M.cccc.lxxxviij.

## 116. *to Johann Widmann*

Valitndinem [Valitudinem] Patris describit.

Petrus Schottus Prestantissimo Arcium ac Medicine Doctori:
Magistro Ioanni Vuidman: Ordinario in Medicinis in Thubingen:
maiori plurimum colendo salutem dicit plurimam.

Litteras tuas iterum recoepimus: plenas beniuolencie/ et
perspecti iampridem amoris in nos tui. Si verbis tibi satisfieri posse
arbitrarer: dignum ducerem: vel ipsam Egiptum papiris Niloticis
expoliare: quibus gracias tibi agendas perscriberemus.

Sed ne quid praeter rem scribam: tibi/ qui omnia et serio et
vtilitate: verba tua ponderas. Id habeto. Omnium opinione:
sanguinem verum cum vrina a Patre creberrime profluere. Idque
potissime: post exagitacionem: aut longiorem/ quamuis leuem de-
ambulacionem. Hoc enim vel ex hoc notauimus: vrinam in cacabo
per duos tresue dies retentam in duplicem substanciam separari:
notauimus aquositatem sursum natare: sanguinolenciam fundo tenacius et viscosius adherere: non secus quam cum minuciones ve-
narum: in manibus fieri contingit. Attamen gracia diuina: adhuc
inambulat negocijs et curis ut solitus est intendit: quamuis dema-
cracionem corporis in eo animaduertamus: et catarrum: siccitatem-
que versus noctem praecipue: sitim vehementem inducentem.
Contra hec accidencia: purgatus est diebus proximis: per Magistrum Andream leniter: et sine molestia: et ut videtur vtiliter
satis. Attamen quia te in vacacionibus: ad nos diuersurum scripsisti: eas vacaciones: quam properantissime accelerare cuperemus:
ut et occulta fide: veritatem rei percipere posses. Tunc etenim
plura quam scribere possim cognosceres.

Vxoris tue matrone honestissime puerperio gratulamur: cui
donatiuum hoc Aurei mittimus: non in compensacionem opere tue:
sed in beniuolencie monumentum.

Vale amantissime Doctor. Ex Argentina pridie kalendas
Maij. Anno M.cccc.lxxxviij.

Folio LXXVIa.

## 117. *to Adolph Rusch*

Gracias agit. Balneique sui statum narrat.

Petrus Schottus Viro integerrimo Adelpho Rusco: Ciui Argentinensi politissimo: fratri plurimum amato: salutem dicit plurimam.

Terrerer equidem litteris tuis Adelphe: atque eas velut ominis

136

cuiuspiam aduersarioris execrarer: nisi te plane: atque (ut aiunt) intus et in cute nouissem: indubitatumque esset apud me: non te alia quauis affectione: ad tam atrocia conuicia balnearum parcitum esse: quam immensi amoris atque desiderij mei. Itaque non solum ob donum illud et voluptati thermarum: ob Epicureas tradiciones aptissimum: et vtrique nostrum: propter carminis antiquitatem: summopere idoneum: gracias tibi agere debebo: sed eciam quod omnia: quae erga me agis: ex summo et perspectissimo amore proficiscantur.

Ceterum aperiri tibi forsitan velles: qua valitudine: feruorem aquarum tolerarem. Id breuibus habeto. De futuris incertum mihi esse hactenus vero nil me perpessum: quod non sperauerim. Rubere cutem: humoremque quem minus accomodum mihi credam stillare. Ocio praeterea ac somno: fessos hactenus sensus restaurari. Eo sane fit: ut et humor concretos digitos: tam incompte scribere cogat: et ocium a labore: ad voluptatem facile quenque declinans: inepciorem ad respondendum me tibi efficiat.

Verum quod in calce Epistole annectis: de licenciato quopiam adducendo: ut illi loquamur. Neque licenciatum scio: nisi doctorem Ioannem Muller significes: neque quid cum eo agendum putes. Quare clarius super eo: cercior a te reddi velim.

Vale. Ex Baden ad tercium Nonas Maij. Anno domini M.cccc.lxxxviij.


118. *to Vitus Maeler von Memmingen*

De Captiuitate Maximiliani Regis Romanorum apud Brugenses.

Petrus Schottus Eximio ac venerabili Canonum Doctori: Magistro Vito Maeler de Memmingen: tamquam fratri carissimo salutem dicit plurimam.

Ne tam antiqua atque confirmata inter nos

Folio LXXVIb

amicicia: quauis negligenti desidia labefactari posse: in suspicionem cadat: volui ad te: Doctor insignis/ quum nihil scriberem: aliquid scribere. Equidem quod iucundas tibi fore: credebam litteras meas: vel hoc solo aliquid me scripturum sperabam. Quod vero neque causam forensem: neque Beneficij vacantis anhelam venacionem ad te fero: quibus te solis studere dicunt: idcirco ne velut nihil scribens exploderer: verendum mihi iudicarem: si non amicicia tot annis corroborata: gratum tibi faceret vtcumque nihil: modo a me profectum.

137

Ceterum si de bello ab Imperatore contra Flandrenses suscepto: audire desideras: nequaquam dubito: plura istic: fama crebriore perferri: quam hic nobiscum. Id tamen te certo scire velim: die Sabbati: post festum Ascensionis in nocte: Brugensium Praelatos Magistratusque supplices: a Rege adhuc capto: veniam tanti facinoris orasse: et impetrasse. Itaque suscepta caucione iuratoria: sigillis Regis et Dominorum de Rauenstein: et de Beuri roborata: postridie/ hoc est: die Dominica eductum e captiuitate Regem in castra: quibus vallata iam vrbs erat: redditumque ducibus Vuolffgango: et Cristophero de Monaco: Marchionibus Cristofero: et Alberto de Baden: qui castris praeerant. Id deinde nuncium: celerrimo cursu: ad Imperatorem: qui in Aquisgrano cum magno exercitu remorabatur: ad mediam noctem deuenisse. Qui mane die Lune: conuocatis omnibus Principibus: et Capitibus ciuitatum: tantum gaudium publicauerit: nec defuisse illic vllum erga immortalem Deum: grati atque exultantis animi officium. Agi nunc per Imperatorem: erga exercitum suum: de puniendis Brugensibus. Quippe qui iniquum putet: tam immane scelus: sine punicionis exemplo contemni. Praesertim/ quum et si iuratus sit Rex: Ipse cum reliquis liber existat. Quid acturi sint: euentus probabit. Deus det pacem Christiano populo.

Vale[.]

Folio LXXVIIa.

Me ut soles ama. Ex Argentina pridie kalendas Iunij. Anno domini M.cccc.lxxxviij.

Doctor Iohannes Muller: qui ex Ferraria ad te scripsisse se dixit: voluit ut quum ad te scriberem: te saluere verbis suis iuberem. In Baden ut consueuit agit.


## 119. *to Johann Geiler von Kaysersberg*

Munusculum mittit: balneique regimen suadet.

Petrus Schottus Excellentissimo diuinorum eloquiorum interpreti: professori: concionatorique Iohanni de keisersberg: Predicatori ecclesie Argentinensis Patri suo plurimum obseruando salutem dicit plurimam.

Ne sine donario viderer balneantem alloqui: volui vel hoc eruorum calato vectorem onerare. Noueram enim te preciosa: et quae coquinam farciunt: pro condicione tua non desiderare. Hec forte raritas: acceptiora reddet.

Ceterum quod ad te pertinet: fac balneis satisfacias: ne quod in prouerbio est: quod secundo foeceris: tercio cogaris iterare.

138

Satisfacies autem non modo tempore: sed et iucunditate animi. Quamuis enim monitore non egeas: tamen huiusmodi excoriacio: bilem mouet: et fortitudinem solicitat. Preterea ne te nimis exhaurias caue: quum periculo non minori corpus afficiat exinanicio quam humorum exaggeracio: in quo mihi a te parci velim: immensitas enim amoris in te mei facit: ut et prudentem docere velim.

Parentes mei et nostri omnes valent: et te saluere iubent. Mitto eciam ad te libellos duos: quorum alterum domino Hieronymo Doctori Medico: alterum Patri Iacobo Minori donari: meo nomine velim. Nam cum eos a me sibi parari petiuerint: ego gratitudinis iure: donatos esse volui.

Vale: et Nycholaum saluta: hospites quoque: precipue Magistrum meum dominum Doctorem Iohannem Muller: si ex balneis redierit. Dominum Anthonium Licenciatum doctissimum: et Magistrum Georium: sodales tuos. Iterum vale. Ex Argentina xiij kalendas Iulij. Anno domini M.cccc.lxxxviij.

Folio LXXVIIb

120. *to Jacob Wimpheling*

Commendaticie pro Iohanne Goeçone Augustensi: ut studium coeptum Heydelberge: continuare possit.

Petrus Schottus Eleganti atque tersissimo: bonarum ac sacrarum litterarum sectatori: fratri suo Magistro Iacobo Vuimpfelingo in Spira salutem plurimam dicit.

Si commendato/ possit commendacio superaddi: hunc virum non modo probitate: sed eciam probatissimorum studiorum elegancia praeditum: commendare tibi non verebor. Tametsi enim tibi adeousque merita ipsius nota sint: ut tu primus omnium fueris: ex quo ea intelligerem: tamen quod sperat aliquid adiungi posse: beneuolencie in se tue: si ego ad te scriberem: nolui deesse homini mihi plurimum caro: teque maiorem in modum orare: ut proposito suo faueas. Et quod te libentissime facturum esse scio: ut institutis diuinis inuigilare: et ex re sua in sacris litteris insudare possit: eum monitis consilijsque iuues: simul ad eos quos tibi doctrina virtusque tua: in Heydelbergensi gymnasio conciliauit: commendaticias litteras ei tribuas: quales a te ipse rogabit.

Vale. Datum ex Argentina Nonis Iulij. Anno M.cccc.lxxxviij.

121. *to Vitus Maeler von Memmingen*

De liberacione Maximiliani: et quid Cesar contra Brugenses moliatur.

139

Petrus Schottus Praestantissimo atque solertissimo Iuris pontificij Doctori: Magistro Vito Maeler de Memmingen fratri suo carissimo salutem plurimam dicit.

Tu mihi vir praestantissime: sediciones illas subdolas perfidasque: quas ea gens in delicijs habet: in Hieronymum immole: ac alterum Fauenciae Dominos grassatas: scriptis tuis aperuisti: ego tibi contra: virtutem nostrorum: qui regem suum: cuius tibi captiuitatem iampridem scripseram: ex insidijs et carcere liberarunt: paucissimis significabo. Plane quo pacto a Brugensibus emissus sit: te ignorare non credo: neque te latere atbitror [arbitror]: Cesaream Maiestatem ac reliquos Principes: minime contentos ea liberacione: insuper ad emendacionem

Folio LXXVIIIa

punicionemque malefactorum animum intendisse. Id quum nonnullis Principibus ac eis qui a Ciuitatibus missi fuerant: minus consultum videretur: cum quod pro sola regis liberacione: se a suis missos esse causarentur: tum quod habita racione exercitus Cesariani: qui xiiij milium virorum numerum non excederet: ac Patrie opibus: ac aquis minutissime ac difficillimi commeatus. Res tandem ad id deuenit: ut (post duos tresue conflictus: in quorum primo: duo milia hostium occisa: septingenti capti fuerunt: in altero quod temere a Principibus sine Ciuitatum consciencia susceptum fuerat lxxx ex nostris: inter quos Albertus Marchio Badensis: necati sunt) ad octauum Idus Augustas: his quibus inutiles impense reditum suadebant: facultas abeundi concessa est. Itaque iam omnes ferme in reditu sunt: quinque tamen milia: pro praesidijs contra noua: que in Patria suscitari possent: relicta feruntur. Hec sunt: que mihi super his constant.

Magister meus dominus Doctor Iohannes Muller: Decanatum et Canonicatum in ecclesia Badensi possidet: sanus.

Vale: et me ut facis ama: quoniam te a me maximopere amari: non ignoras. Iterum vale[.] Ex Argentina ad xv kalendas Septemtembris. Anno domini M.cccc.lxxxviij.


122. *to Jacob Wimpheling*

Commendat Amicum: ut exemplaria quedam ex Bibliotheca Spirensi impetrare possit.

Petrus Schottus Tersissimo scienciarum professori: Magistro Iacobo Vuimpfelingo Sletstatensi fratri suo praecipuo salutem dicit plurimam.

Rogabit te operam tuam Adelphus ruscus vir et litteratus et

litteratorum amicissimus. In quo si presto ei fueris: non solum eius in te amori acceptissime respondebis: verum eciam mihi: qui iam ex facilitate tua: ius in te vendicasse videor: iucundissimum gratissimumque prestabis officium. Ceterum ne terrore afficiaris: quum veluti grandius aliquid exacturus: amiciciam tuam tantopere obtester: res est quam petet: neque labore tibi grauis: neque

Folio LXXVIIIb

impetracione ut speramus: difficilis. Etenim id solum orabit: tuo studio apud eos quorum interest effici: ut comodato accipiat: partes quasdam Dictionarij: quas apud vos repositas esse nouit: qua fide: quave gratitudine reddendas: tu qui virum nosti: facile conijcere potes. Itaque pluribus apud te: pro eo non vtar.

Finemque faciam: si te commone fecero: folium id quo in sermonibus Bernardi subsignatum his litteris E e ij: me nondum ut pecieram: recepisse.

Vale[.] Date Argentina ad viij Idus Septembris. Anno domini M.cccc.lxxxviij.

### 123. *to Friedrich von Zollern*

Rogat ne Predicatorem Argentinensem apud se detineat: et commendat munusculum Matris: Nucem in qua insignia passionis Dominice subtilissime incisa fuere.

Petrus Schottus Reuerendissimo in Christo Patri ac Domino: domino Friderico Episcopo Augustensi: submissam obedienciam ac foelicitatem dicit.

Nihil erat Praesul optime: quod apud te litteris nunc agere decernerem: praeter hoc vnum scilicet: ne nobis Doctorem a Deo datum diucius subtrahere: conareris. Cetera namque: que de Regionum: hominumve nostrorum scribi possent: ipse coram explanabit. Sed visum est mihi: ne illud quidem multis agi oportere: quando vel ipsa Reuerendissima Paternitas Tua pro summa in Argentinensem Ecclesiam beneuolencia: calamitosam nimirum iacturam nostram: nequaquam ferret: ne inferret dicam: ut quibus praereptus sit Decanus optimus: ijsdem (quod vnicum et necessarium ornamentum restat) Predicator talis abstraheretur.

Verum Reuerendissime Pater: iussit Mater ut veniam impudenciae a tua paternitate postulem: quae tam exili munere nucis: tantum Antistitem donet. Etenim cum grandiora nuncius ferre detrectaret: visum est non incongrue: in Sueuiam nuces mitti: quarum istic appetentissimi esse: dicimini. Vnicam tamen tibi

141

(quae prodesse canitur) missam petit a te gustari. Sic enim demum: suauitatem salubritatemque

Folio LXXIXa

eius: poteris agnoscere: inueniesque ex frequenti eius masticacione omnem animi curam: ac morbum sanari et pelli.

Postremo humile tibi obsequium Parentes ambo: cum sui commendacione dicunt. Vale in Christo foelicissime Presul. Ex Argentina xiij kalendas Octobris. Anno domini M.cccc.lxxxviij.

124. *to Johann Geiler von Kaysersberg*

Capitulum et populum Argentinensem reditum suum desiderare.

Petrus Schottus Preclarissimo ac maximi nominis Predicatori: Doctorique litterarum sacrarum: Magistro Iohanni keisersberg: maiori suo plurimum obseruando salutem dicit plurimam.

Quamuis littere et domini Augustensis ecclesie Praesulis: et tue quibus auiditatem istius populi scribis: me adeousque mouerint: ut qui hactenus absenciam tuam egerrime tulissem: inciperem iam eius suasor: defensorque fieri: et contra omnes fere/ qui tibi fauent contendere: non ab re fore: si çelo tanti Antistitis condescendatur: tamen non fuit ingratum intelligere: animum affectumque Capitularium Argentinensis Ecclesie: praesertim domini Heinrici de Hennenberg: qui vigilanciores quam arbitrabar erga populum suum: non mediocrem allegabant notam sese: in estimacione omnium incursuros: si populo sibi commisso: Pastorem adimentes: eum alienis gregibus praeponerent. Praesertim cum hic suus: interea luporum morsibus (ut aiebant) expositus esset: videri se paruifacere tantum Doctorem: idque proculdubio tibi ipsi displiciturum: si tam facile tantum tempus: tamque vtile ac necessarium: te abesse paterentur: quem si non haberent: ad extremum vsque orbis perquirere: deberent. Subuereri se denique: calliditatem Augustensium: qui tam diuturna familiaritate: seu copia tui (cum qua autoritas tua crescere solet: quamquam tu contrarium putare videaris) delectati ac moti: viam aliquam machinarentur: qua te a se: quos tam negligentes experirentur: abstraherent. Hec cum tanta constancia afferrent: non inueni

Folio LXXIXb

qua fronte eis obniterer.

Quare fac: boni consulas: te tam auide a tuis desiderari. Quis scit si frigiditatem illam nostrorum: qui tibi doctrinam sanam

142

nauseantes: vomere videntur: calefaciat Deus: et si per absenciam tui calor reuerti speretur. Iamiam tempus hoc satis esse iudicandum sit. Sed de his hactenus.

Famulus te expectabit[.] Quoad sentenciam nostram: super erectione Officij predicacionis: mitto tibi scedulam: manu Magistri Ioannis Simler conscriptam: que ea continet: quae interea in mentem ei venerunt. Ceterum/ quae antea visa fuerunt: circa potestatem Dominis tradendi/ dispensandi etc. eciam adijcientur. Verum quia breui speramus reditum tuum: nihil innouabimus: antequam sis presens: licet pecunie iam parate: partim Romam sint misse: partim apud me sint deposite: adeo ut de dilacione rei: metuendum non existat.

Omeliam Beati Bernardi de qua scribis: non habet Magister Iohannes Rot: idcirco orat excribi eam cures.

Cerciorem quoque ut petis: faciam Matrem tuam: et dominum Cristianum: qui et ipse nunc vindemie gracia non adest: super sentencia Dominorum de Capitulo: grata eis ut spero et accepta.

Quod ad sexterniones pertinet tihi [tibi] mittendos: e consilio Magistri Iohannis Simler et Magistri Iohannis Rot visum fuit: non grauare nuncium: et reditum tuum omnibus/. quos tibi mitti postulasti: presertim cum: ut ex litteris coniecimus: praesumpserimus mentem tuam esse: ut hij tibi mitterentur: si illic ad voluntatem Domini Augustensis diucius permansurus esses. Aliquos tamen mitto: quos ut e scedula/ qua litteras tuas clausisti notare potui: praecipue desiderasti[.] Et cartulam: quam subscripsit famatus ille theologus Gabriel Biel Vracensis: de cuius praesencia tibi nuper scripsi: si saltem litteras receperis[.]

Salutant te Parentes mei: et Magister Iohannes Rot: omnesque tui maximo te desiderio praesentem esse cupientes. Rogat litteris suis dominus Doctor Iohannes kauffman Iuris peritus: ut se tibi commendem. Id igitur ut diligentissime

Folio LXXXa

factum existimes: te iterum atque iterum oro.

Vale. Et nos quae domum tuam respiciunt: interea diligentissime acturos ne verearis. Ora pro nobis Deum: et sanctas Martires: atque Vdalricum. Vale. Ex Argentina xiij kalendas Nouembris. Anno domini M.cccc.lxxxviij.

125. *to Johann Geiler von Kaysersberg*

Petrus Schottus Ad Doctorem Iohannem keisersberg deliberantem dimittere Officium praedicacionis Argentinense: et Basiliense assumptum ire: quod ei potentissimis locis dissuadet.

143

Audiui praestantissime Doctor: te iterum ea perturbacione solicitari: quam sepenumero antea certantem compescuisti: et iam proximis diebus te prorsus repressisse: ac a te prorsus eliminasse: letabundo corde et vultu ad nos afferebas.

Ego vero quamquam is non sum: qui Mineruam: ut aiunt: sus docere debeam: praecoeptorem discipulus: tamen praeter offi-cium vel pocius pietatem: acturum me fore.[:] vehementer timeo: si in communi periculo: et tui/ quem Parentis carissimi amore prosequar: et tocius nostre Patrie: ego pro modulo nostro: quod possem auxilium: consiliumve non afferem. Sane consilium apud te esse: nemo dubitat: id quod ego ceteris sepius sum expertus. Verum quoniam hec res licet nos omnes: te tamen peculiarius attinget: assiduaque animum cogitacione perurget: vereor ne soli-citudo: quieciores tibi mentis recessus obstrependo perturbet: et perturbacio limpidiores intuitus: in ea/ quae tibi doctrina pariter et vsus pararunt: ferre non paciatur.

Audi igitur dilectissime Precoeptor: que tibi discipulus et filius depromit: ex armarijs/ que tu potissime doctrinis sapientibus farcire studuisti: et ea que scribam: tanto tibi graciora puta: quod non ex alio quam a te ipso manant: nec ad hoc enumerantur quia te lateant: sed quod tibi forsitan diuertente te tentacione apparere non possint.

Sunt qui te a nobis auocare nituntur: pollicentur eximiam prouisionem: rem su-

Folio LXXXb

am faciunt graciorem. Ego mi Doctor/ si populo Argentinensi tui indigentissimo: a Deo praedicator missus non esses: et iam sarculo verbi vicia plura extirpasses: facile reuictura: si sarculum retraheres: restarentque adhuc eradicanda plura plantandeque virtutes: qua profecto agricultura te retrospiciente: verisimiliter prorsus de-serenda timetur. Si hec inquam non essent: Basiliensibus pro caritate fraterna fauerem: ut te praedicatorem sortirentur: et tibi pro filiali pietate gratularer plurimum: condicionem status tibi dignam attigisse. Sed quia caritas dei et proximi: plus apud Christianum valere debet: quam quaecumque animi violenta et semper suspecta impulsio: aut quodcumque comodum temporale: diligenti animaduersione considerandum esse arbitror: in vtro illo-rum plus caritatis versetur: Argentine maneas: an Basileam migres.

Primum igitur omnium: caritatem quidem fore fateor: si Basilienses erudias et viam veritatis doceas. At Argentinenses docere: tanto amplioris est caritatis: quanto populus est amplior/ lasciuior: et veritatem/ non errores docencium: indigencior. Quid velim: non ignoras. Atqui dices: satis diu Argentine iam quotidiana declamacione consuecior sermo: nihil admiracionis habet: cor non

144

tangit: illic nouus: et feruenciori pectore absorberetur: et tenacius
hereret. Quid istic futurum sit/ ignoras: quamquam non dubitem:
quin te pro incredibili facundia tua: et miraturi sint: et si Deus
dederit graciam: tibi obedituri. Quid autem hic agatur: non opus
est tibi dicam: ipse vides.

An te vel auditorum poenitet? qui copiosiores sunt: quam
vnquam hic sint visi: an obedicionis? cum tibi (ne de secretis dicam:
quae solus Deus nouit) in publicis consuetudinibus/ quas legi diuine
contrarias esse docuisti: plus obtemperarint vel vrbis Magistratus:
resistentibus eciam nonnunquam potentibus et maliuolis: quam vel
vnquam auditum esset: vel quisquam fieri posse speraret. Nam

Folio LXXXIa

quid ego enumerem: tot templorum Dei: et locorum consecratorum
dehonestaciones: a te pessundatas? Quid communionem sacro-
sanctam: supplicio afficiendis: non sine magno certamine obtentam?
Quid innumera alia: et nuper sacrilegia illa laruarum a te castigata
recenseam? Plura sunt: plura dabit Dominus quam credere possis:
que hic salutaria nobis e tua praedicacione proueniant.

Hic mihi dices. Si hic profoeci: Basilee eciam proficiam. At
mi Doctor: non est discooperiendum altare vnum: ut aliud cooperi-
atur: praesertim/ si illud alterum facilius sit inuenturum quo coo-
periatur quam primum. Numquid si Basilienses ad tam bene et
firmiter institutum officium: cum habeant domesticam Theologorum Vniuersitatem: coguntur foris mendicare: nec adhuc reperiunt
qui eis panem frangat: an credis Argentinenses tuos: si tu eos
reliqueris: adipisci posse praedicatorem: qui adhuc Officium vix
inceptum: immo nondum inceptum assumat? Praesertim quod tibi
minime ambicioso: non suffecerit. Immo certe nullus erit ut metuo.
Et quod verisimiliter et certo consequetur: verendum est ne forte
pro negligencia eorum/ quos nosti: tantum et tantis impensis bonorum virorum inceptum: ad pristinum statum redeat: tam salutife-
rum toti populo verbum: negligenter perire permittatur: atque ita
quod Basilee iam diu firmatum Officium: eciam te non accedente
durabit: id te hinc abeunte: metuendum est: ne hic deficiat.

Quid mea inquies: refert. Id viderint hij: in quorum manibus
Officij administracio versatur. Satis diu monui: confirmari cura-
rent: satis diu cerciores foeci: non sufficere prouisionem. Mi Pater/
quo res miserior est: eo viro magis misericordi indiget: temporalia
nobis cordi sunt: eterna posthabemus. Tu quem Christo viuere
velle non dubito: numquam ampliorem habebis: caritatis fraterne
exercendi opportunitatem: quam si eciam cum penuria tua: rem
salubrem toti populo

145

interire non paciaris: pro cuius salute: eciam animam suam multi tradiderunt. Equidem quanta tibi est consciencie consolacio: vbi te vides: non sectatum fauorem hominum non lucra: aut comoditatem status: solo solo solo Deo prae oculis habito: magnos labores tolerare: quamquam spero rem eo propediem deducendam: ut si non abunde: saltem decenter viuas.

Quid postremo dicam: de confusione populi nostri si abieris? De scandalo vt vereor multorum: praesertim eorum/ qui te iam matura deliberacione conclusisse nouerunt: et certa sentencia statuisse: quod hic maneres. Quid futurum sit: malim ipse cogites. Nam ego pre merore: scribere non possum.

Quamobrem eximie et obseruandissime Doctor: moueat te: quod certissimum damnum imminet nobis: si hinc discesseris: et in officio et in doctrina tua: que minoris ut timeo ponderis erit: et in scandalo etc. Incertum est autem comodum quod Basiliensibus afferes. Praeterea solum Deum secutus videberis: si hic maneas: si illuc diuertas: nescio quid aliud te traxisse: dicent. Atque ita non solum proximi: sed et Dei caritas: te hic nobiscum merito retinet. Nisi fallor: hec multorum bonorum te amancium sentencia est: quam sepe sciscitatus es: et ut ceteros omittam: Dominus Doctor Friburgensis Rector: et Magister Thomas Lamparter sufficiant.

Datum Anno domini M.cccc.lxxxviij.

### 126. *to Conrad Leontarius*

Amorem et amiciciam spondet: et optat.

Petrus Schottus Ornatissimo ac elegantissimo viro: Conrado Leontorio Mulbronnensi Reuerendissimi domini Cisterciensis Cancellario: amico carissimo salutem dicit plurimam.

Statueram tibi vir amatissime pluribus respondere: simulque declarare et quanti facerem amorem in me tuum: et quam iucundum mihi sit id eruditis illis: ac iucundissimis litteris tuis ad me perferri. Verum interea/ dum tabellarium expecto: aut inquiro pocius: inopinato se mihi offert: qui se asserat: e vestigio ad te profecturum. Et si igitur

temporis penuria: pro ingenio ac amicicia nostra: nequaquam paciatur: me tecum longioribus agere: malui tamen nihil scribendo: aliquid ad te scripsisse videri: quam occasionem amittens: opportuniorem aliam (quae si obtingat: haud sum certus) quotidiano

146

desiderio prestolari[.] Quamobrem quae reliqua sunt: si quando dabitur: attingemus.

Hoc vnum vero tibi persuadeas velim: commendatum te mihi esse: ob integritatem vite quam profiteris. Longe tamen amplius mirandum: ob tam promptam/ copiosam/ ornatamque periciam tuam: quibus/ quoniam accessit non mediocris: quem praeteferre [praeseferre] videris: tuus erga me amor: fieri non potest: quin mihi promittam conducibilem ac iuxta Aristidis sentenciam perpetuo duraturam esse amiciciam nostram.

Vale. Ex Argentina prepropere ad decimum kalendas Ianuarij. Anno a natiuitate Christi M.cccc.lxxxix.


## 127. *to Friedrich von Zollern*

Gracias agit: pro remisso Concionatore Argentinensi. Laudatque: quod doctos viros et Theologos: pro felici ecclesie sue regimine perquirit.

Petrus Schottus Reuerendissimo in Christo Patri ac domino: domino Friderico Augustensis ecclesie Antistiti: Domino suo maximopere colendo: Promptissimam obtemperanciam cum sui commendacione: et foelicitatem dicit[.]

Graciam tibi venerandissime Praesul habemus: Parentes mei et ego. Primum super muneribus: quae cum ornatu suo: tum quod ad te missa sunt: summopere nobis accepta venerunt. Deinde quod nobis Doctorem reddidisti longe omnium expectatissimum. In quo profecto non in nos solum: sed in vniuersum quoque Argentinensem populum: beneficenciam videris gratissimam contulisse. Iucunda sane nobis hec sunt atque vtilia. Verum non minus iucundum gratumque fuit: audire Doctorem narrantem et plebis tue affectum in Deum: et dignacionis tue feruentissimum in salutem eorum çelum: studium insuper et amorem

Folio LXXXIIb

quo perquiris: et inuentos complecteris: eos qui commisso tibi gregi salutaria pabula: tibique in eo pascendo commeatum afferre possint.

Quamobrem et clementissimum Deum ex totis visceribus: supplici veneracione: et laudamus: qui ecclesiam suam nondum prorsus pastoribus bone voluntatis destituit: et vehementer oramus: ut quod in te operatus est: id confirmare augereque: ac ardore tui ceteros quoque inflammare dignetur.

In quo vale. Atque nos seruulos tuos commendatos habeto. Ex Argentina ad quintum kalendas Februarij. Anno M.cccc.lxxxix.

128. *to Vitus Maeler von Memmingen*

Hortatur ad memoriam mortis et eternae vitae: exemplo multorum notorum qui perierunt.

Petrus Schottus Viro magne pericie ac vsus: domino Vito Mae-ler de Memmingen: Decretorum Doctori: Praeposito Frisingensi dignissimo: maiori plurimum obseruando salutem plurimam.
Valere te velim optime: id quod et spero: quando non sit verisimile: te tot annis in Vrbe sancta versatum: non vel vnciam sanctitatis: hoc praesertim tam sancto tempore contraxisse. Fac itaque si quid melior effectus es: bonitatem intendi. Quia profecto dies adueniunt: immo pocius concitatissima velocitate accurrunt: quibus districtissimi iudicis iudicio sisti: et omnium operum/ dic-torum/ et cogitatuum nostrorum racionem reddere cogemur. Ah mi Vite: mi Doctor: mi Preposite: quum non sit aliud super: qua [?quo] tibi scribam: amicicia autem nostra litteras requirat: more meo: inde scribendi argumentum sumo: quod tibi scio omnium vtilis-simum et summe necessarium esse. Nec sane id idcirco facio: quod te credam illarum rerum ignarum: quas tu longo ante tempore nouisti quam me nosceres: sed quod vereor: incursantes te quotidie causas obstrepere: harum rerum/ quae salutis tue sunt meditacioni-bus. Sicque factum est: ut cum plurimi sint: qui te in illis sollicitum reddant: vel ego tibi forte non minus amicus quam ceteri: sim assiduus monitor: ut mortis: et future vite memor: quae eterna erit: ita praesentem hanc momentaneamque duracionem exigas et ac-comodes: ut cum Dominus ve-

Folio LXXXIIIa

nenerit [venerit]: inueniat te paratum.
Nam quam fluxa: quam caduca sit omnis mundi potencia: cum ex alijs tum ex hoc animaduertere facile possumus: quod eos/ quos nos aliquando Bononie et florentes opulencia: et estimacione omnium sapientissimos cognouimus: et in pompatico fastu sepe vidimus incedentes: iam vel gladijs confossos: vel laqueo suspensos esse accipiam. In quo quum neque factiosi illius tumultus historiam: neque mactatorum nomina intellexerim: fac me obsecro: si rem non ignoras: cerciorem.
Ego sane in Germanicis rebus noui nihil habeo: nisi quod propediem conuentus omnium Principum et Oratorum vrbium: a Rege ipso Maximiliano Spire celebrandus esse dicitur: vbi forsitan noui aliquid surrepet et emerget.
Vale: et me ama. Ex Argentina ad decimum kalendas Apriles. Anno M.cccc.lxxxix.

148

129. *to Johann Widmann*

Petit disponi hospicium: in thermis Feralibus.

Petrus Schottus Fame clarissime Doctori: Magistro Iohanni Vuidman Phisico: in Thubingen Ordinario: maiori plurimum honorando salutem dicit.

Intelleximus te esse in loco haud admodum remoto: itaque opportunitate concessa gaudentes: quod difficilius forsitan aliter potuissemus. Nunc tibi clarissime Doctor: ac Coniugi tue honestissime matrone: balneacionem diu in consultacione suspensam: conclusam iam ac si Dominus voluerit: certo suscipiendam significamus: atque indicimus. Itaque tuum erit: si te non pigeat: ut hospitem sancti Cristophori in thermis Ferarum cerciorem facias: ut in domo sue contigua: quae ad Lunam cognomentum habet: duas stubas cum plerisque cubilibus expeditas adseruet: quandoquidem Parentes mei et ego: cum nonnullis alijs amicis: ad Dominicam Cantate: illic sumus comparituri.

De te autem et Coniuge/ nec verbum facio: quando non dubitem: vos si fieri possit: societatem nostram non aspernaturos. Confidenter animoseque scribo: ut ad eum/ in quo singulariter longa experiencia docti: omnes nos confidamus. Ceterum dominus Otto Sturm: cuius vxor ut ipse enarrabit: diuturna ac inter-

Folio LXXXIIIb

pellata infirmitate premitur: voluit/ ut eum tibi commendatum litteris meis facerem. Quare obsecro: fac senciat me eum tibi commendasse.

Vale. Ex Argentina viij kalendas Maias. Anno M.cccc.lxxxix. Si non ipse accedes: responde.


130. *to Adolph Rusch*

Balneum optat salutare esse. Enygmata in balneis proponi solita: tria versu complexus.

Petrus Schottus Prestabili ac priscarum eleganciarum studiosissimo viro Adelpho Rusco: non secus ac fratri caro salutem dicit.

Quod breuibus scribo: properacio mea efficit: qui iam nunc inter obstrepentes sarcinularum correptores: atque balinearum petendarum gracia solicitos: vix tantillum ocij mihi praeripiam: ut vel hec praescribere possim. Igitur et si paucis leges: intelliges tamen velim plurimis: amicissimisque verbis: me meosque tibi ac tuis sospitatem foelicitatemque imprecari: atque ut balneacio ista

149

conducibilis salubrisque vobis existat: vehementer eciam atque eciam a Deo optimo maximoque optare et obtestari.

Ceterum quae mea venacione assequutus sum interea dum abfuisti: hec tibi dono mitto: quandoquidem desides Molossi plura indagari recusarunt.

> Haud male conueniunt scirpi atque enigmata thermis:
>     Ocia ne pereant: libera cuncta iocis.
> Oedipus enarret nobis: quo nomine monstrum
>     Tetrum: informe: ingens: quod modo canto: vocet.
> Non fuit: et non est: nec erit: mortalibus horror
>     Omnibus id tamen est: sint: fuerint: vel erunt.
> Rursus et haec pandat: dum non est querimus omnes:
>     Dum venit odimus: dum fugit hinc querimur.
> Quod soli angustum est: aptum appositumque duobus:
>     Dicitur id laxum plus satis esse tribus.
> Haec tria si soluet: pedibusque tumentibius [tumentibus] ad nos
>     Sphinga petens veniat: tum mihi Phoebus erit.

Videor videre quam obrugata fronte versus hos horridulos condemnes: praesertim si ut te facturum asserebas: dulcissimis ac fluentissimis Marci Ciceronis Oracionibus: labra palatumque

Folio LXXXIIIIa

tuum assuefoeceris. Verum si varietate fastidium tollitur: et hoc quoque iucunditati tue conducet.

Quare nisi displiceat: accipe alios versiculos: quos nuper rogatus sum confingere: quibus puer pulcherrime indolis: sed pauper: ab Heinrico Comite in Hennenberg: petebat in Choralium numerum ascissi [ascisci]. Cui post peciunculam [peciciunculam] exilem hec carmina subiunxi.

> Insignit pario victrix quem marmore Roma:
>     Cristata volucri Patria quem decorat:
> Scilicet ut regni columen: populique patentis
>     Fotricem signent progeniem esse tuam:
> Magne Comes faueas: docilique sub indole flammas
>     Gliscentes oleo confoue: magne Comes.
> Tum vere illustrem reddet te nostra Thalia:
>     Atque tuum nomen saecula cuncta scient.

Icona argumentorum Maronis: non tam per desidiam meam infecta sunt: quam quod Appelles atque Lisyppus Alexandro: qui eis operam imperaret: caruerunt. Nam cum alter semel a me archetypum recoeperit: alterum postea ne videre quidem potui: donec ipse

150

inquirendi eius gracia: officinas plerasque perlustrans: vix tamen
inuento: archetypum secundum offerrem. Hec volui te non ignorare:
ut intelligas non esse me: quod putas: vsquequaque cessatorem.

Vale: et me precoeptori meo vnice commenda. Ex Argentina
pridie Idus Maij. Anno M.cccc.lxxxix.

Has a me litteras recoepit Adelphus in Baden. Legitque iam
ex inflammacione balnei aegrotans. Qui propediem Argentinam
reuersus: ad septimum kalendas Iunij. Anno domini M.cccc.lxxxix
tercia scilicet Rogacionum: mortem obijt acerbam et luctuosam
multis: mihi praecipue. Misereatur eius dominus. Vltime ad eum
littere.


## 131. *to Johann Widmann*

Petit aduentum eius in thermas: nomine eciam Coniugis
proprie.

Folio lxxxiiiib

Petrus Schottus Eximio Arcium ac Medicine Doctori Magistro
Iohanni Vuidman in Thubingen: tanquam fratri plurimum honorato
salutem dicit plurimam.

Omnes quos ex nobis thermas petituros intellexisti: sani et
incolumes diuino fauore: illuc venimus: ibique sani quemadmodum
rei condicio deposcit: hucusque perseuerauimus. Tuum vero aduentum: si tibi graue non fuerit: magnopere desideramus. Precipue
Coniunx tua matrona honestissima: tui desiderio affecta est: tum ut
te videat: tum ut a te statum filiorum: ac tocius rei familiaris
cognoscat. Praeterea iussit ut tibi significem: se ab Abbate Hirsa-
censi nihil adhuc accepisse. Cetera scribit ipsa: et tu cum veneris
intelliges.

Vale. Ex Baden quarta post Cantate. Anno M.cccc.lxxxix.


## 132. *to Johann Widmann*

Denuo petit eius in thermas aduentum.

Petrus Schottus Prestantissimo Medicine Doctori: Magistro
Iohanni Vuidman in Thubingen: fratri carissimo salutem dicit.

Scripsi prius: uunc [nunc] lectis litteris quas ad vxorem dedisti: scribo rursus iussu Parentis et vxoris tue praestantissime
precibus ne quouis pacto praetermittas: ad nos diuertere. Etenim
quo id comodius possis: is qui attulit litteras tuas: famulus Doctoris
Ludouici: te comitabitur.

151

Vale. Ex Baden Ferino/ quinta post Cantate.
Anno M.cccc.lxxxix.

### 133. *to Johann Geiler von Kaysersberg*

Sanitatem suam et suorum in balneis declarat: eiusque oraciones desiderat.

Petrrus [Petrus] Schottus Integerrimo sacrarum litterarum
Doctori Iohanni Geiler de keisersberg: Praedicatori in ecclesia Argentinensi maiori plurimum obseruando salutem dicit plurimam.
Si quod spero bene vales: optatissimum nobis est. Nos quidem
diuino munere bene valemus: non secus quam nosti eos: qui hanc
nostram/ peregrinacionem dicam: an errorem incedunt: valere solere. In tuis nimirum: tuique emulorum oracionibus confisi: securius
dies agimus rectius dixissem: ipsi nos/ quo voluptas trahit agitamur.
Quare fac pauxillo quidem temporis verum ex sentencia: Deo nos
omnes commenda. Qui te saluere iubent.
Ex Balneo Ferarum ad vi kalendas

Folio lxxxva

Iunias. Anno lxxxix. Augustenses nonnulle nobiscum sunt: quarum
vna soror est vxoris Georij Granser. Omnes ut pro se Deum ores: et
saluus sis: orant.

### 134. *to Johann Keller*

Mittit Zinçiber conditum: et se ciuitati Argentinensi per
Patrem commendatum iri.

Petrus Schottus Argentinensis Iohanni keller: Imperialis Fisci
procuratori salutem dicit.
Mox ut domum redij Doctor praestantissime: curaui ut ad te
conditum Zinçiber perferretur. In quo si expectacioni tuae respondi:
erit mihi profecto res iucundissima: si vero minus: persuade tibi
velim: non inuenisse me in vrbe nostra: quod illo tibi conducibilius
esse iudicarem.
Ceterum quod mihi mandasti: ut cum Patre agerem: excellenciam tuam ciuitati nostre commendatum iri: orat Pater ut bono
ac certo sis animo paratissima quidem mente acturum se: quicquid
pro te faciendum esse cognouerit. Is se tibi eciam atque eciam
commendat: id quod ego quoque maximopere velim.
Vale: vna cum Coniuge honestissima matrona: et Liberis.
Ex Argentina Idibus Iunijs. Anno M.cccc.lxxxix.

152

## 135. *to Johann Geiler von Kaysersberg*

Sollicitus est pro Adelpho Rusco: grauiter egrotante.

Petrus Schottus Insignis sciencie ac facundie Doctori Theologo. Magistro Iohanni Geiler de keisersberg: Praedicatori in ecclesia Argentinensi maiori suo plurimum venerando salutem dicit.
Quod nuper scripsi rursum scriptum a me esse iudica: nam quantum ad illa pertinet: nihil in rebus nostris: quam quod morti viciniores sumus: immutatum est.
Ceterum quoniam Adelphum Ruscum virum mihi probe carum: vtinam viuum: graui admodum morbo decumbere: non sine grauissimo merore: iterum atque iterum intellexi: vellem si quid mihi possibile foret opitulari: vel cum incredibili meo labore: id omne curarem: efficere. Itaque egi cum Doctore Iohanne Vuidman in Thubingen: ut si sua esse existimauerit dominus Adelphus: ut is ad se accersiatur: quamprimum pariturum se promiserit: omnemque curam quam poterit/ pro salute eius adhibiturum.

Folio LXXXvb

Id ego ipsimet scripsissem: nisi languentem vererer offendere. Tu ergo obsecro: inuestigare velis: si eius desiderio ducatur: et de his meis litteris: vel eum vel suos: cerciores reddere. Nec minus: si quid secus quam spero: de eo actum sit: mihi significare: ut saltem pro eo Deum omnipotentem orem.
Atque in edes Patris mei/ per famulum significa: omnia in ea condicione circa nos esse: quam eis in proximis litteris aperuimus.
Vale: et Deum pro nobis omnibus: qui te saluere iubent: ora.
Ex balneo Ferarum Ipso festo Ascensionis domini.
Anno M.cccc.lxxxix.

## 136. *to Gabriel Biel*

Inuitatus ad licenciam: respondet.

Petrus Schottus Magne religionis viro: ac sacre Theologie doctissimo Licenciato: Magistro Gabrieli Byhel: Praeposito Vracensi: maiori suo plurimum obseruando: Salutem in domino: suique officiosissimum obsequium.
Legi litteras tuas vir doctissime: non quidem ad me datas: sed quod arbitrabar: eius ad quem inscribebantur interesse ut per me legerentur. Quamobrem et ego respondere tibi statui. Primum abesse a nobis: communem illum amicum nostrum et meum praecoeptorem: Augustamque iterum pecijsse: illuc si scripseris: pro-

153

culdubio ut spero: votis tuis et quantum ad pecunias pertinet: et quantum ad accedendam Licenciam tui fratris: libentissime obtemperabit. Ego sane (quoniam et me inuitas: ut Doctorem nostrum comiter) si certus essem Doctorem apud vos futurum: et per Parentum meorum auctoritatem liceret: non praetermitterem morem gerere inuitacioni tue. Plura scribere: nuncij festinancia non admittit.

Vale vir integerrime: et peritissime praecoeptor. Ex Argentina Idibus Augusti. Anno domini M.cccc.lxxxix.


137. *to Johann Geiler von Kaysersberg*

Domus sue statum. Et mortem vicini narrat.

Petrus Schottus Prestantissimo diuinarum litterarum professori: Doctorique: Magistro Iohanni keisersberg: Predicatori ecclesie Argentinensis precoeptori suo maximopere hono-

Folio LXXXVIa

rando salutem dicit plurimam.

Cum has ad te scriberem litteras excellentissime Doctor: sperabam eas tibi nusquam redditum iri: quod scilicet alia via rediturum te ut scripsisti: iam nunc expectabamus. Quod si id: quod secundo loco fortasse te facturum esse: subiunxisti/ contigit: tuque per litteras pocius quam per teipsum nos solari decreuisti. Noli tamen id obsecro diucius differre: quando in his quae per Nycholaum tuum fieri iussisti: nihil prorsus neglectum sit: quo minus fornacem et siccam et minio delicatissime purpuratam offendas.

Cetera quae ad Argentinenses nostros pertinent: ea condicione perstant: qua tu ea reliquisti: praeter vicinum illum: quondam hospitem tuum: qui die Dominico preterito: sole oriente occidit: dominum Iohannem Landeck cui deus misereatur intelligo.

Pauca scribo: quoniam hec te non esse lecturum existimo. Paucis itaque habeto. Commenda me maiorem in modum Reuerendissimo domino meo Augustensi: et veni.

Ex Argentina Octauo kalendas Septembris. A natali domini. Anno M.cccc.lxxxix. Parentes mei: dominus Cristianus: Nycholaus tuus: te saluum esse volunt.


138. *to Johann Widmann*

Mittit Herbas et semina. Magnififacit [magnifacit] se humaniter exceptum. Et commendari petit amicis.

154

Petrus Schottus Insigni Arcium ac Medicine Doctori: Magistro Iohanni Meuchinger in Thubingen: fratri carissimo salutem dicit plurimam.

Vix suffoecit tempus: ut tibi significarem: nos herbulas has/ vna cum seminibus: quas desiderasti: ad te mittere. Paucas quidem: quoniam et rare sunt apud nos admodum. Itaque si minus sim gratus: verbis splendidis et amplis: pro tanta humanitate: qua nos tu et uxor illa tua cultissima: nuper accepistis: ignosces oro. Et me multis: praecipue Magistris nostris Gualtero Gabrieli: et nouellis Doctoribus vnice commendes.

Ex Argentina prepropere In vigilia omnium sanctorum. Anno M.cccc.lxxxix.

Folio LXXXVIb

### 139. *to Adolph Occo*

Lucubraciunculas suas quasdam abductas dolet: easque cum proprijs remitti petit.

Petrus Schottus Insigni Medicine ac Philosophie professori: Magistro Adelpho Oceoni [Occoni] Frisio: Archiatro Augustensi: fratri ac maiori obseruando salutem dicit plurimam.

Abstulisti a me nuper Epistolas virorum praestancium: et confictionem illam nostram ineptam. Sane amborum me coepit: non mediocre desiderium: quod illas quamuis magnifoecerim dum haberem: nunc tamen(ut fit) postquam eis carui: coepi longe maioris eas estimare. Nugarum vero impensius me puduit: quod eas aduerti: si non aliorum/ tuum tamen nasutum iudicium subijsse. Fac itaque ut pollicitus es remittas: simulque foenoris loco: addas ijs: alias Epistolas/ codicillosve: a te vel ab eis: quos dignos iudicaueris conscriptos. Sic enim fiet: ut amor in te meus non conseruetur modo: sed eciam augeatur. Alioqui Iambos forsitan extorquebis: haud clemenciores eis: quibus Catullus amicam Forniani decoctoris pugillaria reflagitauit.

Vale. Ex Argentina kalendas Decembris. A natiuitate Saluatoris Anno M.cccc.lxxxix.

### 140. *to Johann Widmann*

Gaudet eum ignis periculum euasisse. Agit gracias pro opera vxoris. Patris statum describit.

Petrus Schottus Peritissimo Arcium et Medicine Doctori:

155

Magistro Iohanni Vuidman in Thubingen: tanquam fratri dilectissimo salutem dicit.

Primum tibi gratulamur vir amicissime: qui periculum ignis adeo presens: adeoque perniciosum euaseris. Quamuis enim infoelicitati detur: in tale quippiam discrimen incidisse: non potest tamen non tribui admirande foelicitati: hoc est: diuinae clemenciae: euitare potuisse vbi incideris.

Deinde graciam vxori tuae Mater habet: cuius labore et diligencia: pelliceum illud palliolum: tandem ad nos delatum est. Plane dati sunt Aurei sex afferenti: quos et petebat. Ceterum sperabat per eum allatum quoque

Folio LXXXVIIa

fuisse: signum illud Argenteum vxoris tue: quod ego quoque si mihi datum fuisset: attulissem consuendum in seriem eorum circulorum: quibus oracionum supputacio censeri solet. Quod cum nondum factum sit: vbi comodum Consorti tue fuerit: mittere eam horteris: ut opera Matris mee concinnetur.

Quid plura? Pater diuino munere sanus est: quamquam nuper/ sine tamen longo aut graui dolore: enixus fuerit calculum durum: album ac politum: quantitate fere pisi: qui cum sit prioribus colore et textura dissimilis: cum illi fuerint rufi et arenosi: nonnihil nos mouit nouitas. In quo/ si quid tibi agendum videatur: rogo moneas. Reliqui nos: diuina benignitate bene valemus.

Scribit ad te domina Vrsula de Dunçenheim: quae se tibi/ nostra quoque commendacione acceptiorem fieri petit.

Optime vale/ cum tuis omnibus: et Coniuge et Liberis: quos nomine nostro saluere iubeas. Item Magistrum Georium virum elegantem. Iterum vale. Ex Argentina xiij kalendas Februarij. Anno domini M.cccc.lxxxx.

141. *to Vitus Maeler von Memmingen*

Commendaticie pro Priore Predicatorum Columbariensium de Obseruancia.

Petrus Schottus Consultissimo Iuris interpreti: Magistro Vito Maeler de Memmingen: litterarum apostolicarum solicitatori: fratri suo plurimum caro salutem dicit.

Non deerunt tibi littere mee: donec vbi fueris non ignorauero. Videor enim videre: semper mihi obuentura fore nonnulla: in quibus operam tuam desiderem. Sane quum multa possint occurrere: hoc tamen quod in presenciarum scribo: eousque videtur et me dignum esse qui scribam: et te qui legas: ut non tam nobis presenti voluptati: quam saluti perpetue futurum esse speretur.

156

Quamobrem ne te longioribus demorer: causam non aperiam sed id velim: idque iterum atque iterum oro. Patrem venerabilem Priorem Conuentus Praedicatorum Columbariensium: qui has ad te perfert litteras: audire velis: et in causis quas

Folio LXXXVIIb

agit: et quarum tu singularis patronus esse consueuisti: ei consilio et fauore adesse digneris. Id a te ut peterem: et antiqua familiaritas nostra: et ipsius omnipotentis Dei amor: de cuius honore agitur: me mouerunt.

Precoeptorem meum Magistrum Iohannem Muller Decanum Badensem saluere iube: cui quod nudiustercius scripsi: uunc [nunc] verbis tuis ex nobis omnibus salutari eum velim.

Vale amice praecipue. Ex Argentina kalendas Februarij. Anno a natiuitate saluatoris M.cccc.lxxxx.


142. *to Pallas Spangel*

Petuntur duo scripta Thome Argentinensis Theologi[.]

Petrus Schottus nomine Martini Flach ciuis Arggentinensis [Argentinensis] Acutissimo sacrarum litterarum interpreti Magistro pallanti Spangel: Ordinario gymnasij Heidelbergensis Salutem cum sui commendacione.

Hortatu tuo facundissime Doctor: aggressus sum impressionem Thome nostri Argentinensis: magnam prosperitatis auguracionem concipiens: quod te potissimum suasore: id operis tentauerim: quem non tam fama quam ipsa praestacione: intelligam integerrimum atque doctissimum virum. Idque cum multis ex alijs: tum praesertim quod eas laudes quas Thome tribuisti: optimo iure pro meritis ei congruere comperimus. Quo factum est: ut non solum emolumentum (quod plerique nostrum praecipuum intuentur) consequi sperem: sed eciam (quod gracius mihi atque optacius merito esse debebit) vniuerse scolasticorum reipublicae eorum praesertim qui diuinis tradicionibus vacant: qui et ceteris praestant: nonnihil conducere. Quin et immortalis Dei honorem promouere confidam.

Quamobrem quum te suadente: tam vtile tamque honestum opus incoeperim: non verebor a doctissima illa praestancia tua desiderare: ut consumacioni quoque consulas: atque reliqua duo scripta: id quod sponte pollicitus es ad me mittas. His enim opus nobis erit perspiciendis atque ex eis/ eos archetypos castigare oportebit: vnde imprimenda sunt: interea dum duo priora scripta confin-

Folio LXXXVIIIa

gantur.

157

Vale decus Vniuersitatis tuae: et me tibi deditissimum ama. Ex Argentina ad decimum kalendas Aprilis. Anno a natiuitate Saluatoris M.cccc.lxxxx.

### 143. *to Johann von Laudenburg*

Cupit scire: si Bulla visa sit: qua pecuniarum vsus Fratribus Minorum indulgetur.

Petrus Schottus Religionis diui Francisci diligentissimo obseruatori: fratri Iohanni de Laudenburgo: in Magunciaco litteris sacris vacanti: maiori sibi plurimum caro Salutem dicit plurimam.
    Queris a me: Theologicalis questio dici debeat: an Theologalis? siquidem concertacio sit inter scolasticos: vtrum eorum bona latinitate proferatur. In quo: si quod senciam scribere debebo: asseuerabo neutrum latinitatem bonam esse neque si dixeris questionem Theologicam: id quod mihi magis idonee dici posse videtur: latine pocius quam graece locutus fuisse iuste putaberis. Tametsi enim inflexio latina sit: cetera tamen omnia a Graecis ad nos transierunt: origo dico: composicio: et denominacio vocabuli. Nimirum absre nequaquam fuerit non in alis: sed in icus: quod Graecorum est denominatiuum: a Theologo deduci.
    Possem adducere nonnulla: sed vrget me desiderium sciscitandi a te: num aliquando tibi Conradus Bondorffer: Lector apud nos Minorum: vir profecto doctus: ediderit monstraueritve Rescriptum Apostolicum bullatum: in quo eis Argenti pecunieque contrectacio: vsusque indulgeatur. Equidem audiui te vnacum plerisque obseruacionis vestrae Fratribus nominari: quibus id monstratum esset. Id ut a te perscrutarer: effoecit noua quedam disceptacio: que a Patribus ordinum Ciuitatis nostrae: aduersus Magistrum Iohannem Rot virum doctum et bonum: tibique singulari amicicia iunctum: commota fuit. Nam cum is depingi iusserit in ecclesia Atgentinensi [Argentinensi]: velut Pytagoricum illud Ypsylon vias vtrasque: artam/ quae ad vitam: et latam/ quae in

Folio LXXXVIIIb

mortem ducit: et summa quadam industria in laciori: omnium hominum genus cum peculiaribus suis notis confinxerit neque Clericis et Prelatis pepercerit: neque laicis dissimulantibus ceteris: immo admonicionis saluberrime loco ducentibus: soli Patres quos dixi Praedicatores: Minores: et Augustinenses: pati non posse videntur: aliquos eorum ordinum: propter vicia quae forte committere possunt: in damnacionem vergere posse videri. Praecipuum autem Minores ledit: quod cum marsupio Frater quidam appareat: quasi

158

per hoc significetur: non licere eis pecunijs ut ceteris vti: contra sedis apostolice (quod te vidisse asserunt) indultum. Super eo me cerciorem fac: obsecro.

Salutant te Parentes mei. Vale. Ex Argentina Nono kalendas Aprilis. Anno a natiuitate Christi M.cccc.lxxxx.

144. *to Peter Schott from Bohuslaus von Hassenstein*

Bohuslaus de Lobkovuiç: domino Petro Schotto Iuris vtriusque Doctori: amico singulari: Salutem dicit plurimam.

Grate mihi fuerunt litterae tuae: sed gracius castissimum ipsum sacrificium: quod pro me iam forsitan offers. Spero enim id pro fidei tuae puritate: et omnis [?omni] in te sanctimonia: summe illi maiestati acceptissimum esse. Neque dubitarem gracias agere: nisi id iampridem ex nostra consuetudine recessisset: quod de Nazareth et Galilea scribis: erunt mihi cure si modo comode fieri poterit: neque enim me temere in pericula conijcere velim. Statueram quidem Siria/ Arabia/ Egiptoque lustratis: Indos petere: sed deterruerunt me a proposito nonnulli negociatores: qui iter illud nostratibus minime peruium aiunt. Quamobrem dabo operam: ut ea quae oculis videre non potero: saltem diligenti inquisicione: magna ex parte cognoscam. Est autem mihi animus in reditu versus Septentrionem: domino propicio declinare: et littora maris Aegei: insulasque tot Carminibus celebratas visere. Denique ipsam Bysancion: olim Christiani: nunc

Folio LXXXIXa

Mahomethei Imperij sedem adire.

Caue tamen: haec cuipiam dixeris: ne si quando forsitan consilium mutarem: ridiculus videar. Durum ais tibi videri: quod sine te hoc iter aggressus sim. Ceterum ita me deus incolumem ad Patriam reducat: ut inter res humanas nihil hoc tempore magis optarem: quam te mihi comitem in hac tam salutari via dari: voluique ex Patria ad te ea de re scribere: in his scilicet litteris/ quas postremo ut arbitror a me suscepisti: sed scio que sit tuorum erga te pietas: et quam difficulter praesencia tui careant: atque ob id ne mensionem quidem huius rei facere ausus sum: verebar enim ne eos offendam: quos minime omnium offendere vellem. Vtcunque autem se hec habent: ego tuus dum memor ipse mei: dum spiritus hos regit artus: ero.

Vale mi anime: et crede mihi me haec postrema ad te non sine .... scripsisse. Totam domum tuam saluere iube: et praecipue venerabilem patrem meum Keysersberg. Ex Venecijs Anno a natiuitate Saluatoris M.cccc.lxxxx. Die xvi Maij.

### 145. *to Johann Widmann*

Rogat venire eum ad egrotantem Amicum.

Petrus Schottus Clarissimo Medicine professori: Magistro Iohanni Vuidman: Ordinario Studij in Thubingen: fratri plurimum obseruando: Salutem dicit plurimam.

En iterum scribo: mittoque rogancia verba: ut est apud Horacium. Sepe inquam praestantissime Doctor te vocaui: sepe eciam vocanti morem gessisti. Equidem graciam tibi non habere modo: sed et referre posse: iucundissimum esset: non mihi solum: verum eciam Parentibus ambobus: et si deus ita decreuisset: parcere tibi mallemus quam nouis te molestare itineribus. Atqui morbus admodum vehemens: domini Petri Reiffsteck Canonici Sancti Petri senioris: qui frater est domini Iacobi Reiffsteck: tantopere seuit:

Folio LXXXIXb

ut non videatur inuenturus esse remedium: nisi si tu ad nos adueneris. Quamobrem rogant: immo obsecrant fratres praescripti ambo: orant Parentes mei: oro et ego si ingratum tibi non fuerit: ad nos properare: et solitam diligenciam adhibere velis. Morbi quidem condicionem/ ex litteris domini Decani ecclesie supradicte intelligere poteris. Remedium vbi adueneris: speratur.

Vale vir doctissime: vna cum honestissima Coniuge: et Liberis tuis. Quos omnes/ omnium nostrum nomine saluere iube. De salario aiunt/ nil ambigendum esse: quin non solum iuste: sed eciam liberaliter sit exoluendum. Ex Argentina quarta ante Dominicam Penthecostes. Anno Christi M.cccc.lxxxx.

### 146. *to Paulus Malleolus*

Mittit simul aliorum litteras. Et amicos commendat.

Petrus Schottus Preclaro liberalium Arcium Magistro Paulo Malleolo Andeloensi Collegium Burgundie Parisius incolenti: tanquam fratri admodum caro salutem dicit plurimam.

Mitto ad te litteras mihi per Andelahe creditas: quas ad te quamprimum perferri curarem: vellem profecto lecius aliquid in eis contineri. Verum quod te arbitror non humana solum: sed et diuina Philosophia niti: confido non defuturos tibi consolacionis locos. Volui autem Oratori apostolico litteras has committere: cum non possem sperare nuncium celerius ad te peruenturum. Quamobrem vbi ab Vniuersitate discesseris: rogo Gangolffi mei: qui ut existimo iam Magisterium subijt: et Iohannis Ryxingen: racionem habere

160

velis: et quod consueuisti auxilio simul et consilio rebus eorum adesse. Ita ut ab eis et alijs: qui Magistro Ioanni Rot communi amico nostro: nunc Carthusiensi nouicio: litteras afferas.

Vale: et eos bene valere iube. Ex Argentina prepropere sexta Penthecostes die. Anno domini M.cccc.lxxxx.

## 147. *to Johann Widmann*

Denuo petit aduentum eius: ad Amicum egrotantem.

Folio LXXXXa

Petrus Schottus Excellentissimo Doctori Medicine Magistro Iohanni Vuidman: Ordinario in Thubingen: maiori plurimum obseruando salutem dicit plurimam.

Non potuit clarissime Doctor non probare deliberacionem tuam Pater meus: qui non comparueris: litteris tam ambiguis domini Decani euocatus. Verum ne minus consulte littere: infirmo periculum afferant: orat et obtestatur te Dominus Petrus Reiffsteck paciens: ut venias: qui et Parentes meos et me rogauit: ut iterato scribentes efficeremus: ut nullo pacto efficeres: quin venires. Quamobrem si id tibi graue non est: te magnopere desideramus: propter infirmum potissime: et quia praesencia tua/ nobis admodum est iucunda.

Si es domi: rogat te Mater ut globulos nonnullos/ seu pocius circulos oratorios: quos vxori tue aliquando donauit: tecum afferas: ut eos pro voluntate Coniugis tue consuat et concinnet. Hoc postremum te rogo: ut vbi Argentinam veneris: nullas edes petas: priusquam nostras/ quibus olim Cantor/ tibi non incognitus: cuius anime Deus misereatur: morabatur. Illic enim hospiciolum tibi presto est.

Vale. Ex Argentina sexta feria post Penthecosten. Anno M.cccc.lxxxx.

## 148. *to Paulus Malleolus*

Consolatur super morte Amici.

Petrus Schottus Ornatissimo bonarum Arcium cultori: Magistro Paulo Malleolo: amico admodum caro: Parisij apud Collegium Burgundie salutem dicit.

Misi ad te nudiustercius litteras non meas solum: sed eciam quasdam ex opido Andelahe ad te conscriptas: easque credidi Camerario Raymundi: perandi [operandi] Oratoris Apostolici: qui

161

hinc in Galliam proficiscebatur: seque propediem Parisium venturum profitebatur. Equidem quod triste tibi nuncium afferunt: bis tibi numquam scripsissem: nisi tua interesse existimassem: rem eam quamprimum tibi cognitam fieri. Decreui itaque per hunc quoque puerum ad te scribere: si forte prius Raymundo ad vos perueniret: et significare id/ quod si per Deum liceret:

Folio LXXXXb

euenisse nollem: viri illius: qui non solum paterno te affectu complexus est: sed mihi quoque non vulgari amicicia iunctus fuit. Magistri Iohannis Meyger Archypresbiteri: ex humana corrupcione migracionem: non est quod grauius feras: quam equum sit. Deus egit: Deus nihil agere potest inique: nihil quod indecorum aut inutile sit: non potuit fieri melius quam a deo factum sit: quicquid vnquam fecit. Scriberem plura nisi te virum: et eum doctum noscerem.

Sane quoniam in Badensi opido fato succubuit: ei qui apud se erat cognito suo: mandauit ut me suo nomine rogaret: obitum suum tibi quamprimum significare vellem: simulque hortari: ut e vestigio domum redeas. Praeterea nihil mihi ab illo commissum fuit: quamuis idipsum quoque nonnulli Andelacenses sacerdotes me rogarunt: a quihus [quibus] et illas litteras recoepi: quarum prius memini: quas Raymundi camerario vna cum meis tradidisse me scripsi. Tuum itaque fuerit ut tempori viuas: et accomodes omnia tua in id: quod Deum velle intelligis.

A meis Gangolifo et Ioanne Ryxingen: a Iohanne quoque de Brockingen cuius dominus communis amicus noster Magister Iohannes Rot Cartusiensem agit: litteras affer.

Vale. Ex Argentina Dominica Trinitatis. Anno domini M.cccc.lxxxx.


149. *to Johann Widmann*

Diligenciam in permutacione cuiusdam mali Aurei. Patris absenciam. Iacobi Reiffsteck conualescenciam scribit.

Petrus Schottus Preclaro Medicine et Arcium Doctori: Magistro Iohanni Vuidman Phisico: Ordinario in Thubingen: maiori plurimum obseruando salutem dicit.

Quanta diligencia conatus sit Fridericus Bibliopola: malum illud aureum vtiliter et ex re tua permutare: quibus permutacioni obstiterit: ipse tibi coram clarius edicet: ego quoque fidem his meis scriptis (ita enim ut agerem: ille rogauit) facio. Siquidem cum de pondere non constaret: Fridericus enim Aureos tredecim et dimidium perpendisse asseuerabat: at

162

contra bilanx praeseferebat: non nisi aureos duodecim cum dimidio. De precio eciam dissensum est: cum ille aureos xvij peteret: artifex non nisi xvi offerret. Sicque factum est: ut cum Fridericus fines accepti a te ut aiebat mandati: praetergredi nollet: infecta re discesserimus: pomumque apud me deponi noluit: donec quid de eo constitueres: mihi significares. Ceterum tres aureos: quos apud me deposueras: et librum tuum quem emeras: eidem ut iusseras reddidi.

Mittit eciam Mater aliam oracionum supputacionem Coniugi tue: cui nos plurimum commendamus. Pater Reipublicae gracia abest in Oppenheym: vbi conuentus est nonnullorum: super nummismatis Aurei pondere raciocinancium. Audio quoque dominum Iacobum Reiffsteck conualescere: cui per fratrem significaui: si quid ad te scribere vellet: itaque cum nihil scribat/ conijcio eum melius habere.

Vale cum Coniuge et liberis: et Magistrum Georium ex me saluere iube. Ex Argentina Nonis Iulij. Anno Christi M.cccc.lxxxx.

## 150. *to Adolph Occo*

> Sese litteras sepe dedisse. Ociosum non posse esse bonum sacerdotum. Ad scribendum aliquid in Germanie laudem inuitat.

Petrus Schottus Clarissimo phoebearum Arcium professori id est: Medicine musarumque cultori: Magistro Adelpho Occoni: Augustensium Phisico praestantissimo: amico singulari salutem dicit.

Non mediocri mihi voluptati fuerunt litterae tue: quas nuper mihi redditas perlegi: utpote quae non modo praeseferrent erudicionem facillimam: que tibi vtcumque properanti presto existit: verum eciam amoris in me tui argumenta non mediocria complecterentur. Causaris defuisse circumspicienti tibi litteras meas: mirarisque id mihi accidisse in tanto tamquam tranquillissimo sacerdocij ocio. Primum si recepisses omnes quas scripsi: arbitror conquestum te nequaquam fuisse: incuria nimirum baiulorum factum esse conijcio ut nonnullas quas maxime vellem: tibi reddite nondum fue-

rint. Equidem neminem praetermitto: quem ad te venturum esse mihi constiterit: cui litteras ad te non offeram.

Deinde quod de ocio scribis meo: et contra de perpetuo illo

163

artis tue: quo exagitaris pistrino: non eam inficias condicionem Christiani sacerdotis ocio constare: sed eo tamen quod minime quempiam ociosum esse paciatur: immo profecto quod assiduum optimo cuique negocium afferat. Id quod Saluator ipse demandans: Negociamini inquit dum venio. Et recte: sane negocium dicitur: quod lucrifaciendis animabus immensum illud duinorum mysteriorum pelagus: quotidiana perlustracione enauigandum: nobis praescribit. Tu vero fac obsecro pistrini tui: asinarie ut ita dicam mole: alium nonnumquam qui non sit nisi medicus delega. Maior es mihi crede: quam ut corporibus solummodo curandis ingenium et operam impendas: praesertim cum sanitas eciam ope tua reparata: paucis momentis casura et prorsus interitura non dubitetur. Sintque plerique alij: qui huic discipline: nulli praeterea accomodandi indulgeant: quin pocius maiora minoribus cariora existimes: et animorum sanitati: quam scienciam et erudicionem existimo: docendo studendoque stude. Quod si non prorsus a professione hypocratica abstinendum esse iudices: saltem tempora partire: et non minoris momenti: persuade tibi futuram animorum curam quam corporum.

Animis autem quis magis idoneus erit restitutor te vno? qui cum omnem calleas Historiam: et singulari cura: plurima ab alijs neglecta: perscrutatus fueris: facunde simul et verae Germanorum laudes: quas belli/ domique in finium lingueque propagacione: arcium quoque multarum vtilium inuencione sibi pepererunt[:] conscribere poteris: et in omni posterorum erudicionem et virtutis incitacionem: id quod hactenus ob ingeniorum penuriam: obliteratum ferme: et incognitum (quodque intolerabilius est: alijs plerumque gentibus mendaci vsurpacione addictum fuit) in lucem edere: et non sine immortali

Folio LXXXXIIa

tui gloria: omnibus seculis legendum/ credendumque relinquere. Plura in hanc sentenciam ad te scriberem: nisi te vltro id facturum ex his: quae tecum ego et dominus Doctor Caesarorius super ea re Argentina locuti sumus: magnopere sperarem.

Libellum meum/ quem nudum remisisti: emendaciorem non sine additamentis optabam recipere. Sed veniam do occupacionibus tuis: quae non sunt passe ut eum recenseres: et in multis vbi opus erat: castigares. Verum vbi e confuso librorum tuorum Caho [Chao] ut scribis: aliqua ad me mittenda explicueris: de hoc quoque quae videbuntur addes.

Vale. Et me tibi amicicia singulari coniunctum persuade. Ex Argentina Sexto ydus Iulias. A natali domini Anno M.cccc.lxxxx.

## 151. *to Johann Müller*

Iohannem Symler adeundum: ut precibus Regalibus deferat.

Petrus Schottus Eximio Iuris Vtriusque Doctori Magistro Iohanni Muller: ecclesie Badensis Decano dignissimo: praecoeptori plurimum honorando salutem dicit plurimam.
Intelligo nescio quo vago rumore: te in Baden redijsse: nec tamen certo mihi quicquam constat: quando litteras super eo tuas nullas recoeperim. Tamen quia causa prae foribus esse videtur: ad te propere scribendum duxi si forte istic te reperirem. Hoc vesperi ad me perlatum est: extrema egritudine laborare dominum Iacobum Reiffsteck: adeo ut lucem diei venture non speretur visurus: Deus arbitrio suo tamen omnia praestabit. Itaque cum Nominacio Canonici in ecclesia sanctorum Michaelis et Petri: ad Magistrum Iohannem Symler pertineat: qui nunc in thermis propinquis vobis zur Huoben agit: non ab re visum est: si cum eo: vtpote fautore doctorum proborumque virorum ageres: idque citissime/ ne tibi aduersaretur. Et si quid intelligeres de morte domini Iacobi: si ad nos ipse venires. Nam precibus tuis nil credimus obstare: nisi forte quod ab Episcopo processus nondum est fulminatus: qui quidem conscriptus est: et iamiam fuerat sigillandus: nisi aduentum tuum ante

Folio LXXXXIIb

multa tempora repentinum: et quotidianum praestolatus: sperassem te minori precio: sigillum a Cancellario impetraturum: quam ego possem: quamquam si parere velint vltro: cogi eos non oporteat.
Vale. De multis praeterea: alia opportunitate habita: pluribus si dominus voluerit colloquemur. Ex Argentina vespere Barholomei [Bartholomei] apostoli. Anno M.cccc.lxxxx.

## 152. *to Johann Müller*

Statum primariarum precum narrat.

Petrus Schottus Doctori Iohanni Muller Decano in Baden: praecoeptori vnice amato salutem dicit plurimam.
Gaudeo non habere te aduersarium Magistrum Iohannem Symler. Ego quidem quia ut prius scripseram: processus tuus sigillatus non fuerat: Zaberniam misi: et hac hora ad me delatus est: cuius sigillum decem aureis redimi vix potuit: intercedente domino Carolo Marchionis filio: cui super hoc scripseram. Nam Cancellarius viginti pecijt.

165

Restat ut post acceptacionem et prouisionem: nomine tuo in personam meam iam nunc factam: intra horam adeamus Capitulum ecclesie sancti Petri: et vigore processus requiramus: ut possessionem tradant intra sex dies. Spero si per nominatorem impediti non fuerint: nihil cure esse: quin eam assequamur. Ego sane heri sub matutinis eos conueni: et cerciores reddidi: monuique insinuacionis iampridem facte: ne precipitarent: ne ve penas inciderent. Videbimus quid eueniet. Non deerunt amici: et praecipue Pater meus: qui assint: iuuent: consulant.

Tu modo vale. Et te cura: ne quid deterius contingat. Nondum deliberaui mutare locum: tucius enim cum Parentibus versari videor. Inter quotidiana remedia delibero: tamen ocijssime. Nam iam nunc vocor ad exequias: domini Iacobi in ecclesia sancti Thome per nos celebrandas. Ex Argentina Sexta post Bartholomei hora Octaua mane. Anno Christi M.cccc.lxxxx.

### 153. *to Johann Müller*

Possessionem eum habiturum: si lacius mittat procuratorium.

Folio LXXXXIIIa

Petrus Schottus Egregio Iuris vtriusque Doctori: Magistro Iohanni Muller ecclesie sanctorum Michaelis et Petri Argentinensis Canonico: praeceptori dilectissimo salutem dicit plurimam.

Gratulor tibi praeceptor dilectissime: gratulantur tibi Parentes mei: et amici ceteri: et id merito tuo maximo: qui iam assensum Canonicorum tuorum assecutus sis: et post multas ambages: postque multiplicem exhortacionem/ commocionem/ supplicacionem/ deterricionem quoque: tum Capitulo congregato: tum singularibus personis adhibitam per Parentem meum: et me (octo enim successiue Canonici ambiendi nobis fuerunt: ut nominationibus quae ab vno renunciante siue supersedente: ad sequentem deuoluebantur: hoc tempore abstinerent) hodierno die vnanimi consensu: se Regijs precibus parituros professi sunt.

Sane quod tu magni beneficij loco ducere debebis: primus omnium tu es: cui in diocesi nostra hac via: quicquam accessisse dicatur. Idque maximopere rem difficilem faciebat: quod exemplo carebant. Verum adiutus es beniuolencia: auxilio: consilio: et opera illius optimi viri Magistri Iohannis Symler: cui gracias agas velim: quamquam ipse nolit hoc a Capitularibus ceteris intelligi. Itaque agas caucius. Nam cum ipse primus esset cui nominacio debebatur: tui intuitu: et pro pace ecclesie: supersedere maluit. Et ut ad idipsum ceteros se sequentes: quorum septem in Rotulo

166

nominacionis adhuc viuentes inscripti erant hortaretur: immaturus adhuc a balneis domum redijt.

Erat siquidem difficilius postremos ,auertere quam primos: quandoquidem cum aliquando vix sperent: id vite sibi concedi: ut ad eos ius illud ordinarie redeat: volebat saltem hoc modo per priorum abstinenciam: ad se casu prolapsum amplectti [amplecti]: tentareque ut ceteri. Ad Sanctum Thomam egerunt: sed Deus tibi prouidit: animos omnium precibus nostris: et laude tui molliendo. Equidem heri late declaraui: quis sis: quidve

Folio LXXXXIIIb

vtilitatis sperem: ecclesie a te prouenturum. Nam promisi te recessurum: id quod ex litteris tuis sepissime accepi: quare fac ne me mendacem constituas. Hoc hactenus.

Possessionem pollicentur: vbi ea quae necessaria sunt praecesserint: quorum cum vnum sit: ut tu teipsum obliges: et quatuor alios duos scilicet eccliasticos et duos seculares correos et fideiussores constituas: de seruanda ecclesia indemni: si forsitan propter hanc paricionem: precibus pro te porrecttis [porrectis] factam: damnum aut detrimentum incurrerent etc. vt moris est. Ad hoc vero scilicet te sic obligandum: et fideiussores dandum: ego a te Mandatum non habeo. Preterea quia incerti sunt de confirmacione precum istarum: per sedem Apostolicam ut tu asseris: factam. Alij autem qui post te e Roma progressi sunt: negant.

Idcirco ne forsitan istis cassatis: nouas preces Rex et confirmacione fulcitas: pro alio porrigeret: et sic bis ecclesia a Rege grauaretur: id volunt: ut promittas personaliter: vel mihi ad id promittendum Mandatam des: de procurando id est diligenciam adhibendo: ad habendum litteras Regis Romanorum quibus recognoscat: suis precibus iam paritum fuisse. Itaque propter has causas necessarium est: ut vel ipse venias: vel Mandatum sufficiens ad me manu Notarij confectum mittas. Nec est quod de secundo graueris: vix enim eo rem deduximus: ideo noli disceptacione rem impedire. Nam promissio illa non te obligabit: ut a Rege obtineas: sed ut diligenciam ad habendum adhibeas. Ideo verbo procurare: velim te vti non ampliori. Et si tibi modus forsan sit incognitus: iuuabimus.

Ceterum: si forsan Notario non esset promptum omnia consignare: clausulas necessarias retroscribam.

1. Primo citra reuocacionem constitucionis prius facte: sed magis ad eius ampliacionem constituit etc. Ad/ pro eodem/ et eius nomine: se vna cum quatuor alijs: partim ecclesiasticis: partim secularibus personis condebitoribus: sub nonnullis pactis/ modis/ condicionibus/ et clausulis etc.

167

Folio LXXXXIIIIa

ad Ecclesiam/ Capitulum/ singulares personas eiusdem: et eorum bona quecumque: occasione siue ex causa admissionis et recepcionis eiusdem: ad Canonicatum et prebendam: per obitum quondam Iacobi Reiffsteck vacantem[:] indemnes/ in plenissima forma conseruandis: obligandum/ et astringendum.

2. Secundo ad solitum iuramenrum [iuramentum] in libro Statutorum ecclesie etc. descriptum prestandum.

3. Tercio ad satisfaciendum iuxta consuetudinem ecclesie: de his/ quae per nouos Canonicos tempore recepcionis sue: solui hactenus consueta fuerunt.

4. Quarto ad promittendum: se procuraturum recognicionem a Serenissimo Romanorum Rege: quod precibus primarijs: per eundem Regem nuper sibi concessis: per Decanum et Capitulum etc. fuerit paritum et satisfactum.

5. Quinto ad omnia et singula alia: eciam si Mandatum requirant magis speciale.

Hec mihi Capituli nomine conscripta sunt. Non video quin facere possis: tamen tuum erit arbitrium. Si mandaueris faciam: curaboque apud nos inuenire: qui tibi condebitores efficiantur. Quo cicius Mandatum miseris: eo properancius possidebis.

Vale Magister optime. Ex Argentina kalendas Septembris circiter vndecimam horam diei. Anno a natiuitate Saluatoris M.cccc.lxxxx.

154. *to Crato Hoffmann von Udenheim*

Mittit quedam Medicinarum genera ab alijs descripta.

Petrus Schottus viro non ineleganti Cratoni Vdenheimio Arcium liberalium Magistro: Ludi Sletstatensis Prefecto: amico singulari salutem dicit plurimam.

Intellexi ex litteris: quas ad Vrsulam de Dunçenheim matronam honestissimam dedisti: te nonnullas a me medicinas expectare. Facis tu me profecto arrogantem: ac iam falsam inducere persuasionem cogis: Medicique nomen/ non sine magno egrotancium discrimine: mihi vsurpare: qui enim id praetermitterem: qui in ea arte/ quam numquam attigi: eo pertigerim: ut professori quoque praescribere posse videar? Verum morem tibi

Folio LXXXXIIIIb

geram. tibique iudicij munus delegabo: ego sane scribam non praecipiam.

168

Primo conscriptas acori condiciones: quas habui: ita tibi mitto: ut remittas: exemplar enim non retinui. Plane descriptio vna: cui suam Doctor Thubingensis subscripsit: memoriter a Magistro Theodorico Argentine mihi data fuit. Alteram ut aiebat exactiorem: ex Spira mihi misit. Deinde tria commemoras: quae de puluere Materno tibi constent. Mater eorum radicibus solis contusis vtitur. Quartam addit eodem pondere herbam Cardonis Benedicti. Ceterum quod vnam radicum viridem desideras: negat Mater in agris nostris eam inueniri: sibique a fratre quodam Minorum Conuentus sancti Vdalrici prope Barr colligi: suppeditarique solere: quod et propediem futurum expectat. Id cum acciderit: si quid viride fuerit: matrone prescripte ad te perferendum tradet[.] Interea siccas eius generis radices conspicito: si quid ex eis pericior euadas. Herbam fullonum memini aliquando a Sebastiano Apothecario eam plantam nominari.

Saluere iube Conradum vxoremque eius. Item Coniugem tuam. Cum iam clausurus essem litteras: venit in mentem Ludouicus Dringenbergius Vuestvalus praecoeptor meus: cui epitaphion debeo. Soluam si Dominus volet: vbi primam a me Epistolam recoeperis.

Vale. Ex Argentina tercio Nonas Septembris.
Anno M.cccc.lxxxx.

## 155. *to Johann Müller*

Procuratorium ut abundacius mittat: pro consequenda possessione.

Petrus Schottus Eximio Iuris Vtriusque Doctori Magistro Iohanni Muller: ecclesie Badensis Decano: necnon sanctorum Michaelis et Petri Argentinensis Canonico: amico singulari salutem dicit plurimam.

Balneacio coepta ut salubrior sit atque iucundior: Deus optimus hoc quoque te donatiuo exhilarare voluit: ut assensu tocius Capituli ecclesie sanctorum Michaelis et Petri precibus pro te a Romanorum Rege porrectis pareretur. Sane si ad te nuncius tuus properasset: quem admodum iniunxeram resci-

Folio LXXXXva

uisses id litteris meis: priusquam Cellense balneum petiuisses: curassesque ad me Mandatum celeriter perferri: de quo scripseram: ut possessionem adipiscereris.

Quamquam autem credo: te iam litteras illas meas recoepisse: breuibus tamen repetam: quid possessioni tue adipiscende: impedimento fuerit. Primum quod in Mandato per te mihi facto: non

169

est mihi facultas data: te vnacum quatuor alijs fideiussoribus: partim ecclesiasticis: partim secularibus: sub nonnullis pactis/ modis/ condicionibus/ et clausulum etc. Ecclesiam/ Capitulum/ singulares personas/ eiusdem ac eorundem bona quaecumque: occasione siue ex causa admissionis et recepcionis tui ad Canonicatum et praebendam: per obitum quondam Iacobi Reiffsteck vacantem indemnes in plenissima forma obseruando: obligandi et astringendi. Deinde quod nec hoc in mandato est: quod tamen ipsi ex causa: quam illic expressus scribo exigunt: ut promittam tuo nomine: te procuraturum recognicionem a serenissimo Romanorum Rege: quod precibus primarijs per eundem Regem nuper concessis: sibi per Decanum et Capitulum etc. fuerit paritum et satisfactum.

Mandatum hoc: vna cum alijs clausulis oportunis: de iureiurando in animam tuam iuramentum: in libro statutorum descriptum: de satisfaciendo iuxta consuetudinem ecclesie: de hijs quae per nouos Canonicos tempore recepcionis: solui hactenus consueta fuerunt. Item ad omnia et singula: eciam si Mandatum requirant magis speciale etc. Huiusmodi inquam ad me constitucionem coram Notario factam ad me quamtocius mitte: et possidere incipies. Prestolabantur siquidem fideiussores: prestolantur Domini de Capitulo: prestolatur pecunia iam ad hoc reposita: prestolor et ego.

Nec est ut tunc quoque scripsi: quod te terreat illa promissio procurandi recognicionem etc. ut promittitur. Vix enim in tanta rerum ambiguitate (cum plerique omnes hodie dubitent de confirmacione precum: et verentur ne istis cassatis: noue confirmate surrepant) eo rem inclinauimus: ut hac promissione contentarentur. In quo nos praecipue iuuit Magister Iohannes Symler

Folio lxxxxvb

tuus precipuus hac in re amicus. Ea sane te promissio non astringit: nisi ut procures: id est: curam adhibeas et diligenciam.

Quamquam id non egere sperem impetrari posse: ut Rex litteris suis: missiua simplici: ostendat gratam sibi esse: tam promptam precibus suis exhibitam paricionem. Quamobrem vellem: si non fuisset sanitati aduersum: teipsum personaliter praesenciam ostendisse. Quod quia non licet nunc sperare: saltem accelera Mandato sufficienti: moram (quamquam ut spero non periculosam) gaudio tuo adijcere.

Vale foelicissime. Et quod in eam rem pertinet cura. Hilaris sis: expers curarum et serij. Dominum doctorem Hieronymum meis verbis saluere iube. Salutant te Parentes: et non solum prebende: sed et balnei sospitatem orant et beatitudinem. Ex Argentina tercio Nonas Septembris. Anno domini M.cccc.lxxxx.

Hodie post peractum diuinum Officium: miserunt ad me Vicedecanus et Capitulum ecclesie sancti Petri senioris Vicarium quen-

170

dam: qui mihi referret: respondisse heri Magistrum Iohannem Symler: nuncio a se ad illum misso: venturum se hodie Argentinam. Quare si mihi spes sit: eum a nominacione cessaturum: posse me eum reuersum conuenire: et agere quod placuerit: et in rem nostram conducere videbitur. Interrogaui deinde missum ad me Vicarium: num intellexisset an nominaturus esset: necne? qui respondit accoepisse se nominaturum Magistrum Iohannem quendam: qui sit pro ecclesia. Quid sibi hec velint: intelligam dum venerit. Credo te diligenter apud eum egisse: per procuratorem tuum: ne tibi aduersetur. Id quod tibi scripseram: tuque idem mihi litteris significasse visus es. Incidit in mentem: si forte te nominaturus esset: et ego nomine tuo pollicerer primarias illas tuas preces ad nutum eius: in personam cuius vellet accomodandas.

De balneis non est: quod a Parentibus sperem impetrare: praesertim hoc Autumni tempore. Itaque vale foelix et iucundus: et rescribe.

Folio LXXXXVIa

### 156. *to Johann Müller*

Diligenciam suam: in consecuta possessione declarat.

Petrus Schottus Eximio atque preclaro Iuris Vtriusque Doctori: Magistro Iohanni Muller: Decano Badensi ac sanctorum Michaelis et Petri Argentinensis Canonico: praeceptori plurimum caro salutem dicit plurimam.

Vt videas quanta mihi recte rem tuam conficiendi solicitudo fuerit iam tum cum Mandatum ad me deferretur: octauo scilicet ydus Septembris: ego veritus rumorem nescio quem: curaueram ut iam pridie in possessionem missus fuerim. Perferebatur enim ad me properatum esse ad legatum quendam: qui si priusquam possideres manus apponeret: causam suborite litis conflatam fore. Itaque rursus Canonicorum animi mulcendi mihi fuerunt. Idque hoc pacto impetraui. Nam meipsum ut principalem in omnibus obligaui atque asstrinxi: ad quae Mandatum expetebatur: ea scilicet condicione: ut Mandato quod iam misisti habito: ego tui obligacione succedente liberarer. Sicque factum est ut heri die Dominico post prandium iusiurandum tuo nomine praestiterim xxix aureos statutorum loco: et pro iure camerarij numerauerim.

Magister Melchior kungsbach: Dominus Petrus Mug Canonici Sancti Thome: Iacobus Mag senior et Eucharius Voeltsch gener eius per te cauerunt. Pater quidem meus quod fideiussionem deuouerit: ob periculum quoddam/ quod ante duos annos prope incidisset. Item alij mei vel ob nundinas vel ob pestem absentes: id agere non

171

potuerunt. Deinde ductus ad loca solita: corporali possessione ius tuum confirmaui. Quod ut tibi saluberrimum sit: omnes imprecamur.

Supererit modo ut Notarijs multorum Actuum qui in ea re necessarij fuerunt: exoluam. Deinde ut de condicione fructuum Beneficij cercior fiam[.] Intelligo quidem te primis tribus annis: omnibus potiri prouentibus grossis: presens sis aut absens. Neque enim annum residencie annalis: Beneficia illa exigunt. Redimendi tamen tibi erunt omnia: et in vino et frugibus ob-

Folio lxxxxvib

ueniencia: certa taxa/ quam inuestigabo. Interea dum veneris curabo: ne quid fructuum: aut vini colligendi: pereat.

Ego quidem hac tota nocte sudoribus stillaui et quia omnia hac tempestate nobis suspecta sunt: heri sanguinem minui: timore quodam Parentum percitus: qui mei curam ampliorem ac ego habent. Melius tamen hodie diuino munere sencio: meliora sperans. Tu fac prudenter balneis vtaris: ne tibi quicquam periculi: virium destitucio confoecerit. Animo sis hilari: et in deum spera: qui te nosque omnes conseruet.

Ex Argentina viij Idus Septembris. Anno M.cccc.lxxxx.

### 157. to Johann Goetz

Plebanatum diui Petri iunioris assequi se posse: si velit.

Petrus Schottus Viro non ineleganti: Magistro Iohanni Goeçoni Augustensi amico singulari: Salutem dicit plurimam.

Intellexi nuper ab Illustrissimo illo diuinorum eloquiorum Oratore Iohanne Geiler de keisersberg: te vrbis nostre repetende desiderio capi: si tibi condicio afferretur. Respondi ego gratissimam mihi fore presenciam tuam: itaque cogitaturum me: ecquid tibi reperirem. Occurrit igitur cogitanti: eum qui nunc Plebanus ecclesie nostre est: perpetuam quandam Vicariam in Zabernia Montana assecutum nuper esse: que eum a nobis auocabit. Sicque si tibi cordi esset ei succedere: et Populi nostri numerosi ut nosti: curam in te assumere: gratissimum mihi esse dixi: super ea re cicius cercior effici. Sperare me siquidem non male prouisum iri gregi nostro: si te ei pastorem prefoecerimus. In eam sentenciam ut de hoc mentem tuam mihi significes: scripsit tibi Doctor Iohannes praescriptus. Ego quoque nuncij nactus copiam: pro amore in te meo: facere non potui: quin idem repeterem: rogaremque ut intra tres hebdomadas animum tuum significares. Interea auxilio magistrorum Andree Hartmanni: et Iohannis Symler: virorum praestantissimorum conabor remo-

172

rari: ne quis alius admittatur. Hi enim te noscunt: laudantque[.]

Tu quoque scribes (si condicio placet) quo tibi tempore comodissimum sit accedere: scribemus quoque nos: quid interea resciuerimus: quo nam a nobis die discessurus sit Plebanus: et quae de te Capituli nostri sentencia existat. Que sint plebanatus emolumenta: quae ve onera: tum demum tractabitur: cum animum tuum inclinatum sensero. Id scio: viros diligentes et populi fauore ob fame doctrinaeque praestanciam subnixos: nihil detrimenti vnquam sensisse: additaque non mediocria pensioni Plebani: quibus Magistri Iacobus nunc Iohannitarum Prior: et Melchior kungsbach Canonicus Sancti Thome viri optimi: et quondam Plebani nostri caruerunt: qui tamen non culpant tempora sua.

Nec ab re mihi videretur: si eos qui te Argentine agentem nouerunt: ac tibi fauent: scriptis incitares: ut tui nomine vel apud Capitulum nostrum: vel apud aliquos eis nociores: verbum commendacionis afferrent. Non possum omnia scribere: quae velim. Nam te magnopere desidero: et tamen mens tua nondum mihi aperta est.

Vale et me tibi persuade amicissimum. Ex Argentina viij ydus Septembris. Anno Christi M.cccc.lxxxx.

158. *to the Cardinal of Saint Vitalis*

Commendaticie pro seipso.

Petrus Schottus nomine Magistratus Argentinensis Cardinali Sancti Vitalis. Post honorificam et debitam commendacionem.

Reuerendissime in Christo Pater ac Domine singularissime: immensa benignitas atque clemencia Reuerendissime Vestrae Paternitatis que ad nos iam peruulgata fama delata est audenciores nos reddidit ad scribendum et supplicandum Reuerendissimae Vestrae Paternitati in causa quae nobis adeo est cordi: ut si eam fauore et opera Reuerendissimae Vestrae Paternitatis obtinuerimus: ita nos vobis deuincietis: ut quid ad ampliorem obligationem acdere [accedere] possit: non simus inuenturi.

Porrigetur ad sanctissimum Dominum Nostrum Papam supplicacio pro parte viri honestissimi domini Petri Schotti Ciuis de nobis optime meriti. Ad eius rei promocionem: accomodatissimam nouimus Reuerendissima Vestram Paternitatem quam humanissimam esse cognouimus: non dubitauimus a Reuerendissima Vestra Paternitate ea humilibus obsecrare precibus: ad que sponte

sua reuerendissima vestra paternitas est profusa et inclinata[.] Equidem quem iuuetis: vellemus perinde sciretis: ut nos ipsi per-

173

spicimus. Non veremur etenim: quin reuerendissima Vestra Paternitas sine precibus parata esset: ad promocionem viri tam et moribus
et doctrina insignis. Itaque maiorem in modum Reuerendissimam
Vestram Paternitatem oramus: ut in hac re nobis adsitis. Inuenietis
vniuersam Rempublicam nostram quae beneficium hoc omne sibiipsi factum iri iudicabit: ad omnem voluntatem Reuerendissimae
Vestrae Paternitatis semper obsequentissimam.

Dominus omnipotens Reuerendissimam Vestram Paternitatem
in prospera sanitate et salute custodiat.


### 159. *to Count Hieronymus*

Commendaticie pro seipso.

Petrus Schottus nomine Magistratus Argentinensis Comiti
Hieronymo Nostro.

Magnifice atque generose Comes: offerretur Sanctissimo domino nostro Pape per presencium exhibitorem: peticio quedam
concepta: in fauorem venerabilis viri domini Petri Schotti Ciuis
nostri carissimi: que ut ad optatam cedat impetracionem: magnificencie vestre interuentum perquam vtilem salubremque esse: non
ignoramus[.] Itaque non nostris meritis que adhuc nulla preces-
serunt: sed insigni illa ac celebratissima benignitate vestra freti:
non sumus veriti a magnificencia vestra eciam atque eciam obsecrare: ut causam hanc in munus immortale inclite ciuitati nostre
promouere et viro doctissimo: necnon optimis moribus instituto:
Ciui nostro opitulari velitis.

Ita enim habete: beniuolenciam omnem/ quam huic cause
exhibueritis: vniuerso nostro consulatui et populo gratissimam futuram. Quippe qui non secus quam si in se omnes collata sit: acceptam
a vobis referre conabuntur: perpetuo deinceps obsequendi vinculo
vestre magnificencie deninciendi [deuinciendi].


### 160. *to a Cardinal*

Commendaticie pro seipso.

Petrus Schottus nomine Magistratus Argentinensis Cardinali
Nostro. Post humilem et debitam commendacionem Reue-

Folio LXXXXVIIIa

rendissime in Christo Pater: munificencia atque iusticia: quam in
Reuerendissima Vestra Paternitate cognouimus: confidenciam nobis

174

singularem praestat: ut sepenumero quae honesta et nobis conducibilia speramus: ab eadem Reuerendissima Paternitate desiderare
non vereamur. Quemadmodum enim liberalis est et magnifici:
honesta et grandia libenter elargiri: ita et constantis et de gratitudine
sibi conscij est: huiusce officia magnificencie desiderare.

Igitur ut ei qui praesentes litteras exhibebit: in supplicacione
quam ad sanctissimum Dominum Nostrum pro viro et doctissimo et
carissimo nobis oblaturus est: fauere velit Reuerendissima Vestra
Paternitas ita oramus: ut maiorem in modum vix orare possimus. Erit
enim tum gratissimum nobis: tum eciam in sese honestissimum: et
nos ut obsequentissimos decet: ad omnem voluntatem Reuerendissime Vestrae Paternitatis nos omnes subijciemus: quam deus omnipotens conseruet.

## 161. *to Pope Sixtus IV*

Vt supplicacioni sanctitati sue exhibende annuere velit.

Petrus Schottus nomine Magistratus Argentinensis Beatissimo
sacrosancte Romanae sedis Antistiti maximo.

Post humilimam submissionem cum sacrosanctorum Beatitudinis Vestrae pedum exosculacionem [exosculacione]. Sanctissime
ac clementissime Pater: cum diuine celsitudini proximam honoris
sublimitatem: inter vniuersum mortalium genus possideatis: quippe
qui non tam Petri successor quam Christi Vicarius: cum omni
potestatis plenitudine tamquam corporalis orbe Deus: et sapienter
et fideliter totum dei populum gubernetis: non dubitauimus quemadmodum apud omnipotentem Deum consueuimus: ita et a Beatitudine Vestra sepenumero precibus humiliter desiderare: quae et
conducibilia Reipublicae nostre: atque Ciuibus nostris: et ecclesie
sancte Dei sint non indecora.

Itaque sanctissime atque pijssime Pater: offeret Sanctitati
Vestrae praesencium exhibitor: supplicacionem in fauorem viri optimi: qui et doctrina et moribus clarus est: conceptam. Cui si
Beatitudo Vestra annuere dignabitur: profecto et viro bene merito
prouidebit: et ipsi im-

Folio LXXXXVIIIb

mortali Deo rem quam gratissimam: vt arbitramur efficiet. Idcirco
obnixius petimus: et potissime honestatis causa: ut solitam clemen-
ciam in nos conferre velitis. Quod si consecuti fuerimus: nos supra
eam subiectionem quam sancte Apostolice sedi semper constantis-
simi maiores nostri et nos prestitimus: strictiori quodam vinculo
sanctitati vestrae deuinctos nos esse cognoscemus.

Statum sanctitatis vestrae foelicem conseruet omnipotens deus.

Intercessio cuiusdam Cardinalis: pro quodam Procuratore a Senatu Argentinensi grauiter condemnato.

Oliuier Episcopus Sabinensis Cardinal Neapolitanus Iohannes titulus sanctae Sabine presbiter Cardinal de Arragonia Lucius Aquilanus Episcopus Sacerdos Magnificis Viris Dominis: Magistrociuium et Consulibus Ciuitatis Argentinensis amicis nostris carissimis Salutem.

Exposuit nobis non sine graui querela: discretus vir Magister Iohannes Rot Conciuis vester et familiaris noster: quod quedam parum honeste conuersacionis mulieres: sibi insidiari volentes: vna cum honesta muliere Elisabeth de Dunçenheim maliciose persuaserunt Conrado Dunçenheim Magistro Scabinorum Ciuitatis Argentinensis dictum Magistrum Iohannem iniurias quasdam verbales/ blasphemias/ et turpia conuicia contra eos protulisse: adeoque fuisse propterea predictos dominum Conradum et Elisabeth contra Magisstrum Iohannem inflammatos: ex falsa delacione mulierum illarum: ut coram vobis in ius ab aduersarijs eisdem traheretur. Vbi cum in termino ad respondendum statuto comparuisset: a quibusdam nobilibus et generosis viris associatus: et se competenter ut dicit de obiectis excusasset.

Cognito quod a magnificencijs vestris preconi vestri iussi erant: ut eum comprehenderent et incarcerarent: quod res ipsa demonstrauit: facta per eos-

Folio LXXXXIXa

dem precones: nocte media ut ipse ait: ad lectum eius irrupcione. Iusto metu et in constantem virum cadente ductus: non obstante iuramento per eum prestito: ad fugiendum necessitatus fuit. Et tamen ut idem asserit: ad importunissimam partis aduerse instanciam: et inabilium testium examen. Lite insuper non contestata: reiectis denique defensionibus: quae Iuris naturalis existunt: ad sentenciam diffinitiuam processistis.

Quae si ita sint: non possunt hec in Romana Curia: apud bonos et integros viros: audiri sine admiracione. Quoniam cum Rome optime sit de isto Magistratu vestro concepta opinio: non potest non mirum videri: Conciues a Conciuibus vsque adeo immansuete tractari. Cum igitur ipsum Magistrum Iohannem iam dudum diligamus: pro ipsius discrecione et prudencia compassi fuimus ei. Ipsumque ad pedes sanctissimi Domini nostri reclamare volentem retraximus: sperantes cum magnificencijs vestris: hanc contrauersiam posse componere: antequam ad maiores litium anfractus deueniatur.

Rogamus igitur magnificencias vestras ex toto corde: pro bono pacis et quietis vestrorum Ciuium: ut causam querelarum huiusmodi amputantes: obuiantesque scandalis maioribus: quae exinde oriri possent: sicut bonos viros et ciuitatis conseruatores facere decet: non obstante sentencia praedicta: ipsum Magistrum Ioannem nostro intuitu: qui pro honore vestre Ciuitatis paratissimi semper erimus: assecuretis. Procurantes quantum in vobis fuerit: ut aduersarij eius: cum eo de damno et interesse amicabiliter inuicem componant: ut demum paterna vestra prouidencia: pax et quies et caritas inter Conciues vestros oriatur: omniumque discordiarum/ litium/ et scandalorum fomes extinguatur. Quod maxime pertinebit ad officij vestri honorem et laudem: qui positi estis ut

Folio LXXXXIXb

conseruacioni Ciuium vestrorum studeatis. Quo fiet ut hec causa ad aures sanctissimi Domini nostri non veniat qui iusticiam omnium Christianorum: ad Apostolicam sedem confugiencium: deserere indefensam non potest. Et nobis in eo rem gratissimam facietis: ob quam maxime huic vestre Ciuitati debebimus: responsum vestrum ad votum habituri.


163. *to Olivier Caraffa*

Ciuitas et Senatus respondet: et se excusat in quo iniuste a quodam Procuratore delati sunt.

Petrus Schottus nomine Magistratus Argentinensis Reuerendissime in Christo Pater et Domine: obtemperanciam promptam: spontaneaque obsequia.
Litteris ad nos superioribus diebus perscriptis: Reuerendissima Vestra Paternitas significauit: Magistrum Ioannem Rot familiarem suum: Ciuemque nostrum: eidem Reuerendissimae Paternitati Vestrae non sine graui lamentacione conquestum esse: se insidiosam et nimis grauem iniusticiam propter non seruatum Iuris ordinem: apud nos esse perpessum. In quo nos eciam in causam trahere visus est: quodque ipsum ad pedes sanctissimi Domini nostri proclamare volentem Reuerendissima Vestra Paternitas retraxerit: prout Epistole tenor clarius et diffusius explicabat. Nos vero tametsi arbitrati simus: nullam huiuscemodi querelam Magistro Iohanni necessariam fuisse: quippe cui nihil iniusti: nihil iniqui a nobis (uti credimus) acciderit: nec ei cum racione Ciuilitatis: nobis fidelitatis iuramento obstrictus existat: prout adhuc astringitur: licuisse insontes nos et immeritos deferre.
Tamen immortales gracias habemus et agimus Reuerendissi-

177

mae Vestrae Paternitati quae nos tam benigne: clementique fauore in eo negocio prosequuta est: desiderantes magnopere: vbi primum opportunitas accesserit: re ipsa paratissima mente referre. Verum ne res gesta Reuerendissimam vestram Paternitatem lateat: et ut Actorum nostrorum sinceritas facilius perspici possit: summam causam breuibus aperiendam: non inutile duximus: quam

Folio ca

ut beneuola intelligat aure Reuerendissima Vestra Paternitas iterum atque iterum obsecramus.

Comparuit anno superiori coram nobis: vir honorandus dominus Conradus de Dunçenheim: Magister Scabinorum Ciuitatis nostre: et domina Elisabeth de Dunçenheim affinis eius: qui nobis non sine querulosis lamentis exponentes: intolerabilem sibi honoris et fame: iniuriosamque offensam/ a Magistro Iohanne Rot illatam fuisse. Libellique accusatorij tenorem nobis obtulerunt: et praesentarunt: qui inter cetera continebat: quemadmodum idem Magister Iohannes Rot: post innumeras plasphemias [blasphemias] diuinum ledentes honorem: et execrabilia maledicta in prefatam Elisabeth coniecta: eam meretricem: vsurariam: et veneficam conuiciando appellarit. Dominum vero Conradum de Dunçenheim: ea tempestate Magistrum Scabinorum: et precipuum vrbis nostre Magistratum agentem: dixerit nebulonem: improbum: nequam: et flagiciosum vocitarit. Hec probe: vel idem in effectu sonancia verba multis turpibus obscenisque adiectis opprobrijs: que nos auditu lectuque indigna Reuerendissimae Vestrae Paternitatis iudicauimus: et si omnia in Actis sint per Prothonotarium vrbis nostre diligentissime conscripta.

Ad instanciam itaque accusatorum: vocatus idem Magister Iohannes: cum nonnullis suis Dominis comparuit: cumque libelli oblati concepcionem: in forma iudicij audisset. Respondens: in eo contenta negauit. Moxque subiecit quod si huiuscemodi verba locutus esset: sese tum inopem mentis extitisse: et proinde accusatores deprecatus est: ut hec indulgendo remittere vellent. Quibus accusacione et responsione auditis: litem esse contestatam: non immerito iudicauimus: et accusatorum partem rursus admisimus: quorum nomine replicatum est. Se tam grauiter atque atrociter in fama et honore per Magistrum Iohannem Rot molestatos: iniuria fuisse: ut ea nisi in seipsos crudeles existimari vellent: hoc pacto nequaquam remittere possent.

Folio cb

Itaque implorare se officium nostrorum: vtpote Consulum et Iudicum Ciuitatis: qui quod iuris esset per nostram sentenciam declarare dignaremur.

178

Cum igitur huiuscemodi eorum requisicioni: prout debebamus annuissemus: progressi accusatores: ad ea probanda que Magister Iohannes Rot negauerat: quam plures testes in medium produxerunt. Qui eciam citati et iurati: coram nobis deposuerunt. Ad que omnia et singula actitata: vocatus fuit Magister Iohannes Rot Ciuis noster: ad domum/ quam vna cum Coniuge sua et Liberis suis habitare consueuit. Sane quamquam accusatorum pars: pro eo quod maximi penderet et estimaret irrogatam sibi iniuriam: instanter nobis supplicando vrgeret: ut reus carceri manciparetur: nos tamen animaduertentes eum esse Ciuem nostrum: nobisque et Ciuitati nostre fidelitatis iuramento deuinctum: domicilium/ Coniugem/ atque Liberos apud nos habere: contenti fuimus per eum nobis prestiro [prestito] iureiurando: quo affirmabat: se et sua vsque ad expedicionem cause tunc pendentis: a nostra Ciuitate minime alienaret. Verum licet hoc abseruaturum se sub fide corporaliter prestiti iuramenti promiserit: abijt tamen et aufugit: nulla ad hoc eum vrgente necessitate.

Quo fit ut facile atque luce clarius intelligat Reuerendissima Vestra Paternitas veritate haud vsum esse Magistrum Iohannem: dum eidem Reuerendissime Vestrae Paternitati exposuit: nocte media ad lectum eius per apparitores nostros irrupcionem factam fuisse. Quod quidem absque vlla verisimilitudine confictum esse: vel ex hoc manifeste apparet: quod si quoquammmodo ad comprehensionem et incarceracionem eius inclinati fuissemus: non nobis inquirendum erat: nocturnum illius cubile: nec iuriiurando adhibenda fides. Quippe qui dum palam ei sacramentum huiusmodi detulimus: eadem hora captiuum illum duci iubere potuissemus. Quod si factum fuisset: nec ipse forsitan iuramento lesus: nec nos commenticia sua que-

Folio cia

rela fuissemus delati.

Rursum ut ad negocium redeamus accusatores qui nostrum officium implorabant: Sentenciam post tot Acta ferri instantissime postularunt. Qua in re dum quod iustum esset: agere decerneremus: iterum ut iuris est: his quorum interesset vocatis et citatis: ad Sentenciam audiendam: aut causam dicendam: cur ea ferri non deberet: tandem ad sepe iteratam partis accusantis postulacionem: Consules et Iudices/ pro negocij qualitate: et exigencia facti: ex Actis et probatis Sentenciam conceptam secundum ius/ consuetudinem/ et mores hactenus in Ciuitate nostra solitos obseruari: protulerunt et promulgauerunt: que transijt in rem iudicatam.

Quamobrem nulla ex parte dubitamus Reuerendissam Vestram Paternitatem et vniuersos quoslibet: ad quorum noticiam hec deducentur: clare intellecturos: nihil nos in ea causa a iusticia et

179

equitate alienum egisse: aut attentare voluisse. Etenim nisi pro Republica nostra incumbente nobis officio: ad ius dicendum vnicuique nostrum obnoxij fuissemus: inuocatique iusticiam partibus impartiri teneremur: facile pati potuissemus: nos ea causa occupatos non fuisse.

Quod autem in calce Epistole Reuerendissima Vestra Paternitas rogat: ut Magistrum Iohannem Rot assecurantes: curemus quantum in nobis fuerit: ut aduersarij eius cum eo de damnis et interesse amicabiliter componant. Id nos ad aures domini Conradi et Elisabeth de Dunçenheim deduximus: qui nobis respondendo dixerunt: Magistrum Iohannem Rot tam enormibus contumelijs: in honore/ estimacione/ et fama sua se immerentes et insontes lesisse: ut nullo pacto eis licuerit: rem surda aure transire: quin pocius pro honoris proprij tuicione: ad hec agenda compulsos fuisse. Itaque sperare se pro facinoris acerbitate: vel Reuerendissimam Vestram Paternitatem indignum existimaturam: ut ipsi qui pro tam atrocibus iniurijs: nil nisi iusticiam inuocauerint ab iniuriatore

Folio cīb

composicionem quampiam debeant desiderare. Cum longe videatur rectius: racionique et iuri magis consentaneum: ut ipse Magister Iohannes Rot eis de damnis et interesse compensacionem impendat.

Sed haec vtcunque facta aut dicta fuerint: volentes deferre precibus Reuerendissime Vestrae Paternitatis verbis nostris apud dominum Conradum et Affinem suam effoecimus: ut si forsitan Magister Iohannes Rot: hac responsione non contentus: in persuasione sua perseuerauerit: et adhuc arbitretur ipsos: iniustum quippiam aduersum se attentasse aut egisse: debeant et velint intuitu Reuerendissimae Vestrae Paternitatis super hac causa consentire: in magnificum Consulatum alterius ex his opidorum Vlme: Columbarie: aut Sletstat: ut coram vno eorum arbitrio Magistri Iohannis deligendo: peticionem suam vel amicabiliter vel iuridice intentet: responsionem non impertinentem auditurus. In qua certe condescensione: sperant nihil aliud in se notari posse: quam quod bonos deceat et innocentes.

Quare si Magistro Iohanni in vno opidorum quae nominauimus: causam agi placuerit: super eo nominatim: poterit nos facere cerciores: et eius loci Consulatum precari: ut se de causa intromittat: quod tum idem et nos Ciuium nostrorum nomine sumus facturi. Assecuratum insuper eum volumus et fide nostra publica tutum facimus in hunc modum: ut in locum quem vnum ex his tribus: ut premittitur electum nobis significauerit: proficisci et venire: illic donec causa vel amicabiliter vel iuridice ventilatur manere: inde eciam ad refugia sua redire possit: nulla sibi aduersum hec molestacione inferenda per nos/ per dominum Conradum vel Elisabeth sepedictos: per omnes et singulos nostros et suos: aut qui nobis aut

180

eis sunt subiecti: aut quoquam modo attinentes: pro quibus nos aut ipsi respondere astringamur: omni dolo malo et fraude seclusis. Ad hec facienda: potissimum inducti sumus: habita racione peticionis Reuerendissime Vestrae Paternitatis cui quamplurimum ob-

Folio ciia

sequij/ beneplaciti/ et honoris parare possemus: promptissimo animo curaremus exhibere.

Responsionem clementem in scriptis expectantes.

164. *to Peter Schott from Johann Ortwin*

Causam dat Epistole sequenti.

Eximo iuris Doctori domino Petro Schotto Iohannes Episcopus Mathonensis degens sub habitu Ordinis Praedicatorum: valitudinem ac salutem.

Licet pro nunc alijs haberem intendere curis: caritas tamen vestra: ac studij diligeneia [diligencia] me cogit: sancti Thome doctoris vobis transmittere scripta: in quibus vestra prudencia poterit delectari: cum veritatem clarius videbit resplendere. Quis enim eius dictis non vult assentire? cum in eo nouerit vite sanctitatem: difficiliorem diuersorum librorum per eum sanctam composicionem. Ex his enim duobus valde alijs videtur: de eadem materia loquentibus esse preferendus: testante Arestotile [Aristotele] summo philosophorum in duo decimo Methaphisice. Quod quidem igitur plures sint eorum etc. Ex quo passu textus trahitur: quod quando sunt due opiniones: amandi sunt omnes eas prosequentes: propter veritatis elucidacionem: sectandi tamen sunt cerciores. Quod autem Thomas Scotho sit cercior probant preinducta: scilicet vite sanctitas: et exposicio diuersorum librorum. Si enim a Scotho in suis sentencijs verba Thome tollantur: id quod de Scotho restat: exiguo tempore labor studentis caperet. Et ne ista tamen per me ex cogitatu pro opinione Thomistarum faciam: inducam in medium quod sacri Canones de huiuscemodi opinionibus persuadere videntur.

Infert enim sancta mater Ecclesia dist. xx. c. i. Quo enim quisque magis racione nititur: eo maioris auctoritatis eius verba videntur esse. Plerique autem tractatorum: sicut pleniori gracia spiritussacti [spiritussancti]: ita ampliori sciencia alijs precellentes: racioni magis adhesisse comprobantur. Quis autem illorum duorum doctorum praeferatur meritis et gracia spiritussancti: te-

Folio ciib

stimonium dat sancta mater Ecclesia: que Thomam inter ceteros

181

celestis milicie Ciuem ascripsit strenuum: ortum carnaliter de Comitibus Aquensibus: nunc vero spiritualiter genitum maximarum vniuersitatum Ducem: ac praecoeptorem egregium.

De eis vero quid sit apud bonos Christianos senciendum: qui talium adherent disciplinis: qui non videntur esse missi: sed de eorum ingenio confidunt: et proferunt in medium: quod non a vero spiritu sed aliunde forte receperunt. Pronunc supersedere yolo [volo]: relinquens eorum discipulis Magistri viam inculcandam defendere. Qui enim sacris Canonibus negligit obedire: potest eciam in alijs suis demeritis errare.

Cum igitur vestra Doctoralis prudencia in his et maioribus valde ingeniosa sit: cum habuerit opposita iuxta se posita: et vtrumque bene monstrauerit: sedens inter ea tanquam iustus arbiter: quid verius videbitur: diffiniendum in suo tempore poterit omnibus patefacere. Ideo hic mitto questiones sancti Thome de malo intitulatas: signoque posito questionem offerens. Vtrum demones cogitaciones cordium cognoscant: ut sic Thoma et Scotho visis quid vestrae prudenciae videbitur: poterit diligenter explanare. Haec non egreferat.

Vir religiose festinanter enim hec scripsi: surgente me a prandio: nec ad alia diuerti: offerens ut pro bona coena velitis illa acceptare.

Valete: et omnes qui vobis cohabitant.


165. *to Johann Ortwin*

Scothi sentenciam affert de cognicione Angelorum respectu humanarum cogitacionum.

Petrus Schottus Reuerendo in Christo Patri: domino Iohanni Episcopo Mathonensi. Post obseruanciam debitam Salutem vtriusque hominis dicit.

Recepi a praestantissima paternitate tua qnestiones [questiones] de malo doctoris Sancti: vna cum litteris tuis: quibus plane perspice-

Folio cIIIa

re potui: et amari me abs te: qui mihi tam familiariter et beniuole scribas: et insuper magnifieri: quem arbitreris in tam obstrusis sacrarum litterarum archanis versari: ut inter precipuos 'duarum theologicarum acierum Duces: ipse ego vix discipuli dignus nomine: iustus ut ais arbiter: quod mihi in re nostra verius videatur diffinire: patefacereque possim. Procul a me sit illa praesumpcio et temeritas. Tuum est precipue Reuerendissime Praesul: qui et sciencia et

182

auctoritate polles nos docere: precipere: et diffinire. Nostrum obedire: discere: credere.

Quare cum facile videam: te Doctoris sanctitate et doctrina conspicui: sentenciam amplecti: quis tam mentis inops: ut racionibus paternitatis tue non moueatur? quandoquidem eius in docendo auctoritatem extollis: cui Innocencius Papa tantum tribuit: ut quicquid eius doctrine aduersaretur: de falsitate esse asseruerit. Verum cum non prorsus verba Doctoris sancti intelligere videar: non sum veritus a reuerenda paternitate tua: elucidacionem clariorem desiderare.

Imprimis siquidem quantum ego capio: beatus Thomas in eo loco/ quem mihi et ostendisti: et Scothus in quarto distinctione x. arti. iij. q. ij. in so. art. iij. in principali concordant: demones cogitaciones cordis nostri non videre: et ad hoc dicendum fortassis vtrumque mouerunt auctoritates multae et sacrae scripture et doctorum sanctorum: quas beatus Tomas adducit. Verum in hoc discordare videntur: quod beatus Thomas sentit: quod voluntarie cogitaciones hominum: non possint videri a demonibus: tanquam incapacibus quantum est ex natura cogitacionum. Scothus autem aperte dicit: quod si absolute permittatur quicumque angelus malus vti sua potencia cognitiua naturali: potest intelligere quodcunque intelligibile causatum: et per consequens posset intelligere cogitaciones cordium et mysteria gracie:

Folio ciiib

ex quo posita sunt. Sed dicit Magister libro ij. dist. vij. multa possunt ex natura sua: que non permittuntur eis. Et ita supponitur: quod non permittitur Angelo malo videre secretum cordis etc. Hec Scothus.

In hoc itaque cum vtriusque mentem intuear: circa vtramque dubium mihi non mediocre occurrit. Nam si verum sit quod Scothus dicit: quod demones viderent cogitaciones nostras: nisi prohiberentur. Quid ergo dicemus de angelis bonis? quos non est verisimile in naturalibus suis prohiberi: cum sint in perfecta beatitudine: et tamen nec ipsos videre cogitaciones nostras auctoritates sacre probant: que id soli deo tribuunt.

Sed neque racio beati Thome satis mihi persuadet: quamuis enim admittat quod demon possit species intelligibiles in anima nostra existentes cognoscere: tamen dicit quod vsus specierum intelligibilium qui est in actu: dependet a voluntate. Vtimur enim speciebus habitualiter in nobis existentibus: cum volumus. Motus autem voluntatis humane: dependet ex summo ordine rerum quod est summum bonum. Illud autem quod cadit sub ordine superioris cause: non potest cognoscere inferior causa: sed solum superior causa mouens: et ille qui mouetur[.] Per consequens voluntarie cogitaciones: non possunt cognosci neque a demonibus: neque a quocunque alio: nisi ab ipso Deo et ab homine volente et cogitante. Hec sanctus Thomas.

Circa hanc racionem primo non satis est mihi clarum: quomodo cogitaciones actuales a voluntate dependent. Cum experiamur inuitis plerumque et renitentibus nobis: obstrepere vim impetuosam cogitacionum eciam malarum: quas idcirco peccata saltem mortalia negant: quia in eas non consentimus. Nonne et dormiencium species intelligibiles: mille modis actuali vsu circumferuntur: quod nemo dixerit in volentibus solum fieri: quia aliter per somnia nuda peccaremus. Deinde eciam si concedam cogitaciones a voluntate:

Folio ciiiia

voluntatem autem a Deo solo moueri: non videtur tamen necessario propterea concludi: quod ideo solus Deus et homo: illas actuales mociones videat. Nam plurima videmus: et aperte intelligimus: que non nisi a solo Deo in esse dependent: et eciam in moueri: ut ortum solis: vel quicquid immediate a Deo creatum est. Fateor bene sequitur: solus Deus mouet voluntatem ad cogitandum: ergo Angelus mouere non potest. Sed non sequitur: ergo si moueatur: Angelus non videt. Potest fortasse ignorare quando Deus moturus sit: aut ob quam causam. Sed quod ideo postquam actu iam mouentur: non debeat videre species moueri: cum tamen ipsas species intelligibiles intueatur: intelligere non possum. Praesertim cum rei existenti in actu: accidit quantum est ad esse suum: quod sit ab hoc vel illo agente: sed solum quo ad fieri variatur: ergo si non variatur per hoc suum esse: ergo nec intelligi.

Nec me mouet similitudo quam adducit de Rege: Preposito: et Ciue: quod Praepositus non cognoscat quid agat Rex immediate circa Ciuem. Non est ideo quia Rex sit superior Praeposito. Si enim eciam inferior Preposito qnicquam [quicquam] ageret circa Ciuem: Prepositus illud non cognosceret: nisi esset presens. Vnde videtur quod sicut Praepositus si esset presens: cognosceret omnia quae a Rege fiunt circa Ciuem: sic Angelus qui est presens speciebus (cognoscit enim eas) intelligat omnia quae Deus agit circa illas species. Et per consequens videtur quod mouentur: et ita quod cogitamus et eciam quid cogitamus. Nam si videt species: et videt earum motum: qui est entis in actu: videt quae sint ille species que mouentur: et sic percipit intuitiue cogitaciones nostras.

Ex his itaque cum sim ambiguus: et ut facile credo non capiam mentem doctoris Sancti: ad paternitatem tuam Reuerende Pontifex veluti ad eum qui pro doctrina sciat: pro benignitate velit: pro auctoritote [auctoritate] possit omnia explanare: hanc meam verbosam et rudem respon-

184

Folio ciiiib

sionem consultacionemque: non sum veritus transmittere. Vale.

166. *to Peter Schott from Johann Ortwin*

Responsiua precedentis.

Eximio vtriusque Iuris Doctori Petro Schotto: Iohannes Mathonensis Episcopus Salutem.

Per presens scriptum vestram solerciam ingenijque excellenciam limpide intellexi: cum vtriusque Doctoris dicta nuclealiter intueor vos perlustrasse: nec aliquid ambiguitatis obmisisse. Non tamen vos ipse hec reserare voluistis: cum minima vobis essent: sed mihi tanquam seniori onus reliquistis. Nolui ergo prolixo stilo: ne vos tedio afficerem diucius immorari: nec in alia carta que mihi visa sunt dirigere: ut compendiosius possent per vos illa rimari. Mentem ergo meam ibi incepi.

Si absolute permittatur quicumque Angelus etc. Illud est falsum: cum locucio qua inferior Angelus loquitur superiori: videtur esse quidam motus voluntatis: et intelligibile causatum: et tamen superior non cognoscit: nisi volente inferiore: ergo male dicit Scotus: quod quiuis Angelus naturaliter potest cognoscere quodlibet intelligibile causatum.

Item de mysterijs gracie: similiter non conceditur: quia nihil habent in natura quod eis respondeat: et ipsi solum receperunt in sui creacione species rerum naturalium: naturas representantes: iuxta beatum Augustinum secundo super Genesi ad litteram.

Et quod obijcitur De Magistro Sentenciarum libro ij. dist. vij. intelligitur de potencia: per quam aliquid exterius transmutabile transmutaretur: et non de interiori potencia: quae est intelligere: de qua potencia iam est questio. Et cum visio beata est eis causa cognoscendi multa: que alias ex natura non cognoscerent: quia naturalia eorum non sunt ad hoc: et sic tam boni quam mali Angeli: nisi modo quo sanctus Thomas declarat: cognoscere non possunt cogniciones cordium. Et sic

Folio cva

auctoritantes [auctoritates] sacre scripture manent in suo intellectu: prout nominant actum voluntatis circa species intelligibiles.

Deinde: cum non satis clarum videatur: quod actuales cogniciones dependeant a voluntate. Hoc ita intelligendum est: quod voluntas potest de se prorumpere in actum suum: oblato obiecto. Potest eciam cogi a summo bono: potest eciam moueri tam a bono Angelo quam a malo. Cum ergo sanctus Thomas dicit: cogitaciones

185

actuales dependere a voluntate: non intelligit de actu generali voluntatis: que est exercicium actus: sed intelligit de specificacione actus vtriusque si sit volens vel nolens: et sic ea que sequuntur seipsa soluunt.

Et postremo de exemplo dato de superiori et inferiori: est valde conueniens. Cum enim Rex et Prepositus sint superiores ad Ciuem: Deus et Angelus sunt superiores ad hominem natura: intelligencia: potencia actiua que omnia sunt vobis manifestissima. Est enim exemplum quedam manuductio: ut per sensibilia veniamus ad spiritualia. Sed quia ibidem infertur: quod si Prepositus semper adesset Regi etc. Sed Angelus semper adest speciebus: et motibus specierum: ergo sub qua habitudine voluntas se habeat ad eas videt. Hoc non conceditur: quia cognicio Angeli boni vel mali non est nisi vel in verbo vel per species concreatas: sed nec boni nec mali habent huiusmodi species de actuali cogitacione quo ad specificacionem actus: nisi per signa exteriora: ut tam boni quam mali: vel in verbo/ vt boni tamen.

Et hec sunt eximie Doctor: quae de dubijs oblatis nunc sencio. Valete.

### 167. *to Pope Innocent VIII*

Commendaticiae pro Decano a Capitulo Argentinensi post longam vacacionem electo.

Petrus Schottus ex persona Capituli ecclesie maioris Argentinensis beatissimo sacrosanctae Romanae sedis Antistiti maximo[.]

Folio cvb

Post humilimam sanctorum pedum deosculacionem: cum deuotissima sui ipsorum commendacione.

Non ignoramus beatissime Pater: qua solicitudine ac solercia laborantibus ecclesijs Sanctitas Vestra succurri velit: quave benignitate et fauore eos/ qui idipsum faciunt: complecti et prosequi consueuerit. Non sumus itaque veriti: precibus supplicibus humilimisque orare: ut quod necessario pro ecclesiae nostrae insignis detrimento summo vitando effoecimus: id clementissima Sanctitas Vestra benigno fauore atque assensu suo: roborare ac stabilire dignetur.

Vacauit iam biennio beatissime Pater: Decanatus dignitas in ecclesia nostra praeclarissima Argentinensi: quod cum quanto ecclesiae incomodo ac dedecore acciderit: sanctitas quidem vestra facile conijcere potest: nos certe/ quos peculiarius id tangebat: non sine amarissimo cordis merore et vidimus et experti sumus. Non solum

enim propter eiusmodi vacacionem: suborta fuit non modica iuris-
dicionis illius (que ad Decanum pertinet) vilipensio: quum subditi
ipsius prebendarij scilicet ecclesie: et ceteri sine numero: iam velut
acephali et sui iuris effecti: insolencius sese erigentes: iugum obe-
diencie reijcerent: odia ac inimicicias contraherent: innumera eciam
quae Decanus punire potest: impune committerent. Verum eciam
cultus ipse diuinus: ac sacra mysteria: quorum cura et studium ad
Decanum praecipue pertinet: iamiam negligencius agebantur ac ex
diuturniori vacacione prorsus confundi ac labi posse verisimiliter
timebatur.

Nos igitur animaduertentes: quod cum ex consuetudine cuius
inicij memoria non existit: tum ex priuilegijs a sanctissimis Pontifi-
cibus predecessorum Sanctitatis Vestrae ac Sancta Romana ecclesia
concessis et confirmatis: electio Decani ad nos pertinere non am-
bigitur: considerantes quoque: etiam si alicui per Sanctitatem
Vestram de dicto Decanatu prouisum esset: id per falsi suggestionem et surrepticiam narracionem: veritate tacita extortum fuisse:
de persona pre-

Folio cvia

sertim non qualificata: contra statuta iurata ecclesie nostre et
priuilegia ab antecessorihus [antecessoribus] Sanctitatis Vestrae
concessa et approbata. Quibus cauetur: ut nullus in Decanum Argentinensis ecclesie recipiatur: nisi sit Canonicus dicte ecclesie:
nobilis liber et ab vtroque Parente illustris: quodque quilibet Decanus in dicta ecclesia teneatur facere propriam et personalem residen-
ciam.

Nos inquam hac necessitate ecclesie coacti: ius eciam nobis
competere intelligentes: die quinta Iulij anni currentis: capitulariter
et legitime ad hoc congregati: post maturam consultacionem: supplicacione ad Deum immortalem praemissa: sacramentis praestitis
de eligendo idoneum: omnium et singulorum nostrum vnanimi voto:
in Decanum ecclesie nostrae elegimus: venerabilem ac generosum
virum dominum Iohannem ex Baronum de Brandis stirpe illustri ac
vetustissima procreatum: Canonicum capitularem: in sacerdocio
constitutum: doctrina ac moribus conspicuum: ac alias secundum
statutorum nostrorum exigenciam idoneum ac habilissimum: et
quem profecto speramus ecclesie nostre: comodo atque honori in
gloriam altissimi dei: saluberrime consulturum. Qui eciam electioni
huiusmodi consensit: eamque acceptauit: et possessionem acquisiuit:
quemadmodum ex supplicacione pro parte dicti domini Iohannis
Decani porrigenda Sanctitas Vestra manifestius intelligere poterit.

Quamobrem beatissime Pater Sanctitatem Vestram humilime
supplicamus: attendere velit periculum tam insignis ecclesie nostre:
si Decano carere deberet: et annuere supplicacioni dicti domini

187

Iohannis Decani electi: et si cui prius prouidisset: quando ut scripsimus illud surrepticie extortum sit: huic de nouo prouidere ac per hoc saluti ecclesie nostre consulere dignetur: quod cum tendet ad honorem vniuersalis ecclesie: ad gloriam praecipue Dei non dubitamus quin clementi animo: pientissimus pater nobis humilimis filijs et seruis suis sit largiturus.

168. *to Johann Geiler von Kaysersberg*

In contractibus vbi potissime peccetur a nostratibus.

Folio cvɪb

Petrus Schottus Domino Doctori Ioanni de keisersberg Salutem dicit plurimam.

Venit ad me hodie Florencius Mug affinis meus: a quo cum sciscitarer: ecquid nosceret: quibus commerciorum fallacijs Patria nostra potissimum implicata esset? respondit arbitrari se: quod multis in regionibus mercatus fuisset: vix facile inueniri: vbi integrius Mercatores versarentur: quam nostri. Anglicos: Cymbros: Gallos: Italos: ipsos eciam Sueuos nostris esse versipelliores: et vsurariam voraginem minus cauere. Verum enim uero in quibus delinquerent nostri: ut ei videbatur per te tacta esse fere omnia.

Id solum restare detestandum vicium: quod nostros ob frugum vbertatem sepe obnoxios habet: quod tibi heri per alterum affinem meum propositum est. Quodque mutuo dantes frumenta: vel eciam census frumentarios: quasi misericordiam facientes diucius expectantes: tandem vbi caritas annone ingruerit: obdurato animo: omnia a debitoribus extorquent. Et non habentibus frumenta: estimacionem eorum supputant: et redditus annuos miseris agricolis infligunt: non sine damno et omnimoda plerumque pernicie miserorum. De quo vicio si meministi: aliquando Magister Iohannes Rot consuluit Magistrum Iohannem Symler et me: qui et habet scriptas super hoc opiniones nostras.

Alterum vicium Mercatorum et Campsorum commune commemorauit: in suppressione Monete: qui vbicumque Florenum vel nimio ponderosiorem: vel preciosiorem his/ quos nunc cudunt apprehenderint: subito lucri causa supprimunt: et Monetarijs Principum venundant: non sine lucro sui: et damno publico vniuersorum: quia extra Patriam quod preciosum est alienatur: et vilius eiusdem loco/ opera et auxilio eorum subrogatur. Et sane (ut mihi videtur) si in hoc Principes vilificantes Monetam peccant: quod timendum est: non sine peccato illi eis opem ad hoc suppeditant.

Volebam scribere tria verba: ecce quorsum elapsus sum.

188

Folio CVIIa

169. *to Bohuslaus von Hassenstein*

Doluisse de infirmitate sua. Et ordinem vite sue narrat.

Petrus Schottus Magnifico viro domino Bohuslao de Hassenstein inter amicos praecipuo salutem plurimam dicit.

Quod non satis firmus fueris: quod ad me scripsit Ladislaus
presbiter Vespriminensis: ita me conturbauit: ut legens pene
exanimatus conciderem. Ab eo enim tempore/ quo me in familiaritatem acriorem admisisti: quae tibi obuenerint: non aliter iudicaui
atque mea: verum spero clemenciorem Deum iampridem te nobis
reducem restituisse: ideo ne verbum quidem addam.

Quaternas ad te iam litteras scribebam: quamquam non nisi
primas ad te perlatas esse cognouerim: redierunt etenim relique.
Vt valeas: et quid rerum agas: cercior fieri vehementissime desidero.

Ego domi quantum fieri potest me contineo: negocia forensia
penitus declino: et prorsus abhorreo: quietem et tam animi amplius
quam solicitam exercitacionem meditatus: tametsi non desint
nescio que domestice cure: quas absente Patre libens suscipio: hac
potissimum causa: ut ea re ab ignauia me vindicare possim.

Si que ex his libris impressi sint: quibus me delectari putas:
fac saltem sim cercior: atque adeo quicquid mea interesse putaueris:
fac mihi significes.

Quod confidencius ad te scribo: humanitas et beneuolencia
causam dederunt: quae me tibi tanta necessitudine iunxerunt: ut
non videar ampliore tibi posse deuinci. Vale.


170. *to Bohuslaus von Hassenstein*

Petit litteras. Describit labores Patris. De statu Patriae
quo ad aerem et rerum caristiam. Et de Imperatore. Et de
Thuricensibus.

Petrus Schottus Magnifico atque Generoso domino: domino
Bohuslao de Lobkovuiç et Hassenstein Bohemo: scholari Ferra-
riensi: Domino suo plurimum obseruando Salutem plurimam dicit.

Bis ad te iampridem scripsi Bohuslae carissime: nec responsionem accepi vllam: quamuis nihil mihi tam molestum quam quod
ut valeas ignoro: et quod

Folio CVIIb

quem erga me remque nostram animum conceperis litteris nondum

189

confirmasti. Turbatus ad te litteras priores scripsi: vtpote qui
suauissima familiaritate tua seclusus: libris quoque meis carere
coactus: inter meos non vsquequaque laetus degebam: ita ut non
solum eis quae cuperem non potirer: sed eciam molestissima nonnulla videnda tolerandaque essent.

Verum benignissimus Deus clemencius nobiscum egit: Matri
incolumitatem reddidit: Patrem animo pacientem magis esse voluit:
atque in rem nostram non modo fautorem: sed quasi suasorem.
Nempe cum animaduertat vir plurimis laboribus functus: nullam
esse inter mortales gratitudinem: non potest non existimare beaciorem esse eum/ qui spem suam in Deum pocius figit: quam in hominem. Itaque cum sentenciam meam ad pacem cordis propendere
videat: non solum auctoritatem prestat: sed eciam laudat. Itaque
quiecior sum: animoque lecior: et me libris meis/ qui vix tandem
appulerunt: dum per ocium licet oblecto: reliquum fere tempus
Patri obsequor: et presencia mea plusquam manibus opitulor.
Quamobrem non festino ut abeam: sed interim paro: dum forte
quiecioribus Parentibus meis absencia mea tolerabilior sit futura:
id spero: exacta hieme mihi continget. Quod vbi incoepero: clarius
ad te quid et quoniam et vbi discam perscribam.

Tu modo fac animo constanti sis: nam omnino si Deus nobis
vitam concesserit: te mecum habere in summis optatis habebo.
Si nihil me ad quietem hortaretur/ vita Patris satis superque impelleret: opto te sepenumero: ut vnum saltem diem videas: im-
portunam obstrepencium confusionem: hinc Reipublicae causam
offerencium: hinc suiipsius: hinc amicorum: hinc eorum quos numquam nouit. Arbitrareris nimirum: laborem eius ab ambiencium
fastidio nihil inferiorem esse. Sed hec satis.

Tu fac ut ad me mentem perscribas tuam: quid agas: quid
cum ..... incoeperis: quoniam tibi id quod ago placeat: quid in
rem nostram tibi consulcius videatur. Hec et si qua

Folio CVIIIa

alia nostra interesse putaueris: fac ad me certissime perscribas: id
enim preter hoc quod iucundissimum mihi fuerit: eciam conducibile
pro ceptis nostris erit. Patria nostra sano quidem aere gracia omnipotentis Dei fruimur: frumenta et vina solito cariora reddidit tri-
tura et vindemia parum ferax. Pacem nostram Imperator solicitat.
Mandatis etenim arctissimis omnes Imperio subditos: aduersus
Vngarorum Regem cogere contendit. Item cum Republica Thuri-
censium non omnino sincera nobis est amicicia.

Abijt hodie Pater meus legatus pro Republica nostra: atque
ut obsequerentur nobis: vna profecti sunt Legati/ Episcopi Argentinensis: Ducis Austrie: Ducis Lothoringie: Episcopi Basiliensis[:] Reipublicae Basiliensis Columbariensis et ceterarum ciuitatum

190

speciali nobis foedere iunctarum: ad reliqua septem coniuratorum/ quos Suitenses vocant capita: expostulaturi iniuriam nostris a Thuricensibus factam. Quod si nihil profoecerint: vereor ne rumpendo tam grandi foedere: causa iam sit conflata: sed turbulenta monstra his sint mansuefacienda: qui seculi furibundas raciones/ certo credunt examine regi posse. Id sane cum fieri nequeat: nos studeamus (quoad eius fieri poterit) meliorem partem Marie imitari: ut ad ea quae diligentibus se Deus promisit adipiscenda: digni censeri mereamur.

Vale. Si litteras ad Heinricum Sancti Georij Bononie tabernarium mittas: credo ad me transferentur. Fac litteras grecas et latinas diligenter inuestiges: videre enim videor aliquid boni inde nos confecturos. Imprimis deum ama: cnius [cuius] graciam cum consecutus fueris: reliqua munificentissimus dabit. Dominum meum Dominum Ladislaum ex me saluere iube: et reliquos qui me noscunt.

Firmo sis animo: fac Deum ut ames nitaris: litteris tanto diligencius indulgeas: quanto ad beaciorem vitam sunt conducibiliores. Cito si me amas rescribe.


### 171. *to Sigismund Gossenbrot*

Indigne se lucem ab eo vocatum esse. Et quis ea laude dignus sit.
Folio cviiib
Petrus Schottus Sigismundo Gossenbrot Augustensi salutem plurimam dicit.

Dedisti ad me litteras vir ornatissime: tua quidem beniuolentissima natura summaque doctrina dignissimas: me vero prorsus indignas. Quas enim mihi laudes tribuis: non a virtute mea: verum ab exuberanti illa modestia tua proficisci: quisque facile conijceret: qui nos ambos examussim nouisset. Tu enim cum religiosissimus tum omnium bonarum Arcium studiosissimus: vniuersos tibi similes esse cuperes: eosque vel laudibus vel doctrina tua ad virtutum praemia inuitas. Bonum nimirum tunc esse felicius: ex sentencia philosophorum Principis arbitraris: quo communius pluribus extiterit. Sane quem tu lucem vocitas: nondum sese caligini surripuit: idcirco ne putes alios erepturum. Laus etenim istec nullo me pacto decet: que illis modo debetur: qui sese ita composuerunt: ut egregijs facinoribus institucioneque non vulgari: Conciues vniuersos illustrarunt.

Inde perquam idonee laus hec Hectori illi Troianorum omnium fortissimo: quo viuo grecia tota frustra Ilium angebat: a Publio Marone tributa est apud quem Eneas in secundo ad Hectorem per somnum loquens: in hunc modum exorsus est.

O lux Dardanie o spes fidissima teucrum
quae tante tenuere more? quibus Hector ab oris
expectate venis?

Hoc eciam laudis genere Persius ille Hybrida apud Horacium in
primo sermonum libro:

solem Asie Brutum appellat. Stellasque salubres
appellat Comites.

Quorum ego exempla secutus Bohuflaum [Bohuslaum] illum lucem
Patrie sue: pro dignissimis praeconijs vocitaui. Ita enim tibi persuade: virum eum esse: qui cum summa nobilitate summam possidet
sentenciarum eleganciam: adeousque/ ut Vratislao Bohemorum
Rege quam familiarissime vtatur. Nimirum tocius regni futurus
illustrator: cum ut se non fugit beatissimas eas Respublicas: Plato
arbitretur: quas sapiencie studiosi regant. Me vero ut ita appel-
laueris: nihil mearum virtutum in causa

Folio cixa

fuisse potest: que nullae extant. Tuum mihi dumtaxat desiderium
quam gratissimum fuit: qui me laudibus tuis ad virtutis fastigium
incitas: et impellis. Sed de his hactenus.

  Conabor etenim pro mea virili: sciencias virtutesque scrutari:
certum habens: sola hec senectuti viaticum praeferre. In ea autem
re quem imiter preclariorem te: nec ipsa antiquitas preberet. Cum
enim fuerint plures: qui bonarum arcium amore/ publicis omnibus
negocijs sese sustulerant: quales apud Grecos Philosophos tu per-
nosti. Apud latinos eciam Marcum Varronem doctissimum virum
fuisse legimus. Alios autem ad conseruandam obtinendamve vite
sanctimoniam: paternis sese destituisse limitibus: antra pecijsse:
nemoribus oberrasse: et deserta coluisse audiuimus.

  Tu amborum desiderio patrie tue regimen: quod iustissimo
examine gubernabas: deseruisti. Hicque ad Argentinensem nostram
vrbem: omnis doctrine et bene beateque viuendi speculum: vna
tecum adduxisti. Ita/ ut tibi omnes nostri Ciues plurimum sese
debere fateantur: necesse sit. Preter ceteros autem amplius tibi
obnoxij sumus: Parentes mei et ego: tum quod maximi facimus:
tanti viri qualis es amiciciam: tum ob miram magnificenciam tuam:
qua et in me et in Parentes meos semper extitisti. Non enim satis
admirari possum: mirum ingenium tuum: quo in confingenda Cruce:
quam meis Parentibus dono dedisti: vsus es. Nam cum omnia
accomodatissime commentus fueris: ea tamen serie intersecuisti:
ut vel alter Labyrinthus Dedalea videatur arte confectus. Vale.

192

172. *to Thomas Wolf, Sr.*

Hortatur ad diligenciam Patrocinij.

Petrus Schottus Precoeptori ornatissimo Domino Thome Vuolff: peritissimo Decretorum Doctori Salutem plurimam dicit.

Mitto ad te Doctor ornatissime: registrum id quod iampridem deperditum querebamur. Obtinuit Magister Io-

Folio cixb

hannes Burckardi: dilacionem ad diem lune proximam: replicandi contra excepciones partis aduerse: vltimo loco conscriptas. Quesiui te plerumque: nec inueni. Rogatum itaque te velim: ut quod in rem cause consulcius iudicaueris agas: et patrocinij onus: causa prope finita: non reijcias. Multum pro nobis facere videtur: testem partis aduerse quartum in ordine: productum esse: et iurasse parte nostra non vocata. Vt tu in excepcionibus notasti: quam replicacio non euellit: que de consensu partis nostre ponit: sed non probat: nec alicui ex actis apparet. Reliqua: nisi si quid singularitas: quae in deposicionibus ceterorum testium commissa videtur obstaret: pro liberacionis fauore suadere viderentur. Sed quid nugas garrio? Tuum erit instituere Procuratorem: quid agere oporteat.

A me nil dictum velim: sed liberior sim quam deceat. Beneuolencia tua audenciam tribuit. Diem cum Matre absens ero: deinde te si Deus volet conueniam.

173. *to Johann Müller*

Sese libros ei ex Italia misisse.

Petrus Schottus Honorabili bonarum Arcium Magistro: domino Iohanni Muller in arce Badensi: praecoeptori suo semper obseruandissimo salutem plurimam dicit.

Cum ad te libros hos tuos quam fidelissime perferri desiderarem: celeritatem forsitan transuectionis quam tu imprimis concupiueras: nonnihil sum remoratus. In quo veniam eo clemenciorem sperauerim: quo magis e re tua fuerat: saluos eos vehi: quam cum periculo. Equidem litteras praemisi ad honestissimum Mercatorem Vuolff kammerer: qui libros Venecijs aduectos susciperet: volens de presencia eius: et voluntate prius cercior effici: quam libros transmitterem. Itaque utprimum mihi obsequium suum: litteris abunde superque pollicitus est. Postridie eos Bononia dimisi: opera obsequiosissimi Mercatoris Anthonij de Matugliano adiutus: qui Venecijs fratrem ut nosti habens: sepenumero consortibus nostris pecunias inde Bononiam expediuit. Cum eius sane mercibus Venecijs mittere: conuenientissimus modus visus est. Neque enim: quod studencium sunt: eis nisi sint Bononie: prodesse omnes asseuerant. Precium autem vecture vsque Venecias: postea rescribam: vbi id Anthonio frater e Venecijs: significauerit. Exinde autem adeo commendaui praefato Vuolff: ut sperauerim examussim omnia prouidenda.

Transmitto autem tibi libros omnes: quos tibi mittere cupijsti[.] Quin et Vocabularium Grecarum dictionum: quem duobus aureis Ducatis inquam (quoniam eius libri precium: quod rarus est: minutum nondum est) emere coactus fui. Addidi et tractatum de irregularitatibus. Sunt autem libri tibi missi preter hos Biblia: Racionale diuinorum: Terencius cum Donato: Epistole Ciceronis: Liber de homine: Questiones Scothi: Mamotrectus: Sala de consti. etc. Idem de Iudicijs etc. Barbacia de pactis etc. Idem de accusa. etc. Idem de verb. obliga. Argonauticon cum reliquis etc. In sermones Horacij etc. Hesiodus: Regule quantitatum. Praeter hos sunt textus duo Digestorum domini Doctoris Vuolf. Item Therencius ille cum Donato domini Prepositi Surburgensis. Si quid in his mittendis minus consulte egi: ineptitudini mee potissimum tribueris[.] Nihil enim est: quod tui gracia non beneuolentissimus susciperem. Profusissimus enim animus erga te meus: non defuerit nec languescet vnquam[.]

Ego quidem sanus Dei clemencia viuo. Socios nobis habemus dominum Georium presbiterum: quem nosti Vngarum. Item quendam alium Pannonium studiosissimum virum: quorum societas mihi periucunda est: sunt enim ut honesti: ita litteris studiosi: quod ad rem meam imprimis conducit. Commentarios Abbatis Siculi: super vniuersum Decretalium contextum: elegantissimis elementis Venecijs confectos: ducatis duodeeim [duodecim] emi: qui mirum in modum me oblectant[.] Quid pluta [plura]? totus Canonibus incumbo: ita/ ut leges non praeteream. Litteras tuas cum optatissimo venirent: ad me quaeso fac mittas. Diucius enim praeter morem: colloquium nostrum semotum est.

Vale Bononia. Indusium tuum longius: quoniam

ita cupijsti: mitti tibi curaui.

174. *to Johann Müller*

Diligenciam in rebus suis omnibus pollicetur.

Petrus Schottus Insigni bonarum arcium professori: Magistro

Iohanni Muller: praecoeptori suo ornatissimo salutem plurimam dicit.

Frequenter a te legi litteras: omnes quidem paucis: sed iucundissimis verbis: tuam in me beniuolenciam et spem non mediocrem praeseferentibus. Supreme insuper quas hodie recepi: vasis cuiuspiam curam mihi committunt. Hanc ego: dum allatum fuerit: eo mihi iucundius fuerit suscipere: quo videor confidencius conijcere: Dominum eius vasis non multo post subsecuturum. Precinctus equidem sum profectioni ad aelectum Augustensem: qui dominum Doctorem keisersberg: Magistrum Iohannem Rot et me accersiuit. Interea tamen curabo: ne quid tibi depereat absencia mea: vel in vasis recepcione: vel in execucione primariarum precum: quas tuo nomine in Baden esse intellexi: quasque mihi iussi quamprimum praesentari.

Paucis agendum esse censuisti: itaque finem faciam: si tibi puerum Gangolifum commendatum perseuerare: deprecatus fuero. Eius Parentes et Germani valent. Indusia confecerant: sed consilio experciorum sacius iudicauerunt: vecture dispendio vitato: ipse sibi Parisius: vbi linea viliori ere traduntur: venire paret.

Magister Iohannes de Creyçnach: qui te vnice diligit: salutem plurimam tibi dicit. Idem Parentes mei: qui vna cum consanguineis nostris omnibus: tibi singulariter notis: diuino munere: solita degunt incolumitate. Vellem quod sepe pecij: titulos altarium Capellaniarum tuarum ad me perscribere non fuisses dedignatus. Nam quamuis beneficia vacauerint: vicium tamen surrepcionis vereri oportet: quo minus/ eciam si cetera suppetant: nuncius Romam mittatur. Vale.


175. *to Johann Müller*

Quanti sit apud dominum Marchionem.

Petrus Schottus Magistro Iohanni Muller praecoeptori suo salutem dicit plurimam.

Deamari te a Principe tuo: et maximi pendi: Prepositus Badensis vir praeclarus: nuper mihi verbis splen-

Folio cxia

didissimis declarauit: et proinde mihi promocionem tuam nimium tardari querenti respondit. Non debere me ambigere: bene et cito rebus tuis consultum iri. Quod vbi contigerit: erit forsitan: ut faciliori animo tolerem amorem illum quo te Princeps vnice complectitur: hactenus non tam profuisse fortune tue: quam obfuisse. Nam ut omittam illud: quod passim apud nos fertur: neminem tibi vel in Cura vel Praepositura Badensi prelatum fuisse: nisi te a filio suo Illustrissimo adolescente: Pater discessurum formidasset.

Eciam in ea causa de qua tibi sepe prescripsi: dum opportune cetera sese offerrent: dominus noster Nycholaus quia nihil eius emolumenti quod desiderabat: ex eo consequi poterat: dixit se neque indignacionem Principis sui promereri velle: a quo virum amantissimum dimoueret. Interim prestante semper viro et nobilissimo et integerrimo domino Decano: et agente apud Nycholaum Patre meo: Magistro Iohanne Rot: meque ipso: nullo pacto induci potuit: ut vel promissa sua cum tanto periculo offendendi Principis: obseruare vellet.

Non possum scribere: horret animus meminisse: quam ego tunc turbatus fuerim. Vale.


### 176. *to Johann Müller*

Se quandoque venturum. Illum voto satisfecisse. Puerum suum commendat.

Petrus Schottus Iohanni Muller praeceptori suo salutem dicit.

Plura sunt praecoeptor optime: quae ad te litteris perscribenda erant: sed quoniam iam tandem propemodum me spero: coram te conuenturum (modo tu non dissuadeas) idcirco breuibus habeto. Sollicitudine tua atque beneuolencia quam in perquirendis Cancellarij scriptis adhibuisti: desiderio nostro adeousque satisfactum: ut tibi graciam amplissimam habeamus. Nam quae adiri nequeunt: frustra petebamus.

Mitto vel forte premitto ad vos puerum meum Gangoliphum: quem cum viderem apud me prorsus negligi: visum fuit Parisius mittendum: vbi vel ipsa penuria adigatur ad profectum. Tibi

Folio cxɪb

aut ita commissum pro singulari in me amore tuo velim: ut quod videris ei expediencius: siue ut Magistro alicui famuletur: seu ut Camerista Grammatice adhuc det operam: tu pro honore dei et consulere et ut fiat auctor esse velis. Parum Argenti istic reddi sibi debet: eos inquam octo Florenos Renenses apud te obsecro deponi paciaris: et in extremam solummodo necessitatem contribui. Vale.


### 177. *to Johann Müller*

De profectione Parisiensi metu pestis: Parentes esse mutatos. Puerum commendat: ut in miserijs viuat id ei vtile futurum.

196

Pulueres mittit. De gracijs spem non esse: propter inexplebi-
lem Curialium cupiditatem.

Petrus Schottus Magistro Iohanni Muller: praecoeptori suo
obseruandissimo salutem dicit.
Non solum certo mihi constituebam: animo meo satisfacere:
verum eciam vsque adeo processeram: ut praemissis sarcinulis:
paratisque vie necessarijs: Argentine manere integrum iam mihi
non esset: sed in vetere scis esse prouerbio inter offam et os multa
interueniunt. Postridie siquidem quam illa egissemus Georius reuersus a te: beneuolencie quidem tue singulares indices Parentibusque
meis optatas: attamen mihi tristes acerbasque litteras reddidit:
quibus etsi suspendendum pocius iter quam praetermittendum sua-
debas: tamen ut est facile quo quisque procumbit: eo ipsum propellere. Parentes nomine pestis accepto: continue vas/ equite misso:
dissuadente me atque reluctante: reuehi iubent. Contendentes:
eius morbi latentem clamque serpentem infectionem: non ita penitus
solere confici: ut tutum sit homini: alteri aure assueto: repente se
illo conferre: vbi nuper visa sit debachari. Itaque licet tandem
persuarerim [persuaserim]: ut annuere visi sint desiderio meo: si
foret ut ab eo tempore rem saluam esse significares: tamen lectis
tuis litteris item beniuolentissimis: quas Misnensis ille tabellarius
attulit: illico auersiores praebere aures: nihil iam vel Medicis vel
Astronomis quos commemoras credere: presencia contemplari:
futura non homini/ sed Deo cognita

Folio cxiia

asseuerare.
Quid plura? hiemem hanc domi agi iubent: post si salubrius
videbitur: perpessuros se: ut abeam. Haec sunt benignissime praecoeptor quae hoc nostro conatu consecutus sum: conscius mihi
sum: nihil me quesisse in ea re: nisi quod Deo optimo maximo arbitrarer placiturum: ei visum aliter: eius voluntas nunc et semper
fiat: quo equiori animo pacior nunc hanc meam spem frustrari:
atque meum hoc infringi desiderium: qui mihi suadeam fore: ina-
niter fortasse. Sed persuadeo tamen: ut hoc damnum animi mei:
post vberiori et Deo accepciori fructu pensem: ergo ferendum est:
et quod veteri praecoepto iubemur: tempori parendum: et e rerum
condicione sumendum consilium.
Tui me piget vir obseruantissime: quem cura tanta affoece-
rim: et hodie per puerum meum molestem: is ut recte coniecisti:
idcirco praemissus a me est: ut venienti mihi famularetur: quare et
tam modico comitatus ere recessit: sed quoniam ut vides euenit:
captanda mihi racio est: qua hiemem hanc exigere possim.
Itaque te qui plusquam paternam hactenus benignitatem ex-

197

hibuisti: obtestari non vereor: ut si quo modo comode fieri possit: apud te aut famuli loco: si eius vel tu vel Magister Mathias vir doctissimus egueritis: aut in expensis non solum vilibus: sed et miseris in culina tua nutriatur: modo cum tuis Grammaticam disceret. Sin id tibi molestum esset: in Collegio quouis: Cameristam interim Grammatice operam dare iuberes et ebdomales denarios pro pane atro et obsenio vili distribueret. Nec me mouet miseria: quam ut scribis perpessurus videbitur: nullo etenim labore qui ceteris eiuscemodi tolerandus venit: immunem eum Parentes eius volunt: et quidem consilio meo: qui existimem eum insolentem nimium et rerum imprudentem futurum: si supra suas suorumque fortunas: tam delicate in alciora conscendere deberet. Vtrumuis horum elegeris: quamquam alterum malim: aut si quid tercium tibi amplius sedeat: tibi etenim rem dedo.

Folio cxiib

que sibi pro istoc tempore: supra eam quam habet pecuniam necessaria fuerit: cum scribes: addi curabo. Quare te maiorem in modum oro: ut quam in puerum inchoasti beneuolenciam eam confirmes. Vestem eius Nycholaus Grymmel abducturum si ei propediem vbi fieri poterit pollicetur.

Quod ad te attinet: vterer monitorijs partibus: ut tibi in tam subdola morbi tempestate prospiceres: nisi mihi plane cognitus esses. Pulueres tamen ut petisti Mater tibi mittit: qui iam magnam apud nostros fidem adepti: plerisque remedio fuerunt. Neque prorsus contagio hec Iunonis pestifere expertes sumus.

In impetrandis gracijs scis me minus expertum esse: tamen super ea re consilium cum Magistro Vito habebo: vbi scribendi fuerit comoditas. Nihilo enim adhuc de noui Pontificis creacione cerciores sumus. Arbitror difficile fore: ut in Collegijs nostris quicquam rabidas illas Curialium fauces praeterfigere possit. Sed id de quo scripsi antea in ecclesia maiore: bona spes me fouet: si contingeret in ordinariorum mense vacacionem attingere. Vale.


178. *to Johann Scriptoris*

Agit gracias pro institucione: excusat se non redijsse Parisius. Commendat vrbem Argentinensem.


Petrus Schottus Domino Iohanni Scriptoris: praecoeptori suo Parisiensi salutem plurimam dicit.

Non potui efficere doctissime vir: atque ornatissime praecoeptor: quin tandem nuncij opportunitatem nactus: ad dignitatem tuam litteras darem: non quae opereprecium aliquid habeant: sed

198

amoris erga te mei testificacionem praeseferant. Ita enim me sibi deuinxit perpetua obligacione excellens illa virtus atque doctrina tua: ut non sim veritus: ne termeritatis arguar: qui te vanis ineptisque meis litteris occupem. Quippe qui vel ingratus vel non satis beneficiorum memor iudicari: merito possem: si tibi gracias haberem dumtaxat: non autem agerem. Quamobrem doctissime vir: ita tibi persuadeas oro: si te vnquam obseruaui: si vnquam ut precoeptorem op-

Folio cxiiia

timum amaui: omnis hic amor longe nunc amplior indies crescit: maiorque efficitur. Equidem agnosco nunc clarius: quam ex re mea fuerit: te praecoeptore vsum esse: qui et doctrinis illustribus et optimo mihi exemplo semper prefueris: eoque factum est: ut mihi graue admodum atque molestum fuerit: dum reditus ad te atque Parisiensem Achademiam interdiceretur. Optaueram etenim sub te praecoeptore: et militare et coronari.

Sed quid hec queror? Alio versa est triremis nostra: Bononiam ex voluntate Parentum meorum pecij: atque ibi quinquennium fere integrum legibus indulsi: peste coactus in patriam me contuli: rediturus si Deo optimo eternoque sedeat in Italiam: pro consumandis que coepi. Sane nondum nobis certum est: si magister mihi ut par est venerandus Doctor Iohannes Muller quem hactenus tutorem praecoeptoremque habui: deinceps quoque in Italiam diuertat. Sed hec hactenus.

Te ego virorum optime: vellem aliquando in hac nostra Argentinensi patria habitantem conspicere: atque pro honore et dignitate tua abundantem. Haberes sane eorum quibus te atque prestantissimam tuam doctrinam oblectares maximam partem: aeris temperiem: vrbis amenitatem: virorum doctorum atque bonorum frequens consorcium: et quidem eorum: qui te Magistro et sciencias hauserunt: atque virtutes. Si feracitatem glebe queris: si volatilium: si piscium [:] si quadrupedum nulli terre patria nostra secunda est. In ea queso tibi mansionem elige. Inuenies profecto vera tibi esse promissa. Meque ut obnoxio quatenus lubebit vteris. Vale.

179. *to Vitus Maeler von Memmingen*

Amicus verus quantum debeat. Et rogat ut ab inquietacione amici in possidendo Beneficio desistat.

Petrus Schottus Magistro Vito Maeler de Memmingen Decretorum Doctori salutem dicit plurimam.

199

Amicorum gracia omnia vel arduissima honeste posse suscipi: veterum nos exempla monent: modo extra turpitudinem versari possunt: quod si

Folio cxiiib

vel praeclara vtilitas: vel clarum comitetur difpendium [dispendium]: praeter officium nimirum agas: nisi amico totus adsis: atque eius rem non secus agas: ac propriam. Itaque vir optime: cum causa Beneficialis quam aduersus Magistrum Iohannem Rot agis/ ea sit ut tibi paruo emolumento: magno autem incomodo aduersario esse possit: non sum veritus: breuibus te orare: ut voluntati non dico mee: aut Magistri Iohannis: sed dominorum Prepositi et Decani ecclesie sancti Thome: virorum sane eximiorum condescendere velis. Plane non dubito quin si innocenciam/ mores/ et doctrinam viri nouisses: pro ea integritate qua es preditus: dignum duceres: in quo diuino more: gracia inquam et clemencia vtereris. Sed hec paucis: ne amicum videar extollere.

Ego te plurimum amo propter singularem doctrinam tuam: et magnopere cuperem te aliquando in vrbe nostra habitare debere: verum scio id Beneficiolum non esse tanti: ut ideo ad nos diuerteres. Quanti enim sit: cartula his inserta tibi explanabit. Magnis impensis consecutus est possessionem Iohannes noster. Tu per graciam suam: tuam ut aiunt purgare potes: id si sapis facies: et meliora tentabis. Quod si se tutum aduersus aduersarios omnes non forte confideret: si non alia via impetrari posset: forsan Beneficiolum aliquod curaret haberes: ex quo fructus decem Aureorum absens perciperes. Itaque fac qui humanitatis studiosus et humanus sis erit. Vale.

180. *to Vitus Maeler von Memmingen*

Cupit amorem instaurari. Suadet contemptum diuiciarum.

Petrus Schottus Magistro Vito Maeler de Memmingen Decretorum Doctori salutem dicit plurimam.

Non parum hereo et ambigo: quam nam in partem accipiam: quod ad me scripsisti lacessiri te a me. Siue enim tu sis a me tam alienatus: ut nisi prouocatus: nihil deinde ad me scripturus sis: siue me tuarum rerum tam esse pertesum arbitreris: ut nisi lacessam: non videar tuis Epistolis delectari: alterutrum ex nobis violate amicicie reum fieri necessarium est. Mihi enim

Folio cxiiiia

cum ignorauerim hactenus: quo nam in loco degeres: arbitrarium nequaquam fuit: litteris meis amiciciam nostram fouere. Tu autem

qui me non ignorasti: iampridem comodo potuisses: litteris tuis
solari: quod licet tandem foeceris: cum iucundissimam alioquin
Epistolam ad me dederis: tamen hoc vnum non coherere videbatur:
ut tanquam inuitus aut deses: lacessiri desiderares: qui si me amas
vti amasti: vltro promptissimus ad scribendum esse debueris. Ego
mi Doctor non vulgarem amorem esse iudico: qui inter bonas litteras
inchoatur: presertim ab his/ qui assidua audicione integros et pro-
batos mores coniungunt. Quare cum ab eo tempore/ quo te noscere
incipiebam: te talem esse semper iudicaui: non mediocri: sed eximio
quodam et singulari amore: te sum prosecutus. Nam et me pari
beneuolencia mihi quidem gratissima: a te videbam amplecti.

   Superest igitur ne facile paciamur frigere: tam suauem
nostrum amorem: quod difficile non fuerit: si vno et communi voto
viuentes: ad parandam salutem nostram anhelemus: et tantundem
temporariarum facultatum admittamus: quantum nobis ad illam
perpetuam beatitudinem adipiscendam: sufficere credamus. Pluribus enim impediri nos: pocius quam iuuari: omnes littere sacre
testantur. Ideo ad te scribo: quia inter eos versans: quos nescio/
quae habendi cupiditas omnes fere obcecauit: adeo/ ut caducam
hanc et momentaneam dignitatum et prouentuum accumulacionem: illi eterne et immortali foelicitati preferre non vereantur.
Pluribus vterer: si de consciencia tua dubitarem: sed hec monuisse:
ad amiciciam nostram vel maxime visum est pertinere. Nam si
idem velint amici: tam vere amici sunt: cum ut bene velint: ambo
laborant. De his hactenus.

   Commendasti patrem Nycholaum kagensem litteras quas a te
reddendas coepit vidi: eum (quod inter veniendum mortuus

Folio cxiiiib

est) non vidi. Confido quia virum optimum edicis: optime nunc
habeat. Tamen tui gracia si quid potuissem: impendissem ei et
operam et opem. Quod reliquum est non me tibi commendo: sed
commendatum arbitror. Vale.


181. *to Eucharius Groshug*

   Laudis sui pertesum visum esse.

   Petrus Schottus Euchario Groshug Ioannite salutem dicit.
   Constitueram vbi primum immensum hoc Eulogiorum volu-
men susceperam: id ad te continuo remittere: neque pati apud me
diucius senescere tantas laudes: cum quibus parum admodum commune haberem. Euestigio enim contrarie voluntatis testacionem
interponi debere: Paulus Iurisconsultus monet: nisi factum non

201

improbare velimus[.] Verum cum admonendi mei gracia: exercen-
dique tui: hunc laborem suscepisse cognouissem: ne viderer praecoepta floccifacere: volui diucius te praecoeptore niti. Etenim si
ut Demostenes ait: erubescere nos eciam cum vere laudamur decet:
quo colore impudenciam meam tegerem non videbam. Vale.


### 182. *to Eucharius Groshug*

Agit gracias: quandoque relaturus.

Petrus Schottus Euchario Groshug Ioannite salutem dicit.
Ago gracias vir prestantissime: si possem eciam referrem.
Verum id ei demandabimus: cuius res agitur: neque enim pro immensa benignitate sua facere potest quin tam accuratam in pro-
mouendo cultu sui diligenciam mercedis immunem perire non sinat.
Nec idcirco tamen minus a me: si que reddendi facultas apud nos
est: mutuum expecta. Deum pro me ora. Vale.


### 183. *to Adolph Rusch*

Petrus Schottus Adelpho Rusco viro primario salutem dicit.
Felicitate tua atque benignissima humanitate audencior fio:
quo minus verear: ex obligato obligaciorem me tibi constituere.
Quare nisi tibi molestum sit: Titum Liuium Romane historie principem: ad me mittas obsecro: rediturum vna cum Tortellio: vbi
primum tibi cordi fuerit. Vale.

Folio cxva

### 184. *to Gottfried von Adelsheim*

Consolacio in mortem Patris sui Godefridi Equitis aurati.

Petrus Schottus Eximio Iuris vtriusque Doctori domino Gottifredo de Adelçheim maiori plurimum venerando Salutem dicit
plurimam.
Tristi nos admodum nuncio turbasti Doctor insignis: quibus
significaueris eiuscemodi virum vita functum esse: qui non solum
tibi fratribusque tuis nobilibus viris moestissimo planctu: utpote
pientissimis filijs: verum eciam vniuersis Rheni accolis: quin et toti
Germanie grauissimo merore lugendus esse videatur. Neque enim,
tam vobis filijs suis ornamenta et dignitatum et emolumentorum
amplissima parauit: ampliora si superuixisset paraturus: quam

consilijs facundia ductuque suo principes subinde duos victoriosis-
simos: atque latissimarum regionum populos (ut paucissimis plurima complectar) milicie domique summis honorum ac glorie accessionibus prouexit.

Itaque si luges vir prestantissime: si lugent mater ac fratres
tui: mirandum est minime. Siquidem et nos quoque: Genitor
inquam meus: nostrique omnes: quos ille beniuolencia singulari
complexus est: incredibili tristicia affecti sumus. In primis autem
Zesolfus Patruus tuus: eiusque Coniunx soror mea: qui licet ipsi
modum dolori non videantur ponere: vos tamen: Genitricem inquam
vestram/ preclarissimam matronam: ac te/ Germanosque tuos:
hortantur et orant: id quod et nos ceteri vehementer obsecramus:
racione velitis merorem compescere: atque id quam maximam
consolacionem Marcus Cicero putat: in ore ac animo semper habere:
Homines nos ut esse memineritis/ ea lege natos: ut aliquando e vita
discedamus: neque esse recusandum: ut qua condicione nati sumus:
eam subeamus: ne ve tam grauiter eos casus feramus: quos nullo
consilio vitare possumus. Id sane vel vnum lenire merorem debebit:
quod quum aetatem non multis concessam attigerit: post tot tamen
egregia grauiterque

Folio cxvb

confecta facinora: prius mortali hoc carcere euaserit: quam inuidia:
que benemeritorum virorum graciam creberrime solet tandem
euertere: obnixius in eum liuoris sui virus effunderet. In hoc nimirum beatus: ut de his que ad christianam pietatem pertinent: queque et ego longe precipua puto taceam: quod in summo principis
fauore/ honore omnium: eum finem attigerit: ut filios quoque suos/
heredes non tam opum sibi reliquerit: quam honoris et glorie super-
stites conspexerit eximios: te precipue/ quem iam et doctrina et
dignitate ornatum videre contigit. Vale.

### 185. *to Gottfried von Adelsheim*

Circa preces regales quid attemtandum.

Petrus Schottus Gottifredo de Adelçheim Iuris Vtriusque
Doctori Preposito Vuimpinensi Salutem dicit plurimam.

Fuimus nudiustercius in Vuasselnheim apud Zeisolfum fratrem tuum: virum et prudencia et beniuolencia prestantissimum:
a quo dum de status tui condicione sciscitarer: intellexi te in presenciarum confluencie residentem bene valere: quo mihi nec accep-
cius quicquam afferre potuit nec iucundius. Dixit deinde te velle/
ut si quod apud nos Beneficium/ quod vigore precum regalium spe-

203

rare possis/ in mense ordinariorum vacare contigerit id adipisci conemur: sin in mense papali: supersedeamus.

In quo cum ego te dum presens esses intellexerim nihil omnino tentari debere ante sedis Apostolice corroboracionem: de qua nihil adhuc certi nobis constitit: nonnihil subdubitare coepi: num id consultum esset? Nam preces ille quae ius tibi tribuunt: non sunt ad certorum mensium collacionem restricte: et facilius forsan possessionem adipiscaris prebende: quam expectans apostolicus: quam eius quam nominatus a Canonico cui omnes capitulares iuramento assentire coguntur acquirere contendat. Sin autem non tam iure quam metu regio ecclesias

Folio cxcia

ad morem gerendum compellendas esse censeas: vide obsecro quid agas. Neque enim tam facile ut vereor terrebuntur: nec si territe tibi acquiescerent: idcirco tecum bene actum esset: quum non sit id ostium quo in patrimonium Christi communionem deuenire debeamus.

Amo te mi Doctor: ita tamen ut anime tue salutem precipue desiderem. Non igitur agam quicquam: nisi prius mentem tuam in his intellexero: et quae iuste agi posse confidam: si non ero ipse idoneus alios per teque constitutos procuratores ea agere paciar. Vale.


186. *to Emerich Kemel*

Comites ac Duces vie scribit sibi affuturos: modo rescribat armatos an inermes desideret.

Petrus Schottus Venerabili patri Emerico: sedis Apostolice nuncio dignissimo salutem dicit plurimam.

Venerabilis Pater desiderio vestro quod hesterno vesperi ad me obtulistis: Genitor meus se morem gesturum promittit. Quare indubitato sitis animo. Curabit enim: ut crastino mane apud vos sit: peritus eius vie qua tenditis: qui voluntati vestre in omnibus obtemperare debebit. Id vnum scire cupit: armatum desideretis: an inermem? Nam et si quinque pluresve qui vos manu forti comitarentur desideraretis: ait Magistratum huius vrbis ob reuerenciam sedis Apostolice: et amorem vestrum: nequaquam denegaturum. Itaque super illo cercior a vobis reddi desiderat.

Valete venerabilis Pater et maior: et me solito complecti amore ne cessaueritis.

## 187. to Emerich Kemel

Petrus Schottus Venerabili ac religioso patri Emerico Kemel: ordinis fratrum Minorum de Obseruancia: et nuncio Apostolico: maiori plurimum honorando salutem dicit.

Quoniam perspexi Pater venerabilis: in tam arduis grauibusque commissis tibi negocijs: quibus apud nos Commissarium Apostolicum agens perurgebaris: conquisiciones tamen veritatum te non solum admittere: sed eciam amare: et ut videre videbar eiuscemodi collocucionibus te

Folio cxvɪb

quasi laborum lenimentis delectari. Idcirco non sum veritus assumere partes viri insignis et doctoris sacrarum litterarum Iohannis de keisersberg in ecclesia Argentinensi praedicatoris regij: et nonnulla ad Paternitatem Tuam deferre: que vel per incuriam praesenti tibi tradita non fuere: vel tute pro comodiori discussione: suscepte per te prius materie mittenda tibi desiderasti.

Nosti vir praeclarissime çelum eius quem prius nominaui doctoris: quanto feruore pro gloria dei decertet: quanta contencione corripiat. Neque enim aliter talenti sibi commissi racionem: domino satisfacientem reddere se posse confidit: nisi se ponat murum contra iniquos: et in his precipuum errorem detegat: que sub pallio vel statutorum vel consuetudinis relata: iusticie cuiusdam faciem apud imperitos et eos peruicaces induerunt.

Verum quoniam ut non ignoras: periculosum est enunciare: eciam in his quae certa videntur: propter emulos eos: qui ut caseum habeant: hoc est cadentem excipiant: eciam corui laudare non verentur vocem: voluit ut cum ipse alijs distringeretur: ego ad te his litteris vel pauca expromerem: super quibus peritorum et quorum fidem inconcussam arbitrareris: responsum ad nos mittere: propter Dominum cuius res agitur: non te pigeat.

In primis igitur in causa eorum qui vltimo supplicio plectendi veniunt: quoniam cupijsti intelligere: quid Doctores Vniuersitatis Heydelbergensis sentirent: si quatuor diebus apud nos abitum distulisses: coram vidisses et Theologorum et Iuristarum concordem sentenciam: eiuscemodi personis: dumnodo [dummodo] poenitenciae signa exhibeant et desiderent: Eucharistie sacramentum nequaquam esse negandum.

Sed sunt et alia: quae licet nondum in concertacionem talem deducta sunt: tamen ne contingat rursus veritati contradici: cum in medium ut necessario ita constanter proferetur: petit eximius ille Doctor: eadem dei gloria commotus: ab doctis et autoritatis magne viris: animo solidiori et cerciori firmari corroborarique. Sunt ergo hec inter cetera dubia principalia.

Statuto ciuitatis Argentinensis cauetur: quod intrans religionem non possit de bonis suis: quantumcumque diues: deferre ad Monasterium plures quam C libras: que faciunt prope cc aureos Renenses[:] relique cogitur relinquere heredibus ab intestato.

Iterum Statuto cauetur quod Ciuis Argentinensis occidens peregrinum seu forensem id est non Ciuem: liberatur ab omni punicione soluendo xxx solidos: qui sunt prope tres florenos Renenses [:] qui tamen si eidem quamuis forensi furaretur quid modicum: laqueo suspenderetur. Quod si vero quispiam eciam Ciuis Ciuem occiderit: quamuis vim vi repellat: cum moderamine inculpate tutele occiditur.

Item Statuto cauetur: quod non potest testamento vel donacione causa mortis aliquid relinqui: eciam locis sacris: vel ad pias causas.

Vtrum igitur talium statutorum conditores vel manutentores sint in statu salutis?

Item dant fidem publicam seu saluum conductum contra iusticiam: ita quod taliter conductus: non teneatur stare iuri.

Item talias/ pedagia/ et teolonia exigunt a clericis passim: eciam de rebus victui necessarijs: ut vino et frumento.

Item rusticanam quandam imaginem: in sublimi sub organis: in ecclesia maiori collocarunt. Qua sic abutuntur. In ipsis sacris diebus Penthecostes: quibus ex tota dyocesi populus processionaliter cum sanctorum reliquijs: deuocionis et laudandi dei gracia canens et iubilans: matricem ecclesiam subintrare consueuit. Nebulo quispiam se post illam imaginem occultans: incomptis motibus: voce sonora: prophana et indecora cantica eructans: veniencium hymnis obstrepit: eosque subsannando irridet: ita ut non solum illorum deuocionem in distractionem: gemitus in cachinnos vertat: sed et ipsis clericis diuina psallentibus: sit impedimento: immo diuinis missarum solennijs (quas non longe inde celebrare contingit) ecclesiastici

immo diuini cultus çelatori longe abominandam et execrandam afferat perturbacionem.

Item Magister ciuium locum suum habet in ecclesia maiori: in quo passim responsa dare: et partes coram se vocatas audire: item illic cum alijs confabulari consueuit: eciam tempore quo in proximo per sacerdotes misse celebrantur: qui tanto murmure et strepitu turbantur.

Item et alias irreuerencias locis sacris faciunt: ementes et vendentes in porticu templi: cum et ille locus sit consecratus. Et pullos porcos et vasa per ecclesiam eciam sub diuinis ferentes: ea deambulacione plus diabolo quam Deo obtemperant.

Item specialiter a festo Sancti Nycholai vsque ad octauas Innocentum: puer induitur ornamentis Episcopalibus: et Collectas in ecclesia canit: dat benedictiones publicas: et laruati quamplures in ecclesijs: omne ius et equum perturbant.

Item diei Dominico vel abusu corrupto sic abrogatur. Statutus enim est ille dies: ut in eo et non in alio/ pistores exteri maximam panum congeriem omni et solo illo tempore: quo populus diuinis amplius vacare deberet: venalem habeant.

Item qualecumque festum in feriam sextam occurrerit: eciam si beate Virginis fuerit: tamen forum publicum non interdicitur.

Hec omnia cum viro çeloso stomachum moueant: cercior fieri cupit primo quid in eis senciendum esset? An omnes talia agentes: vel qui possent non impedientes peccarent mortaliter? Deinde an ipsi: cui Praedicacionis officium Episcopi loco commissum est tacendum sit an contradicendum?

188. *to Johann Klitsch von Rixingen*

Monet ad diligenciam litteris adhibendam.

Petrus Schottus Iohanni klytsch de Ryxingen salutem dicit.
A patre tuo litteras capis: itaque de tuis non facio mencionem. Nos bene habemus Dei virtute: tu ut bene habeas: et professioni cui coepisti operam et diligenciam probam impendas: cura. Nihil est quod a te vehemencius desideramus: nihil quod tu tibi salubrius in hac etate possis prestare. Vale.

Folio cxviiia

189. *to a Friend*

Munus a se missum: gratum fuisse: gracias agit. Accessione fortune congaudet.

Petrus Schottus Amico Nostro salutem dicit plurimam.
Acceptum tibi munus nostrum accidisse: adeousque voluptuosum mihi fuit: ut omne id quod inde sperauerim: abunde superque visus fuerim retulisse. Etenim sum vehementer letatus: tantillum munusculi contra tot beneficia/ quibus me tibi deuinxisti: vel aliquid nominis potuisse mereri. Itaque parem tibi graciam

207

habeo: qui id non spreueris: eis/ quas tu mihi litteris beniuolentissimis egisti. Neque enim verbis quantumcumque officiosis: tuam benignitatem superare possem. Sed hec missa faciamus.

Ego accessioni tue plurimum sum gratulatus: praecipue/ quod video nullum tibi iam ad Presulatus apicem conscendendum: intercedere gradum. Quae vtcumque vsu venerint: agende pocius humanitatis et beneuolencie erga me tue quam imminuende: racionem te suscepturum spero. Equidem ne dubites: nil vnquam committam: quo minus tui amantissimus puter. Tu modo verba quibus te Argentinam inuisurum promisisti: re ipsa si comodum erit comprobare velis.

Vnum te vehementer orarem si non vltro id te facturum confiderem: ut Bohuslao viro ut optimo: ita carissimo mihi: si nondum firmior sit redditus: curam adhibeas[.] Vereor enim ne (quam morbo) egritudine animi quam ex morbo contraxit: amplius conficiatur: quamquam iampridem que dei est benignitas: conualuisse eum sperem. Vale.


190. *to a Friend*

Graciarum actio pro munusculo.

Petrus Schottus Amico Nostro Salutem dicit plurimam.

Quid de munere tuo amplissimo loquar: quo susceptionem nostram ornare voluisti: nam si vel Apicius ipse coquinarius rei praefuisset edulio nostro: non sapidius ampliusue conducere potuisset. Gloriam enim pariter et volatilium: et pedibus nitencium ad nos transmisisti. Ait Marcialis in Xenijs suis.

Inter aues Turdus si quis me iudice certet:

Inter

Folio cxviiib     quadrupedes gloria prima lepus.

Nec est quod dicatur: de Turdo loquitur non de Perdice: quia si Perdix Turdo et sapidior et preciosior: ut omnium fere opinio est: Turdum autem suo iudicio inter edulia prima posuerit [:] nos non immerito Perdicis ei incognitum fuisse saporem putabamus. Hec sane munera: quamquam municipali Argentinensium lege vetitus sim suscipere: ego autem tibi et suo et meo nomine gracias habeo: et ago immortales. Relaturus vbi amplior mihi comoditas affuerit.

Tu si quid est in rebus meis vel libris: quos hic fere nullos habemus: vel alterius cuiusuis generis: eis ut tuis vtere. Vnum a te peto obsecro et obtestor: ne mihi des vicio: qui tardus adeo tuis litteris responderim. In causa enim fuit: incredibilis amicorum notorumque ad me concursus: meaque a paternis edibus quotidiana fere exulacio. Ita enim ab amicis ad coenas et prandia vocor. Vale.


## 191. *to a Friend*

Mittit crumenam vacuam pro munere Romam.

Petrus Schottus Amico Nostro Salutem cum suijpsius commendacione.

Ne vel plurium beneficiorum mihi per dignacionem vestram impensorum ingratus: vel mei polliciti inmemor existimer: crumenam hanc multorum nummorum et capacem et indiguam: amoris mei monumentum mitto. Que quando multo mihi tucius visa est inanis quam farta Rhomam per medias hostium insidias labi posse: non erit quod causemini: vos inani theca donatum: presertim cum non ignorem: minori admodum opera Patrocinijs vestris implenda fore: quam oracionibus nostris. Valete.


## 192. *to a Friend*

Spem facit inhabitande quandocumque Argentine.

Petrus Schottus Amico Nostro Salutem dicit plurimam.

Litteras quas a te iampridem accoepi: non inuitus equidem legi: elegancia enim et suauitate tua magnopere delectabar. Rogas

Folio cxixa

equo animo paciar: te rebus tuis consulere. Atqui ego id non modo non impediam: verum mihi crede: si quid tibi opera mea prospici posset: pro viribus ut bene esses: et ut nobiscum esses efficere conarer. Sum enim vehementi quodam in te amore accensus: id quod antea quoque ad te scripsi: ita ut non paruam felicitatis mee partem hac in re versari putarem: si te vrbem nostram incolentem viderem.

Quamobrem maiorem in modum gaudeo: te viris optimis atque maioribus meis plurimum venerandis: Preposito inquam et Decano sancti Thome tanta necessitudine iunctum esse. Spero etenim per te illos propediem in vrbem nostram non solum inuitandum: sed eciam perducendum fore. Inquies quid ergo impedis? Sane si Decanum audiuisti: intellexisti probe/ in rem tuam conducibilius esse assentire condicioni quae tibi offertur: quam ad te dominus Prepositus nunc scribit: illi vero contra dispendiosum admodum a possessione te impensis parte cadere. Hec ut vera sint

credo distinctius ad te dominus Decanus iampridem scripsit. Itaque
hec missa facio.

Vnum te rogo: ut humanitatis tue ad finem vsque non obliuiscaris. Quid a te petamus: scribent hij quos dixi. Tu votis nostris:
si ut spero annueris: conciliabis tibi amicos plurimos. Deo immortali obsequeris. Me atque meos ita diuincies: ut non sint inuenturi:
quo tibi graciam referre possint. Me ama: et rogo litteras tuas:
quoniam mihi sunt iucundissime: interdum ad me dare velis. Vale.

### 193. *to a Friend*

Commendaticie.

Petrus Schottus Amico Nostro salutem dicit plurimam.

Cum ad vos ornatissime Magister: profecturus esset vir venerabilis Magister Iohannes Syfridi: Plebanus sancti Martini Argentinensis dominus et Pater meus summopere obseruandus: existimauit commendaticas litteras meas/ quas ad vos Genitoris mei
nomine darem: plurimum sibi profuturas esse. Etsi enim peruulgata iam de vobis fama didicerat: vos ad impendendam miseris
opem: naturali quadam humanitate inclinatum esse: iudicauit
tamen

Folio cxixb

amicorum precibus animum promoueri. Atque his tunc maxime
opus esse: cum is qui petit: non vsquequaque notus est ei: qui
rogatur. Itaque venerabilis Magister: vos obsecrare et obtestari
non vereor: viro huic reuerendo: in his/ quae a vobis petit: obsequi
velitis. Etenim rem honestam: et perquam necessario auxilio egen-
tem postulat: et que vobis non nisi ad summum meritum: erga
immortalem deum cedet.

Plane dedisset ad vos proculdubio litteras suas: ipse meus
honorandus mihi Genitor: si domi fuisset. Verum ego id verbis
suis polliceri possum: causam hanc ob cuius intuitum modo in-
quietamini: tam sibi cordi esse: ut si quid in ea proficui bonitate
vestra effectum fuerit: maximi momenti gaudium sit inde sump-
turus: neque ingrate commendaturus memorie. Valete.

### 194. *to the General of the Dominican Order*

Oracio ad Generalem ordinis Predicatorum.

Aduenisse te in vrbem nostram Pater amplissime vniuersa hec
ciuitas mira congratulacione gaudet: siquidem ex praesencia tante

210

doctrine auctoritatis atque sanctimonie patris adornandam sese et perinde ac a sidere celesti illustrandam fore: non indeuota persuasione confidit. Verum super ceteros mortales incredibilem cordis leticiam: quam ex aduentu praestantissime paternitatis tue conceperunt deuotissime filie tue: Priorissa atque sorores Conuentus sancti Nycholai in Vndis vulgo nuncupati.

Ad te me interprete non tam enarrari quam insinuari voluerunt. Plane gestirent admodum ipse sese conspectui tuo praesentes exhibere: atque veneracionem debitam/ submissam humilemque obedienciam non modo verbis: sed exterioribus quoque gestibus praeseferre. Sed neque tu id exigis Reuerendissime pater/ neque professio id patitur sua. Nam cum mulierculas omnes vagari minus deceat: Sanctimoniales ut nosti neque septo claustrorum pedem efferre sine piaculo licet. Itaque quod ipse nec possunt nec debent demandarunt viris his magnificis nobilibusque/ atque inter proceres vrbis huius prope

Folio cxxa

modum primarijs. Quos quidem honestate deuinctos sibi atque obnoxios adeo reddiderunt/ ut pro honore huiusce sororum nullam prouinciam non sint subituri.

Eis inquam praestantissimis viris demandarunt/ ut hac in re vices suas assumentes/ primum aduentui Reuerendissime paternitatis tue: necnon honestissimi tui comitatus gratularentur atque officiosissimam piamque reuerenciam sororum nomine denunciarent. Deinde ut commendatas tibi filias tuas conuentum et substanciam suam omnem habere velis: te maiorem in modum obsecrarent. Id igitur ut facias pater amplissime orant te filie tue: orant hi nobilissimi viri: orat et vniuersus ferme populus Argentinensis qui integritate ac sanctimonia atque oracionibus earum sororum maximopere apud deum adiuti/ eas singulari fauore non immerito complectuntur. Adeousque profecto/ ut quicquid paterne beneuolencie in sorores sancti Nycholai quas dixi Reuerendissima paternitas tua sit impensura: id non minori gratitudine sint acceptum habituri: quam si in quemque ex se huiusce beneficium collatum foret.

Breuibus aperui Reuerendissime Pater cur venerimus. Tuum erit quod confidimus: ut pro innata humanitate/ mansuetudine/ et clemencia/ tam honestam peticionem tantorum virorum impetrasse nos declares. Dixi.


195. *to the Premonstratensians*

Petrus Schottus Ad honorandos Religionis Premonstratensium professos: Breuiarij commendacio.

211

Indicata vobis iam ab exordio fuerunt Venerandi atque optimi patres: Religionis vestre foelicissima incunabula: viuendi modus integerrimus ostensus: atque vestimentorum candidus ornatus: ipsa Virginis gloriosissima designacione premonstratus. Inde siquidem Premonstratensium vobis inditum est nomen.

Quamobrem grata nobis admodum atque accepta esse debebit: pia et Religioni vestre magnopere conducens solicitudo: venerabilis ac religiosi Patris Berchtoldi Durr Abbatis Monasterij Adel-

Folio cxxb

bergensis: diocesis Constanciensis. Qui ut tam preclare inchoatus: tam candidus ordo: in oracionibus Canonicis: quas monastica contemplacio perfectissimas exigit nulla errorum caligine: nulla dubiorum obscuritate defuscaretur: Breuiarium horarum Canonicarum: quibus immortali deo psallere soletis: accurate colligi: collectum emendatissima lima castigari: ac deinde castigatum in Argentina inclita Elueciorum vrbe imprimi curauit: idque primus omnium suo ductu monstrauit.

Id vnum sane a vobis omnibus postulans et orans: ut pij eius in Deum studij inter orandum memores: ea attencione: ea diligencia: oracionum et laudum sacrificia Deo offerre conemini: qua ipse impressionem hanc integerrimam: omnibusque gratissimam esse desiderauit.

### 196. *to certain priests*

Aguntur gracie sacerdotibus quibusdam qui suis oblacionibus animam defuncti in celum euehere conati sunt. Petrus Schottus.

Immortales nimirum gracie non solum agende vobis essent Patres amplissimi: sed eciam reuerende: qui funerales Viri huius et genere et virtutibus nobilissimi exequias: tam frequenti tamque honesto conuentu celebraueritis.

Verum cum diuinis humana: caduca perpetuis/ vicem prestare nequaquam possunt: quibus obsecro verbis: ne rebus dicam: equari poterit vis et efficiencia sacrosancte illius hostie: que tociens hodie per prestancias vestras eterno patri est oblata? Ab eadem igitur vobis expectanda est retribucio: pro cuius gloria et hec acta sunt et que cuncta bona fiunt. Eamque graciam ut vobis libencius Dominus elargiatur: foelix ut spero anima illius optimi: Patroni dicam an Patris: suffragijs vestris in conspectum altissimi subuecta: vicem reddens facilius impetrabit. Quod si forte adhuc humana labe non prorsus purgata: ampliorum subsidiorum indigua fuerit: ex re nostrum omnium fuerit: eo celeriora ar-

212

Folio cxxia

dencioraque afferre remedia : quo Patronum fideliorem/ properancio-
remque in celestibus desideramus. Quod et ipsi et omnibus nobis
praestare dignetur : qui viuit et regnat Deus per omnia saecula sae-
culorum. Amen. Dixi.

197. *Epitaph*

Praeclare dictum.

Ne quis opum honorumve accessionibus insolescat : ecce vir
venerabilis Archiepiscopus Sanctorum Petri Fritçlariensis Mauricij
Moguntinensis et Nostri Minstermeyfelt Treuerensis diocesum ecclesiarum Prepositus : huius tamen fidelis Decanus : ad xvi kalen-
darum Ianuarij. Anni ab incarnacione Dominica M.cccc.lxxxiij tan-
tillo conclusus est tumulo.

198. *to those who attended Peter Schott's consecration as priest*

Graciarum actio per Petrum Schottum facta his qui primicijs
suis interfuerunt.

Immortales nimirum gracie : non agende solum : sed et re-
ferende vobis essent amplissimi Patres et prestantissimi viri : qui
inicialem hanc illibate victime immolacionem : tam humanoque
tamque celebri Conuentu honorare decorareque statueritis. Sed
quemadmodum cum in ceteris : tum in hac re precipuum : laus omnis
et honor non ad nos : sed ad eum pertinet : sine quo nil sancti/ nil
honesti/ nil boni vel inchoari potest vel perfici.
Ita et benignitatis vestre merces ab eodem ipso speranda vobis
est : qui virtutum omnium munificentissimus est retributor. Ipse
igitur clementissimus Pater quem in me hodie glorificare decreuistis :
vos omnes in semetipso eternitatis honore sublimare velit. Non
habeo viri celeberrimi quod vobis hoc vno maius imprecer : nec
locus iste pluribus nos vti patitur. Quamobrem breuibus et commendatum me dignacionibus vestris facio : et ad vicem pendendam
pro viribus paratum. Dixi.

199. *Request for donations to the Dominican Provincial Assembly*

Vt promoueantur fratres Predicatorum Capitulum celebraturi in Pfortçheim.

213

Obsecro propter deum: et si quid apud te preces mee valent quoniam fratres praedicatores prouincie teutonice celebraturi sunt Capitulum in conuentu Pforçensi. dominica Cantate proxima Conuentusque ille ob paupertatem/ alere tantam congregacionem non potest: presertim quum ob electionem Prouincialis plurimi sint confluxuri. Hortari velis populum/ ut patri qui ob elemosinam colligendam missus est: liberalis esse velit.

Etenim praeter id quod mihi pater ille singulari necessitudine iunctus est: quippe qui mihi Bononie aliquot annos pater spiritualis fuerit: cui eciam quodammodo id nomine tuo pollicitus sum. Eciam causa ipsa fauorem exigit: mendicantes enim mendicant: et hi boni et quos dicimus obseruantes.

Litteras et Vicarij et Episcopi nostri: ut colligere et intimare possint. Item litteras prouincialis eorum qui mille missarum: et omnium bonorum spiritualium fratrum dicte Prouincie participes facit ad hoc contribuentes: ne te grauarem mittere nolui. Ipse venirem: sed oportet interesse Nonis. Petrus Schottus.

## 200. *Request for donations to an impoverished mother*

Vt promoueatur quedam paupercula frenetica.

Rogatus a matrona quadam publice misericordie: te rogo eximie Doctor: mulierem quandam multorum liberorum matrem: alioquin mendicam: nunc post infirmitatem in phrenesim lapsam: ita ut de periculo filiorum multi timeant: ne forte manus eis inijciat. Eam inquam elemosinis populi commendare velis: quas ante ostium ecclesie expectabit: ut scilicet conduci ei possit: persona eius curam et custodiam agens. Petrus Schottus.

## 201. *Request for personal interview*

Legit pater litteras mihi per heredem istum redditas: et consilio aliorum habito: habet quod consulendum esse videtur isti siquidem secundum iuris praecipue municipalis ordinem nolit rem suam negligencius agere: quare ut clarius super ea re colloqui possitis: quoniam is quem res illa tangit simplicior apparet: non ab re fuit: si tu vna cum eo cras ad horam septimam domum nostram petatis audituri quid facto

opus esse videatur. Vale. Petrus Schottus.

## 202. *Request for book statement*

Expedire asserit Magister Martinus plebanus Sancti Thome ut tu et ego singulatim conscribamus: quid librorum nobis datum sit in solucionem summe a Nurenbergensi Impressore nobis debite: et quantum eris adhuc insolutum restet: ut id quoque cum ceteris racionibus Nurenbergam mittere possit. Si licet post prandium ad me mitte: et ego illi feram. Petrus Schottus.

## 203. *Question of correct usage*

Dubitat corrector huius loci: qui iam imprimendus est: num existencia omnia: an aliter in loco cera signata esse debeat. Ego quamquam non inepte sic relinqui posse iudicem: quando participium exuti accusatiuum post se paciatur: tamen nisi tibi grauius extiterit: perspicias oro quemadmodum Crisostomus tuus habeat: idque mihi hoc vesperi dicas. Petrus Schottus.

## 204. *Request for list of places in the Holy Land*

Si habes aliqua loca que tibi explorari velles in terra sancta: conscribe in scedula et domino Bohuslao mittam. Affer tecum ad coenam. Petrus Schottus.

## 205. *Request not to attend choir*

Suadet Magister Iohannes Symler ut visitacionem chori hoc mane deuites: causam ipse tibi peracto prandio coram explanabit. Petrus Schottus.

## 206. *Request to deliver letters and greetings*

Has litteras trade domino Andree: et Parentes meos ac me domino nostro Augustensi humili submissione commenda. Petrus Schottus.

## 207. *Request to announce papal indulgences*

Si non sit molestum: oro pro salute animarum et vtilitate fabrice ecclesie sancti Petri iunioris: denunciare velis populo indulgencias papales maximas: quas hodie illic consequi possunt. Petrus Schottus.

## 208. *to Peter Schott from Daniel*

Consultiua cuiusdam casus.

Frater Daniel Argentinensis Prouincialis prouinciarum Rheni et Sueuie: ordinis sancti Augustini. Percelebri et circumspecto viro domino Petro Schotto: Iuris Vtriusque Doctori redimito: praeceptori suo venerando salutem dicit.

Eximie Doctor: est casus deuoluendus ad me uti ad iudicem: transgrediens scienciam meam ac theologie facultatem: quare ad vos do-

Folio cxxiib

minum meum/ et vtriusque Iuris redimitum: ac Doctorem recurro pro consultacione.

Est quidam subditorum meorum: qui in quodam loco vbi vigebant indulgencie anni Iubilei: et auctoritas Pape secundum tenorem Bullarum: et is conscripserat pro memoriali: peccata et casus forte tocius vite sue: ut sic plenam faceret confessionem. Quidam hoc memoriale reperit in libro eius et subtraxit: et videns esse manus eius scripturam quam nouerat: seruauit illam scedulam: et hoc mediante per se et alios: impingit sibi infamiam: quam per illam scedulam conatur probare. Est autem pars scedule sic continens. Nota de furo floreni in Mulhusen.

Queritur vrtum [vtrum] iudicandum sit secundum illam accusacionem et probacionem? Secundo vtrum ille infamans: incurrerit aliquam poenam correctionis: qui sic dilatat infamiam istius? Et peto in hijs informari. Et cum placuerit colloqui: hora et loco per vos prefixis comparebo. Demum si lumen sciencie vestre non vellet ponere sub modio: sed super candelabrum: ut luceret eciam alijs: vellem vobis committere causam aduocacionis titulo: cum prouisione debita: pro patrocinio iuris: in Moguncia contra Consulatum opidi Friburgensis Brisgaudij: de qua locuturus sum.

Valeat dominacio vestra mihi exoranda.


## 209. *to Daniel*

Responsiua ad precedentem.

Petrus Schottus Venerando in Christo patri Danieli sacri ordinis Augustinensis per Rhenum et Sueuiam Prouinciali bene merito: maiori suo plurimum obseruando salutem dicit plurimam.

Querit a me veneranda paternitas tua de duobus: que vt breuius/ compendiosiusque rescribam: repetita velim haberi. Quod

216

ad primum attinet: iudicandum ne sit secundum actionem furti:
et probacionem eius: per clausulam in memoriali quodam per ipsum
reum conscriptam? Dico quod sencio: clausulam hanc. Nota de
furto floreni in Mulhusen: nihil omnino probare contra eum qui

Folio cxxiiia

scripsit. Nam cum in omni causa: probaciones debeant de necessita
concludere c. in praesencia. de proba. l. neque natales. C. eodem
titulo. l. non hoc. C. vnde le. cum similibus. praecipue tamen in
actionibus criminum/ non ex coniecturis aut signis leuibus: sed
idoneis testibus: apertissimis documentis vel indicijs ad probacionem indubitatis: et luce clarioribus iudicandum est ad condemna-
cionem l. sciant cuncti. C. de proba.

Sed cui dubium est hec verba: Nota de furo floreni in Mulhusen non continere indubitatam confessionem furti? Potuit enim
esse quod forte suspectum aliquem habuit furti: vel furtum alterius
celauit quod tenebatur manifestare c. qui cum fure. extra de furt.
Vel si sacerdos est: furem confitentem negligencius aut impericius
instruxit. Aut aliquod tale. Ex quibus aperte constat verba hec nihil
probare contra scribentem: praesertim cum possint habere plures
intellectus: et in dubijs ad absolucionem prompciores esse debeamus
l. absentem. ff. de pe. l. Arrianus. ff. de ac. et ob. Eciam cum odia
sint restringenda c. odia de regu. iu. in vi. l. cum quidam. ff. de lib.
et posthaec. Possem plura adducere: si aliquid dubij in hac parte
subesse putarem.

Deinde dum queris: An ille infamans incurrerit aliquam penam
correctionis: propterea quod dilatauit infamiam illius. Non possum
videre: quoniam non videatur et contra iura et contra charitatem
fraternam egisse. Primo enim eciam si verum esset quod dicit furem
scilicet illum esse: tamen si non ordine charitatis sed conuiciandi
et infamandi libidine id propalaret: iniuriam ei facere censeretur:
ut est decisio communiter Doctorum in c. fi. super quarta glossa
post Ostiensem ibi extra de iniur. Et Iohannis Andreae. in addicione
Speculatoris in titulo de iniur. §. i. post principium.

Deinde in eo quod surripuit illi alteri scedulam eam: ex libro
eius: si id animo lucrandi foecisset: furti teneretur. Quia autem
infamandi causa surripuit: tenetur damni aut iniurie l. si quis
testamentum. §. fi. ff. ad 1. acquil. Ita decidit Bartolus in l. qui
tabulas. §. sed siquis. ff. de furtis. Propterea ab eo quem tam graui
crimine suggillare

Folio cxxiiib

conatur iniuriarum conueniri potest: et quia infamandi libidine hoc
propalat: et quia inuito domino scedulam maxime secretam
archanamque contrectat ut ostensum est. Et hoc verum adeo/ quod

217

eciam si in iudicio legitimo hanc causam ageret: et probacione de-
ficiente caderet a causa: posset tamen iniuriarum conueniri ab eo:
qui absolutus esset. textus in l. si tibi. ij. C. de libera. cau. in l. iij.
et l. siquidem C. de iniurijs Vol. Iohannes Andreas. in addicione
Speculator in titulo de accusatore verbo. credebam quod hic esset.
Erit autem poena arbitrio Iudicis taxanda: habita racione eius
damni et interesse: quod passus est ille: propter irrogatam iniuriam
textus est institucione de iniur. §. poena et §. in summa.

Seuere poene per Canones statuuntur in eos qui fratres falso
calumniantur et eis detrahunt in ca. ex merito et c. detractores.
et c. infames vi. q. i. Que forsitan in causa nostra locum habere
possent: praesertim cum non longe hoc crimen abesse videatur ab
eo: per quod famosi libelli reperti produntur in publicum. De quo
habetur v. q. i. per totum.

Sed hec quasi tumultuaria quadam lucubracione congesta:
periciorum experciorumque iudicio non iniuria subijcio. Tibi Pater
optime vbi volueris obsequar.

Causam aduocacionis de qua scribis negocia alia quibus
distringor: assumere me non paciuntur. Vale.


210. *To the Faculties of Theology and Law at the University of
Heidelberg*

Petitur responsio: si vltimo supplicio plectendis: sit Eucharistia ministranda.

Petrus Schottus ex persona domini Alberti dei gracia Episcopi
Argentinensis Bauarie ducis Lantgrauijque Alsacie Viris Insignibus
atque doctissimis Rectori et vniuersis Theologice atque iuridice Facultatis Doctoribus precelse Vniuersitatis Heidelbergensis Salutem.
Ad pastoris curam id imprimis pertinere noscitis viri prae-
stantissimi: ut accurata solicitudine inuigilare studeat: ne quouis errorum inuolucro: commissus sibi populus intricetur: praesertim circa

Folio cxxiiiia

Sacramentorum ecclesiasticorum administracionem: quando quidem nihil sit perniciosius plebi Christiane: quam de his ipsis falsum
sentire: in quibus praecipuum anime pabulum ac fulcimentum
consistit. Plane cum diebus superioribus in Ciuitate nostra Argentinensi: non mediocris altercacio aborta fuerit: super ea consuetudine: que illic hactenus obtinuit: ut his qui extremo supplicio plectendi damnantur: quamuis contriti confessique: signa poenitencie
manifesta exhibeant: Eucharistie tamen salutifere sacramentum
denegetur.

218

Alijs quidem/ in primis autem celebri sacrarum litterarum doctore: Magistro Iohanne de Keisersberg vice nostra in ecclesia nostra Argentinensi Praedicante: abolendam commutandamque in melius suadentibus: utpote quae iuri scripto sit contraria: et animarum saluti minus conducat. Alijs autem quasi racionabilem pro vtilitate publica: praescriptam continuandam censentibus. Insuper et ea re: non modica in subiecta nobis plebe: scandala suboriri animaduerterimus: visum nobis fuit: eos quos nobiscum habebamus earum rerum peritos: per Vicarium nostrum fore consulendos: e quorum responsione: solide atque indubitate veritatis cerciores efficeremur.

Verum cum eorum scripta dissonancia deprehenderimus: nullum pro elucidacione veritatis: cercius grauiusque testimonium: comode nobis obuenire posse arbitrati sumus: quam si auctoritas Doctorum: Magistrorumve: quos vtraque facultas vestra famosissimos habet: ei parti quam iuri consentaneam sentiret: accedat. Sunt enim ut nobis relatum est: vobiscum responsa eorum: qui apud nos ut diximus: super his scripserunt. Eorum igitur racionibus pensitatis: facillimum vobis existimamus: veritatis iudicium offerre: atque per subscripcionem singulorum: ut numerosius: ita ponderosius iusticie adminiculum praebere.

Quamobrem obsequamini obsecro: his nostris vel pocius veritatis precibus: quae vestra potissimum opera in medium sublimari desiderat. Nec vos pigeat: pro ea parumper lucu-

Folio cxxiiiib

brare: pro qua tutanda: nec sanguini suo maiores nostri pepercerunt. Pluribus suaderemus: si vos minus procliues ambigeremus. Equidem pro ea confidencia: quam erga vos gerimus praestancias vestras ut fide maiore dignas: et veritatis defensande studiosiores omnibus Regionum nostrarum gymnasijs praeelegimus. Ea ne nos fallat persuasio: eciam atque eciam obtestamur. Nec veritati per vos nobis aperte increduli: nec accepte beneficencie ingrati futuri.Valete.

211. *To the Faculties of Theology and Law at the University of Heidelberg*

Vt tandem scribat sentenciam suam in quodam dubio: amore veritatis.

Petrus Schottus ex persona domini Alberti Episcopi Argentinensis praeclarissimis viris Rectori et vniuersis Theologie Iuridiceque facultatis doctoribus: eximij studij Heidelbergensibus Salutem.

219

Ante exactos menses aliquot: explanacionem veritatis cuiusdam: atque eius Magistralem elucidacionem: a vobis ad nos mitti: litteris nostris desiderauimus: freti imprimis amplissima fama: que de vestra auctoritate admodum apud nos vulgata est. Verum tametsi diu praestolati simus: atque responso indies magis atque magis videamur egere: nihil tamen adhuc consecuti sumus.

Quare excellencias vestras iterum volumus oratas: habeant racionem prime et summe veritatis: ad cuius honorem pertinet: quicquid pro cuiuslibet veritatis tuicione elaboratur: et proinde sentencias vestras et responsa ad nos quamprimum transmittite[.] Vel certe si id vobis non sit animo: cerciores nos reddite: neque enim longiores moras hec res patitur. Quippe cum tolerata falsitas insolenti peruicacie ansam ut aiunt suppeditet: perniciosius se offerendi: ceterosque soluendi. Quamobrem persuasioni vestre quam de vobis optimam concepimus: morem gerite. Conabimur etenim efficere: ne ingrati videamur: sed et graciam et gloriam dabit is: cuius res agitur: omnipotens deus. Valete.

## 212. *Opinion of Peter Schott on the Last Sacrament for the condemned*

Responsio Petri Schotti ad Questionem ab Episcopo Argentinensi propositam. Si vltimo supplicio plectendi: sint Eucharistie sacramento comunicandi.

Folio cxxva

Quamquam non ignoro questionis huius decisionem: a quampluribus et pericia et auctoritate me superioribus inquiri. Insuper tam claram et apertam esse: omnibus ecclesiasticarum constitucionum vel parum peritis: ut non tam raciocinacionibus: quam dilucida sacrorum Canonum inspectione patescat: tamen ne videar posthabere: iussa Reuerendissimi Praesulis nostri: id quod sencio breuibus aperire conabor.

In primis dum in dubium venit: an venerabile viaticum: ad mortem condemnatis: sit concedeudum [concedendum]?

Vt intelligamus: vnde resolucionem ambiguitatis aucupari conueniat: animaduertendum arbitror. Quod licet institucio sacramenti Eucharistie: et eius comunicacio: sint iuris diuini: utpote Euangelici. Luce xxij cum similibus tamen determinacio temporum et personarum: que et quando illud sumere debeant: est ex ordinacione iuris canonici positiui. Talia enim que circa illud sacramentum Christus non expresse disposuit: reliquit Apostolis et Ecclesie constituenda c. liquido. de consec. dist. ij. Hac siquidem auctoritate emanauit c. omnis vtriusque. de pe. et remissi. cum multis similibus. Cum igitur vis questionis nostre: super hac determinacione temporis et personarum versetur: discussionem eius non aliunde fieri posse iudico: quam si sacrosanctos Patrum Canones de hac materia disponentes: audiamus.

Sane reperio generales constituciones quamplures: quibus omnibus Christifidelibus: eciam si comunione sint priuati: tamen in articulo mortis: si poenituerint: sacramentum Eucharistie non solum non negandum: sed eciam necessarium esse statuitur. Hec habentur et probantur in c. poenitentes. l. dist. ij. q. i. in primis post prin. in §. ecce si clericus. i. q. i. in c. accusatores.xlvi. dist. in c. virgines. xxviij. q. i. in c. tanta. lxxxvi. dist. in c. eos. iij. q. x. in ca. Aurelius. cum octo c. sequen. xxvi. q. vi. in c. quod in te. de peni. et remiss. in c. permittimus. de sen. ex. Ex quibus aperte satis inferri posset: pro conclusione

Folio cxxvb

questionis: quod viaticum talibus non esset negandum. Licet enim iura praeallegata de eis specifice non loquantur: tamen nec opus est: nec fieri potest: ut generalis constitucio casus singulos specificet l. non omnium. ff. de legi. Satis est in illa generalitate: tales non esse exceptos ar. l. praecipimus. C. de appella. l. sancimus. C. de testa. Incumbet ergo dicenti contrarium: ostendere vbi eis prohibeatur comunio. Vbi enim lex non distinguit: nec nos distinguere debemus l. de precio. ff. de publi. cum similibus.

Sed quia clara inspectione Canonum: questionem hanc determinari dixi. Adducitur textu in c. quesitum. xiij. q. ij. vbi nominatim his: qui in patibulis suspenduntur: in fine comunio danda esse statuitur. Comunionem autem sancti Patres viaticum nominauerunt c. qui recedunt. xxvi. q. vi.  ′

Similiter in c. ij. de furtis dicit textus quod si fures et latrones comprehensi: confessi fuerint: comunio eis non negatur: et tamen latronum poena est capitalis xxiij. q. v. c. non est crudelis. l. capitalium. §. grassatores: et §. famosos. ff. de pen. cum similibus. Eciam furtum nouo iure ut §. si quis. verbo. solidos in titulo de pace tenend. in usi. feud. Accedat textus in c. super eodem. de here. li.vi. vbi hereticis qui iam sine audiencia relinquuntur seculari potestati: si penituerint: Eucharistia non negatur: et tamen nullum crimen et in se et in poena enormius est heresi c. quid in omnibus xxxij. q. vij. facit. c. vergentis de here. iunc. l. quisquis. C. ad l. iul. maiest. Facit c. quid autem. xxiiij. q. iij. c. primum. xxij. q. ij.

Insuper textus in cle. i. de peni. et remiss. disponit quod moneri et coherceri debent iusticiarij: ut vltimo supplicio deputatis: non denegent poenitencie sacramentum. Et dicit glossa Iohannis Andreae idem de Eucharistia. Allegat textum optime probantem in c. quod in te. de peni. et remiss. vbi per generalem quandam interpretacionem et declaracionem disponens Innocentius tertius.

221

In illo inquit verbo: per quod poenitenciam morientibus non negamus: viaticum eciam quod vere poeni-

Folio cxxvia

tentibus exhibetur: intelligi volumus: ut nec ipsum decedentibus denegetnr [denegetur].

Plane maxima id racione interpretatum esse videtur: quia non requiritur maior diligencia ad digne comunicandum: quam ad secure moriendum ut dicit Doctor subtilis Scotus li. iiij. dist. ix. Per poenitenciam enim omne peccatum deletur de peni. dist. iij. c. inter hoc ij. Non impediente ergo peccato: nisi aliud canonicum obstaret: quod in proposito non apparet: merito talibus post poenitenciam conceditur Eucharistia c. si non tanta de conse. dist. ij. cum similibus. Presertim imminente iam peregrinacione: ad quam hoc sacramentum viaticum saluberrimum est et necessarium c. is qui de corpore xxvi. q. vi.

Quamobrem non video: si non solum tenorem iuris scripti: sed et racionem animaduertere libet. Quandoquidem poene temporales non in odium persone: sed delicti fulminentur utpote ne impunitus alijs incentiuum tribuat delinquendi c. est iniusta xxiij. q. iiij. cum similibus. Immo ut plurimum a Deo infligantur: ut per eas anima salua fiat c. quid ergo xxiij. q. v. praecipue in his que inter flagella poenitenciam agunt. §. autores de peni.dist. iij. Quare quam saluam esse desideramus animam: salute sua priuamus? et quem ut pro peccatis satisfaciat punimus? Illo efficacissimo satisfactionis numismate (c. si quocienscumque de consec. dist. ij) fraudamus? Immo nulla nos ad hoc cogente lege: poenas quas restringere Iura docent ampliemus? Quod quoniam fraterne dilectioni congruat: viderint hij quorum auctoritati hec committuntur. Sed de his hactenus[.]

Non enim nisi patentes constituciones adducturum me: sum pollicitus. Que cum aperte sonent: ut supra ostensum est: sacrilegij nimirum instar crimen esset eas in dubium reuocare ar. l. disputare C. de cri. sacrile. Quantumcunque enim subtiles argumentaciones in medium adducerentur: tamen decretis Patrum non preponderarent c. ne innitaris de consti. cum similibus. Quapropter neque doctorum

Folio cxxvib

opiniones adducere curaui. Inter eos enim: quos ipse vidi: nullum reperio: qui non certum esse ex constitucione ecclesie putet condemnatis ad mortem: Eucharistie sacramentum non negandum. Eos ut arbitror et copiosius et clarius recitant alij: super hoc articulo requisiti. Similiter et si que raciones aut textus apparenter contrariantes textibus supra adductis adducantur: satis mihi responsum videtur per glossas et Doctores: ideo non insisto.

222

Ad vnum tamen quod allegatur quod impediretur execucio iusticie: tamquam tales immunitatem consequerentur per comunionem corporis Christi. Optime respondet glossa in dist. c. quesitum et Doctores in c. sane de celebra. missa. quod priuilegium ecclesie non debet trahi ad consequenciam: per iura quae adducunt. Et posset hoc confirmari. Primo: quia extensio casus expressi ad non expressum non fit: nisi ex praesumpta tacita mente legis: que cessat: quando ex disposicione iuris apparet contrarium: quemadmodum in proposito ut patet intuenti textum in dist. c. super eo de here. li. vi. qui vult quod hereticis sacramentum Eucharistie concedatur: et nihilominus/ sine vlla penitus audiencia: relinquendi sint iudicio seculari: quod non fieret si immunitatem consequerentur.

Secundo: quia licet illa extensio priuilegij ecclesie ad corpus Christi esset fauorabilis capto: tamen quia esset contra alium fauorem: scilicet celerem execucionem iusticie: in qua vtilitas publica versatur: ut in prima constitucione C. in fi. l. Ita vulneratus. ff. ad l. acquil. ideo non fit extensio de casu scripto ad non scriptum: ex idemptitate racionis ut est doctrina Ludouici de Roma in repeti. aut. similiter C. ad l. falcid. xiij. carta. per glossam in c. que a iure de regu. iur. li. vi. Obijcies forsitan contra conclusionem de c. si quis episcopum ij. q. iij. et c. Epiphanium v. q. vi. vbi statuitur quod qui falsis criminibus Episcopum/ presbiterum vel diaconem impecierit: eciam in fine comunione priuetur. Sed hi textus interpretacionem recipiunt ab alia constitucione ut intelligantur nisi resipuerit: ut dicit textus in c.

Folio cxxviia

eos qui. iij. q. ix: Nam non est nouum ut lex ad legem trahatur: ut euitetur correctio l. non est nouum. ff. de legi. c. cum expediat de elect. li. vi.

Per hec igitur non ego: sed constituciones Patrum quesito responderunt. Nec obstat c. placuit. xxiij. q. v. vbi prohibetur ne pro his: qui pro sceleribus suis moriuntur: vlla fiat in oblacione commemoracio. Respondeo enim vel quod intelligitur de illis: qui in actu scelerato interimuntur: ut in adulterio vel furto iuxta c. ij. de furtis. Nam si indistincte intelligimus: pro nullo in oblacione memoria fieri debebit: cum quisquis moriatur pro peccato ca. placuit igitur. de consec. dist. iiij. Vel secundo prout ibi in textu Gracianus glossae et Doctores intelligunt loquitur de poenitentibus. Nam alias ad litteram contradiceret iuribus preallegatis: praesertim c. quesitum. xiij. q. ij. Ex his patet quod secundum veritatem Iuris scripti: condemnatis ad mortem comunio Eucharistie nequaquam sit neganda.

Sed quid si consuetudine longi temporis oppositum sit seruatum: Vtrum possit operari: quod sic condemnatis viaticum non debeatur? Videtur quod sic: quia cum sit prescripta eciam est racionabilis: ad terrorem scilicet delinquencium vsurpata: ergo etc. Sed breuibus denudando sentenciam meam: dico iudicio saniori saluo: quod consuetudo de qua loquimur: nullius possit esse roboris et momenti. Et ad hoc moueor primo per Digestum cle. i. de peni. et remissio. vbi iniungitur locorum Ordinarijs: ut abusum hunc damnabilem: eciam per censuram ecclesiasticam extirpent. Et sic reprobata est consuetudo per legem ergo amplius induci non potest ut vult Bartolus in l. de quibus. ff. de legi. per aut. nauigia. C. de furtis. Et licet cle. illa loquatur de sacramento poenitencie tamen glossa ibi et Doctores omnes senciunt per interpretacionem legislatoris in c. quod in te. eodem titulo comprehendi eciam Eucharistie sacramentum.

Quod si dicatur

Folio cxxviib

aliam et diuersam esse racionem. Quandoquidem penitencia sit de necessitate salutis: non sic Eucharistia. Respondeo quod eciam Eucharistia dicitur in articulo mortis necessaria: ut est textus in c. si quis de corpore et c. de his vero xxvi. q. vi. facit c. i. de celebra. missarum in verbo necessitatibus. Et si allegetur in oppositum illud Augustini in c. ut quid de conse. dist. ij. Crede et manducasti. quasi iuuat sacramentalem sumpcionem Eucharistie non esse necessitatis sed dumtaxat spiritualem. Dico secundum mentem glossae ibi concedendo: quod cum per aliquem non stat quo minus sacramentaliter percipiat: si credat et sit in gracia: eius spiritualiter particeps efficitur. Sed simile est eciam in sacramento poenitencie. Nam si per aliquem non stet quo minus confiteatur: si intra se conteritur: sufficit contricio eius c. is qui infirmitate cum seq. xxvi. q. vi. et sic vtrumque sacramentum necessarium est: et si in non in actuali suscepcione: tamen in mentali desiderio. Cum ergo eadem sit racio: merito iuris disposicio non erit diuersa etc.

Deinde adduco racionem aliam. Ex inabili ad suscepcionem alicuius sacramenti: consuetudo non potest facere abilem et idoneum patet in c. noua de penite. et remissi. vbi nulla consuetudine potest induci: feminas ordinari in officia presbiterorum facit in ar. c. quanto de consue. vbi probatur: quod ad collacionem alicuius sacramenti consuetudo nulla inabilem abilitare potest: ergo nec ad suscepcionem eius: quia correlatiuorum eadem doctrina ar. l. fi. ff. de acceptila. l. et si contra. ff. de vul. et pup. l. fi. ff. de le. iij. l. si ex toto. ff. de leg. i. Ex hoc infero: quod neque abilis ad suscepcionem alicuius sacramenti: per consuetudinem potest inabilitari. Quia eiusdem est nolle: cuius est velle. l. nolle. ff. de acq. here. l. eius est l. nihil tam naturale l. is potest. ff. de reg. iuris. cum similibus.

Cum ergo damnati ad vltimum supplicium: sint abiles ex

224

disposicione iuris ad comunionem: ut supra ostensum est: ergo per consuetudinem non possunt inabili-

Folio cxxviiia

tari. Maxime cum sit consuetudo laicorum: quibus in spiritualibus nulla competit facultas statuendi: neque iure scripto nec iure non scripto c. laicis xvi. q. vij. cum similibus. Nec per consuetudinem possunt illam praescribere c. massana. de elect. Preterea consuetudo hec non est racionabilis: quia consuetudo contra legem inducta: non potest esse racionabilis: nisi cum cessat racio legis: vel cum racio consuetudinis attentis circumstancijs loci: temporis: personarum etc. vincit racionem legis ut est videre ex inuestigacione doctorum in c. fi. de consue. Sed in proposito racio legis que est illa quia poeniturunt: et quia sunt in articulo mortis: adhuc hodie et in quocumque loco eis poenitencia non negatur: durat. Nec potest vinci aliqua racione: seu respectu validiori: quia exquo penituerunt: iam sunt de corpore Christi mystico: ergo iure diuino ius habent ad corpus Christi sacramentale c. quia passus de conse. dist. ij. accedente praesertim determinacione ecclesie ad tempus articuli mortis: ut ab inicio supra ostensum est.

Nulla ergo consuetudo racionabiliter eis auferre potest: quod iure diuino eis debetur. Nec facit aliquid: si dicatur: quod quia ad terrorum delinquencium eis negatur comunio: non omnimoda caret racione. Cum enim iudex laicus de causa comunionis Eucharistie: nullam omnino habeat nocionem ut certum est [:] non potest eius priuacione quacumque ex causa aliquem punire l. non valet C. ad l. fauiam. de plagia. l. ij. C. de penis. Accedat adhuc: quia iudex corporaliter aliquem puniens faciem eius que ad similitudinem pulchritudinis celestis est figurata: minime maculare debet ut dicit textus in l. si quis in metallum C. de penis. ergo a forciori neque anime racionali: quae ad imaginem altissime trinitatis est creata: detrimentum afferre debet. Afferret autem: priuando sacrameto [sacramento] corporis Christi: quod licet existens in gracia: spiritualiter manducet: tamen proculdubio non sine fructu amplissimo corporaliter sumitur: praesertim a iamiam agonem

Folio cxxviiib

extremum certaturo.

Quod cum late sciam ostendere posse: sacrarum litterarum peritos: hoc vno conclusisse sufficiat. Si precepto de charitate fraterna non possit per consuetudinem derogari: quo minus liget: utpote quod sit iuris diuini: non videri iudicem laicum non delinquere in fratrem: quem eo priuat: quod nihilomagis ad iudicium eius pertinet: quam sacramentorum institucio et administracio.

Hec sub debita correctioni submissione.

225

### 213. *Case of grain loans*

Casus in foro consciencie.

Aliquis vocatus A mutuauit quibusdam scilicet B C D et E frumenta: ut redderent sibi post futuram messem alia noua frumenta. Et interim quod frumenta vendebantur vili precio: ipse. A non coegit illos B C D et E ut sibi redderent frumenta: attamen fuisset paratus recipere noua frumenta: eque bona vel eciam viliora: si ipsi reddidissent[.] Cum autem frumenta (caristia vrgente) videlicet Anno M.cccc.lxxxi et lxxxij essent magni precij: ipse A instetit pro reddicione frumentorum: instetit inquam postulando: et per mandatum iudicis compellendo.

Cum B C D et E non haberent frumenta ad reddendum: B conuenit cum ipso A ut precium frumentorum reciperet in festo Assumpcionis Marie futuri anni scilicet lxxxij secundum commune forum Argentinense ferie sexte ante festum Penthecostes eiusdem anni lxxxij. Et hec conuencio signata fuit in recessu per notarium. Item C et D conuenerunt cum ipso A ut precium frumentorum sibi olim accomodatorum: reciperet in festo natiuitatis beate Virginis futuri anni scilicet lxxxij precium inquam secundum commune forum Argentinense ferie sexte ante festum beati Iohannis baptiste eiusdem anni lxxxij. Et hec conuencio similiter in recessu signata fuit. Item E conuenit cum A ut precium frumentorum reciperet: secundum commune forum in feria sexta ante Lucie currentis anni scilicet lxxxij[.] Et ista conuencio in recessu per Norarium [Notarium] signata fuit.

Tempore quo A mutua-

Folio cxxixa

uit frumenta: iustum precium istius temporis fuit aliquando quinque plaphardi: aliquando sex: aliquando septem: aliquando octo: et quandoque nouem. Tempus conuencionis: fuit ante festum natiuitatis Christi Anno lxxxi quando quartale vendebatur vno floreno vel carius: et circa Hilarij in sequenti anno scilicet lxxxij quando vendebatur vno floreno vel xij solidis. Dies fixus communis fori: secundum quod forum: precium taxatum fuit: erat erga B feria sexta ante Penthecostes anni lxxxij[:] tunc vendebatur quartale xv solidis[:] sed ipse A accepuit [acceptauit] xiiij solidos. Erga C et D fuit feria sexta ante Iohannis baptiste: tunc vendebatur quartale xij solidis et tale precium acceptauit. Erga E fuit sexta feria ante Lucie tunc vendebatur x solidis sed ipse A ix solidos acceptauit.

Cum terminus solucionis aduenisset: et B non posset soluere prompta pecunia: ipse A et B foecerunt ex hoc debito contractum empcionis annui census reuendibilis: super specificatis bonis immo-

226

bilibus: quae ipse B pro Ypotheca assignauit. Taxauerunt autem censum: secundum consuetudinem patrie de viginti vnum. Et hic contractus ratificatus fuit: in Curia Consistoriali per Notarium ut moris est. Similes contracttus [contractus] emptionis annui census reuendibilis foecit A cum C D et E qui omnes per Notarium ratificati fuerunt.

Item ipse A non instetit tam diligenter pro reddicione frumentorum: cum essent vilis precij: sicuti tempore caristie: quia frumenta pro tunc erant parui precij: et nimis granaria sua occupassent: et debitores satis certos credebat. Propter has causas: facilior fuit ipsis debitoribus differre terminum solucionis.

Item quando A tempore charistie instetit: pro reddicione frumentorum: verisimile fuit: quod debitores non possent frumenta pro tunc reddere: saltem non comode. Intencio ipsius A mutuantis permixta fuit: sic scilicet/ ut subueniret necessitatibus ipsorum B C D et E rogancium ut mutuaret: et ne frumenta in granario deperirent: aut domum occuparent.

Folio cxxixb

Denique intendebat si precium frumentorum cresceret: quod vellet instare pro reddicione vel solucione in equiualenti utputa in annuis redditibus: sicut et foecit.

Item ipse A quando conueniebat de fixo die: secundum cuius diei forum precium frumentorum solueretur: ipse A sperauit: quod fierent maioris precij: licet non intenderet recipere aliquid: vltra iustum precium communis fori istius diei.

Queritur an huiusmodi contractus emptionis annui census licitus sit: et iure validus? Preterea queritur. An ipse A propter intencionem suam superius descriptam: et ex eo quod non fecit misericordiam ipsis debitoribus in tempore necessitatis: exactionem solucionis differendo amplius: obligatus sit ipsis B C D et E in iure et foro consciencie?

Item in quo: et in quanto cuilibet?

Item ipse A simile foecit cum colono: de frumentis sibi extantibus in preteritis gultis: sicut foecerat cum B C aut D. Queritur an sit par racio iuris cum priori casu?

214. *Opinion of Johann Simmler on the grain loans*

Responsio Magistri Iohannis Symler Argentinensis Licenciati in vtroque Iure.

Quoniam ex themate mihi proposito in scriptis: non potest elici factum omnino certum et determinatum. Et hoc ideo/ quia non

227

specificatur in facto: an isti contractus mutui inter partes successiue habiti: fuerint cum omnibus illis qualitatibus et adiectionibus
in themate expressis: celebrati: an vero non. Quia videlicet ereditor
[creditor] simpliciter mutuauerit annonam antiquam: ut debitores
et quilibet eorum post tunc futuram: modo praeteritam messem:
redderent nouam.

Postquam igitur factum cum quadam incertitudine proponitur: super eo non poterit dari certa iuris responsio ut probatur per
textum in c. de muliere despon. et in c. de symoniace. de symo. et
in l. ut responsum. C. de transacti. vbi expressus textus dicit: ut
responsum congruum recipias: insere pactti [pacti] exemplum. Et
quia in proposito non videtur mihi certum pacti exemplum: profecto nihil mirum: si non sequeretur

Folio cxxxa

certa responsio. Maxime autem in casu nostro: vbi principaliter
queritur ad euitandum anime periculum: vbi cautissime est agendum ut in c. vbi periculum de elec. li. vi. xlij. dist. c. quiescamus
et vij. q. ij. c. vltimo et in l. i. §. i. ff. ad carbo.

Nihilominus tamen ut ex themate colligere possum: videtur
mihi quod contractus isti omnes simpliciter inter partes a principio
sic facti erant: quia creditor mutuauit successiue illis quatuor annonam antiquam: ut post messem ex tunc futuram: modo preteritam:
ipsi debitores et eorum quilibet redderet nouam. Quo sic stante
facto. Queritur vtrum talis contractus mutui fuerit licitus? Et
videtur mihi dicendum: quod si creditor taliter mutuando: habuit
illam spem quod ex tali sic per ipsum facto mutuo: consequatur
lucrum: quod est: quia sperauit nouam annonam sibi reddendam
fore meliorem: et maioris precij: tunc absque dubio secundum
Innocentium quem Hostiensis et Iohannes Andreas in Nouellis et
Panormitanus in c. consuluit de vsuris. et alij Doctores sequuntur:
illa sola spes lucri: inferret in creditorem vsuram mentalem: et
talis creditor artaretur ad restitucionem illius lucri: exquo principaliter ductus erat illa intencione. Quod placet Raymundus in
summa huius tituli verbo. Sed numquid voluntas. Et verum in
foro anime: non autem in foro iudiciali: vbi non de occultis: sed
manifestis solum iudicatur. Et si dicatur: symoniacus mentalis/
non tenetur ad restitucionem eius: cuius occasione symoniam commisit: sed per poenitenciam satisfacit. textus est in c. tua nos et in
c. vltimo de symo. et nota glossae in verbo receperit ad finem in c.
vnico de cle. non resi. li. vi.

Secus autem est in vsurario mentali: principaliter mutuante
propter spem lucri: quia iste talis ad restitucionem tenetur: nec
sufficeret hoc casu poenitencia sola. Et est racio: quia vsura vtroque

228

testamento prohibetur: nec dispensacionem Pape admittit de vsura super eo. Secus de symonia: quia prohibita: ut est in acquirendo Beneficium symoniace:

Folio cxxxb

vbi Papa dispensat. Preterea/ vsura ex animo procedit: quod patet ex verbis prohibicionis: scilicet date mutuum nihil inde sperantes. Sed symonia proprie respicit factum scilicet quia spirituale aut venditur aut emitur. Et plus dico: quod sperare ex mutuo lucrum scilicet principaliter magis est contra bonum caritatis: quam sperare Beneficium. Hec sunt que late notat Iohannes Andreas post Hostiensem in c. finali de symo. Hic non insisto. Ex quibus infertur: solam spem saltem principaliter in creditore nostro: de iure vsuram inducere seu induxisse: saltem in foro anime. Et propterea si talem habuit in animo suo quando mutuauit: modis illis de quibus in themate: inducendus est ad restitucionem eius: quod vltra debitum a debitoribus suis exegit predictis. Idem tenet Goffredus in summa in titulo de vsuris circa principium in verbo. Sola enim spe vel expectacione lucri. Allegat c. i. et c. consuluit eodem titulo et c. feneraueris. xiiij. q. iij.

Preterea iste contractus superius expressus: vbi creditor mutuauit antiquam: ut debitores redderent nouam annonam: videtur eciam per se illicitus: cum ex eodem expresse datur intelligi: deprauata creditoris intencio: que deprehenditur satis clare ex hoc: quod voluit sibi ex contractu quem fecit cum suis debitoribus: pro antiqua quam mutuauit: recuperare nouam: et talis contractus videtur reprobatus: ut notat Goffredus in titulo predicto in verbo. quid si quis. Idem tenet Raymundus in summa in titulo de nego. secula. §. ij. et Hostiensis in summa. §. an aliquo casu. verbo. quid si quis mutuat. Et eciam probatur in alle. c. consuluit. Et sequitur Heinricum Boit in c. in ciuitate eodem titulo in verbo. ex praemissis posset dici. Et notat Panormitanus in c. fi. eodem titulo. in penul. q. in verbo. Vlterius queritur. Et notat Archidiaconus in c. nullus. xiiij. q. iiij.

Et ut supra dixi ideo: quia creditor expresse mutuando veterem annonam: voluit recuperare nouam: que secundum communem cursum annorum

Folio cxxxia

semper presumitur melior quam antiqua: et eciam maioris precij: licet quandoque aliter contingat: propter hoc non est recedendum ab eo quod communiter contingit: cum iura adaptentur ad ea que frequenter accidunt ut in ca. frequens. de restitu. spolia. et in l. nam ad ea. ff. de le. Predicta tamen per Archidiaconum limitantur:

229

nisi expresse constaret de bona intencione creditoris: quod non aliter mutuaret: quam quod subueniret proximo suo.

Quod ego sic intelligo: si in contractu mutui addiceret: quod licet prefixerit terminum solucionis post futuram messem: et licet quod sibi soluatur noua annona expresserit: nihilominus tamen nolit auferre libertatem debitoribus suis: soluendi eciam veterem: pendente eciam termino quandocumque voluerint: tunc eciam absque dubio talis non posset vsurarius censeri. Quod si illud in contractu non fuit expressum: et contractus ex conuencione parcium legem suscipiunt ut in ca. Euleterius. xviij. q. ij. et in regula contractus. de regu. iur. lib. vi. et in le. contractus. ff. eodem titulo. Quis aliter cogitare et presumere poterit: quam quod creditor qui pactus est sibi reddi nouam annonam pro veteri: et hoc certo termino per ipsum prefixo voluerit consequi nouam tamquam meliorem quam fuerit antiqua? Quia si idem creditor suam antiquam reseruasset: eciam vsque ad eundem terminum solucioni prefixum: et eciam postea: nunquam tamen fuisset facta noua: consequenter nunquam tanti valoris et precij: sicuti noua: ut patet de se.

Ex predictis infertur contractum ex forma illa quemadmodum reperitur formatus fuisse vsurarium. Et hoc verum: et procedit in foro contencioso: vbi iudicatur contractus secundum quod verba sonant: et consensum parcium secundum communem eorum intellectum important. Quod comprobatur per regulam Iuris superius allegatam: ex qua concluditur quod contractus

Folio cxxxɪb

ex parcium conuencione: legem sibi recipiunt. Non obstat quod in themate subiungitur. Quod creditor mutuans fuisset paratus etc. Quia de hoc tempore contractus nihil fuit inter partes conuentum: de quo mihi saltem constat: nec postmodum fuerunt debitores ex mutuo huius certificati: de quo eciam non fit fides. Perinde erit in foro iudiciali: ex quo desuper non apparere poterit probacio: nec alias fieri fides: ac si numquam fuisset sic actum: ut in c. cum super. de concessione prebende. in c. i. in fi. de proba. c. ex ore. de his que fiunt a ma. par. ca. et in l. fi. in lege. ff. de contrahen. emp. et in l. pretor ait. in prin. ff. vi. bo. rap. Nec in foro isto contencioso credderetur isti creditori pro se confitenti: scilicet in eo quod dicere posset: illam vel aliam fuisse eius intencionem bonam: secundum Deum et consienciam eius regulatam in mutuando dictis suis creditoribus: quia sibi non haberetur fides ut in c. i. de confessis. et quod ibi notatur per Doctores. At in casu nostro: contra creditorem taliter mutuantem: prout se confitetur mutuasse: absque dubio credendum est: ut notatur in c. ex parte de confessis.

Verum tamen est: quod in foro anime: creditori omni modo credendum venit: cum in eodem foro salutis sue immemor presu-

230

matur nemo ut in c. sancimus i. q. vij. textu cum glossa. in c. vnico
de scruti. et in ca. significasti de homi. vbi glosa et Doctores. Quo
casu: exquo sue confessioni stabitur: facile erit iudicium prudentis
iudicis: in foro anime cuncta necessaria ad hunc effectum inuestigare
curantis ut in c. omnis vtriusque in verbo. Sacerdos autem sit
discretus etc. de pe. et remiss. et in c. consideret de pe. dist. v.
Presertim autem hoc bene aduertendum est: quod creditor: prout
in themate confitetur ibi. Cum autem frumenta caristia vrgente
Anno etc. lxxxi et lxxxij essent magni precij etc. tunc exigere studuit: quam mutuauit annonam a praedictis debitoribus. Ecce
quam patenter constat de intencione creditoris: quod voluit ex
mutuo consequi lucrum: adeo differen-

Folio cxxxiia

do exactionem solucionis: quia si id non voluisset: non tam diu
distulisset: ex qua dilacione resultat praesumpcio contra creditorem.
Non obstat si opponatur: quod creditor non fuisset alias venditurus
annonam: nisi fuisset magni precij: sed magis expectasset: quousque
annona maioris esset precij etc.
    Ad quod respondeo: quia si creditor reseruasset in granario suo
annonam: expectare habuisset toto tempore decrescensiam annone:
expensas in mouendo eam: et alia multa pericula: que eciam communiter emergunt. Et propterea attentis tantis damnis et periculis
et expensis: annonam eius non tamdiu reseruasset: quemadmodum
exactionem huiusmodi: absque omni damno/ periculo/ et expensis
distulit: sciens debitores eius fore de soluendo satis certos. Ideoque
differre curauit: quousque annona peruenit ad valorem notabilis
precij: tunc exigere primum studuit per mandata ecclesiastica:
quando debitores propter caristiam minus soluere potuerunt. Ecce
quod ex dilacione exactionis debiti sui: longe vltra terminum in
principio contractus per ipsum praefixum facta: multum voluit et
intendebat consequi lucrum: prout eciam in facto consecutus fuit.
    Quis non contra talem praesumeret? cum tamen ius et racio
iuris satis contra ipsum praesumit in ca. consuluit et in capitulo
supra allegacionem. Preterea idem creditor non solum compulit
debitores praedictos ut praefertur: ad soluendam mutuatam annonam: sed eciam indirecte eosdem artauit: exquo soluere non poterant: ad nouandum contractum mutui: ad eius voluntatem vendidit
annonam ut praefertur: mutuatam nondum sibi redditam: pro
diebus per ipsum designatis ad precium: quo in foro Argentinensi
publice venderetur: et pro solucione precij: alios respectiue constituit terminos: ut patet ex themate. Et primo debitori statuit
sextam feriam ante festum Penthecostes: ut tanti precij annonam
sibi mutuatam solueret: quanti eodem die venderetur in foro. Sed
solucionem eius distulit ad festum Assumpcionis

gloriose virginis Marie. Sed certissimum est: quod communi vsu
et cursu taliter frequentatur et contingit: quod annona quae alias
erat magni precij annis praedictis lxxxi et lxxxij ante festum Penthecostes maiori vendi consueuit precio. Ex quo eciam clarissime
deprehenditur: creditorem elegisse istum diem precij: et distulisse
solucionem: ut ex his lucrum consequeretur: prout eciam fuit consecutus contra textum in dist. c. fi. de vsu. et notam per Iohannem
Andream. in verbo verisimiliter.

Cum ergo ipse non posuerit in dubio: sed magis in verisimili
certo: quantitatem precij ut ex superioribus patet: sequitur ex hoc:
capite eciam istam vendicionem annone prius mutuate: et postmodum premisso modo vendite: satisfuisse viciosam. Et si obijciatur: vsura solum vendicet sibi locum in mutuo: ut ex praedictis
satis patet: et nota super Rubrica de vsu. et in alle. c. consuluit:
ergo non habet locum in contractu emptionis et vendicionis[.] Hic
dico: quod et si contractus sit vendicionis etc. tamen quia ex eodem
colligitur praua venditoris intencio: qui voluit consequi precium
tantum: quanti pro certo die per ipsum electo verisimiliter annona
maioris precij vendi consueuit: secundum communem cursum huius
Ciuitatis. Ideoque ius fingit perinde esse: ac si venditor mutuasset
debitori pecuniam huiusmodi: ut ex hoc consequeretur lucrum. Ita
notat Panormitanus in dist. c. fi. in verbo. ille quoque. An autem
prosit creditori: si per debitorem sibi remittatur: vsurarie quesitum.
De hoc notat Panormitanus in dist. c. consuluit eodem titulo. in
primo notabili quod non prodest: si creditor adhuc habeat propositum: non restituendi remissione sibi non facta.

Et est racio: quia talis Deo/ contra cuius praeceptum foecit:
tenetur scilicet per poenitenciam: et proximo/ quem lesit tenetur
satisfacere: restituendo sibi ab eo indebite exactum. Si igitur sibi
creditori remittat debitor: per hoc non est reconsiliatus deo. Ideoque in creditore necessaria est eius poenitencia: et propositum de
restituendo eciam si non

fiat sibi remissio: extunc per illam sic factam sibi remissionem a
debitore: dum tamen absque dolo pure et simpliciter remittat: satis
videtur satisfecisse. Ita concludit Panormitanus in c. cum tu. in
vltima. q. eodem titulo. et colligitur ex nota per Fridericum de
Senis in Consilio suo. xxij. xxiiij. et xxviij. vbi lacius hanc materiam
examinat.

Per hec arbitror omnibus questionibus/ quo ad omnes debitores motis: satisfecisse. Aliorum tamen magis prudencium iudicio
saniore semper saluo: et reseruato hec sub debita correctione.

232

## 215. *Opinion on the grain loans*

Responsio domini Petri Schotti Doctoris vriusque [vtriusque] Iuris ad supradictas questiones.

Si principalis intencio mutuantis fuit: consequi pro veteri annona nouam: que frequenter maioris precij esse solet: nemini dubium quin vsuram saltem mentalem commiserit. Mentalem quidem: si de noua et sic meliori non expresse pactus fuisset: sed spem solam habuisset. Nam si in pactum venisset conceptis verbis: meliorem reddi: iam eciam realis esset vsura: si lucrum illud inde percepisset: atque eo casu ad restitucionem proculdubio teneretur. An vero si mentalis solum fuisset vsura: restitucio lucri prouenientis necessaria sit in foro anime: allegantur per Magistrum Iohannem plerique affirmantes talem teneri ad restitucionem: quod eciam tenet Antonius in summa parte ij. titulo i. c. vij. §. xxxv. et est communis opinio: quamuis Scotus dist. xv. quarti articulo secundo contrarium dicat: et cum eo senciat autor Summe pisane. vsura i. §. i. Tucius igitur erit adherere opinioni communi: quae et securiorem partem: et anime magis fauentem amplectitur.

Plane huiusmodi fuisse intencionem mutuantis nostri: ut scilicet pro veteri annona nouam: et sic meliorem reciperet: late ostendit Magister Iohannes consulens: tum ex verbis thematis que hoc sonant: tum ex euentu quia scilicet non exegit debitam annonam vsque ad annos caristie. Ex quibus (ut ait) presumpcio resultat contra creditorem: quod intenderit

Folio cxxxiiib

ex mutuo consequi lucrum. Ceterum id quidem verum esse posset in foro contencioso: vbi ex verbis iudicatur: in foro autem anime/ quod est iudicium consciencie: statur assercioni et interpretacioni partis: non solum contra se: sed eciam pro se. Idcirco quantumcumque verba contractus sonent de frumento nouo dando: et quantumcumque postea cum magno detrimento debitoris tempore caristie: debitum exegerit: tamen si ab inicio initi contractus intencio talis fuerit: qualis ponitur in themate: quod scilicet paratus erat recipere frumenta eque bona: vel eciam viliora. Item hec omnia animo pensabat: necessitatem scilicet mutuo accipiencium: cui subuenire intendebat: frumenta in suo granario deperire posse: si precium frumentorum cresceret: exigere se velle: nisi prius restituissent.

Hec inquam intencio ex quatuor commixta fuerat: quorum tria licite intendebantur: quartum inhumanitatem et languidiorem erga proximum praesefert caritatem: praesertim si id sperabat et optabat obuenire. Si igitur ex diligenti inuestigacione consciencie:

233

illius nostri mutuantis: inueniatur motus fuisse: ad mutuum ex primis tribus causis principaliter: quarta autem intencio non ut causa eum (quod quidem apparet ex prima intencione: quia paratus erat etc.) mouit: propter quam daret mutuum: ut scilicet tempore caristie quam sperabat: lucrum ex illo mutuo sentiret: sed pocius ex consequenti: exquo indigenti subuenire constituerat: proponebat in animo: si forte contingeret: antequam sibi redditum esset debitum: sterilitatem annone superuenire: velle se tunc vti iure suo et agere. Si ita intenderit: non audeo asserere contractum ipsum vsurarium fuisse: eciam si expost facto caritatem fraternam leserit: instando/ vrgendo/ et suffocando fere debitorem suum: in tam dira frumentorum caritate. Ad hoc autem moueor quod non sit vsura: eciam mentalis: quia vsura tunc committitur mentaliter: quando intencio mutuantis ita est deprauata: ut non fuisset alias mutua-

Folio cxxxiiiia

turus: nisi sperasset aliquid inde consequi c. consuluit. ibi Abbas de vsur.

 In proposito autem nostro: mutuans paratus fuit dare frumenta mutuo: eciam si dumtaxat eque bona vel forte viliora redderentur. Et sic si annone caritas numquam superueniret: ut asseritur in themate. ergo. Preterea vsura non committitur sine spe lucri: in casu autem nostro propositum illud exigendi frumenta tempore caritatis non videtur tendere ad lucrum captandum: sed pocius ad damnum vitandum: ne scilicet eo tempore quo frumenta ex vtilitate sua vendere posset: eis propter mutuum factum carere cogatur.

 Nec obstat si obijciatur: quod saltem in hoc lucrum sentit: quia interea decrescenciam frumentorum non patitur: nec expensas in eorum ventilacione facit: ab alijs eciam periculis que communiter emergere in frumentis solent liber existit. Respondeo enim non haberis racionem huiuscemodi lucrorum: vel pocius comodorum: que sine detrimento aut fraude debitoris creditor sentit. Alioquin vix dari posset mutuum aliquod: presertim in his que pondere aut mensura consistunt: quod non esset vsurarium. Simili modo dilui posset si obijceretur: creditorem si sibi frumenta in prefixo termino reddita fuissent: forsitan ante annos caritatis venditurum ea fuisse. Nam neque illud considerandum est: quia non pacto suo: aut culpa sua frumenta diucius apud debitorem manserunt sed mora debitoris: quam nemo creditori non exigenti: sed debitori non soluenti imputare debet l. ij. C. de emphi. iure.

 Ex his videtur: contractum sic et tali ut praefertur intencione initum: vsurarium non esse. Verumtamen quod subsecutum fuit: scilicet exactio illa tam rigorosa a paupere: comode tunc soluere nequeunte: contraria fuit fraterne caritati: praesertim si ex auaricia

234

facta fuerit: si scilicet creditor sine suo incomodo notabili: distulisse potuit solucionem. Ex hoc tamen non tenetur ad restitucionem quia alieni detentor non est: in quo tamen theologorum

Folio cxxxiiiib

sentencia audienda est. Hec vera: si talis fuerit mutuantis ut praefertur intencio. Quod si autem ex eius assercione constaret: id quod Magister Iohannes ex verbis et euentu rei conatur elicere: quod principaliter animo lucrandi mutuum dedisset: ea scilicet intencione et propterea mutuans: quia speraret aliquando caritate annone superueniente: se inde lucraturum: non est qui possit contractum ab vsuraria prauitate excusare: et esset idem cum eo quod primo dixi.

De nouacione autem debiti: hoc breuiter dico. Si tempore contracte emptionis: venditor frumenta fuisset venditurus: et propter dilacionem: precium vel maius exegit: vel quod verisimiliter maius erat futurum in praefixo termino: tunc contractus non plane vsurarius: sed in fraudem vsurarum factus praesumitur. Sin autem alias tempore contractus non erat venditurus: potuit taxare precium secundum eum diem: in quo statuerat vendere ita textus in c. nauiganti de vsuris: et est communis opinio Doctorum. Idem dicit Scotus dist. xv. quarti articulo secundo in fine[.] Quamuis hec probabiliter dici posse videantur: tamen in his que concernunt conscienciam: tutissima via incedendum est. Et non est vsquequaque clarum: que illarum intencionum magis induxerit animum mutuantis.

Et de illa obduracione erga debitores tempore caritatis: que ex auaricia gigni solet: satis constare videtur. Idcirco in omnem euentum: cum debitoribus conueniendum esse iudicarem: et in censibus iam ex illo debito constitutis: aliquid imminuendum: in reliquis agendum cum eis: ut remittant si forte iniuste et vsurarie grauati per mutuantem fuissent. Habeatque mutuans animum restituendi ut Magister Iohannes dicit: inquantum sibi certum esset: se esse iniquum illorum bonorum detentorem: et illos nihil ei remittere velle. Illo enim animo habito: et remissione sibi per debitores facta: que non per metum aut dolum extorta fuerit: sed veritate rei narrata: sperandum erit in misericordia dei: quod pactum hoc vel vsure vel auaricie per poenitenciam et satisfactionem sit delendum.

Hec sunt

Folio cxxxva

que mihi inciderunt: et hodie videntur. Nolim tamen propter hec: a consilijs eorum/ qui sanius et secundum scripta Doctorum iudicant: recedi.

### 216. *Moral and legal questions concerning clerics*

Questiuncule in foro conscienciae.

Vtrum beneficiatus possit et debeat concubinam suam: et prolem (si quam habeat ex ea) pauperes: alere de bonis ecclesie? Et si sic. Queritur. Quousque? An videlicet tantum debeat subuenire praesenti eorum necessitati: an eciam future? eis scilicet emendo domos et redditus etc. filiosque tradere studijs litterarum: vel negociorum aliorum: quemadmodum fieri solet ab alijs habentibus filios legitimos.

Item queritur de amicis: consanguineis pauperibus si quos habet: cum secundum omnes talibus subuenire possit de bonis ecclesie sicut alijs pauperibus. Queritur igitur inquam sicut de iamdictis quesitum est: quousque? Et vltra. Vtrum eciam secundum eorum status exigenciam et personarum. Puta sacerdos nobilis Patri nobili pauperi: Comes Comiti: teneatur eis subuenire? Et ut hoc possit facere: debeat Beneficia congregare plura etc. An solum simplici eorum necessitati prouidere?

Item. Vtrum celebrantes Capitula infra diuina officia: contra prohibicionem Decreti Basiliensis vel eciam si prohibicio facta non esset: peccent mortaliter: et teneantur ad restitucionem distribucionum receptarum?

Item. Vtrum clericus presens in choro tempore horarum canonicarum missarum et vigiliarum pro defunctis: non autem concinens alijs: sed aut orans: vel omnino tacens: aut verbis ociosis se occupans: peccet mortaliter: et ad receptorum restitucionem teneatur?

Item fornicarius notorius. Vtrum teneatur ad restitucionem fructuum Beneficij: et distribucionum quotidianarum? sicut in Angelica dicitur.

Rogo te absolue questiunculas has quando tocius poteris: alijs nenijs posthabitis: ad quas complectendas: hij tibi conuiuent: qui alciora non suspiciunt.

Folio cxxxvb

### 217. *Opinion on the questions concerning clerics*

Responsio doctoris Petri Schotti.

Ea que a doctoribus Iuris super his questionibus scribuntur: spero per Magistrum Iohannem Symler in medium producenda fore. Quamobrem ego minore labore conabor: quod visum fuerit: nudius et sine multa alligacione: limam et correctionem expectans: breuissimis aperire.

236

Dum ergo queritur. Vtrum beneficiatus possit et debeat
Concubinam suam et prolem: si quam habeat ex ea pauperes: alere
de bonis ecclesie? Et si sic. Quousque etc. De Concubina videtur
mihi: non esse alendam eam: ut concubinam sed abigendam prorsus
et eijciendam: utpote que cum in ecclesiam deliquerit: ex ea comodum reportate [reportare] non debeat ar. c. quidam. lxxxi. dist. c.
eos. xxxij. dist. Filij autem licet de rigore Iuris ciuilis: tamquam
ex incestu geniti: ut dicit glossa in l. ij. C. de Epi. et cle. non sint
alendi. auten. ex complexu. C. de incest. nup. tamen de benignitate
canonica: secundum facultates Parentis: necessaria eis subministrari
debent: ut est textus in c. cum haberet. de eo qui duxit in ma.
quam pol. Quod intelligunt Doctores de alimentis ut Bartolus in
l. fi. §. si a socero. ff. de his que in frau. cred. et Abbas in dist. c.
cum haberet. post glossam ibi.

Igitur si alimenta eis praestari debeant: appellacione alimentorum veniunt cibaria: vestimenta: et habitaciones: l. legatis. ff.
de alimen. et cibar. lega. Immo eciam impense ad disciplinas mihi
videntur in casu nostro deberi. Per ea quae voluit Bartolus in dist.
l. legatis. vbi dicit: quod si alimenta debentur ex testamento: non
veniunt in legato ea: que pertinent ad disciplinam. Si vero debentur
iure sanguinis: vel officio iudicis: tunc debentur expense ad disciplinam. Per textum in l. qui filium. ff. vbi pupil. edu. debeat.
Quamuis autem non appareat ex textu dist. c. cum haberet quod
talia filiorum spuriorum alimenta: de bonis ecclesie fieri debeant:
tamen Abbas expresse dicit de bonis ecclesie tales presbiterorum
filios sustinendos in c. i. de coha. cle. et mu. Et hoc placet: dummodo amore

Folio cxxxvia

filiorum ecclesiam non spolient: nec aliud quicquam illicitum agant.
ar. eorum quae habentur in textu et glossa in c. peruenit. i. q. iiij.

Deinde cum queritur de consanguineis beneficiatorum pauperibus. Respondetur: quod ut pauperibus subuenire possit: non
aliter: nisi quod potest prius eis quam alijs.

In tercio: de celebracionibus capituli tempore diuinorum.
Peccare videntur omnino hij: qui passim eo tempore conuocant:
sine sufficienti causa: propter quam differri comode conuocacio non
debeat. Sed conuocati ut subditi: et ad obedienciam obligati ex-
cusantur: nisi sint in culpa. De restitucione autem facienda: non
video obligacionem: si conuocacio fiat ob euidentem vtilitatem ecclesie. Nam tunc absentes: pro presentibus habentur: quantum ad
effectum consecucionis distribucionum c. i. de non resi. li. vi.

In quarto similiter casu videntur mihi grauiter peccare: qui
in choro tempore horarum canonicarum/ missarum/ vigiliarum etc.
non canunt: sed vel orant vel tacent: aut verbis ociosis se occupant:

237

praesertim vbi ad canendum sunt astricti: vel ex iure communi: iuxta c. dolentes de cele. miss. et c. i. eodem titulo. Vel ex tenore fundacionis: cui se/ acceptando Beneficium vel legatum aliquod: submiserunt. Et hoc verum nisi impedirentur racionabili causa: vel propter modicitatem operis: non videretur curanda eorum breuis taciturnitas aut locucio. De modicis non curat pretor. Aut eciam si propter ecclesie consuetudinem: sine alicuius scandalo: soleant a canendo cessare: ut in multis ecclesijs Gallicanis: in quibus sufficientes persone sunt: officia manualia habentes: qui soli canere solent: qui et abiles sunt arte et voce: nec vellent quemlibet ex Canonicis vocem incompciorem forsan: suis commiscere. Neque enim video si Canonici taceant: et vel meditentur vel orent: dum cultus diuinus ornate execucioni mandatur: et forsan ornacius cum maiori populi deuocione: quam si ipsi concinerent: eos mortaliter peccare. Alij autem ut dixi: peccare quidem videntur.

Folio cxxxvib

Quod autem ad restitucionem teneantur distribucionum perceptarum: non video: nisi per superiorem ex officio propter culpam suam: priuentur certis distribucionibus: quod facere posset Decanus: videns eos inutiliter et maliciose versari in officio exoluendo. Non autem sunt ipso facto dum tacent etc. distribucionibus spoliandi. Racio me mouens est: quia omnia iura que de hac materia loquuntur: distribuciones dicunt dandas his: qui intersunt diuinis. Et licet precipiant officium deuote exolui debere: non tamen ad effectum distribucionum habendarum hoc requirunt: quasi peccare ostendant: et apud deum puniendos: nisi compensauerint: non tamen cogi ad restitucionem si interfuerint: et hoc propter scrupulos innumeros tollendos: qui ex hoc orirentur.

Cum apud Magistrum Iohannem Symler heri requirerem formam Decreti Basiliensis inueni multa alia circa officium diuinum statuta: hoc tamen non reperi: quia vero causam requisicionis ei aperui: et nonnullas questionum tuarum recitaui: dixit non deesse sibi tractatus nonnullos: qui de his materijs conscripti sint: verum abiturum se ilico ad ecclesiam suam in Herlinsheim: et Lune rediturum: tuncque habita questionum copia mentem suam eciam dicturum. Ego interea aliqua perquirens/ non audeo quicquam diffinire: nisi prius audita sentencia eius.

Hoc tamen indubitatum apud me videtur[.] Concubinam non ali sed reijci debere: deberi tamen ei salarium famulatus honeste impensi. Filijs alimenta deberi a patribus clericis: eciam de bonis ecclesie: hoc est vestimenta/ cibaria/ habitacionem/ et impensas litterarum: que omnia alimentorum nomine comprehenduntur. Sed an plura possit dare: iam suspendo sentenciam. Petrus Schottus.

238

218. *Advice on a litigation*

Concilium Petri Schotti in causa commissionis Apostolice.

Diu mecum egi Clarissime Iudex: loquerer an silerem ad hec/ que mihi per dignitatem vestram conspicienda

Folio cxxxviiα

sunt transmissa. Nam ut responderem: instans et perurgens expostulacio vestra commouebat. Contra vero: ne me his tam arduis: et que nonnullam in se ambiguitatem habere videntur inuoluerem: diuturna quies/' qua ab hac iuridica professione semocior fui: et minimus rerum vsus: propemodum deterrebant. Tandem visum fuit: vtriusque eorum que dixi: habendam esse racionem. Quod me facturum esse putabam: si primo ea que in mentem veniebant: tumultuaria quadam et summaria collectione responderem. Deinde ne mihi inexperiencia imponeretur: qui conflictum iudiciorum raro quesiuerim: omnia salubriorum sentencie trutinanda castigandaque commendarem. Et quia aput iurisperitum allegacio que fieri potest: paucissima exigitur: breuissimis aperiam: que super his dubijs decidendis occurrerunt.

Quod ad primam questionem pertinet. Numquid principale negocium per viam querele: an vero appellacionis in rescripto censeatur esse commissum? Legi relegi commissionem summi Pontificis vobis factam: nec possum inuenire aliquid: vnde pocius inducar ad credendum: commissum esse principalis querele discussionem: quam appellacionis. Fateor etenim si expresse constaret de mente summi Pontificis: quod non obstante narracione appellacionis: intenderet nihilominus committere negocium principale: quod staretur conclusioni non narracioni: ut est videre in libello: per iura et Doctores ad hoc allegatos. In casu autem nostro nisi fallor: cum omnia verba conclusionis seu commissionis: non minus adaptentur ad causam appellacionis quam negocij principalis. Nam ita dicuntur in iudicio appellacionis partes conueniri: sicut in prima instancia c. per litteras de appella. et dicuntur proponere facta sua c. constitutis et c. bone eodem titulo. Item adaptatur eis verbum peticionis c. solicitudinem in fine de appella. et conquestionis c. accepta eodem titulo. Quare non pocius stamus multis iuris praesumpcionibus:

Folio cxxxviib

et apud me indubitatis coniecturis: et dicimus commissam esse causam appellacionis.

Nam primo verba rescribentis seu respondentis: intelliguntur secundum requisicionem petentis et interrogantis: et ad interrogata

239

presumitur quis respondere: eciam si verborum proprietas vix
paciatur: ut est textus in §. praeterea insti. de inutil. stipula. et in
l. si defensor. §. i. ff. de interro. actio. Cum ergo in conquestione
super violencia sibi illata: pecierit pars per sedem apostolicam
tanquam per eam ad quam appellatum esset sibi subueniri: et
sedis apostolica simpliciter iudices dederit: non videtur in dubio
aliter commisisse: quam ad eam negocium illud deuolutum fuerat
seu deductum: scilicet per viam appellacionis. Neque enim necesse
erat in respondendo eadem omnia repeti dist. §. praeterea. Nam
quae in praefacionibus concipiuntur: repetita intelliguntur l. ticia.
§. idem respondit. ff. de ver. obli. facit l. regula. §. fi. ff. de iur.
et fact. igno.

Deinde praesumitur in dubio Princeps: committere causam
eo modo et forma/ quibus lites cicius et properancius terminentur[:]
ar. c. finem litibus. de dolo et contu. l. properandum. C. de iudi. cum
similibus. Iudicium autem appellacionis non potest tamdiu proce-
lari: sicut iudicium negocij principalis c. sicut de appella. in cle.
Nec ob. si dicatur: quod grauamen extra iudicale non transit in rem
iudicij et quod esset praeiudiciale parti grauate etc. Nam dico:
quod licet appellacio extraiudicialis deseratur: nihilominus pars
grauata: potest per querelam aliam causam intentare: sed coram
iudice competenti c. concertacioni de appella. in vi. In proposito
autem cum vos aliam iurisdicionem in hac causa non habeatis:
quam que vobis a Papa data est vigore litterarum: et mens litterarum solum ad causam appellacionis respiciat: non videa quomodo
principalem querelam examinare iudicialiter possitis. Faciat quia
iudex qualis hic est summus pontifex: quia est iudex ad quem non
praesumitur impartiri officium suum ad vtilitatem priuatam parcium: nisi fuisset petitus iuxta l. iiij. §. hoc autem iudi-

Folio cxxxviiiA

cium ff. de dam. infect.

Cum ergo non fuerit petitum: ut causam simpliciter per modum principalis querele examinet: sed solum per viam appellacionis:
non videbitur in dubio velle: vel per se vel per delegatum causam
aliter discutere: quam a parte fuerit petitum. Accedat quod littere
ad lites sint odiose: ut innuit glossa in c. i. de rescrip. in vi. facit c.
ad hec c. sedes de rescrip. c. cum in multis eodem titulo. libro vi.
ideo pocius restringi debent: quam ampliari Regula odia li. vi.
Maxime in casu nostro: vbi per causalem illam Quo circa inquit
summus Pontifex: quia fuit ad nos appellatum: idcirco vobis com-
mittimus etc. innuens se non moueri ex amplitudine potestatis sue:
quod plura concedere velit: quam a partibus desideretur: sed quia
appellatum: ideo committit: nimirum non aliter quam per viam
appellacionis causam discuciendam. His igitur suppositis tamquam

240

veris: quantum ego rem intueor: quid nunc sit officij vestri: iura ipsa declarant: praesertim cle. sicut de appella.

Decreueram plura scribere: sed quia questionum discussio longa est: et si precedens decisio vera sit: non est modo necessaria: ideo cum bona venia vestra: in reliquis supersedebo.

Si hoc vnum subiunxero: videri mihi latam admodum: et fere illimitatam commissionem datam a Papa illi Commissario: qui Monasterium illud visitare ac reformare debuit: praesertim in ea clausula Omniaque alia ac singula in praemissis: et circa ea necessaria: per te vel alium seu alios facias: exequaris et disponas: prout tue consciencie visum fuerit expedire.

Notandum verbum consciencie: et verbum visum fuerit. Nam licet quando alias oneratur consciencia alicuius: tenetur ille nihilominus eam temperare ad terminos iuris: iuxta glossam in c. statutum. §. assessorem de rescrip. li. vi. tamen quia sumus in materia reformacionis et correctionis regularium: in quibus non requiruntur iuris solennitates c. qualiter el. ij. in fine de accusa. c. per tuas ad fi. de symo. ideo non habet hic locum.

Folio cxxxviiib

Et omnia que contra hoc dicit Speculator in to. titulo de inquisicio. non habet hic allegari: quia non in regularium visitacione: sed aliorum loquitur. Et quando non fuit commissum: ut consciencie sue visum. Maxime/ quia eciam per verbum visum fuerit expedire: commissio facta est. Quo casu videtur datum liberum arbitrium iudici ut notat Anthonius de Buttrio in c.i. de consti. per c. ij. de iura. calum. li. vi. Sic autem procedi ut processit: forte visum fuit illi Commissario expedire: et reuera si condicio temporum et Patriae et vsus seu obseruancia communis attendenda sunt iudici: iuxta l. aut facta cum similibus. ff. de penis. Hoc modo vidimus omnia Monasteria ad regularem obseruanciam post lapsum reduci: quae etate nostra fuerunt reformata. Quid ergo peccauit bonus homo: si id sibi visum fuit expedire: et necessarium esse: per quod vnicum ad effectum potuit deducere mandatum Pape?

Vnde iniusta videtur fuisse appellacio[.] Primo: quia a correctione superioris: id est Commissarij Pape c. reprehensibilis c. cum speciali in fi. de appella. Secundo: quia a facto illius: cuius consciencia fuit onerata: ut notat glossa in dist. §. assessorem. Et licet glosa in cle. i. in verbo oneramus de iure patro. videatur sentire: quod ea que relinquuntur consciencie alicuius: possint adhuc in dubium reuocare coram superiori: tamen ut prosequitur ibi Cardinalis et lacius Iohannes de Imola hoc non ita plane procedit. Et in summa superior ut dicunt: utpote iudex appellacionis: si inuenerit illum hoc modo Commissarium processisse prout putauit procedendum: et non offendit legem dei: non iudicabit appellacionem seu querelam

241

iustam. Quod autem in proposito ita sit: si audiantur testes partis Ree: praesertim quatuor in ordine vltimi: facile apparebit.

Quantum ad terciam questionem Quod propter scandalum vitandum: restitucio in possessorio sit neganda: tenet glossa iij. q. i. in summa Fredericus de

Folio cxxxixa

Senis consilio cc. lxxxiiij. Anthonius de Buttrio in c. ex parte de resti. spol. in vl. col. Ange. et post eum Alexander de Imola. Dominus meus in l. naturaliter. §. nihil commune. ff. de acqui. poss.

219. *Case on the validity of authority delegated without consent of the bishop*

Casus quidam.

Plebanus ecclesie parrochialis in N. Spirensis diocesis: misit quendam presbiterum Constanciensis diocesis ad Vicarium in spiritualibus Spirensis Episcopi: pro licencia et admissione celebrandi in diocesi Spirensi ac commendas deseruiendi: sibique Plebano in diuinis adiutorium faciendi. Vicarius eidem presbitero ut missas celebrare: non autem confessiones audire: vel publice predicare valeret indulsit: reputans eundem pro eo tempore ad hec duo non esse sufficientis litterature. Insuper idem Plebanus a dicto Vicario Episcopi obtinuit: sibi impertiri et concedi auctoritatem absoluendi in casibus Episcopo reseruatis pro se et alijs quatuor sacerdotibus habilibus et idoneis: quos duceret assumendos: ad audiendum confessiones subditorum suorum tempore Quadragesime. Sicque idem Plebanus dictum presbirerum [presbiterum] loco illorum quatuor nominauit: et ad audiendum confessiones admisit: cui multi ex subditis confessi sunt.

Cum autem expost compertum esset: quod Plebanus dictum presbiterum praeter licenciam Vicarij: ad audiendum confessiones admisit. Dubitabatur: an commissio facta per Plebanum tenuerit? Et absolucio per dictum presbiterum facta rata esse deberet an irrita? Nonnullisque quod rata sit: alijs autem contrarium asserentibus: immo dicentibus: quod quilibet eorum/ qui eidem confessus sit: non sit absolutus: sed teneatur suam confessionem iterare. Exquo non mediocris ortus est clamor: et error in populo. Dubitatur quid iuris? Et maxime. An dicta absolucio de rigore iuris sit nulla et irrita: vel an sit valida? Et an confitentes huiusmodi: teneantur iterare confessionem: vel saltem Episcopus possit ratam habere absolucionem?

Folio cxxxixb

## 220. *Advice on the case of validity of authority delegated*

Consilium domini Petri Schotti ad resolucionem suprascripti Casus.

Duabus vijs saluari potest: nisi erro: quod hic sacerdos de quo fit questio: habuerit iurisdicionem in subditos illius Plebani: et sic potuerit eos absoluere. Prima est via delegacionis. Nam communis est opinio: sacerdotem parochianum posse delegare iurisdicionem suam alteri sacerdoti: eciam alias iurisdicionem nullam habenti: dummodo tamen se non prorsus exoneret. Ita firmant Doctores in c. omnis de pe. et remiss. Paulus de ligia. Cardinalis. Abbas. Iohannes de Imola in cle. i. de priuilegijs. Itaque si sumus in terminis iuris communis: planum erit quod querimus. Nam constat Plebanum delegasse seu commisisse huic iurisdicionem. Quod si forte consuetudine diocesis: ius illud delegandi sit restrictum: ita quod non possit alicui iurisdicio curata demandari: nisi qui prius admissus sit ad tales actus: per Episcopum vel eius Vicarium: quod quidem fieri potest. Quia sicut consuetudo dat iurisdicionem l. viros. C. de diuers. offi. lib. xij. c. cum contingat de fo. compe. ita eciam potest eam tollere ar. l. nihil tam naturale. ff. de reg. iur.

Tamen adhuc videtur in casu nostro illam delegacionem subsistere: quia videtur Vicarius Episcopi vices suas commisisse illi Plebano: quod assumat aliquos abiles ad illam iurisdicionem. Et presuppono quod Vicarius tanquam ordinarius in his: possit vices suas alteri committere: vel ex indulto Episcopi: vel ex consuetudine. Nam purus Vicarius alias delegare non posset: notat glossa in c. clericos de offi. vicar. Doctores in cle. et si principalis de rescrip. Hoc igitur supposito videntur electi per illum Plebanum ex commissione Vicarij: omnes habere iurisdicionem eciam Episcopalem. Et licet forsan transgressus videatur fines mandati: in eo quod elegit et assumpsit hunc: qui non fuit vsquequaque habilis ex defectu litterature: et in hoc peccauerit: tamen ex hoc solo assumpcio non est nulla.

Folio cxLa

Nam hec verba: eligas habilem et idoneum: sonant in modum seu admonicionem: non in condicionem ut dicit Vicentius in c. ex parte de consti. et Abbas in c. ex insinuacione de rescrip. Innocentius in c. fi. de praesump. glossa in cle. i. in verbo repererint de offi. dele. Vnde licet non sit habilis: adeo ut iura requirunt eum esse: qui animarum cure se immiscet: seu confessiones audire praetendit iuxta c. quem penitet de peni. dist. i. et sic peccauit ille eum assu-

243

mendo: et hic se ingerendo. Tamen quia multa fieri non debent: que tamen facta tenent c. rursus qui cle. vel vo. ideo si substancialia non defuerunt: hoc est: quod fuit sacerdos: et non errauit: ligando absoluenda: et absoluendo liganda: et formam absolucionis debitam adhibuit: videtur quod sacramentum contulerit in effectu: quia eciam fuit materia ibi capax illius forme: scilicet poenitens subditus per delegacionem ut dictum est.

Secunda est via prorogacionis: si velimus sequi Abbatem in dist. cle. i. de priui. post Ostiensem in summa de poeni. et remiss. §. igitur cui. Dicit enim quod quilibet sacerdos habet potestatem clauium: hanc enim recoepit in sua ordinacione. §. ecce iunc. c. ex auctoritate xvi. q. i. Exercicium autem non habet ex defectu subditorum: vnde exquo aliquis se potest illi subijcere legitime: potest suam in illum potestatem exercere. Et hoc dicit sibi nouissime placuisse: licet Doctores in dist. c. omnis. et in dist. cle. i. senserint contrarium. Nam iura per eos allegata loquuntur in non habente prorsus iurisdictionem: secus in eo qui habet eam in habitu: nec exercicium est interdictum nisi subditorum defectu. Ad hoc adducit notabiliter quod le. et no. in l. i. ff. de iudi. vbi patet quod illorum iurisdicio non habencium actu subditos: potest per alios prorogari. Hoc vltimum sentit eciam Abbas in c. p. et g. de offi. dele.

In proposito igitur illius Plebani potuerunt se legitime subijcere illi sacerdoti: quia de licencia proprij sacerdotis: de qua certis indicijs constabat. Vnde videtur: quod ipse iurisdicionem suam habi-

Folio cxlb

tualem potuerit in eos deducere in actum. Hec via plana esset et probabilis: sed quia communi opinioni aduersatur: ideo est periculosa. Et per eam in effectu per indirectum: eneruaretur illa consuetudo laudabilis: quod nullus haberet auctoritatem confessionem audiendi: nisi interueniente consensu Episcopi vel Vicarij: de qua supra dictum est. Nam sufficeret licencia proprij sacerdotis: data subditis ut confiterentur etc. cuicumque.

Ideo tucius erit amplecti primam viam: nisi eam precluderet adhuc: quod forte mens Vicarij Episcopi: committentis electionem illorum quatuor illi Plebano: fuerit/ quod non posset assumere aliquos: ad casus Episcopales auctoritatem habentes: nisi qui prius admissi essent ad regimen animarum per ipsum. Quod si deprehenderetur ex declaracione mentis domini Vicarij: ad quem hoc interpretari spectat l. si quis intencione. ff. de iudi. l. neracius. ff. de reg. iur. quod ille omnino nullam sortiri potuerit iurisdicionem ex assumpcione Plebani: quia scilicet Plebanus ex se illum ad hoc delegare non potuit: obstante consuetudine: nec commissio Vicarij ad hunc se quolibet extendebat. Tunc dubium erit: quid senciedum [senciendum] sit de absolutis ab eo in confessione: quos tamen nite-

244

batur absoluere. In quo videtur dicendum conformitur ad glosam in c. dudum. ij. in verbo. decepte de elect. quam ibi notant et sequuntur Doctores: quod tales sic saluantur: propter fidem quam habebant de sacramento: cum crederent illum esse sacerdotem proprium: per ea quae ibi allegantur. Ad hoc confirmandum adduco quod voluit Archidyaconus in c. nullus in Episcopum. lxij. dist. qui dicit: quod actus eius qui habetur pro Praelato: eciam si non sit: valent ex equo et bono: propter communem ignoranciam. Ad idem quod voluit Innocentius in c. cum dilecti et in c. nihil de elect. et Iohannes Andreas et Abbas in c. quod sicut eodem titulo. Vbi dicunt: quod licet communis error non faciat aliquem Praelatum: tamen confirmat et validat gesta per eum: per l. Barbarius. ff. de offi. pretor. Et loquuntur eciam ibi in spiritualibus. facit c.

Folio cxlia

in verbo quod si seruus. iij. q. vij. Ad idem facit illud'vulgare: quod opinio prefertur veritati: in causis fauorabilibus vbi nemo lederetur: deducit Ostiensis et Iohannes Andreas in c. nuper de biga. et Iohannes Andreas in addi. Speculator in titulo de notorijs crimi. §. fama. Absolucio autem est fauorabilis l. Arrianus. ff. de actio. et obli. et per eam nemo leditur.

Et hoc maxime videtur in proposito nostro: vbi ea que de iure diuino huic sacramento essencialia sunt: non fuerunt praetermissa quia per habentem claues ecclesie fuit poenitenti impensa formalis absolucio: quod in primitiua ecclesia passim licebat: ut dicit Scotus in iiij. dist. xiij. articulo tercio et solum defecit solemnitas requisita de iure positiuo scilicet subiectio penitentis: qui qui ius positiuum fuit factus non subditus. Nam nisi illa restrictio iurisdicionum per ius positiuum introducta esset: quilibet sacerdos posset quemlibet penitentem absoluere: ut dicit ibi Scotus. Illa ergo obmissio alicuius requisiti solum iure positiuo: videtur suppleri per errorem inuincibilem eorum: qui suscipiunt: ut in simili dat doctrinam Innocentius in dist. c. quod sicut de elect. Idem sentit Richardus super quarto Sentenciarum dist. xviij. q. v. vbi dicit quod innitens absolucioni eius qui non potest absoluere de iure peccat: nisi per ignoranciam inuincibilem seu probabilem excusetur.

Hec omnia tamen intelligo: quod quamuis sic confessi non habenti iurisdicionem sint excusati: et coram deo absoluti: tamen quamprimum ad eorum noticiam deuenerit ille error: tucius erit: quod iterum confiteantur. Ita dicit Iohannes Andreas in dist. c. dudum de elect. Ad hoc adduco glossam in c. fi. in verbo ministrare de presbitero non bap. mi. et idem senciunt Ostiensis et Doctores in c. i. de scisma. Idem sentit Anthonius in summa confessionis parte secunda. §. iiij. in quarto casu: vbi ad hoc allegat Petrus Thomas Raymundus Hostiensis.

An autem Episcopus possit ratificare absolucionem: que est nulla? Dico quod quamuis Ostiensis in summa de peni. et re.

Folio CXLIb

dicat: quod si absoluens ponat spem in ratihabicione proprij sacerdotis: quod absoluat: tamen communiter non tenetur. Nam in his que habent plus iuris quam facti: non est locus ratihabicioni: ut dicit glossa ix. q. ij. ca. i. Et ibi hoc sequitur Archidiaconus loquentes de sentencia a non suo iudice lata. Et ita dicit Archidiaconus tenuisse Bartholomaeum Brixiensem in questione veneriali: maxime in sentencijs que trahunt secum suam execucionem. Et exemplificat in sentencia excommunicacionis: que statim ligat aut est nulla. Idem Innocentius et Abbas in c. prudenciam de offi. deleg. Sic eciam est in sentencia fori poenitenciarij: quia incontinenti absoluit: et si non absoluit: est nulla: quia falsa: quia dicit Ego te absoluo: et tamen non vere hoc dicit. Si ergo ab inicio nulla est: ex post facto non conualescit: regula non firmatur de reg. iur. in vi. Idem tenet Petrus de paludi allegatus per Anthonium in summa confessionis parte prima c. iiij. Idem autor Pisane summe confessione. iij. Et eciam si per ratihabicionem confirmari posset absolucio a non suo iudice lata: deberet fieri intra illud tempus: quo absolucio impendi posset: ut dicit glossa in Regula ratihabicionem in vi. per iura quae allegat. Absolucio autem non posset impendi nisi penitenti et confesso: antequam nouum peccatum mortale committat: et pari modo ratihabicio ante commissionem noui peccati fieri debebit.

Attamen plus placet prima sentencia: quod non possit ratificari: quia tempore ratificacionis non inuenitur quod possit ratificari cum sit omnimodo nulla: ut dicit Innocentius vbi supra. Quid autem faciat sacerdos: qui absoluit aliquem de aliquo peccato a quo non potest. Et an teneatur hoc intimare ei: qui se putat absolutum. Et quomodo ipse aget poenitenciam: remitto ad Iohannem Nider in Manuali confessorum in fine c. i. Et ad Anthonium in dist. summa confessionis parte prima c. xij.

Folio CXLIIa

221. *Opinion on the question concerning clerics hair*

Petrus Schottus ad Eucharium Groshug Ioannitam
An liceat Religiosis nutrire comas.

Vrges ut scripto respondeam: duobus per te quesitis[.] Primo: num sine peccato possit: vir praesertim sacerdos: orare velato capite? Deinde: an consuetudini introducte in Monasterio regulari: ut fratres clerici tondeantur: auribus non totis patentibus: possint se tuta consciencia regulares eius loci conformare: non abstante c.

246

non liceat ij. xxiij. dist. vbi iubentur clerici esse patentibus auribus.

Vellem profecto te consuluisse eos qui legum diuinarum periciores essent quam ego: nam ex eis videtur questionum difficultas dependere: presertim prioris: quandoquidem Apostolus prima ad Corinthios xi capitulo: item Augustinus in libello de contemptu mundi: huic dubitacioni occasionem: ut tu ipse afferebas: suppedirarunt [suppeditarunt]. Verum quoniam sentenciam meam audire desideras: non existimauerim me iuste id tibi posse negare: pro ea que ab ineunte etate inter nos contracta est amicicia. Proinde: nisi fallor: idipsum quod tibi verbo responderam: iam ut scripto repetam: inductus sum et aliorum auctoritate et ampliori materie discussione.

Respondi siquidem: videri mihi consuetudinem in talibus: que scilicet legi diuine naturalique: aut bonis moribus non aduersaretur: multum posse: immo pro lege seruandam esse. Possem adducere innumera iura et leges: sufficiat c. illa. xij. dist. vbi Augustinus dicit. Quod enim neque contra fidem: neque contra bonos mores esse conuincitur: indifferenter est habendum: et pro eorum inter quos viuitur societate seruandum est.

Atqui dices. Nonne legi diuine contranititur: qui Paulo dicenti. Omnis vir orans aut prophetans velato capite: deturpat caput suum: non obedit etc. Certe si Scoto super tercio Sentenciarum distinctione vltima: et sancto Thome in prima secunde questionis cviij.

Folio CXLIIb

articulo primo et secundo: si inquam tantis Patribus merito credimus: lex diuina noui testamenti nulla alia exteriora opera determinauit: prohibendo vel praecipiendo: nisi sacramenta et moralia praecoepta: que de se pertinent ad racionem virtutis. Cetera vero ut ceremonialia et iudicialia: quorum determinaciones non sunt secundum se de necessitate interioris gracie: non cadunt sub precoepto noue legis: sed relinquuntur humano arbitrio: et ordinacioni praesidencium: ut late et erudite declarat Doctor sanctus. Vbi eciam respondet ad aliqua: que in euangelio Luce: tanquam exteriora precoepta: Apostolis data videntur: dum Dominus eis diceret. Nolite possidere aurum neque pecunias in çonis vestris etc. Nam dicit ibi nihil exterioris et ceremonialis obseruancie precoeptum fuisse: sed pocius moralia instituta: quorum dat duos pulcros intellectus. Vel quod non precoeptum sed admissio fuerit. Vel quod fuerint temporalia statuta.

Ex his igitur nisi fallor: elici posse videtur: quod cum lex Christiana sit lex libertatis et gracie: quicquid vel in Euangelio vel in Apostolo videtur sonare in exteriorem obseruanciam: preter sacramenta: illud non sit accipiendum tanquam obligans ad litteram: sub obligacione praecoepti legis diuine: que de se est inuariabilis:

247

nec constitucione aut consuetudine potest tolli: sed vel ad mortalem mysticumve sensum trahi debebit: vel accipiendum est ab Apostolo tanquam a Praelato pro condicione loci/ temporis/ et personarum: tunc sic ordinatum et statutum. Sic enim: cum ad litteram Apostolus ad Philippenses secundo capitulo velit omne genu debere flecti in nomine Iesu: hoc in c. decet de immu. eccle. li. vi. summus Pontifex: cui in lege diuina alteranda nulla prorsus facultas esset: ad genua cordis traduxit. Sic comunionem sub vtraque specie: quam littera et Euangelij et Apostoli praecipere videtur: Ecclesia quoad laicos ad alteram coartauit. Nam cum tota

Folio CXLIIIa

gracia in vna specie subsisteret: potuit nimirum in eo quod exterioris obseruancie fuit: ex causis racionabilibus: alteracionem quoad aliquos facere: dummodo integritas sacramenti non penitus ab ecclesia supprimeretur.

Non aliter in proposito prime questionis: velacio vel detectio capitis inter orandum: proculdubio exterior non interior actus est: nec sacramentum ad salutem necessarium in hoc consistit. Videtur nimirum verisimiliter dici posse: congruum tunc iudicasse Paulum apostolum: ut pro condicione personarum et status ecclesiastici primitiui: omnes viri nudis capitibus orarent et depilati: ut fere virorum ea tempestate mos erat: eamque consuetudinem super qua se in calce sermonis prorsus fundare videtur secutum: et racionem mysticam in textu expressam: tunc non solum clericos aut personam ecclesie representantes: sed omnes omnino viros: eciam laicos iussisse in oracione capita detegere. Augustinum similiter qui in Africa quoque meridionali regione: viros minus capillatos eam doctrinam Apostoli amplexos vidisset: conatum hortari praesertim ecclesiasticos: in quo iam Apostoli verba ad Clericos limitare videtur: ut in laudabili instituto et consuetudine permaneant: id non sine oratoria exaggeracione que ei non est incognita: eciam atque eciam suasisse. Similis exaggeracio Augustini habetur in q. i. interrogo.

Quid vero deinde per Decreta Patrum circa hoc: tamquam circa id/ quod pro condicione temporum ut dixi inmutari potuit: statutum sit: videri potest ex c. nullus de consecra. dist. i. Vbi ad missarum celebracionem: detectionem illam accomodatam videmus: nec tamen adeousque: quin si non temere praeuaricemur: penam Canonis euadamus. Profecto lex diuina tanta est: ut hanc adiectionem non admittat. Non enim idolatras aut adulteros solum puniendos putamus: qui ea crimina temere admiserint: quin et eos/ qui metu aut vehemencia passionum illecti

Folio CXLIIIb

fuerunt. Quid dicam de ritu tocius ecclesie: praesertim in filijs qui

248

summum apicem adipisci conantur: qui et ipsi in detectione capitum: sicut in genuflexione: seu capitis inclinacione certos mores habent: non timentes: nec timere debentes Pauli in prescriptis verba: que eos non complectuntur: utpote tempori quo ea consuetudo erat solummodo prescripta? Consuetudinem igitur tolerandam iudicarem: que neque irreuerenciam deo quia contra legem diuinam esset: neque scandalum proximo affert: quod et ipsum contra diuinas leges existeret.

Ex his secunde quoque questionis solucio haberi potest: de tondendis capillis: in quo quidem Regulares secularibus clericis rasi magis esse deberent: ut dicit Hostiensis in summa de vi. et ho. cleri. §. item consistit. Et ideo consonum racioni esset: ut consuetudo talis vbi non est: introduceretur. Tamen si sit competens tonsura: in qua nemo scandalisetur: non video: quin consuetudo longi temporis in loco non dissoluto aliquid operetur per dist. c. illa. xij. dist.

Sicut et in ceteris: que ad vestitum Clericorum pertinent: consuetudini statur: ut voluit glossa in summa. xxi. q. iiij. Preterea quod non aures tote: sed pars aurium pateat: id forte intencioni Canonis in dist. c. non liceat: sufficere videtur per sinechdochen. Faciant notata per Doctores in ca. pastoralis. §. item cum totum de offi. dele. Quemadmodum Christus dixit se futurum tribus diebus et tribus noctibus in corde terre: cum tamen non nisi partes dierum et noctium intelligi possint.

Hec ita ut premisi asseruisse me putes: ut cuiuscunque melius sencientis determinacionem: facillime et gratissime sim auditurus.


222. *Dialogue between Peter Schott and Gabriel Biel*

Questiuncule Petri Schotti quas Magistro Gabrieli Byhel Praeposito Vracensi Theologie doctissimo Licenciato obtulit: cuius responsa mox subiecta sunt.

Folio CXLIIIIa

*Petrus.* An iura positiua mera: obligent in foro consciencie? ita ut si quis praeter scandalum proximi per aliam viam possit assequi finem iuris teneatur nihilominus amplecti terminos iuris: et secundum illos operari.
*Gabriel.* Credo (ut prima facie apparet) saluo semper meliore iudicio quod iura positiua non abolita per contrariam consuetudinem: obligent ad sui obseruacionem in foro consciencie[.] Nisi in casu in quo legislator: si praeuidisset: noluisset Qui enim vos audit me audit: et qui vos spernit me spernit etc. denique obediencia: quae victimis antefertur: non soli deo exhibenda est sed et vicario eius.

*Petrus.* Quid senciendum: utpote de recipientibus talias etc. a clericis? statuentibus contra libertatem ecclesiasticam: et eam violantibus: et de innumeris alijs: quibus censure et sentencie excommunicacionis a iure ipso facto infliguntur: qui tamen passim nec ordinarijs nec ipso summo Pontifice contranitentibus tolerantur: et a quantumcunque religiosis non vitantur: sed absoluuntur in confessionibus[.] Viri tales habendi et praedicandi sint excommunicati? *Gabriel.* Difficile est aliquid in casu praemisse questionis determinare. Puto tamen incautam fore praedicacionem: asserentem tales esse excommunicatos. Vnde ex causis allegatis: quia et Praelati huiusmodi talias a clericis exigunt et exigi a ceteris permittunt: nec contradicunt: Papa ut praesumitur tolerante: et quia pene non sunt extendende: sed magis restringende: pia interpretacio huiusmodi penalium constitucionum habere videtur locum: ut magis intelligende sint comminaciones quedam: et non excommunicacionem infligentes: quantumcumque videantur esse late sentencie. Vnde magis puto sobrie predicandum: dicendo quod huiusmodi facientes seu recipientes secundum canones videantur excommunicati: licet consuetudo currat in contrarium. De vitacione talium credo quod vitandi non sint quia non sunt declarati incidisse nec denunciati. Consequenter estimo tales

Folio cxliiiib

nisi aliud impediat: absoluendos. Estimo enim Canones illos quantum ad fulminacionem sentencie excommunicacionis quod sint ipso facto abrogati.
*Petrus.* Vtrum in horis Canonicis ad quas ex praecepto ecclesie obligamur: admittatur compensacio per opus aliquod melius? ut puta per predicacionem: oracionem mentalem: contemplacionem ad instar Ieiunij quadragesimalis: ad quod beatus Thomas dicit eum non obligari qui per illud impediretur in opere meliori eciam supererogacionis ut in peregrinacione predicacione etc.
*Gabriel.* Puto per nullum opus supererogacionis obligatum ad horas canonicas ab earum solucione posse excusari. Nec puto ieiunia ecclesie soluenda esse propter opus melius supererogacionis: propter causas in solucione primi dubij positas.
*Petrus.* Vtrum sufficiat horas canonicas complere mane vno contextu: presertim si quis vereatur ne forte propter negocia obuentura ecclesie temporibus suis non intererit: vel propter itineracionem et similia.
*Gabriel.* Credo quod sufficiat ut quaestio proponit: quia non occurrit mandatum ecclesie obligans ad determinatas diei vel noctis horas: licet ceteris paribus commendabilius iudico legere distinctis horis quam continuatim simul.
*Petrus.* Vtrum pro vita corporali fratris redimenda: possim licite

250

vitam meam corporalem tradere: non obstante ordine caritatis. Gregorius enim in dialogo laudat sanctulum qui id foecit.

*Gabriel.* Si quis fratrem existimaret ecclesie aut reipublicae se meliorem: liceret et esset magni meriti. Hoc ipsum ordo caritatis posceret qua proximus propter deum diligendus est: secus si ex morte sua dei cultus: aut animarum salus verisimiliter impediretur.

*Petrus.* Sed quid (querebam verbo) si nescirem vter nostrum ecclesie aut reipublicae esset vtilior: aut si eque vtiles essemus.

Folio cxlva

Respondit posse me quidem dare vitam meam: pro vita fratris sed non ad hoc obligari. Et quod dicitur de ordine caritatis: quo caritas proximi regulatur secundum caritatem ad seipsum: et sic videtur caritas suijpsius preferenda. Respondit illum ordinem accidentalem esse. Sed vtramque caritatem et sui et proximi ordinari in deum essencialiter: et sic quodcumque illorum propter deum fecero bene faciam.

*Petrus.* Confessus de re sub dubio: que sibi tunc erat dubia an eam commiserit: si de ea postea efficitur certus: an teneatur confiteri? quia forte satisfactio tanta ei imposita non est quanta si certo eam confessus fuisset.

*Gabriel.* Puto securius fore peccatum in casu iterum confiteri. Ad id tamen peccatorem non estimo obligari: neque iniunctam satisfactionem condignam confitens acceptare tenetur de necessitate salutis.

Per hoc eciam soluit quaestionem. Circumstanciam numeri in genere confessus: si recordetur postea vnius actus eiusdam generis: qui sub expresso quidem numero continetur: sed eius dum confiteretur in speciali memor non fuit. Nunquid teneatur et hunc actum cum specie confiteri?

Respondet enim quod non: quia secunda confessio nihil adderet priori[.]

*Petrus.* Vtrum rebus stantibus ut nunc dominus Doctor keisersberg debeat perseuerare Argentine in officio praedicacionis.

*Gabriel.* Omnibus circumstancijs pensatis omnimodis iudico expedire consulendumque fore ut in vocacione qua vocatus est maneat nec cedat subtilibus sathane instigacionibus quae sub specie boni fructum verbi dei satagit impedire.

In practicis resolutissimum dicit esse Scotum: in speculabilibus Ockam ponere veritates claras palpabiles.

Quesiueram eciam ab eo: quid de operibus praeceptorum affirmatiuorum cum non obligent pro semper: quando nam obligetur?

Respondit in his vbi determinacio certi temporis per ecclesiam facta est ut in sanctificacione sabbati: standum esse determinacioni. In alijs recurrendum ad generalem regulam ut in necessitate dicamur obligari: ut ecce obligamur orare pro benefactoribus. Qui ex officio vel alio statuto tempus positum non habet: tunc solum tenetur orare: cum in necessitate putauerit constitutos. Sic enim non aliter dicuntur obligati ad opera misericordie corporalia.

### 223. *Questions on powers of absolution put to Johann Rot*

Contingencia facti in dubium vocitata ad Magistrum Iohannem Rot. Petrus Schottus.

Fratres certi ordinis habent ex indulto sedis Apostolicae ut accedencium ad eos de suorum licencia Prelatorum: possint confessiones audire: et eis pro commissis possint poenitenciam salutarem iniungere. Nisi forte talia emerserint: propter quae sedes apostolica sit merito consulenda. Ita sonant verba Rescripti et nihil aliud.
Queritur. Vtrum absolutus per illos fratres: a censuris ecclesiasticis a iure inflictis: habendus sit pro absoluto? hoc est: si ab excommunicacione a iure lata: que non est reseruata Pape: possint absoluere vigore illius indulti.
Hoc idcirco a te potissime quero: quoniam arbitrot [arbitror] tibi non solum periciam: sed et practicam in hac re suppetere.
Cum enim Vicarium Episcopi in poenitencialibus agas: non ignoras an eciam ab excommunicacione: cuius absolucio Episcopo reseruatur: tu quoque absoluas. Et vtrum hoc generali auctoritate tibi concessa in potestate audiendi confessiones: an eciam per specialem clausulam absoluendi ab excommunicacione tibi data sit facultas?
Interrogatus super hoc per quosdam Patres bonos: nolui respondere: nisi prius consuetudinem et vsum intellexissem. Itaque peto vno verbo super hoc a te cercior reddi.

### 224. *Reply to by above Johann Rot*

Responsio Magistri Iohannis Rot.

Fratres presentati et admissi ad audienciam confessionum: secundum generale indultum Apostolicum eis datum: non habent maiorem auctoritarem [auctoritatem] in foro poenitencie: quam simplices Curati: sed simplices curati non habent absoluere a peccatis publicis pro quibus publica poenitencia est imponenda: neque a peccatis quibus sentencia excommunicacionis maioris est annexa: et si occulta sint: nec ab illis peccatis quorum

252

Folio CXLVIa

absolucionem Episcopus per sua statuta sinodalia: et per alios processus nouiter emissos: suo Vicario generali reseruauit. Istis Curatis simplicibus habent se conformare fratres praesentati: et si quid amplius attentauerint sine maiori priuilegio: hoc iudicatum fuit: et ipse ego iudicarem irritum et inane.

Hec subito tibi scripsi Doctor eximie: secundum practicam presentis temporis: et quod taliter sit agendum: possem ex scriptis Doctorum ostendere: habita tamen maiori oportunitate. Vicarius respondit. Exquo Papa reseruauit solum casus Papales: videtur equasse illos fratres Episcopis: qui possunt absoluere a censuris quorum absolucio eis non est interdicta. Allegat Ostiensis in titulo de sen. exco. verbis. et hoc est verum. Ego respondi videri oppositum: quia solum de commissis poenitenciam iniungere: eis concessum est: et illud pertinet ad forum animae. Sed absoluere ab excomunicacione: pertinet ad forum iudiciale: ut patet ex distinctione quam ponit Cardinalis in cle. dudum §. extra ciuitates. de sepul.

Cum ergo vnum non comprehendatur sub alio: quia potest quis absolui ab excomunicacione: qui non absoluitur a crimine c. veniens ij. in fi. ibi Doctores de testi. ideo non videtur Papa voluisse per tacitam subintellectionem hic concessisse autoritatem illam circa censuras: quia per hoc derogasset iuri communi. in cle. i. de priui. quod in dubio non est presumendum: nec per extensiones exorbitancia sunt amplianda. Accedat eciam stilus Curiae: in quo hec ut diuersa et expresse solent concedi.

Petrus Schottus. Ita eciam Magister Iohannes Symler et Doctor keisersberg responderunt.


## 225. *Advice on burials and sacrifices*

Petri Schotti breue Consilium de sepulturis et oblacionibus.

Rem litigijs refertam: et quae fere totum Christiani nominis orbem plerumque turbauit: summarie tibi signari desideras: et id breuissimo temporis cursu.

Ego quod notare potui: cum plurima restant: non summarie sed remis-

Folio CXLVIb

siue videndam arbitror cle. sane. in §. huiusmodi. ibi textus et Cardinalis de sepultur. vbi ius nouissimum fratribus Minoribus et Predicatoribus dat: ut libere ad sepulturam recipiant quoscumque: salua quarta canonica quae de omnibus relictis ecclesie parochiali debetur. In oblacionibus vult Abbas Panormitanus in c. pastoralis

253

de his quae fiunt a praelato sine consen. ca. quod omnes oblaciones quae fiunt in capellis quae sunt intra parochiam aliquam: debentur ecclesie parochiali: per textum ibi et per textum in c. iij. de eccle. edif. per locum a speciali. Idem tenet Abbas post alios Doctores in Rubrica extra de parochijs.

Plura conscriberem: sed tempus vetat. Vocor enim ut abeam.

## 226. *to Conrad Bondorf, advice on eating fat and lard*

Sagimine et Lardo Sabbato vesci liceat.

Petrus Schottus Eximio Magistro Conrado de Bondorff Lectori Conuentus Minorum Argentinensium precoeptori honorando salutem dicit.

Non erat epulis tam opipare nobis appositis absonum: ut inter pleraque de rebus serijs: tamquam in Attico conuiuio collata: eciam de carne/ sagimine/ et lardo colloqueremur: presertim cum et ea disceptacio in animarum salutem tendere non dubitaretur.

Quamobrem que tum inprompto mihi loca non erant: quibus de his legisse me memineram: ut primum domum veni: diligencius perlustraui. Reperique in primis textum in c. presbiter. lxxxij. dist. ex quo sumit argumentum illic glosa: quod liceat comedere de sagimine illis diebus: quibus oua et caseum licet. Deinde occurrit alia glosa in c. admonere. xxxiij. q. ij. quae sentire videtur: quod appellacione carnis: lardum non veniat: quae in probacione adducit dist. c. presbiter. Quamuis autem glosa illa nihil aliud alleget: tamen pro eius opinioe [opinione] facit textum in l. i. C. de erogat. milita. anno. li. xij. vbi textus segregat lardum a carne. Per quem eciam Bartolus ibi notat: quod appellacione macellatorum carnis non veniunt macellatores lardi. Per que videretur sustinenda consuetudo eorum: qui diebus quibus lacte et ouis vescuntur: sagimen quoque et lardum sumerent. Pre-

Folio cxlviia

sertim in die Sabbati que nullo iure/ sed solum consuetudine locorum: carnium vsum vetitum habet c. de esu c. sabbato de conse. dist. iij. c. illa. xij. dist. cum glossa. Ita de Sabbato concludunt Doctores in c. ij. de obser. ieiu.

Hec sunt quae iuxta pollicitacionem meam excellencie vestre mittere volui: cuius correctioni submitto: et me ut praecoeptori commendo.

254

## 227. *Opinion on a marriage contract*

Casus Matrimonialis.

Puella xi annorum: per verba de praesenti contraxit cum adulto. Vtrum sit contractus Matrimonij iudicandus: vel sponsaliorum? Et si sponsaliorum. Vtrum cum puella venerit ad etatem legitimam: possit resilire?

Quod non sit Matrimonium: videtur constare ex eo: quia ad hoc ut contractus Matrimonij subsistat: oportet masculum compleuisse annum xiiij et feminam xij c. ij. cum glosa c. puberes de despon. impub. Vel si minores sint: vel altera persona minor: oportet quod sint proxime annis pubertatis: et secundo quod possint carnali copula coniungi c. de illis. ij. vbi glossa et Abbas eodem titulo. Et licet secundum sufficeret sine primo: scilicet si possent ccrnaliter [carnaliter] commisceri eciam si nondum essent proximi pubertati: nihilominus teneret Matrimonium: tamen primum operatur nihil sine secundo: hoc est: quantumcumque sint etati proximi: si non sit potencia coeundi: non tenet Matrimonium: ut declarat Abbas in dist. c. de illis.

In proposito autem puella illa si poneretur ad inspectionem mulierum expertarum: nequaquam iudicaretur viripotens fuisse: tempore quo contraxit Matrimonium: ergo non est Matrimonium. Dico ergo quod sunt sponsalia: quia licet intenderint contrahere per verba de presenti: tamen exquo impubes erat puella nec malicia etatem supplebat: iuris interpretacione sponsalia de futuro contraxisse videntur textus in c. vnico de despon. impub. li. vi. Petrus Schottus.

## 228. *Testimonials in a sale of seed*

Testimoniales in quodam contractu. Petrus Schottus.

Folio cxlviib

Nos Fridericus Bock eques auratus: Magistratus et consulatus Argentinensis cerciores reddimus: vniuersos per praesentes. Quemadmodom [Quemadmodum] hi postscripti quatuor iurati prosonete artificij ortulanorum Ciuitatis nostre: Ciuesque nostri: sub vi iurisiurandi: quod quidem omnes quatuor ob hanc causam corporaliter per deum et sanctos coram nobis praestiterunt: in formam attestacionis deposuerunt modo qui postscriptus est.

Nominatim Trenshans ortulanorum prosoneta dixit: quod Florencius Mug: et is quoque Ciuis noster emerit ab honestis Magistratu et Collegio artificij ortulanorum Argentinensium triginta

255

vnum et dimidium quartalia seminis ceparum. Quodque ipse et socij sui reliqui prosonete: eidem Florencio huiusmodi semen ceparum in saccis tredecim tradiderint. Quodque ei bene constet: quod omne illud sit bonum nouumque semen ceparum: quod presenti anno Argentine creuerit: quodque sint merces sane et sincere atque impermixte cum veteri ceparum semine aut quauis alia re vel semine.

Similiter reliqui tres prosonete college eius: nominatim Vueldelshans: Langenhans: et Ruprecht Boner eadem affirmauerunt: quae Trenshans antea dixerat.

Deinde Florencius Mug Ciuis noster praefatus specialiter iurauit: et per iusiurandum promisit: huiusmodi praetactum ceparum semen: neque contaminare nec permiscere quocumque alio semine: neque hoc curare aut pati fieri: quin pocius sinere: ut permaneat in omni ea condicione in qua ei quemadmodum prius scriptum est: praesentatum fuit: donec id vendiderit: et tradiderit ei vel eis: qui id a se vel a suis ement: sine dolo et fraude.

In fide harum litterarum munitarum Ciuitatis nostre appenso sigillo. Que date sunt ad diem veneris post solennitatem omnium Sanctorum: post natiuitatem Christi M.cccc.lxxxx.


## 229. *Opinion on the producing of witnesses*

Testium productio.

Ad perpetuam rei memoriam possunt testes produci ab eo qui sibi aliquando litem mouendam esse timet: et hoc praecedente

Folio cxlviiia

citacione eorum: quorum interesse poterit: ut intersint recepcioni testium. Hec probantur in c. Albericus et in ca. significauit de testi. in auten. si quis. C. eodem titulo. Et si testes fuerint alibi quam vbi iudicium exerceri debebit: poterunt recipi per illum iudicem vbi degunt: ut voluit Abbas in c. quoniam frequenter in prin. in verbo Nunc venio ad aliqua. ut lite non contest. Et hoc quando non potest haberi recursus ad iudicem cause: ut dicit ibi Abbas post Vincentium.

Sicut est in casu nostro: quia cum nondum sit specificatus et nominatus iudex: et hoc culpa actoris: non possunt coram iudice cause testes produci. Et publicari possunt dicta testium ut est communis opinio Bartoli in dist. auten. si quis. Abbatis in dist. c. significauit: quia omnes simul possunt produci. Sed quid si aliqui producti essent prius: et pars didicisset testificata: licet non fuissent producti cum efficacia iuris: an impediat alios produci? Bartolus

256

in auten. at qui semel. verbo. quero quid si publicacio in iiij. coll. C. de proba. dicit quod impedit: non quia publicacio fuit: sed quia testificata pars didicit. Petrus Schottus.

230. *Petition to restore an old chapel*

Peticio domini Iohannis Rudolffi de Endingen militis Argentinensis. Petrus Schottus.

Narretur qualiter ante annos fere trecentos: quidam Reimboldus Stubenvueg miles Argentinensis Capellam quandam in honore sancti Nycholai: in torrente vulgaliter [vulgariter] im giessen: in Ciuitate Argentinensi: in fundo suo proprio: et proprijs sumptibus: extruxit et edificauit: et pari modo capellaniam in ea fundauit: et presentacionem in qua iuspatrium sibi et successoribus suis retinuit: quod tandem per legitimam deuolucionem ad dominum Iohannem Rudolffum oratorem prescriptum deuenit: quod et ipse et predecessores sui longissimo tempore iam possederunt vel quasi etc. Sed quia per negligenciam Capellanorum: ut verisimiliter creditur: Capellania praedicta non mediocre detrimentum passa est: in possessionibus et

Folio CXLVIIIb

bonis temporalibus: adeo ut Capellanus hodierno tempore sine penuria illi deseruire: iuxta debitum non possit: cum tamen olim facultates illius Capellanie ad sustentacionem non solum Capellani: sed et socij in diuinis se extenderent.

Idcirco prenominatus orator: cupiens fundacionem ad honorem dei per maiores suos erectam: iam labentem suffulcire: intendit prefate Capellanie facultates restaurare: curareque ut honestam Capellanus competenciam habeat: dummodo sibi per sanctitatem Domini Pape concedatur. Quod et supplicando sibi concedi: humilime petit: quatenus deinceps perpetuis futuris temporibus: ad prenominatam Capellaniam: siue vacet per obitum: siue per resignacionem: aut permutacionis causa: nullus omnino assumi seu inuestiri valeat per quemcumque: eciam si sedis Apostolicae Legatus existeret: nisi praecedente libero consensu prefati oratoris: aut successorum suorum: ad quem vel quos ius presentandi spectabit: ad quem eciam consensum prestandum: inuiti compelli non possint neque per Diocesanum neque alium etc.

Philippus de Endingen clericus Argentinensis ex nobilibus progenitus xiij annorum: petit misericorditer secum dispensari: ut fiat capax et abilis: ad obtinenda beneficia: que ex sui fundacione presbiteratus ordinem requirerent: eciam si Curam animarum haberent annexam. Et ad retinendum: si quod tale non tamen Curatum: iam antea obtinuisset.

257

## 231. *Question on the right of a bishop to declare war*

Questio facti. Petrus Schottus.

Vtrum Episcopus Spirensis in auxilium Comitis Rheni Palatini arcem Gerolçeck expugnaturi: hosti Principis illius possit indicere bellum?
Et videtur quod sic. Nam cui iurisdicio temporalis commissa est: ei videntur commissa omnia: sine quibus illa manuteneri non possunt l.ij. ff. de iurisdic. omnium iudicum.
Sed iurisdicio Episcopi sine protectione Principis: ut supponitur: comode teneri non potest: et illa pro-

Folio CXLIXa

tectio verisimiliter cessaret: nisi aperte fieret diffidacio illius hostis. Nec illa diffidacio est contra Deum: quia ad demolicionem arcis ex qua publica latrocinia passim inferri certum est: ergo. Confirmatur: quia pro propria iurisdicione [iurisdictione] tuenda: potest hostibus indicere bellum. Innocentius in ca. quod in dubijs de poenis. ergo eciam iuuando aliquem cui non potest negare. Presertim in causa: que apparet iusta: quia in consequenciam eciam videtur causa propria ut supra deductum est.

## 232. *Eulogy of Jean Charlier de Gerson*

Compendiosa laus Iohannis de Gerson Cancellarij Parisiensis. Petrus Schottus.

Iohannem de Gerson Parisiensem quondam studij Cancellarium si quis Doctorem christianissimum vocet: is certe videbitur eius merito ac dignitati non impertinens nomen: indecentemve titulum attribuisse. Si enim autor christiani nominis Christus: finem et consummacionem legis sue dilectione constituit: si leue et sacramentis paucis astrictum iugum posteris suis imposuit: si pharisaicum illud paternarum tradicionum onus a suorum humeris excussit: quis obsecro inter Doctores legis huius/ christiani agnominacionem iustius sorcietur Iohanne de Gerson? qui operosa et pia industria per omnem etatem in litteris sacris versatus: omne studium in id contulit: ei soli operam impendit: ut christianis qui succedentibus subinde: multiplicatisque precoeptis hominum: ac innumera viuendi varietate proposita: inextricabili ferme consciencie labyrinto circumerrare viderentur: et egrediendi ex hoc callem notum faceret: et planam securam ac regiam dilectionis christiane viam: que nam esset luculentissime demonstraret.

258

Plane si quis forte dubitacior de hoc fuerit: huic nulla probacio cercius persuadebit: ut que premissa sunt credat: qui si saepe et attente leget: que plurima post se reliquit Cancellarius: ingenij ac doctrine sue monimenta. Inueniet etenim non herentem in curiosis

Folio cxlixb

ambagibus: non in vana subtilium ostentacione solicitum: neque affectacione exquisite nouitatis turgentem: sed ijs insistentem tantummodo: que cognitu necessaria et opere salubria: in priscis Doctoribus deprehendebat. Que profecto ad vsum nostrorum temporum: et ad mores in quibus christiana versatur respublica tam scite applicuit et accomodauit: ut nihil clarius: nihil cercius homines nostri legere possint: per quod ab hac misera perplexitate: tum in multis alijs: tum praesertim in varietate legum humanarum: que nunc obligantes: nunc abolite asseruntur: nonnumquam vertuntur in dubium: sese tuto doceantur euoluere.

Vnde factum est: ut qui soli vtilitati proximi scribendo studeret: nulla affectione priuata alicuius e Doctoribus qui eum praecesserant: singulariter duceretur. Quamuis enim ex his qui celebres erant neminem ignorauerit: eorum tamen quos non respuit ecclesia: nec aliquem vsquequaque refutauit: nec cuiquam sese vbilibet obnoxium constituit imitatorem: sed velut apis argumentosa singulorum depastus dulcorem: quem ex eo potissime sapiebat: si quid naturalem aut diuinam legem sincerius redoleret: fauum perspicuum/ ordinatissimum/ suauissimumque contexebat. Longe profecto alienus ab eorum sensu qui Doctorem fauore probant: et quibus non tam perspecta veritas quam eiusdem professionis coniunctio: sectandi alicuius necessitatem imponit. Haec quidem in scholastica theologia.

In mystica vero que ita est christianorum: ut autore Dionysio solis sit christianis concessa: quantus fuerit Iohannes de Gerson: quam clarus: quam copiosus: quam iuste christiani agnomen promeruerit: ex scriptis suis aduerti manifestissime potest. Studiose siquidem curauit: quemadmodum de se ipso pluribus in locis testatur: theologiam mysticam cum scholastica concordare. Vel quod ostenderet scholasticis doctrinis illam non esse aduersam: vel quod omnes qui crudis solummodo speculacionibus Deum inuestigant: ad experimentalem eius gustum inuitaret: ad

Folio cla

quem scilicet tamquam ad margaritam preeiosam [preciosam]: et future beatitudinis praelibacionem: omnes christiane perfectionis auidos anhelare docebat: eo certe efficacius: quo et ipse non modo doctus verbo: sed et vsu peritus in ea re fuerat. Nisi enim gustasset quam suauis est Dominus: numquam tale aliquid (quod melius

259

percipi quam dici potest) tam dilucide tam signate tamque copiose declarare potuisset.

Nec mirum sane. Nam ut de vita quoque sua nonnihil afferatur: ab ineunte etate per Parentes ad dei amorem allectus extitit: quos ipse pietate in deum non mediocri arsisse: indicio sunt liberi fere omnes deo dicati. Mox traditus bonis artibus: in Parisiensi gymnasio ita se exercuit: ut proficiente cum tempore pericia et integritate: omnium illic theologiam profitencium: tempore suo longe eminentissimus haberetur et esset. Singularis profecto gloria: vicisse Parisienses in eo/ in quo ipsi ceteris studijs omnibus semper prestitissent. Verum multo laus amplior et immensum preconium eius ab his consurgit: quorum adhuc ne meminimus quidem. Que quia illustriorem dicendi ornatum deposcunt alijs: et alij loco duximus reseruanda.

Quis enim breuibus complecti posset: accuratissimam prudenciam: laborem fortissimum: modestissima consilia: feruentissimum çelum: quem indefessus adhibuit pro sedando et vniendo illo turbulentissimo scismate: quo etas illa quaciebatur. Quis legaciones suas mira grauitate et pericia obitas: satis digne commemorare posset? quas pro Francorum Rege: ecclesia Gallicana: et Vniuersitate Parisiensi tum plerumque alias tum praecipue apud celeberrimum illud christiani populi generale Concilium Constanciense gnauiter administrauit. Illic etenim diligencia incredibili: sanissima doctrina et vehementissima vi docendi: quibus Patres monuit: confirmauit: et quod facto opus esset apertissime monstrauit: tamen effoecit pro communi pacis (que a tota christiana republica exulabat) reconciliacione: ut non minus necessarius fuisse videatur illi sue calamitose tempestati: quam olim

Folio CLb

gloriosissimus Doctor Augustinus etati sue: Pelagianorum heresi contaminate. Extant et tractatus et oraciones eius in eam rem plurime: quo minus necessarie sit adducere multa ad hec comprobanda.

Quare silencio praetereantur reliqua: si vno verbo persuasum fuerit: Ioannem de Gerson euidentissimo intuitu veritatem perspexisse: et non minori constancia ac fortitudine: perspectam tutatum fuisse. Ad eam siquidem sensuum puritatem et simplificacionem cordis deuenerat: ut velut e sereno pacatoque aere: despicere et contueri valeret omnia: quae sub se turbida passionibus et ignorancie nube obducta in ceteris agebantur. Itaque expeditissimus et resolutissimus erat in vero cognoscendo. In defendendo autem quam firmus quam imperterritus fuerit: vel hoc vnum argumento nobis sit: quod post grauissimas altercaciones quibus contra impugnatores veritatum fidei: et praecoeptorum dei coram sacrosancto

260

Concilio certauerat: Principis eciam potentissimi odium non veritus: velut alter Crysostomus aut Athanasius: ipsum tandem exilium molestissimum perpeti non detrectauit.

O virum vere christianum. O temporum nostrorum perditissimorum singulare sidus. Tu eam quam a se pellunt ceteri veritatem: eciam in exilio perquiris. Tu teipsum iniuria et contemptu mauis affici quam veritate. Tu vere secundum nomen tuum laudem tibi paras. Gerson enim aduenam significat Tuipsius [Tuiipsius] Christi: qui ut veritati testimonium daret: nullum tormentorum genus expauit: cum re et facto fueris imitator: cur non merito tuo maximo: eius cognominacionem adipiscaris? Quamobrem honorentur Doctores alij: quisque epitheto suo. Dicatur hic sanctus: ille seraphycus: magnus iste: irrefragabilis alter. Subtilis: solemnis: illuminatus: vel quicquid tale pro merito suo quisque vocitetur. Iuste quidem et bene. Sunt etenim. Liceat obsecro Iohannem quoque de Gerson non fraudari laude sua. Liceat christianus Doctor appelletur: is cuius primo doctrina ad Christi meras tradiciones omnem nostram asser-

Folio CLIa

cionem contendit metiri. Cuius deinde studium primarie Christi operacioni: propter quam in mundum venerat testimonio scilicet veritatis intentissime fuit addictum[.] Cuius postremo vite conclusio tanta anagogice et vere christiane contemplacionis dulcedine et amore flagrauit: ut velut cignus modulato canticorum carmine mortem suscipiens: in foelicem familiam Christi quem docuerat: pro quo certauerat: et quem totis visceribus desiderauerat: non immerito in eterna beatitudine receptus esse credatur.

Plura possent alia in laudem huius christiani Doctoris annecti: quorum aliqua ex epistolis Archiepiscopi Lugdunensis: et fratris sui Prioris Celestinorum concipi possunt: quae ad finem huius operis habentur. Verum passim plurima sese obijciunt: laude et honore digna: studiosis scriptorum eius e quibus et hec pauca que praemissa sunt: clarius intelligi possunt. Huius itaque vtilissimi Doctoris tractatus et opera: quotquot colligi potuerunt: eciam non sine singulari labore: in hoc volumine castigate admodum impressa fuerunt[.] Quod tribus sane partibus si cui libuerit: poterit secerni. Earum prima continet ea: que et fidem et ecclesie regimen et circa ea errores concernunt. Secunda complectitur ea: que ad morales tradiciones pertinent. Tercia mystice theologie accomodata subiungit. Hunc autem parcium ordinem non esse incogruum [incongruum]: sed scripture sacre prorsus conuenientem: aperte intelliget: si quis Bonauenturam in libello de reductione arcium ad theologiam in quarto volumine leget.

Inter hec autem opera licet nonnulla sint: quae Iohannis de Gerson non esse verisimilius sit: ut tractatus contra proprietarios

261

Sancti Augustini. Compendium theologie. Sermo de Concepcione. Et si qui plures reperiantur: tamen quia autor alius non patebat: ideo loco suo perstiterunt. Alij autem tractatus/ qui sibi nonnunquam tribuuntur: sed tamen autorem certum habent: ut est libellus de Contemptu mundi:

Folio CLIb

quem constat a quodam Thoma Canonico regulari editum: et plures alij: non sunt operibus suis inserti. Verum nonnulli ad finem operis: propter conformitatem materierum subiuncti.

### 233. *Aphorisms from the sermons of Geiler von Kaysersberg*

Imitaciuncule morales similitudinum et sentenciarum Petri Schotti: quas ex Doctore Iohanne keisersbergio Concionatore Argentinensi in lingua vernacula audiuit: et deinde in latinum traduxit.

1)   Bonos nos reddere tentat Deus: non solum metu penarum: sed praemiorum quoque pollicitacione. Vaccam/ ut sequatur: alter mola falsa inuitat: alter stimulis agit.

2)   Domare carnem: non est excellentissime virtutis: attamen perquam necessarie. Inter ea que ad cocum pertinent: parue est industrie: ignis composicio: verum admodum necessaria. Faber lignarius ante omnia arbores praescindit: quamuis id exile sit artis opus.

3)   Discrecione/ que media metitur: quocunque in opere vtendum est. Fidem cithare si remissiorem languere sinas: argutum sonum non audies. Sin nimium tendas: rumpetur. Id quod in arcu quoque videre licet: qui vel disrumpitur: vel iniquus telum iacit: si non secundum rectum tendatur.

4)   Contricionem peccatorum non esse differendam. Inutiles enim operaciones omnes perire cogit: cum non sint premij eterni meritorie. Perinde atque incaute agit: qui cum negociari possit: pecuniam enim habet: patitur eam ociosam sine lucro domi latere.

5)   Vt ad prunas carbo candescit: sic ex deuotorum consorcio: ardor pietatis amorisque inflammatur.

6)   Qui nimis emungit elicet cruorem. Qui litteras mendosas radit vehemencius: cartam perforat: ita ut nihil neque emendatum super inscribi possit.

Folio CLIIa

7)   Qui sartaginem ut concinnet in incude versat: si incaucius malleum incuciat: pro vno decem foramina derelinquet. Qui se

262

arcius equo cingere conatur: çonam ipsam frangit: ut neque comode cingere possit.

8) Non modo a perniciosis cogitacionibus/ sed eciam a vanis vagisque abstinendum est nobis. Per has etenim seueritas animi: ita nonnumquam remittitur: ut iam et iam illas subrepere contingat. Si qui domum ingredi cupiunt: foribus occlusis: fenestre autem pateant: pueri capaces: hunc cum intro miserint: ipse fores domus apertas eis/ qui extra fuerant: reddet.

9) Deus praecoepta nobis dedit: que studiose/ vigilanter et strenue debemus conari: ut seruemus. Quorsum id a nobis exigat securi. Sperantes eum pro inperscrutabili sapiencia et immensa benignitate sua: opera nostra ordinaturum: ad nominis sui gloriam. Architectus qui solus: domus future contignacionem animo concepit: operas fabris indicit diuersas. Huic ut dolet: alteri ut foret: illi ut sulcet. At hi prout eis constitutum est operantur: ignari quem in vsum domus: que parant ligna sint obuentura.

10) Ea nobis sit voluptas in vsu et cura fouendi corporis: que est claudo in fulciente scipione: et egroto in antidoto. Mallet non vti: tamen quia vrgetur necessitate: non recusat[.]

11) Itaque quoniam ita non numquam condicio offert: ut comode nos negocijs exterioribus subtrahere non possimus: curemus ut nos eiusmodi exercicijs comodemus solum: non demus.

12) Quemadmodum per vitrum rubrum: aut alterius coloris res perspecta eundem colorem oculo mentitur: sic viciosa passione infectus animus: nihil secundum naturam sui iudicat: sed secundum quod vicium animo representat. Atque id est quod ille ait. Quod rectum est: non videt omnis amans.

13) Actus: licet cetere conueniant: si vnica rectitudinis circumstancia desit: rectus appellari non meretur. Quem-

Folio CLIIb

admodum vir alioquin incolumis: si vno membro egrotet: sanus dici non potest.

14) Sapiencia a sapore dicta: quod ei omnia sapiant talia: qualia reuera sunt. Sicuti enim qui nasuti sunt in iudicio ciborum: salsi sint an fatui: non falluntur: sic sapiens Deum ut est dulcis sapit: et creaturarum amaritudinem/ quasi gustu quodam experitur.

15) Larido transfigi non exposcunt: si que suapte pinguia assentur. Vbi interpretanda et concione populari in medium declarandi venit: sentencia aliqua sapida et sponte fluens: non est necesse afferre multa forinsecus: quibus condiatur.

16) Incaute immo stulte facit :qui thesaurum seu id quod praecipue diligit in eum locum exponit: vbi certus est illud interiturum: vel per fures auferendum. Sic nimirum imprudenter: omnem nostram curam pro consequendis opibus/honore vel voluptate accomodamus:

263

cum certi simus: omnes maiores qui id egerunt: operam et impensas amisisse: quippe quibus nihil ex his non interierit: et eciam nolentbus sit ablatum. Quin pocius thesaurum nostrum: hoc est operaciones nostras et solicitudines: quibus nihil laboriosius habemus: eo conferimus: quo virtutes/ graciam et gloriam perpetuo mansura praeparemus.

17)   Vt lora pati discat canis: obnitentem saepe ab inicio: trahere post se necesse est. Sic qui in domanda carne reluctanciam eius non vincit: et vi sequi cogit: numquam pacatam et quietam carnem effoecerit.

18)   Infantibus periculosum est: si sibi comedendi panis incisio comitatur. Nam quantumcumque vtilis ac necessarius sit eis panis: tamen nutrientem pocius inscindere prodest: quam infantem qui manum forsan vulnerabit. Sic libri sacri/ qui pabulum verbi dei continent: legendi et declarandi sunt ab his solum: qui iam doctrina maturi et prouecti: indubitatum sensum elicere possunt. Imperitum siqui-

Folio CLIIIa

dem vulgus/ eorum lectione facile scandalisatur. Nam cum litteram puram amplectitur: que ad fidei nutrimentum faciunt in suijpsius excidium tractat.

19)   Volucres libere/ nil nisi naturalem cantum norunt. Sin capte fuerint: pro voluntate domini coguntur plereque humanas edere voces. Sic iuniores/ nondum viciorum habitibus pressi: audenter pro innata probitate in pompas auaricias/ libidines inuehuntur. At si cuiusuis viciorum tyrannica captiuitate ducantur: iam quod culpauerant: non solum non impugnant: sed et approbare contendunt. Falluntur autem in iudicio racionis. Nam per vicium huiuscemodi: tamquam per medium aliquod: intuitus talis super omnia fertur. Itaque pro exigencia et condicione eius omnia apparent: perinde acsi rem candidam per vitrum rubrum aut viride conspiceres.

20)   Tecti domus reparacio: magnam cautelam exigit: et in extruendis suggestis: et ne tegule rumpantur: aut cadentes quempiam ledant. Attamen negligi perniciosum admodum. Vnico enim stillicidio vniuerse domus contignacio putrescit. Similiter Prelatos corrigere difficile et periculosum: tamen necessarium.

21)   Veteres paucis verbis instrumenta conficiebant: et magno sigillo muniebant. Erant quoque efficacia valde. Nunc innumeris clausulis conscripta: et sigillis tamen minutis roborata: vix a calumnia libera persistunt. Compara instrumenta doctrinis Praedicatorum. Sigilla operibus eorum: quibus predicacio roboratur. Videbis in primitiua Ecclesia: paucis doctrinis et ingenti actionum feruore Apostolos et ceteros plurimum effoecisse. Contra/ modernos parum efficere: tot et tantis Doctrinis: quia sigillum operis admodum

264

paruum appendunt. Sicut apud Apostolum reperimus Christum esse sponsum ecclesie: et vnum corpus Christi mysticum. Ne quis calumnietur hec ab

Folio CLIIIb

eleganti latinitatis proprietate aliena esse: inueniet sic a Lucano in secundo Pharsalie de Catone Vbi pater est: vrbique maritus. Item in decimo eiusdem. Lacium sic scindere corpus: Dijs placitum non in generi socerique fauorem. Sic Cicero in Philippico viij. Si in reipublicae corpore/ ut totum saluum sit: quicquid est pestiferum: amputetur.

22)    Si hoimnes [homines] essemus facile efficeremur christiani. Id est: si racio nos regeret: cito nobis placerent monita Christi. Sed quia ut bestie affectionibus trahimur: ideo hec displicent.

23)    Labores et curas intermittere: quidem nonnumquam consulto et salubriter possumus: sed non ideo mundanas querere licet consolaciones: quae desolaciones nostre pocius sunt dicende.

24)    Labor fixus in certo minus fatigat: quam vagahundum [vagabundum] et inconsultum ocium.

25)    Occupacio nisi attento fiat animo: parum ab ocio distat. Itaque praebet locum cogitacionibus irruentibus et suggestionibus inimici sicut ocium.

26)    Occupaciones voluntarie non praecoepte ordinatim per vices varientur: et deserenda est vnaqueque: vbi tedium et auersio mentis: seu remissio languens: torpentem reddere videbitur. Nam nisi attento fiat animo: parum ab ocio distat: ut proxime dictum est.

27)    Equali difficultate: tentantes cogitaciones carnales alias ve malas abigimus: qua stratum calentem in hiemis algore relinquimus.

28)    Psalmi legendi sunt/ ea affectione: qua confecti.

29)    Ouum semifoetum si rumpatur: fetidius est prorsus crudo. Sic qui spiritualem viam ingressi sunt: si retrocedant: abominabiliores sunt nunquam ingressis.

30)    Sicut vesica pisis referta et plena non sonat: si autem tria quatuorve pisa in vesica tantummodo fuerint: strepitum ingentem faciunt. Sic peccatorum omnium sordibus pleni: nullam in se increpantis consciencie vocem audiunt: immo

Folio CLIIIIa

se nihil mali agere arbitrantur. Qui vero iuste viuere proposuerunt: si vnum aut alterum delictum inciderinr [inciderint]: assiduis illico compunctionibus et tribulacione inquiete consciencie concuciuntur: anxij et soliciti: non aliter quam si vesicam paucis pisis crepitantem [crepitantem]: caude alicuius canis alligares. Sic eciam plenus allio: allij foetorem non percipit. Sic qui in nebula est: nebule densitatem non tam tum considerat: quam cum eam fuerit egressus.

31)   Virga in flagellum firmum nunquam aptatur: nisi prius ad ignem torreatur. Ferrum cudi et flecti non potest: si non prius in fornace candescat. Nisi per ignem castigacionum et tribulacionum: a rigiditate elati animi anima demulceatur: inepta est: ut iugum domini sustinere possit.

32)   Globulus ille plumbeus: qui ex balistis tormentarijs iacitur: eciam calibeum thoracem penetrat. Id autem fit vi interclusi ferri (einer grieben)[.] Sic omnia ferme quae nos ad iracundiam mouent: vel fere ad cetera vicia omnia: eam efficaciam habent: quia superbia nostra commixta est: et ea fulcita firmataque existunt.

## 234.  *First poem*

Primicie Carminum Petri Schotti nondum decennis.

Inueterata peti non Simea debet in aedes:
Vrsus siluestris: Presbiter et iuuenis.

Prouerbium desuper Ludouici Ludimagistri Sletstatini.

Alt aff/ Iung pfaff.  Dar zu vuild Beren/
Sol nieman in syn hus begeren.

## 235.  *to Johann Gesler*

Petrus Schottus Bononie studens Magne sciencie viro domino Iohanni Gesler amico sibi plurimum colendo: Salutem plurimam dicit.

Quas ad me dedisti litteras: leto animo recoepi: tum quod te bene valere significabant: tum vero quod comites sibi musas habue-runt.  Plane que mihi misisti carmina: hortantur me: ut data como-ditate aliquando nostras quoque camoe-

Folio CLIIIIb

nas dirigamus: quas Baro quidam nobilissimus gente Boemus Bohuslaus de Hassenstein: atque ego vicibus mutuis conscripsimus: quod properante iam nuncio minus efficere possum.

Magistrum Iohannem Rot plurimum ex me saluere iube: cui cum ocium nactus fuero scribam.  Vale.  Data Bononia ad vij Kalen-das Ianuarias.  Anno domini M.cccc.lxxvij.

Prorogato mihi tempore: data est facultas transmittendorum horum Carminum.  Tu velim te iudicem adhibeas: nec quemlibet temere reprehendentem audias.  Scio enim nonnulla esse in eis: que si Grammaticulis offerantur: imperite posita exclament.  Quod si exactiorem trutinam adhibeant: micius mecum agendum censeant. Quicquid erit: mihi rogo denuncies: accipiesque apologiam nostram.

266

236. *Epigram to Bohuslaus von Hassenstein*

Petri Schotti Argentinensis Epigramma ad Illustrem Bohuslaum Bohemum Baronem de Hassenstein.

O lux Bohemorum: generis ne insignia primum
    Mirer: an ingenij: non mihi perspicuum.
Nam cum mortales generoso stemate vincas:
    Nec tibi doctrina quenque preire sinis.
Clio crediderim genuit te: et Iupiter ipse:
    Ingenio ut vigeas: Imperioque regas.

237. *Poem to Peter Schott by Bohuslaus von Hassenstein*

Bohuslaus de Hassenstein Petro Schotto Argentinensi.

Legimus argutas iucunda mente camoenas:
    Legimus ingenij scripta diserta tui.
Nec tantum Hismarius miratur collis Iachum:
    Vt stupuere tuum pectora nostra melos.
Nam veluti pelagi tenebrosis ortus ab vndis:
    Cinthius excellit sidera cuncta Poli:
Sic te Barbarico natum de saguine [sanguine] Petre:
    Vidimus Alcreos exuperasse modos.

Folio CLVa

Optat Erithreis alius fulgere lapillis:
    Et niueas Tyria murice pingit oues:
Sed te sacra iuuant doctarum plectra Sororum:
    Atque Medusee munera clara dee.
Este procul Lacij: vestrum celebrare Maronem:
    Noster erit Rhenus: clarior Eridano.

238. *Poem to Bohuslaus von Hassenstein*

Inclyto Bohuslao de Hassenstein Petrus Schottus Argentinensis.

Te ne Caballino prognatum gurgite cantem?
    Te ne Citherei: Pyeridumque decus?
Quo recinente suum sistet citus Aufidus amnem:
    Accliuem cupient flumina nosse viam.
Te Vatem/ rapideque tygres: Numidique leones:

Sacris horrescent cantibus: attoniti.
Ipse tibi Eacide laudesque relinquet Vlixis
  Meonides: Graio languidus ingenio.
Se modo subducent gaudentes rure camoene
  Virgilio: et Martis plurimus arte labor.
Mirtea Nasoni/ lauroque inserta corolla/
  Demetur: Boemis comoda temporibus.
Tam summos superas Vates: quam tardus ab ipsis
  Vincitur insulsis Cherilus ille modis.
Nempe tuus nuper numeri quos legimus altos:
  Nil nisi Castalie dona tulere dee.
Que tibi debueras: nobis tribuisse videris.
  Ingenij ampla tui gloria: nulla mei.
Vnum Barbarico natos quod saguine censes
  Germanos: proprijs inficiare modis.
Pubis enim qui Germane pulcherrima pars sis:
  Nostro Barbaricam pellis ab orbe notam.
An ne prius Lacium Danais: que Barbara quondam
  Terra fuit: tali nomine se eripuit?
Quod sibi florentes armis: et Pallade Graios
  Imperio vidit cedere et ingenio.

Folio CLVb

Inuidie quid erit? si nunc Germanicus ipsum
  Efficiat populus? plurima quem moneant.
Hic nec Barbarici ritus: immania nusquam:
  Hic nec Aricine sacra cruenta dee.
Sed nec Athlanciadem placamus saguine saeuum
  Humano: nostris quod placuisse ferunt.
Hic bene grata deis: et nescia fallere corda:
  Sponte sua et veterum moribus equa probis.
Funditat hic grauidas fruges iustissima tellus:
  Horreaque omnigenis foetibus ampla tument.
Nec magis insignes animos: altaque Minerua/
  Miliciaque pares: altera terra tulit.
Florent innumera studijs gymnasia miris:
  Docta quidem ludis non minus Ausonijs.
Mentibus hos teneris vocis precoepta videres:
  Atque Palemonium spargere dogma viros.
Meandros iuuat hunc Logices versare retortos:
  Nec patitur veri fallere se speciem.
Nec desunt quibus est: compte fiducia lingue:
  Qui Tullo genitum voce referre queant.
Hi modulos fluida glomerantes fauce canoros:
  Hermogenem numeris exuperare student.

Demeret hic solido binos ex asse trientes:
    Iunctus ut est septuns: vncia deficeret.
Hic docet ut gelido voluatur cardine mundus:
    Manibus elatus sistat ut astra polus.
Ast alius coeli tractus terreque marisque:
    Astra Siracusij terminat arte viri.
Hic variam rerum naturam indagine tentat:
    Nec fugit ingenium siderea ethra suum.
Hic sibi promittit Choi precoepta magistri:
    Peonis arte: hominum vincere fata putans.
Quin et iuridicis Consultus legibus alter:
    Causarum tricas explicat immodicas.

Folio CLVIa

Hic sunt archane reserantes numina mentis:
    Subtilique Deum qui racione vident.
Sed quid plura feram? cunctas Germanicus artes
    Orbis habet: nullo debilis ingenio.
Quas Helycon solas distancior hactenus arcet
    Aonides: nostrum te duce rura colent.
Me tibi si cupias Germanas pandere vires:
    Romanum virtus nostra habet Imperium.
Quod cum Romulides totum sibi vicerit orbem:
    Germanos nunquam subdidit ipse sibi.
Nempe triumphatos: pocius quam milite victos:
    Inuida virtutis lesaque Roma tulit.
Sed quid facta Patrum memorem? Burgundio Gallis
    Inuictus: nostra concidit ecce manu.
Ergo Barbaricum nunquam cantaueris orbem:
    Qui bene doctrina: miliciaque viget.
At cum alijs alij virtutibus instituantur:
    Ornamentorum te tenet omne genus.
Te genus insignit Patrium: tu saguine clarus
    Signifero: Bohemum nobilitas populum.
Sic iusto sacras trutinas examine leges:
    Vt tibi Phoenissus cederet ipse Pater:
Cederet atque volens plectro Rhodopeius heros:
    Iacturam cythare te modulante ferens.
Quid memorem: ut durum vincas sapiente Catonem
    Consilio? sollers ut tibi sit Genius?
Vt foelix fuerit: quisquis te Principe vitam
    Exiget: expertus iusticiam ipse tuam.
Scribent hec alij: dederit quibus ore rotundo:
    Altiloquos docilis fundere Musa sonos.
Vnum carminibus nequeo reticescere nostris:

269

Expers nec proprij luminis esse sinam:
Foedus amicicie mirum noua fata tulerunt:
Cui nec maiores par celebrare datum.

Folio CLVIb

Amphitryoniadem non sic Peancius heros:
Non sic Aegidam Pyrithous coluit.
Non adeo Pilades lymphato carus Horesti:
Non animo maior Nisus in Euryalum.
Leli Scipiades non sic sapientis amicus:
Pignora amicicie quos habuere Patres.
Feruentis gemme: rosei quoque collis alumnos:
Patria/ nobilitas/ iungit et vna fides.
Amborum vnus amor: studij vnius emulus alter:
Iusticiam toto pectore vterque colit.
Quos Germanorum decus: alma Bononia cernit:
Bohemia fulgorem viderit esse suum.
Ergo cum Patrias vestro illustrabitis vrbes
Conspectu: extemplo desinet omne nefas.
Omne procul vicium fugiet: virtutis honores
Quilibet accipiet: non bene facta luet.
Tunc sua christicolis reddetur Bohemia: sectam
Deseret infandam: tunc sibi quisque timens.
Non pacietur enim virtus: tam clara virorum:
Hic furor ut tanto delinat os populo.
O vtinam tali decoratos laude viderem
Bohemos: sacrilegam destituisse viam.
Esset enim populus: quo nec foret ubere glebe
Lecior: aut animis maior in arma patens.
Pellei facilis titulos vicisse tryumphi:
Inde Bohuslao Principe: et inde Petro.


239. *Poem to Peter Schott by Bohuslaus von Hassenstein*

Bohuslaus de Hassenstein Petro Schotto Argentinensi.

Eloquium veteres clari mirantur Vlixis:
Mellifluisque canunt vocibus acta viri.
At nos maiori celebramur Petre cothurno:
Dulichiumque tuo vincimus ingenio.
Occeanae totidem non spumant fluctibus vnde:
Cum Boreas gelidi spirat ab axe poli.

Folio CLVIIa

Nec tot in Ethnea crescebant gramina valle:

270

Filia frugifere cum raperere Dee:
Audes quot tu Petre: meas ornare camoenas
    Laudibus: et superis arte referre parem.
Non sic doctiloquo Nemesis cantata Tibullo:
    Non sic Nasoni dicta Torinna suo.
Cantibus innumeris/ quem tu super astra tulisti:
    Vix meruit Stigios non tetigisse lacus.
Quid iuuat ignoti generis primordia cantu
    Promere? quid sterili condere semen agro?
Scilicet id studium Phebi: Museve requirunt:
    Gorgoneumque gerens casta minerua caput.
Non ego supremi proles veneranda tonantis
    Alcides: soboles non Citherea tua.
Non mea Pegasides cinxerunt tempore lauro:
    Nostra nec Aonio labra liquore madent.
Haud tribuenda tibi iuuenum clarissime debes:
    Tam falso titulis inseruisse meis.
Id tamen horrendo precordia nostra dolore
    Perculit: hocque nephas excidit ore tuo:
Gloria nulla mihi: dicis tu gloria natum:
    Cuius Appollineum corpore pendet ebur:
Doctius Ausonie quo nullus dogmata noscit
    Grammatices: Lacio sit licet orbe satus.
Sic nec Aristotiles cunctis vulgatus in oris:
    Arte rotam Logices voluit et ingenio.
Quid loquar altiloquum magni Ciceronis acumen:
    Atque Melethei dulcia plectra viri?
Ora tonas veluti volucer Tegeaticus esses:
    Vt flegetonteas sistere possis aquas.
Hibleo melius sapiunt tua carmina melle:
    Quicquid et Assirius gignit odoris ager.
Te duce Castalijs erumpunt fontibus amnes:
    Et nemoris sacri frondia tecta virent.

Folio CLVIIb

Annei Vatis pauci meminere Poete:
    Tu tacuisse suum non potes ingenium.
Nec te pretereunt: stellati lumina mundi:
    Inter non Aries sidera clara micans.
Per mare coniunctam Frixo qui detulit Hellen:
    Dentibus et Tirium qui spoliasse solum:
Fertur Agenoream post hec rapuisse puellam:
    Oebalio natum: seu sit olore genus.
Et tepidus cancer Iunonis numine lucens:
    Herculeeque manens Sirius ore fere.

Virginis Astree radios tua pectora noscunt:
  Quamve Poli partem Scorpius acer habet:
Centaurique trucis: faciem grandesque sagittas:
  Quique nitet placidis cornibus Egoceros.
Et Ganimedeis vbi coelum clauditur vrnis:
  Atque Dionea quo sit imago loco.
Quid referam geminas Arctos: toruumque Draconem:
  Gnosiace liber queque dedit domine.
Talibus accedunt nebule ventique feroces:
  Siccaque cur pluuijs sepe madescat humus.
Titan cur pelagi tociens se condat in vndis:
  Rursus et Aeoas lumine lustrat aquas.
Te non Cadmeo medicatum vellus aheno
  Commouet: aut flaui diues arena Tagi.
Ti se dardanie vidissent secula cladis:
  Atrides Pilio preposuisset hero.
Te si Socratico vixisses tempore: Phoebus
  Cecropio potuit ante tulisse seni.
Nulla dies tantas moles lacerare valebit:
  Virtutum superi fulmina nulla Iouis.
Tale igitur nunquam verbum labatur ab ore:
  Gloria nulla mihi: gloria quippe tibi.
Rursus Barbarici Germanos saguinis esse:
  Petre negas: veteres quod voluere viri.

Folio CLVIIIa

Nos imitamur eos: veniam sed tarde precamur:
  Compulsi scriptis cedimus ecce tuis.
Foedus amicicie laudas: prisceque cohorti
  Heroum prefers: nec pudet ista loqui.
Ipse ne Peliaco patefoeci robore Pontum?
  Atque Cyanei grandia saxa freti?
An ne meus genitor tumidum se iecit in equor:
  Arce videns celsa carbasa nigra ratis?
Ipse ne pro caro discrimen mortis Horeste
  Aggressus: Piladis forcia facta sequor?
Ipse ne fulmineum Rutuli clamantis in ore
  Mucronem fixi: tristia fata petens?
Praeterea nos posse refers: depellere caecum
  Errorem: nostro qui viget in populo.
Quos nec Pontificum virtus immensa: superno
  Coniunxit domino: nullaque iussa Dei.
Ipsa Sigismundi cesserunt regna prophanis
  Gentibus: et sacri fulmina concilij.
Et modo Pannonij certarunt pectore vasto:

272

Hij tamen infando nil nocuere gregi.
Tot magni cecidere Duces: sed perfida secta
  Durat: et a cunctis inuiolata manet.
Sola dei pietas poterit purgare nephandam
  Colluuiem: rabidas vincere sola feras.
Nec verum dixisse pudet: patrieque furorum
  Peruersum: fidibus exposuisse meis.
Tu requiem genitor miseris da: et pristina confer
  Tempora: que nostri quondam habuere Patres.
Nos te (quem ingenio grandi florere videmus)
  Diligimus: veluti maximus Eacides
Patroclum coluit: vel ceu preclarus amasse
  Dicitur: Atrides tu Menelae tuus.
Sidera dum celo stabunt: dum montibus Orni:
  Equore dum pisces: tu mihi carus eris.

Folio CLVIIIb

Prisca iuuent alios: nobis placuere diserti
  Scripta Petri Vatis: quem superasse ferunt.
Bistonij citharam: fibrisque Amphiona notum:
  Atque lire cantus Pindare docte tue.


240. *to Johann Geiler von Kaysersberg*

Mittit Carmen in refectionem balnei: de tribus Iohannibus.

Petrus Schottus Egregio sacrarum litterarum Doctori: domino
Iohanni Geiler de Keisersberg salutem plurimam dicit.
  Animaduertens praeclarissime Doctor: eum apud nostros morem inoleuisse: ut si quos sibi vel meritis vel familiaritate iunctos:
thermis indulgere resciuissent: continuo eos vel balneantes donis:
amiciciam praeseferentibus oblectent: vel reuertentes/ hospitalitatis
muneribus excipiant: existimaui non ab re fore: si lucubraciunculas
nostras: quas te iubente suscepimus: hoc praecipuum tempore tibi
dedicandas iudicarem: quo adhuc virtute balnearum mollior: et
varijs ut fit oblectamentis delicacior: consuetis antea serijs: atque
alciori mentis acumini: non satis consulto animum quamprimum
appelleres. Conspicaberis itaque: donec tibi per ocium licebit: modos
nostros inanes: atque inconcinnum Carminis tegmen.
  Sed quod non sine fideli obseruancia ordiendum sumpsi: et
quidem argumenti dignitas: quod ingenioli mei vires longe vincebat:
incomptis versibus erit excusacioni. Quoniam profecto humeris meis
nequaquam tamen oneris imposuissem: si non autoritas me tua/
cuius iussa nisi ingratus: subterfugere non poteram: coegisset.

Plane accurate studui: ne quid intersererem: quod sancta Christi doctrina imbutas aures: Poeticis commentis offenderet: quod ve alienum ab eo/ quod in re obtinet: quouismodo diiudicare [dijudicari] posset. Atque id forsitan/ nonnihil Carminibus decorem ademit. Verum vtcumque fuerint: trutinam tuam: sed non matutino supercilio seueram: expecto. Quod si tibi probari sensero: satis superque glorie mihi comparuerim: atque id quod non tam quod scite mihi persuadebo foecisse: quam quod tibi ex sentencia tua morem gesse-

Folio CLIXa

ro.

    Vale: doctrine Religionisque columen.


241. *Poem to the three Johns: St. John the Baptist, St. John the Evangelist, St. John Chrysostom*

    Petri Schotti Carmen: pro implorando patrocinio Iohannis Baptiste: Euangeliste: et Crisostomi: ex persona Doctoris Iohannis Keisersbergij.

Summe opifex rerum: lapsique redempcio mundi:
    Tocius humani plasmatis vna salus.
Spes simul atque timor cunctis: qui numine solo
    Hec premis: hec laxo surgere fune iubes.
Ipse tuum tremulus querens ambire tribunal:
    Me tibi suppliciter dedere constiteram:
Cor sed enim trepidat: siccis vox faucibus heret:
    Tanti etenim vereor Principis ora miser.
Sed quid ago? victus ne abeam? quin sedulus instem:
    Et quod nostra negat: vox aliena ferat.
Patrono ergo opus est: grato tibi quique fidelis:
    Facundusque mea de racione serat.
Calleat argutas hostis risisse cauillas:
    Meque reuertentem conciliare tibi.
Attamen en dubius primum quem diligo: cum tot
    Coelicolas toto cerno sedere polo.
Hos ob saguineas circumdat laurea pugnas:
    Horum virgineo vertice oliua viret:
Hos ob doctrinas hedere cinxere feraces:
    Cetera de mirti palmite turba nitet.
Tota quidem fandi doctissima concio: tota
    Iudice delecta: fidaque tota suis.
Omnigena vero Sanctorum laude decoros/
    Nominibus trinos conspicor esse pares.

274

Non tres preterea totis ex milibus istos
    Equent: si claros quosque ab honore petas.
Virginea redolent olea: baccisque choruscant:
    Atque hedere latas fert sibi quisque iubas:
Est vox: est volucer: est aureus ore Iohannes:
    Hos mihi patronos opto: reposco: lego.

Folio CLIXb

### De Sancto Iohanne Baptista.

Principio te Baptistam mea Carmina cantent:
    Tuque clientelam sumito prime meam.
Ipse redemptoris sponsi clementis amicus:
    Septus adhuc vtero: vatis honore micas.
Quando tuam grauidam matrem dum Virgo salutat:
    (Virgo inquam magni nobilis archa Dei)
O decus o summi rarissima gracia Patris:
    Presentem plausu prodis adesse Deum.
Quodque nequis infans claris predicere verbis:
    Exultans gestis: insinuansque colis.
Post hoc aereas sanctus transfusus in auras
    Nondum firmatis artubus: antra petis.
Pellacisque cauens falerata pericula mundi:
    Ni fugeres: neuo vix caruisse times.
Extemplo veterum transcendis munia Vatum
    Quem tu prodis ali praecinuere modo.
Inde tua cupiens opera: qui venerat vndas
    Sanctificare deus: te patre tinctus aqua est.
Tantum quin eciam tribuit tibi: maior ut omni
    Prole esses (sese iudice) foeminea.
Ergo potens: facilisque mee concedito cause:
    Simque tui iubeas: gratus vbique cliens.
Ad te etenim palmas supplex desideriorum
    Pretendo: et cupidis faucibus asto tibi.
Tu flexo affatus celestem poplite Regem:
    Acceptum verbis me sibi redde tuis.
Inquam sui rogites: clemens me sumat amorem:
    Et docto illustret: pneumatis igne sacri.
Seque det exultem tantum presente: caduci
    Omnis pertesus: quo suus alget amor.
Nominis hinc pro laude sui: verbumque operumque
    Indice: mortales instituisse queam.

## De Sancto Iohanne Euangelista.

Folio CLXa

Nunc et amate deo: et nimium dilecte Iohannes:
  Cui secreta poli prodere visa datum.
Te coram precibus animam prosternere certum est:
  Vt pernix cause propiciere mee.
Te patruele quidem mortalem sumere vestem:
  Pro nostra ratus est ipse salute Deus.
Quippe alio quam tu: Iesus haud est stemate natus:
  Quamquam tute alio sanguine prodieris.
Quomodo non mea mens summo afficiatur amore:
  Eius precipuum/ quem Iesus ardet amans?
Cur non contrectem: liquido tua tempora corde:
  Pectore que somnum sustinuere Iesu?
Dum caput in dominum/ cena moerore suprema:
  Oppressus iaciens: traditor ecquis? ais.
Passim conuiuis obmutescentibus: ipso
  Conniuente Petro: tu pia mella bibis.
Mella: recumbis enim sapienti in pectore Christi:
  Hincque archana Dei: numina doctus abis.
Sed quid in his tanto producam carmina nisu?
  Cum te maior adhuc laus retinenda manet.
Nempe quis hic qui fido adeo spectatus amore:
  Tam lento in Christum vimine vinctus erat:
Attonitam moriens vellet cui credere matrem?
  Quippe eius nato quae foret orba nouo.
Non alius: sed quem memoro: preclare Iohannes
  A Christo tantum pignus amoris habes.
Qui iamiam moriens: mulier tibi filius inquit:
  Ille erit: en genitrix hec tihi [tibi] nate tua.
O predulcis amor: mutue o flagrancia mentis:
  Diligit ecce Iesus: diligiturque Iesus.
O foecundus amor Christi: velut igne Iohannem
  Imbuis: inquam vicem cogis amare Iesu.
Hinc te stelliferas Aquilam transscendere moles:
  Esse datum: et quod amas: et quod amaris agit.

Folio CLXb

Nam quid te potis est: ardens celare Redemptor?
  Sed quid inexpertum linquere vellet amans?
Ergo hac non alia poteras (verbum caro factum est
  Principio quod erat) significare via.
Et cum serpat humi: sensuque obnoxia tantum

276

Dogmata perquirat: bos leo sit vel homo:
Tu super humanas caeca caligine nubes:
  Prepetis instar auis: transsilijsse potes.
Solisque eterni radiancia fulgura: lucisque
  Abdita: palpebris perspicis vsque statis.
Assis ergo mihi Princeps preclare: Iesumque
  Dulciter amplexum nomine prende meo.
Mellifluique petas: diuinum roris amorem:
  Qui placidus letum prestet adusque meum.
Insontesque mihi iuueniles innouet annos:
  Non secus atque aquilam rursum adolere sinit.
Splendeat inde meis tetris lux vera tenebris:
  Qua tu polluces: qua micat omnis homo.
Scilicet alta dei cum sit mihi clara voluntas:
  Hanc alijs monstrem: dum prius ipse sequor.


## De sancto Iohanne Crisostomo.

Tercius auriuomo [auricomo] qui nobilis ore patronus:
  Eligeris multa cum pietate mihi:
In tua me promptus cupidum munimina sume:
  Et mea presidio dilue probra tuo.
Tu vere egregijs: diuino operatus in agro:
  Horrea christicolum fructibus ampla reples.
Dogmate qui lepido fidei penetralia sacre:
  Et credenda doces: et facienda iubes.
Presul enim poteras: Sanctus bonitate volebas:
  Et quo perficeres: doctus et aptus eras.
Cecropia teneram coluisti fruge iuuentam:
  Hinc tua rimatur lectio tota deum.
Presbiter hinc casto ut thalamo fruerere seuerus:

Folio CLXIa

Vix bene mansuetus: feruidus vsque manes.
Palponumque horrens mores: neque blanda profatus:
  Vt tumido ignorans te fore corde putet.
Verum precipue populo prodesse docendo
  Callidus: in solium Pontificale daris.
Deliros igitur culpas dum Canone cleros:
  In te cunctorum concita mens odio est.
Nempe vel in procerum reprobos consurgere mores:
  Audes: iusticie tam tuus ardet amor.
O bene deuinctum Christo: O constancia recti:
  Quem penes haud ulle praeualuere mine.

277

Bis daris exilio: sacra prohibere cathedra:
  Scilicet Auguste quod simulacra vetas.
Omnia sed paciens toleras: donec tuus artus
  Exuitur fluidos spiritus: alta petens.
O quanto afficeris merito tunc sanctus honore.
  Vbere quam miro demetis ante sata.
Hic tibi meta datur: vitam concita per omnem.
  Hic tua per clarum cernere dempta fides.
Spes perit: optata quod iam pociare salute:
  Quo sine nemo placet: permanet vnus amor.
Ergo mihi dextram placidi pretende patroni:
  Et mihi subsidio sepe vocate veni.
Fac mea despereant racioni obstancia sane
  Nubila: fac verum: fac reprobumque sciam.
Quod deus omnipotens metuenda puniat ira:
  Quodve deo gratos reddere possit opus.
Sic notam facilis virtutem prosequar vnam:
  Sic magis aspidibus: execrer omne nephas.
Non amor a iusto: Siculus non ipse iuuencus
  Me moueat: solus cor regat ipse Deus.
Quod loquar ipse regat: regat omne quod egero: nullas
  Insidias hostis preualuisse sinat.
Scilicet ut viuens: tanto munimine fretus:

Folio CLXIb

  Dum mandatorum limine cautus eo:
  Foelici merear mortalia claudere fine:
  Perpetuumque deo soluere laudis opus.


242. *to Sigismund Gossenbrot*

Mittit huic quoque Carmina de tribus Iohannibus.

Petrus Schottus/ Primario atque prestabili viro Sigismundo
Gossenbrot Augustensi salutem dicit plurimam.
    Cum diebus superioribus: Insigni diuinarum litterarum Doc-
tori Iohanni Geiler de keisersberg/ numeros nostros edidissem: quos
eo iubente: pro implorando praesidio diuorum Iohannis Baptiste:
Euangeliste: simul et Crisostomi conscripseram. Cumque dehinc
quamplures illos a me exigerent: te mei amantissimum/ dignum
putaui: cui ipsos istos/ antea quam ceteris: dono darem. Scilicet/
ut si a te mea (cuius iudicium maximi facio) probari sensero: alijs
deposcentibus: attenciorem aurem adhibeam.
    Accipies itaque hos nostros versiculos: et si non Caballino

278

fonte: Aonidumque Nympharum suauitate respersos: at optimi maximi Dei: atque verorum celitum gloria fulcitos. Plane quod et religione delectaris: et Carminibus voluptati tlbi [tibi] venerint ampliori lucubraciuncule nostre: que sub Carminis specimine religionem praeseferunt. Equidem eos praecipuum Heroes canunt: quos tibi dilectos esse Patronos et vita tua declarat: et conuersacio. Vtriusque enim Iohannis: Baptiste inquam et Apostoli: templo consitus: eorum fratrum qui inibi summa cum sanctimonia degunt: consuetudine quam familiarissime vteris. Aurati vero oris Iohannem: non deamare non potes: quem tantopere disciplinis omnibus: et celesti in terra vite: quibus tu quoque accurate studes: operam impendisse noueris.

Audi iugitur [iugiter] aure candida: Petrum tuum canentem: et te iudice castiga ut lubet. Vale.

243. *Epithalamium for Matthias I of Hungary and Beatrice of Naples*

Epithalamion Petri Schotti in nuptias Mathie Hungarorum: et filie Ferdinandi Neapolitanorum Regis. Anno Christi M.cccc.lxxvij celebratas.

Folio CLXIIa

Psallite nunc iuuenes: Hymeneum psallite patres:
    Virgineis resonent sidera carminibus.
Nunc iuuet assidua membra exercere palestra:
    Et lucta innumeras conseruisse manus.
Hastica nunc sponte subeant certamina fortes:
    Et forti exhibeant forcia dona viro.
Regi en Mathiae/ quo non insignior alter:
    Et fama armorum iusticiaque viget:
Regia spondetur proles: quam maxima mittit
    Parthenope: formaque et bonitate Deam.
Que si Priamidis discrimina iusta subiret:
    Inferior longe se Cytherea foret.
Quare agite o verum colitis quicunque Creantem
    Christicolae: laudes nunc ferat omnipotens.
Mathias etenim vestris qui ex hostibus vnus:
    Victor saepe fuit: saepe futurus erit.
Magnanimum propria producet imagine natum:
    Inuictus Christi qui modo tutor erit.
Ergo omnes hilari tedarum gaudia plausu/
    Concelebrent: cantu leticiaque colant.

## 244. *Elegiac to Jacob Wimpheling*

Petri Schotti Elegiacum ad Iacobum Vuimpfelingum Sletstatensem responsiuum. Quo inuitat eum ad scribendum: de
Carolo Burgundionum Duce: per Alemanos deuicto et occiso.

Quos mihi dulciloquo numeros libramine comptos
    Misisti nuper: concio tota petit:
Mirantur Iacobi noua carmina: miror et ipse:
    Attonitusque tuos saepe reuiso modos
Te Vatem inuenio: faueat cui docta camoena:
    Maxima qui nostre spes regionis ades.
Fortibus Archiuum ceptis/ dum pergama flamme
    Subruerent: Vates doctus Homerus erat.
Aeneadum casus varios: atque agmina Thurni
    Nobile Virgilij perpetuauit opus.

Folio CLXIIb

Hemonie turmas: et pila minancia pilis:
    Lucanus seclis commemoranda dedit.
Papinius fratrum veteres turbancia Thebas
    Prelia: concinnis foecit aperta modis.
Te superis nostro natum esse fauentibus euo:
    Quisquis ait gratus: cui tua musa patet.
Forcia nam sperant: nostrum te Vate virorum
    Arma: poematibus tempus in omne dari.
Quippe canes rabido qui temneret omnia fastu:
    Precipitem nostris bella parasse Ducem:
Contra magnanimi: pro libertate repones:
    Vt nostri irruerint: hic eques: ille pedes.
Fiderit vt pedibus quociens Dux ille superbus:
    Institerit tociens nostra subinde manus.
Nec potuisse tamen vite data terga pedesque:
    Consulere in finem: non genus/ astum/ et opes.
Meonidem illa canens equabis: et arte Minerue
    Germanum eterno nomen honore feres.
Scilicet immani cum sint obnoxia leto
    Cuncta: fugant rapidos carmina sola rogos.
At mihi pelligno tribuis quam carmine laudem:
    A te quod venit: non quia digna: placet.
Nam licet Aonio neque labra liquore madescam:
    Nec mea Calliopis tempora fronde micent.
Ipse licet scombris Phariam qui perdo papyrum:
    Obsequar: et tinnis sit toga quicquid aro:
Me tamen insignem tanti foecisse Poetam:
    Glorior eterno concinuisse pede.

## 245. *Elegiac on the death of Rudolph Agricola*

Petri Schotti Elegiacum de morte Rodulphi Agricole Germani:
ad Adelphum Ruscum Ciuem Argentinensem.

Ludere iam placidis meditabar Rusce camoenis:
  Aptabamque meos ad tua vota pedes:
Hei mihi scribenti: pro lusu luctus obortus.

Folio CLXIIIa

  Calliopen moestis compulit ire modis.
Dulcia num censes me carmina promere quisse:
  Quum fugiat nostrum candida Musa solum?
Quid querar? an totum nudabunt verba dolorem:
  Quem vix sustineant pectora nostra pati?
O decus: O nostre clarissima gloria terre:
  O qui Germanis vnica lima fuit.
Qui primus nobis Graiam Ausoniamque Mineruam
  Vexit: et Aonias ex Helicone Deas.
Coeperat et iuuenum scabra sartagine liguas
  Radere: et in nitidos arte polire sonos.
En tumulo premitur: qui se nostras quoque secum
  Ingenij vires: condere visus humo.
Post modo forte tibi nostrum deflebo Rudolfum:
  Et lugubre nimis carmina mesta canent.
Sic noua plaga mihi praecordia perculit: ut iam
  Scribere singultus: cordaque fracta vetent.


## 246. *Elegiac for the schoolboys of Saints Peter and Michael*

Petri Schotti Carmina quae Ludimagistris Argentinensibus
foecit: pro scholaribus suis: ut ea a festo diui Nycholai in
templis in octauaque Innocentum in plateis: palam triuarijs
vocibus decantarent. Et primo Elegiacum in scholis Sanctorum Petri et Mihaelis. Anno etc. lxxxi.

Argumentum huius Elegiaci est ut more aliorum artificum scholares
querant et praeceptores et doctrinas nobiliores.

Quernis molitur quisquis compagibus edes:
  Tentat dedalijs proximus esse vijs.
Lysippum superare student: qui marmora celant.
  Pictor Appelleum vincere: gestit opus.
Quoslibet obserues: vilis sit cerdo coquusve:

281

Culmina quisque sua certat in arte sequi.
Scilicet id laudem generat: precium quoque laudis?
Scita dat artifici dulcia lucra manus.

'Folio CLXIIIb

Quid pudor o pueri: ligue preclara latinae
    Quum passim occurrant: turgida scripta legi?
Asse licet veneat: magni iam musa Maronis:
    Et scombris Cicero det licet ipse togam:
Crassa tamen crassis blateronibus acta iuuentus
    Pergit: et illepidos fundit ab ore sonos.
Quid iuuat innumeros tociens iterasse Modistas:
    Si nequeas docte subdere verba decem?
Expedit affatus cicius quam regula liguam.
    Verba latina cupis: verba latina lege.
Ergo tibi vocem Romana volumina fingant:
    Sic tamen ut vitam lex regat vsque Dei.
Nempe fugit sceleri vinctam sapiencia mentem:
    A domini veniens incipienda metu.
Aliger e coelis stricto fugat ense nocentes:
    Pandere quos nobis Clauiger alme velis.

247. *Elegiac to Saint Nicholas*

Petri Schotti Elegiacum ad Sanctum Nycholaum: Anno
Christi M.cccc.lxxxiij.

Annua qui trisonis modulamur carmina liguis:
    De pueris pueri/ gaudia longa damus.
Nanque ferunt calidi feruenti gurgitis estu/
    Exanimes liquido tres perijsse toro.
Cunque parens misero quereretur in ethera planctu:
    Partam praesidio spem Nycholae tuo.
Non hoc Paeonijs actum: quis Virbius herbis
    Lucem phaebigene [phoebigene] fertur adeptus ope?
Nec quod tartareas testudine mulceat Orpheus
    Arguta Eumenides: ancipitemve canem:
Sed quia iustorum precibus nil abnuit idem:
    Qui Stiga qui coeli sceptra potenter agit.
Feruida quos vnde teneros elementa necarant:
    Restituit meritis o Nycholae tuis.
Hinc recidiuorum parium monimenta: quotannis
    Laudibus exultat turba pudica tuis.

Folio CLXIIIIa

Tuque voluptatum ne sorbeat vnda precantur:
  Retibus ut coeli in littora Petre trahas: [.]


248. *Elegiac on the harshness of man's lot*

Petri Schotti Elegiacum contra duriciam hominum: que neque
beneficijs: neque plagis diuinis emollitur. Anno M.cccc.lxxxiiij.

Ergo ne diuinis tandem parere iuuabit
  Legibus: an satis est talia iussa dari?
En dum signiferum Phoebus ter circuit orbem:
  Penas innumeris pendimus vsque malis.
Arua quidem vastis populati fluctibus amnes:
  Vrbes colluuie diripuere graui.
Hinc glebam inficiens putris liquor: aera foedans:
  Corripuit miseros peste fameque viros.
Nulla mali deerat facies: quin perfidus hostis
  Conatus sociam vi temerare fidem.
Scilicet his sese metui Pater ille flagellis
  Tunc monuit: blanda nunc docet ecce manu.
Vbere pressa gemunt Cereris granaria flaue:
  Nec capitur Bacchi copia tanta cadis.
Quare age vel placidum digno verearis amore:
  Atque tremas: supplex has quoque iunge preces.
Magna parens: nam tu nostre spes vnica sortis:
  Cum tuus inuitet filius atque trahat.
Fac pocius gratos per prospera queque placere:
  Fractos infaustis quam dare terga malis.


249. *Prophetic poem*

Petri Schotti Heroicum vaticinium future sortis. Anno
Christi M.cccc.lxxxv.

Seria sub tenui quondam contexere versu
Coepimus: et placidis simul inuitare camoenis:
Auersas hominum mentes: ut tempora vite
Summo grata Deo referant: eternaque legum
Iussa reformident infringere turpibus ausis.
Sed quid profuerat seueri iudicis iras:
Dona quod munifici quamplurima nectere patris?

283

Folio CLXIIIIb

Illis se metui cupientis: et his adamari.
Nam nullam meruere fidem: puerilia plebi
Carmina: quin veteres colat imperterrita mores.
Quamuis non soleant (non est hec irrita fama)
Mentiri pueri: nam nil simulare peritae
Innocuae lux diua solet lucescere menti.
Forsitan haud decuit: tantum concredere pondus
Exiguis Elegis: quibus aut querimonia tristis:
Aut cor sollicito miserum cantatur amore.
Sed non e numeris metiri vera merentur:
Que stant mole sua: neque enim despexeris aurum
Quod terra: aut caras quas edunt littore gemmas.
Verum grandiloquo qui verba requirit hiatu:
Arrigat in celos interni verticis aures:
Et discat quid fata velint: quid sidera narrent.
Num satis obscenis auibus graue perstrepit aer?
Pullaque funificam deplangunt secula pestem?
Iamque famem nobis coeli non sueta minatur:
Inconstans series. toruique volumina Rheni
Querunt insolitum transuerso flumine callem:
Commotum testata Deum. nam tot bona danti
Abnuimus: cogit vindex parere furenti:
Vt quo blanda manus frustra vocat: aspera pellat.
Supplicibus sed parce tuis Pater optime natis:
Quos peccasse pudet: rogat en genitrix tua magna.
Cui nihil ipse negas: qua nos refouente patrona:
Crimina speramus poenasque euadere posse.


250. *Poem to Saint Nicholas*

Petri Schotti Heroicum de sancto Nycholao Anno Christi
M.cccc.lxxxv.

Ordine mirifico proprie Deus inclyte laudi:
Angelicos hominumque choros qui condis: et ipsum
Infantile genus: lactentesque vbera natos
Dulcisono resonare tuum facis ore melodum:
Accipe placato solemnia carmina nutu:

Folio CLXVa

Et te digna velis: glomerant puerilia cantus
Agmina: iucundosque dies celebrare quotannis

284

Certatim satagunt: memori Nycholaus honore
Sub quibus excolitur. tibi qui rex summe vocatus:
Candida iam prebens vite documenta future:
Obtulit insolita primis ieiunia cunis.
Mox puer ingenuas docilis transmissus ad artes:
Socraticos studijs mores ornauit honestis.
Inde per innumeros virtutum euectus aceruos:
Pontificis meruit fastigia: voce superno
E coeli prodente polo. tibi quem placuisse:
Clara per immensum redolent miracula mundum.
Hic vir hic est: quem placantem seuo equore fluctus:
Iam tum coeperunt viuentem agnoscere naute.
Hic probro exemit natas: inopemque leuauit
Clam: populi fugiens auras: misso ere Parentem.
Quid referam tociens ab iniquo iudice vinctos:
Quos a morte rapit? quid/ quos miseranda pcrurget
Tabificos languere fames? aut quos calor vrne
Igneus enecuit? solet en saluare periclis
Omnibus: auxilium quisquis non poscere tardat.
Illi igitur Patri/ iuuenes qui prima sciendi
Semina concipimus: nostros deuouimus annos:
Mactam sperantes sic posse accrescere frugem:
Horrea deponi quondam in celestia dignam.


251. *Elegiac on the inconstancy of human affairs*

Petri Schotti Elegiacum de mutabilitate rerum humanarum.
Anno Christi M.cccc.lxxxv.

Tanta ne mortales obfuscant nubila mentes:
    Atque humana stupor lumina contenebrat?
Sic proprie sepelit cunctos incuria sortis:
    Et penitus toto sensus ab ore perit?
Vt nostris que sunt oculis obiecta: rapaci
    Que nos orbe rotant: nemo pericla notet.
Quid precor insinuat nobis: tam plurima rerum

Folio CLXvb

    Mobilitas: subita cum nouitate frequens?
Quid sibi vult: quod quae miseris alimenta negarat:
    Et precum posuit frugibus insolitum:
Immensa mox messe premit granaria tellus?
    Cunctaque pampineo vasa liquore tument?
Tristibus hinc subito penuria dira reuersa est?

285

Vt neglecta gemant vilia quisque prius.
Nempe his et varijs: qui nos affligere casus
   Non cessant: mortem qui sapit accipiat.
Inconstans etenim multis tam motibus orbis:
   In se perpetuo nos retinere nequit.
Ergo per hec monitis libeat resipiscere tandem:
   Et nostro intentis inuigilare bono.
Ne nos pellaci fallat dulcedine mundus:
   Quos mox tabificos atra vorabit humus.
Aeternae pocius iuuet inseruire quieti:
   Iugiter in solida mens vbi pace manet.

## 252. *Elegiac to Friedrich von Zollern*

Magnifico et generoso Domino Friderico de Zolre Decano
ecclesie Argentinensis sacrificium incontaminatum offerenti.
iiij Nonas Februarij Anno M.cccc.lxxxv Petrus Schottus Elegiacum cecinit.

Que superant hominem: Comes inclyte munia tentas:
   Non nisi celestis te modo vita decet.
Nobile te populis prefert genus: agnita virtus.
   Te vocat: ut cleri regia colla regas.
Magna hec: sed merito tibi debita: te quia dignum
   Solerti species cum probitate facit.
At modo quod nequeas meritis pensare: Deorum
   Rector comparet ad tua verba Deus.
Mira fides: sed certa tamen. Nam creditur ille
   E coelo in sacras saepe venire manus.
Nec manet in manibus: penetralia lustrat: et in se
   Vertere te cupiens: fit prius esca tibi.

Folio CLXVIa

O immensus amor: quod nec sperare licebat:
   Sponte dedit sese: quid rogo maius habet?
Quicquid saluificum secum fert. crimina cessant.
   Surgunt virtutes. gloria summa venit.
Omnem si penses quo se mortale fatigat:
   In superos tendens ire labore genus.
Vtilior fuerit: callis digno atque frequenti
   Praesentem accitu conciliare ducem.
Ergo precipuum cultor conductus in agrum:
   Tabere obscoeno ne paciare situ.
Sed magis assiduos fructus decerpere cura:

286

Ad reliquas operas fortificere quibus.
Sic foelix poteris: populoque tibique salubres:
Atque deo placitos accumulare dies.

253. *Elegiac to Saint Peter*

Petri Schotti Elegiacum ad sanctum Petrum. Anno Christi
M.cccc.lxxxvi.

Seria tempus habent: habet et sua tempora risus.
Gracior altena sub requiete labor.
Ergo diu fascis quos terruit ulmeus: et nos
Interdum liceat corda leuare metu.
Instat enim genialis hiems: Saturnia quondam
Bruma: iocos dulces postulat atque sales.
Quare agite O socij solitum ve triste silento.
Et resonent letis ora tenella modis.
Inflictas natibus vibices nuper amaras.
Sanet quadrupedis sessio grata citi.
Instaurate animos: et corpora fessa fouete:
Viuidius studio post vti sufficiant.
Sed procul hinc scurre: procul hinc petulancia spurca
Polluat haud edes impia larua sacras.
Non bene letatur quisquam: si leditur ille:
Ledere perpetuo/ qui solet igne malos.
Sic igitur da Petre tuos gaudere clientes:
Gaudia ne perdant: te reserante poli.

Folio CLXVIb

254. *Encomium to Strassburg*

Petri Schotti Carmen Heroicum ad ciuitatem Argentinensem:
ut a periculis prudenter caueat: exemplum capiens a Ratispona
olim libera: nunc subiecta Duci Bauarico. Anno Christi
M.cccc.lxxxvi.

Cui dedit Argentum fulgens Vrbs inclyta nomen:
Nobilitate potens: valloque et moenibus altis.
Cunctis ceruleo quas alluit agmine Rhenus:
Fertilitate prior: Cereris dulcisque Lyei.
Nulli consilijs/ armis/ opibusque secunda.
Accipe cara parens: leto quam carmine nati
Nos tibi cum multa canimus pietate salutem.
O foelix: si frugali/ iustaque gubernes

287

Condicione tuos. si non paciaris iniquos:
Impune spreuisse Deum: legesque ferendas [verendas].
Et ludo sua vel dapibus ligurire gulosis.
Sique bonos Ciues: Patriam prudencia quorum
Integritasque iuuat: foueas et ames: et honorum
Extollas precijs. aliena pericula cautam
Te faciant: presens que tristia suggerit annus.
En tua clara soror: Ratis illi nobile nomen:
Imperij nuper sacri fundamen: honorque.
Saxea Danubium rapidum per vincla cohercens:
Libertate sua/ quam prima ab origine duxit:
Se miseram spolians: didicit seruire: iugumque
Alterius patitur: nimirum quia prodiga vixit.
Sed ne triste tibi quicquam contingere possit:
Que tibi tutela est: qua Marcia signa choruscant:
Quam colis in celso miroque per omnia templo:
Virgo parens Domini te protegat eruat ornet.


255. *Explanatory notes to the encomium*


Carminis annalis interpretacio: et cur his potissimum diebus
cantica et honesta puerorum gaudia celebrantur.

Folio CLXVIIa

Seculari carmine impuberes mayorum liberi Apollinem et
Dianam laudabant: quemadmodum apud Quintum Horacium videre
licet. Quod quidem seculare dicitur quia singulis seculis: hoc est
centesimo quoque et decimo anno caneretur. Eadem itaque vsurpacione: annale carmen dicere poterimus: quod pro vetustissima
consuetudine ciuitatis Argentinensis singulis quibusque annis/ a
pueris: qui litterarum disciplinis imbuuntur: modulatis vocibus
depromitur. Non in laudem Apollinis: alteriusve falsi dei: sed ut
remissa aliquantisper seueritate doctrine: iucundos et festiuos dies
agant. Hoc potissimum anni tempore: quo ab ecclesia inter ceteras
festiuitates: celebri ritu: repetuntur Natalicia. Primo Nycholai
Episcopi Myrensis: qui in ipsa infancia: sanctitatis et doctrine
indicia dedit. Deinde Christi saluatoris: qui puerilem teneritudinem
et simplicitatem: diuinitatis sue virtute et sapiencia: fulciuit et
ornauit. Demum subsequitur Innocentum plurimorum recensita
victoria.
Que cum omnia ad laudem: et preconium puerilis sexus pertinere videantur: profecto non iniuria: hoc sibi precipue tempus: ad
leticiam et honesta gaudia pueri vendicarunt. Honesta autem esse

288

debent: non petulancia: non spurca: non (quod turpissimum est) in dedecus diuinorum templorum prorumpencia: aut per abominabiles laruarum/ personarumve impietates: ecclesiasticas pietates: et cultum Dei perturbancia. Degenerant siquidem tales leticie: vel pocius spurcicie: ab origine et intento harum iucunditatum. Nam quum (ut dictum est) ob triumphos pueris a Deo concessos: grati pueri: in domino gaudeant et exultent: quo et ipsi Deo placidiores efficiantur: callidus salutis nostre hostis: ut in plerisque ferme omnibus ceteris solet: quod Deo debebatur: sibi arrogans in obsequium sui/ hominum perniciem/ et offensam Dei/

Folio CLXVIIb

festiuacionem [festinacionem] hanc licenciosam conatur peruertere. Sed de his satis.

Incipiamus aggredi carmen illud: quod anno a natiuitate domini M.cccc.lxxxvi Argentinenses pueri decantarunt. Eius plane argumentum hoc est. Patriam primo laudatam saluere iubent. Deinde viam pollitice foelicitatis ostendunt. Postremum ei coeleste presidium imprecantur.

Cui dedit Argentum. Per periphrasim: idest circumlocucionem Argentina ciuitas intelligitur: que siue nomen duxerit ab Argentorato: quod est apud Ptolomeum siue quod illinc Argentum collectum Romanis olim ferretur: ut nonnulli fingunt. Id constat Argentinam nunc vocari.

Vrbs. Hic pro ciuitate: hoc est pro ciuibus accipitur. sicut eciam in exordio Valerij Maximi. Vrbs Rome exterarumque gencium facta simul et dicta.

Nobilitate potens. Hac siquidem prerogatiua: ceteras sui generis ciuitates semper vicit: ut nobiles plures vna complecteretur: quam relique fere omnes.

Valloque. quo ad municiones tutissimas.

Et moenibus altis. quantum ad muros: et eciam edificia sublimia. sicut apud Virgilium in sexto Eneidos. Moenia conspicere triplici circumdata muro.

Cunctis. vrbibus.

Ceruleo quas alluit etc. Ceruleus color aque. Vnde et cerula pluraliter. Persius. Et qui ceruleum dirimebat Nerea Delphin. Virgilius in vij Eneidos. Littus ad Ausonium tot per vada cerula vexit.

Agmine. Agmen pro vndis fluminis capi: ostendit Virgilius. Vbi Lydius arua inter optima leui fluit agmine Tybris.

Rhenus. Bene quas alluit Rhenus: non fit collacio ad Medos vel Indos: sed ad eas vrbes quas Rhenus alluit: quamquam nihil inuideamus illis.

Dulcisque Lyei. Bacchum dixerunt. .... soluo: quod membra

289

soluat: eousque/ ut plerumque nec pes nec manus officium faciant.
ut est in Eunucho Therencij.

Nulli vrbi

Folio CLXVIIIa

quam Rhenus alluit.

Consilijs. viris consultis.

Secunda posterior. ut illud. nulli pietate secundus.

Cara parens. Patriam enim parentis loco habendam dicunt
Philosophi.

Pietate. que ut Cicero tradidit erga Deum/ Parentes/ Patriam-
que haberi debet.

O foelix etc. Hic pueri Patres iuuitant [inuitant] ad gubernacionem Reipublicae administrandam foeliciter. O felix es etc.
Idest gubernando tuos ciues efficias legibus: et execucione legum:
ut viuant in condicione et modo.

Frugali idest modesto.

Et iusta. prout statui cuiuslibet debetur: id enim iusticia
tribuit. Sane frugalitas quamuis omnes videatur virtutes complecti:
tamen praecipue modestiam: hoc est modum: in omnibus rebus
significat. A frugibus enim quibus vtilius/ accomodacius nihil est
vsui nostro: dicta videtur frugalitas. Itaque virtus est vite agende
summe necessaria.

Si non paciaris etc. Praecepta Dei transgressos esse: per
homicidia/ adulterea/ furta et talia.

Legesque verendas. quas tu sanxisti ut timerentur. sicut de
non ludendo de non garriendo in ede sacra.

Et ludo sua etc. Hoc vicium quo plebs huius Vrbis praecipue
laborat: ut scilicet ludo et ganeis Patrimonia decoquant et prodi-
gant: necessario videtur legem censoriam expostulare.

Ligurire. voluptuose et dulciter consumere. Ita exponit Do-
natus super illo Eunuchi. Itidem patria qui obligurierat bona.

Sicque bonos Ciues. Salus Reipublicae non solum in malis
castigandis versatur: sed eciam in bonis remunerandis: ut et mali
boni fiant: si non virtutis amore: saltem formidine poene: boni
autem non tam facile abscedant a ciuitate: oblata sibi alio in loco
vberiori viuendi facultate et vbi in precio virtutem suam haberi
perspexerint. Quis enim virtutem amplectitur ipsam Premia si
tollas? ait Iuuenalis. Eos autem bonos Ciues intellige.

Patriam prudencia quorum etc. Qui videlicet prudencia et
integritate: hoc est sagaci vsu rerum: et probitate: quam inte-

Folio CLXVIIIb

gritatem voco: non solum Reipublicae sue/ sed et vniuerse patrie
decori sunt et praesidio.

290

Foueas. a pueris ut boni fiant enutrias.

Ames. iam ad frugem perductos.

Et honorum extollas precijs. Honor enim cum virtutis sit praemium: non ambiciosis debetur: sed bonis. Sed nec honor sufficit sine emolumento.

Aliena pericula etc. Nam ut Virgilius dixit Foelix quem faciunt aliena pericula cautum.

Praesens quae etc. que tibi contuenda offeruntur in anno praesenti.

En tua etc. Ratisponam circumloquimur: quam aiunt ab origine et prima fundacione liberam semper extitisse. Hec anno praesenti Principem recoepit: propter contractum es alienum: ex incuria nimirum mali regiminis.

Imperij nuper etc. Nam inter ciuitates: super quibus fundatum narrant esse Imperium: Ratispona non minima fuit. Vnde eciam honor visus est Imperio: quod sub se talem Vrbem haberet.

Saxea Danubium etc. Inter ceteras Ratispone laudes: clarissima semper mencio habetur: politissimi et artificiosissimi pontis: qui lapide Danubium cingit. Ideo cohercere eum dicitur: hoc est inter fornices suos constringere. Sic Iuuenalis de Xerse. Ipsum compedibus qui vinxerat Enosygeum.

Libertate etc. Hec reliqua ex iam dictis clarent.

Sed ne triste tibi. Conuertuntur vltimo pueri ad diuinam opem: parenti sue/ Patriae optandam. Et quoniam hec ciuitas singulari quodam et peculiari deuocione virginem intemeratissimam genitricem Dei: ut patronam veneratur: idcirio [idcirco] ad eam recurritur.

Quae tibi tutela est. Tutelam nauibus depingebant veteres. ut notat Seruius in hoc loco quinti Eneidos. Velocem Mnestheus agit acri remige Pistrim. Itaque cum inter signa potissima huius ciuitatis (sint porte sit sigillum publicum) beatam coeli Reginam depictam ostendant: merito tutela eius dicitur: quippe sub

Folio CLXIXa

cuius alis penitus delitescit. Id apercius declarat quod sequitur.

Qua bellica signa coruscant. Qua scilicet virgine: non solum legalis fidei signum: quod sigillum dicunt Beatam virginem prefert: sed et vexilla: quibus inter arma vtuntur: protectricis et fotricis speciem representant.

Quam colis in celso. Propter turrim siue pinnaculum: cui nec operis arte: nec molis amplitudine atque altitudine quoduis aliud conferri potest.

Miroque per omnia templo. Quia et ornatu et latitudine et precio sumptuosissimum est.

Virgo Parens Domini te protegat. ne incidas in calamitosum aliquod malum.

Eruat. si forte incideris.

Ornet. erutam et protectam: augeat populo: et illustret prudencia et foelicitate.


## 256. *Poem to Friedrich von Zollern*

Domino Friderico Electo Augustensi/ ad donum vitas et Col-
lacionum patrum: Heroicum Petri Schotti Argentinensis cum
esset apud eum in Tilligen xij kalendas Augusti. Anno Christi
M.cccc.lxxxvi.

Accipe priscorum vitas: Pater optime Patrum.
Iustorumque pios monita instituencia mores:
Consilio dignare tuo. Si viuere christo:
Sique viam populo Praesul monstrare salutis:
Prudentique velis themonem flectere dexrra [dextra]:
Hos imitare Duces: tibique hos prepone patronos.
Nanque per antiquos calles: non blanda nouorum
Auia sectantem: ducent super astra beatum.


## 257. *Elegiac for the end of the year 1487*

Petri Schotti Carmen annale Elegiacum Anno a natiuitate
Saluatoris M.cccc.lxxxvij.

Pontifici modulata nouo: noua turma quotannis
    Succrescit veteri: mox fugitura nouam.
Discipulos etenim paucis haec detinet annis
    Classis: et ad portum per vada curta vehit.

Folio CLXIXb

Solus quem decuit iampridem exponier heret:
    Clauumque immota sorte Nagister [Magister] agit.
Cui tamen haud ingrata quies vergentibus annis:
    Pro desudato saepe labore foret.
Hactenus Ah satis est: fibris extortus anhelis
    Clamor: et ad rauim vox minitata diu.
Iam decet ut merito: vitae sors digna paretur:
    Excipiant canos ocia tuta pilos.
Parcatur senio: validus studijsque politus:
    Atque bonus pueris praeficiendus erit.
Sic sic preterient: pariter grex atque Magister:
    Quos foueat placido regia Virgo sinu.

258. *Explanatory notes to the preceding elegiac*

Argumentum praecedentis Carminis.

Quum quibuslibet annis noui Pontifices: nouique pueri appareant: equum videri: ut pro meritis et dignitate Magistro prouideatur: ut eciam nouus aliquando Magister eis praeficiatur.

Pontifici modulata nouo etc. Turma collectio est militum in exercitu. Que non absurde ad pueros hic transfertur: vel quia equis transcursuri: militum exercitusque effigiem representabunt: vel quod propter continuam exercitacionem: que militibus scholasticisque communis est: communia plerumque vocabula sorciuntur: ut gymnasium. schola. classis.

Classis et ad portum etc. quia breui tempore attingunt finem studij concupiti. laus schole. Classis. nauium ordinatam collectionem significat. Itaque deducitur ut et denotet equitum distribucionem: et puerorum in scholis ordines. Sicut apud Iuuenalem. Cum perimit seuos classis numerosa tyrannos.

Solus quem decuit etc. Persistitur in metaphora. Exponi ad littus: e naui poni. Virgilius in x. Interea Eneas socios de puppibus altis Pontibus exponit. Clauus autem fustis est gubernaculi: ut dicit Seruius. Cicero in Catone maiore. Ille autem clauum tenens quietus sedebat in puppi.

Folio CLXXa

Cui tamen etc. Labor ostenditur: quo Magister meruit ut sibi prouideatur. Preter eas autem solicitudines que sunt animi: corpus Praecoeptoris: assiduis exclamacionibus: quibus petulanciam discipulorum compescit: ad raucitatem vsque vexatur. Raucitas autem et rauis dicitur. Plautus in Aulularia. Vbi si quicquam poscamus: ad rauim poscamus: priusquam quicquam detur.

Iam decet et reliqua. Ad Praecoeptorem puerorum pertinet ut sit aetate et viribus validus: sciencijs elegantibus ornatus: moribus castus et integer.


259. *Elegiac for the end of the year* 1488

Petri Schotti Carmen annale Elegiacum. Anno Christi M.cccc.lxxxviij.

Improbus agricolam durum labor vsque fatigat:
    Infantes teneros tollat ut inde suos.
Mercator terras metitur: et aequora sulcat:
    At venit inde seni: diues et ampla quies.

293

Multa quidem sudat: siluosis montibus errans
  Venator: sapidam sed capit ille feram.
Miles Martis onus longis graue sustinet annis:
  Miles et exuuias laetus ab hoste rapit.
Cur minus hic nostri sudantis saepe Magistri:
  Ingens promeruit praemia iusta labor?
Ah satis atque super: tandem requiescere detur:
  Reddatur meritis gracia digna suis.
Hoc faxit Genitrix: cuius virtutibus altis:
  Penditur a nato gloria summa Deo.


260. *Explanatory notes to the preceding elegiac*

Carminis precedentis Argumentum.

Non exauditi superiori anno discipuli grati: non verentur
rursus canendo: Magistri sui quietem postulare: afferentes agricole:
mercatoris: venatoris: et militis exempla: qui laborum suorum
fructu tandem pociuntur.
  Improbus etc. Improbus: vel magnus vel nulli probabilis.
Nullus enim est amator laboris. Seruius super eo loco Virgilij in
primo Georgicorum labor

Folio CLXXb

omnia vincit Improbus.
  Tollere autem hic: nutrire significat. Sic Terencius in Andria.
quicquid peperisset: decreuerunt tollere. Et ibi Tollere dulcem
cogitat heredem.
  Mercator terras etc. Metiri hic transmeare significat. Sic apud
Virgilium in Georgicorum quarto. magnum qui piscibus equor. Et
iuncto bipedum cursu metitur equorum.
  Sulcare quamuis agricolarum sit: tamen per metaphoram
eciam nauigantibus datur. Sic Virgilius in quinto Eneidos de nautis,
Infundunt pariter sulcos. Vnde eciam in tercio dixerat. Vobis parta
quies nullum maris equor arandum est.
  Multa pro multum.
  Penditur. hoc est soluitur.


261. *Elegiac to Saint Peter*

Petri Schotti Elegiacum ad Sanctum Petrum. lxxxvij.

Forsitan ignoras: hec quo solennia ritu:

294

Ad nos a patribus gaudia pertigerint.
Accipe. fulgebat lustracio februa priscis:
    Quod nunc in Marie lumen honore meat.
Sextilis caput Augusto gens vana dicarat:
    Quod melius Petro nunc liquet esse sacrum.
Scilicet innatus penitus gentilibus error:
    Non alia potuit condicione premi.
Haud secus Aegoceros Saturni secula priscis
    Pretulit: et Genio libera corda dedit.
Hec vero nos festa tibi Nycholae sacramus:
    Innocuis pueris: et bone Christe tibi.


262. *Elegiac written in Hagenau*

Petri Schotti [Elegiacum] in Hagcnaw. lxxxviij.

Quam bene patronos docilis sortita iuuentus:
    Maxime te Paule et te Nycholae fuit.
Ambo etenim tenera doctrinam etate bibistis:
    Ambobus sancto fine pacta dies.
Presidio nimirum eritis: qui nunc puer artes
    Hauserit: ut tandem tendat in astra senex.


263. *Asclepiad to Saint Peter on the captivity of Maximilian*, 1488

Petri Schotti Carmen Asclepiadaeum Choriambicum Tetra-
metron Monocolon. Ad Sanctum Petrum de captiuitate Regis
Maximiliani: lxxxviij[.]

Folio CLXXIa

Cantabunt alij Meonia Chely:
Romanum procerem stringere compedes
Nuper non veritas. O facinus nouum:
Grandeuique patris ductibus obsequi:
Germani valido robore milites:
Dum regem eripiant: ut celerauerint.
Quos inter decoris non memoris sui:
Argentina alijs pulchra merebitur:
Scribi Marte fero instructior vrbibus.
Tentent hec quibus est musa fauencior.
Ausint qui Aeaciden versibus aggredi:
Errores profugos aut Ithaci vagi.
Nos te dulcisona voce precarier.

Subiectis reuerens: Principibus para
Cor iustum ac sapiens: sat fuerit Petre.

## 264. *Explanatory notes to the preceding asclepiad*

Cantabunt alij. Lyrici huius carminis genus: Asclepiadaeum
ab Asclepiade autore vocatum fuit. Choriambicum autem a pede
dominante. Constat enim spondeo: duobus Choriambis: et pyr-
rhichio. Choriambus siquidem quatuor syllabas habet: et ijs primam
et vltimam longas: et duas intermedias breues. Dictus eo: quod
duo iambi quasi per chorum sese complectantur. Scanditur hoc
ordine. Canta. spondeus. buntalij. meonia. duo choriambi. chely.
pyrrhichius. Tetrametrum vero dicitur eo: quia quatuor mensuris
seu pedibus incedat: ut visum est. Monocolon. idest vnimembre:
quoniam omnes versus vnius modi et generis sunt. Nam .....
solum .... membrum est.

Intencio carminis huius est. Pueri attoniti et stupentes facinoris nouitate: quo praesenti anno ipse Romanorum Rex vinculis a
subditis iniectus fuit: simulque admirati promptitudinem tocius
Germaniae: praecipue autem populi Argentinensis: quae Imperatorio
ductu Regem liberauit: gestiebant haec carmine suo concinere.
Verum arduitate rei: propriaeque

Folio CLXXIb

musae imbecillitate territi: ista relinquunt ijs qui grandiloquo
heroicoque carmine valent: sibi satis superque ducentes esse: si
leuiusculo utpote lyrico versu: beatissimum Petrum qui et Principum et subiectorum caput a Christo constitutus fuit: deprecentur:
ut quo minus tale quid de cetero contingat: cor subiectorum reueren-
ti obediencia: Principum autem iusticia simul et sapiencia exornare
curet.

Cantabunt. Poetarum est. Nam cantanda sunt Carmina ut
dicit Seruius super eo loco Arma virumque cano.

Meonia chely. Homerus: de quo dicit Horacius. Rex gestae
Regumque Ducumque et tristia bella: Quo scribi possent numero
monstrauit Homerus. Is ex Meonia regione minoris Asiae a nonnullis ortus dicitur: a qua et Meonides appellatur. ut Ouidius in
tercio de sine titulo. Aspice Meoniden a quo ceu fonte perenni
Vatum Pierijs ora rigantur aquis. Inde eciam meonius adiectiuum.
ut Horacius. Scriberis vario fortis et hostium Victor Meonij carminis alite.

Chely. .... Chelys testudo dicitur cuius neruis ǀsonantibus
Mercurius citharam dicitur inuenisse. Ponitur itaque pro cithara: et
quoniam poetae musici sunt: cithara et chelys eis datur. Stacius

296

libro primo thebaidos. Nunc tendo chelym: satis arma referre Aonia. Igitur meonia chely. Idest homerica cythara: hoc est carmine heroico in quo Princeps fuit Homerus.

Romanum procerem. Idest Regem. Proceres ait Varro capita trabium esse: et ab his transferri ad Principes ciuitatum. Licet autem frequencius in plurali inueniatur tamen et apud Iuuenalem lectum est Agnosco procerem.

Nuper non veritas. Metaphora ab animali ad inanimale. Sic Virgilius in secundo Georgicorum de arbore. Miraturque nouas frondes et non sua poma. Ordo est autem Alij cantabunt compedes non veritas stringere romanum procerem etc.

Grandaeuique patris. Friderici imperatoris qui pater est Regis. Aeuum autem licet proprie sit

Folio CLXXIIa

aeternitatis ut est apud Ennium Romulus in coelo cum dijs genitalibus aeuum Degit: tamen et hominibus tribuitur. Sicut apud Virgilium in quinto Eneidos. Longeui palmas ne quicquam ad sidera tendunt Custodes.

Vt celerauerint. pro accelerauerint per apheresim. Et est ordo. Et cantabunt ut idest quemadmodum milites germani accelerauerint valido robore obsequi ductibus grandeui patris dum idest donec eripiant Regem.

Quos inter. Ordo est. Inter quos milites Argentina pulchra/ merebitur scribi: et non solum cantari: instructior quantum ad ferum Martem pertinet: alijs Vrbibus. Argentina dico haud non memor sui decoris idest non immemor eius laudis qua in gloria rei militaris hactenus semper ceteras imperij Vrbes superasse refertur.

Hec tentent. et Regis detencionem et eius liberacionem.

Ausint qui aeaciden versibus aggredi. Idest quibus ingenium et doctrina suppeditet ut Achillis proelia cantent. quod Homerus in Iliade fecit. Sane aeacides achilles dicitur: quod sit nepos aeaci[.] Sic Virgilius in sexto Eneidos. Dardana qui paridis direxti tela manusque Corpus in aeacide.

Errores profugos aut Ithaci vagi. Idest qui possent Vlixis errabundum et diuturnum cursum dignis versibus describere. quod idem Homerus in Odissea fecit. Ithacus autem cognomen est Vlixis ab insula cui dominabatur. Virgilius Eneidos libro secundo Hoc Ithacus velit et magno mercentur Atride.

Nos te dulcisona. Nos inquiunt pueri non nobis vsurpamus grandiloquum carminis genus/ quod materie congrueret: nostris vero viribus longe est superius. Satis igitur ducimus: nos te precari O Petre ut reuerenciam pares subditis ne Principi manus impias inijciant. Principibus vero ne quid tale meruisse videantur: infundas sapienciam: qua noscant: et iusticiam qua velint vnicuique quod

297

suum est tribuere. Satis profecto haec fuerint quae et pacem hic concilient et beatitudinis illic praemium promereri non dubitentur.

Folio CLXXIIb

### 265. *Poem to Bohuslaus von Hassenstein*

Petrus Schottus ad Bohuslaum de Hassenstein Comitem Bohemum.

Me generosa tuae Comes inclyte: stemata menti:
    Parere impellunt: cunctaque iussa sequi.
Et quia nunc animo numeros tibi noscere claros
    Voluitur: ac penitus versibus inuigilas:
Ecce pugillarem nuper tibi misimus: in quo
    Nomina cuncta pedum conspiceres: que loca
Quelibet: ac metro sit sillaba quanta locanda.
    Qui licet exiguus sit: tamen vtilis est.
Plurima que (ut fama est) tibi sunt incognita nobis
    Scripta: quibus rogo nos effice participes.
Et tunc nostra tuum vox tollet in ethera nomen:
    Te quoque magnificum secula longa scient.

### 266. *Poem to Georg Erlebach*

Petrus Schottus ad Georium Erlebachium Ratisponam euntem.

Te ne igitur paciar tanto me linquere cursu:
    Quo mihi vix veniens dulcis amice aberis?
Quo simul optatum vix cepti munus amoris
    Rumpitur: ut mores non recolam vsque tuos?
Num sacius fuerat nullo tibi foedere iungi:
    Quam modo amicicijs abstinuisse tuis?
Nam ne vlla Alciden coluit Peancius heros
    Credulitate stata: qua mihi non fueris.
Non adeo Pilades furibundum obseruat Horestem:
    Fidius aut Theseum Perithous sociat.
Carior Aenee bonus haud comitatur Achates:
    Non animo maior Nisus in Eurialum:
In te quam fuerim: liceat si visere amoenos
    Tempore conspectus vlteriore tuos.
At quamquam subitos nulla est concessa facultas:
    Tardare abscessus aut retinere moras:
Non minus ipse tamen summi retinebo fauoris
    Officia: et firmus corde sedebit amor.

Sique tibi paruus peperit quemque vsus amorem:
    Hunc tibi ne absenti tempus edax minuat.
Nunc quia versiculos abitus crudelis amicos/
    Longius ire vetat finis adesto breuis.
Dulcior vsque vale saluusque meato Georgi:
    Quosque velis sanos sic precor inuenias.
Carmina nostra tibi dulcis monumenta Georgi:
    Insideat que animo Petrus vbique tuo.
Ergo tuos videas sospesque alacrisque penates:
    Incolumesque tui te precor excipiant.
Astra nec officiant quequam exoriencia coelo:
    Nec pluuium Orion exerat ense caput.
Alma sed eniteat semper gracilisque Dione:
    Splenduit ut gnato Pergama cum fugeret.
Luceat et clarum sydus Iouis: ipseque Castor
    Pollucem redimens Mercuriusque celer.
Ipse Austrum et Boream seuos rex Eolus abdat:
    Sed Zephyri pingant vndique flore solum.
Non recinat stigius ferali carmine bubo:
    Non dirum cornix leua det augurium.
Nulla tibi noceat medicato Thessala cantu:
    Obscena haud Vulpes obuia rumpat iter.
Sed precor Altitonans vires tibi suppetat illas:
    Quis casus omnes transuperesque viam.
Omne igitur faustum quicquid tentaueris vsquam
    Comperiens: iam nunc dulcis amice vale.

267. *Poem on the collapse of the temple of Saint Ulrich*

Petrus Schottus De ruina templi Sancti Vlrici Augustensis et
cede nonnullorum hominum.

Petrus Vdalrici concussit casibus edem:
    Auguste Caesar cum Fridericus erat.
Heu nam disiecit venti vis maxima templum:
    Vespere defunctis quando dedere preces.
Vna omnes egere fugam: tamen hostia templi:
    Obruta permiseris impediere viam.

Quatuor ac homines terdenos casus ademit:
    Pastor et Adiutor cum grege succubuit.
Quos quia corporeis opus exiuit omnipotentis:

Nexibus et finem templa dedere Dei:
Sperandum est illis tribui sua praemia coelo:
   Quo sine fine Deum laude videre queant.
Cunque pij/ pietate frui merito referantur:
   Hijque pij fuerint: fer prece lector opem.
Hos inter versus domini monstrat prior annum:
   Quoque die vehemens flatus in orbe fuit.


268. *Sapphic to Peter Schott by Heinrich*

Saphicum Heinrici ad Petrum Schottum.

Petre Nympharum noua cura onusque:
   Quem petunt vultu tacito puelle:
   Et vage spectant oculis retortis
         More minaci.

Orpheos quod tu similis futurus:
   Ceteris curis hominum solutus:
   Dulcibus tantum calamis/ lyreque
         Ocia dones.

Ille sic summo Rhodopeyus heros
   Gratus: atque ymo fuerat tonanti:
   Nec prior Phoebus caneret: vel inter
         Pocula diuum.

Siue stellatum Cytharedus axem:
   Siue tentaret mala regna Ditis:
   Omne cunctanti facili Deorum
         Numine cessit.

Cessit et magni domitator orbis:
   Cui vel inuitum genus omne seruit:
   Frater Aenee pharetratus aureo
         Aliger arquu.

Quo sine humana intereat propago:
   Sanctius quo nil: meliiusque credunt:
   Editus Musa: fidicen superbus
         Temnit et odit.

Folio CLXXIIIIa

Quippe nil vltra potuit voluptas
   Vlla: quam plectro fidibusque inesset:

Quis simul coelum et Dominus verendi
    Plauderet Orci.

Inuidet tanto Venus ipsa honori:
    Inuidet Iuno: et doluere sperni:
    Quod colit sexus veneranda: sacrum
        Numen amoris.

Vnde discerptum lacerando dyris
    Thracie matres manibus per agros
    Spargere: heu Vates animose poenas
        Morte luisti.

Theseo quin ut genitus: nouercam
    Blandius quamuis foret aduocatus:
    Saepius fugit: refugis puellam
        Durior omnem.

Sed tamen poenas animi pudici
    Virbius pendit nimis odiosas:
    Nec leuat durum sinuante dextra
        Delia cornu.

Scilicet nulli violasse phas: aut
    Numina aeterno minuisse honore:
    Sed suum cantum tribuisse cuique
        Fabula monstrat.

Quod potest qui vis: mediocritatis
    Lege seruata: potes O decore:
    O puer Diuis placuisse semper
        Omnibus eque.

269. *Sapphic in response to the preceding*

Responsio Petri Schotti ad Saphicum pretactum.

Te putem foetas numeris Heinrice
    Tygrides vasto tenuare saltu:
    Arduasque ad te properare pinus
        Montibus altis.

Folio CLXXIIIIb

Nanque morosi pharetras amoris/
    Callido nosti suadere versu:

301

Vt vel inuitos teneris perterrent
Tela medullis.

Cum tamen nulli reputem benignum:
Improbis eius subijsse flammis.
Nempe lugentes coluisse campos
Ni petat vltro.

Maesta quis duri manet vxor aruis
Cephali: et tauro periens Pasyphe:
Phoedraque et Dido: sequiturque moerens
Laodomia.

Funditus sane cecidit superbum
Ilium: inuise vico Lacene.
Vssit et mollis Paridis Cupido
Pergama celsa.

Quippe que Princeps Asie minoris
Dedala Diuum fuit arte structa:
Perdidit diro Patris acer vrbem
Pastor amore.

Nil equis Rhesijs: niueisque velis
Profuit Troie: perienti amore.
Nec furens peltis fera virgo Varis
Pentasilea.

Adde quod luxum fugiens: pependit
Nullus has poenas moriens feroces:
Laude quin omni celebretur eius
Nomen in aeuum.

Mec [Nec] Traci seue potuere Vati
Pectinem matres rapuisse eburnum:
Efferis quamquam manibus piarunt
Orgia Bacchi.

Quin mouens lucis cytharas amoenis
Personet passim choreas piorum.

Folio CLXXVa

Et sacrum longa recolat Peana
Veste sacerdos.

302

Et licet poenas lacerus nouerce
    Pendit: at nymphe Egerie receptus
    Peonis gaudens reuocatus aure
        Virbius herbis.

Scilicet summum fore castitati
    Munus: et vite meritum pudice
    Monstrat: ut qui sit misere necatus
        Viuere detur.

Nunc tibi primum tenui Minerua/
    Carmen a Petro genere dicatum:
    Vsque sic viuas facie benigna
        Perlege Vates.


270. *Elegiac against a German-Italian*

Petri Schotti Elegiacum contra quendam Germanum Italum.

Esse bonos memorant Asirei Carmina Vatis:
    Qui moniti turpes destituere notas.
At tu ne suetos videaris ponere mores:
    Que tua sint spurcis versibus acta probas
Fallere: si credis maledictis probra lauari:
    Non ea iusticia sed leuitate fluunt.
Horridulos fatuus tribulos depascit Asellus:
    Inscius Hybleis mel fore dulce Thimis.
Sic te cum placida nequeas purgare camoena:
    Hem pudor: obscoenis polluis ora modis.
Sed tamen et barri culicum nec spicula curant.
    Nec timet ignauos nostra Minerua viros.
Ergo age vel monitus: Germanum amplectere nomen:
    Spurciciemque Italis linquito: linque dolos.
Vel tibi si mauis nostrum incandescere dentem:
    Perge. Elegos scripsi gliscis: Iambus erit.


271. *An abusive elegiac*

Petri Schotti Carmen Elegiacum inuectiuum.

Folio CLXXvb

Scripsisti insulsus nuper mihi Carmina Barde:
    Responso non sunt perfide digna meo.

Contempsi ridens tua vincula pessime Vates:
    Et dixi: scis te talia verba decent.
Saepe bonam meretrix matronam accusat: et odit:
    Illa tamen casta est: et lare tuta suo.
Tu falso damnare time nos rustice Barde:
    Namque aliter fustes experiere canis.

### 272. *Tetrastich against an Italianized German*

Petri Schotti Tetrastichon in Germanum Italicatum.

Cum sis Germanus: mores cur spernis auitos:
    Et Lacias fraudes diligis atque dolos?
Talibus indignum factis: te munere tanto:
    Ingratumque tuis Patribus esse probas.

### 273. *Tetrastich*

Petri Schotti Tetrastichon aliud

Cur non respondes nobis: qui tela minatus
    Tincta Lycambeo sanguine nuper eras.
An metuis: quod vera miser cogare fateri:
    Que cecinit nostra pulcher Apollo lira?

### 274. *Distich against threats*

Petri Schotti Distichon in minaces.

Non semper frendente lupo/ pecus interit: et non
    Post temeras subeunt fata repente minas.

### 275. *Elegiac against vices of the Germans*

Petri Schotti Elegiacum contra vicia Germanorum: et quendam Laurencium.

Barbara falsidico gens inflammata furore
    Theutonico semper fetida iure natans
O quam vite sue morem tenet improba terrae.
    Italicum nihil aut laciare sapit.

Ecce nouo docuit: placeant sibi qualia facto:
    Et simili officium prebuit illa sui
Collegijque ruber scriba est Laurenti: vnde hoc?
    Theutonici vicijs hoc tribuere suis.
Sunt vino furtis ignauo corde furore
    Liuore ac stupris atque tumore pares.

Folio CLXXVIa

O quam vera sonat veterum sentencia Vatum:
    Quod paribus coeunt absque labore pares.


276. *Elegiac to a certain Johannes*

Petrus Schottus ad quendam Iohannem Germanum.

Gloria Pyeridum nunquam moritura Iohanni
    Germano: veniam des mihi iamque precor.
Sic Sus cum Dia certauit Pallade demens:
    (Retulerit quam Sus) gloria nulla fuit.
Vicisti fateor: tanta est vir docte facultas
    In te: ut iam nobis non licet ore loqui.
Quapropter restat quod te taciturnus adorem:
    Conticeam est melius: quam male pauca loquar.


277. *Elegiac to Bartolomaeus Favensis*

Petrus Schottus ad Bartolmeum Fauensem.

Mantua cede tuo quondam illustrata Marone:
    Non te iam Vatum laurea prima manet.
Peligni suum cessent iactare Poetam:
    Nec Velusine tue tanta tributo lire.
Ecce nouum Vatem iamiam noua secla tulerunt:
    Fauensis qui sit gloria clara soli.
Cui veterum dicunt cunctas concedere Musas.
    Siue Ducum poscas prelia: siue iocos:
Siue petas superum laudes: siue aspera Ditis:
    Cantor Apollineus Bartolomeus erit.


278. *Tetrastich against a shameful epigram*

Petri Schotti Tetrastychon contra ignominiosum quoddam

305

Epigramma: in Galeotum Marcium a proprijs alumnis con-
scriptum.

Hoc vesana cohors ausa est epigramma nefandum
    Scribere: et in patula figere planicie.
Heu scelus: ipsa suum falso inficit ore Magistrum:
    Rodit et absentem: quem tibi adesse timet.


279. *Hexastich on Jacob Wimpheling's poem to the Virgin*

Petri Schotti Exastychon in Iacobi Vimpfelingi [Vuimpfelingi]
Sletstatini Carmen Elegiacum De Conceptu et triplici candore
Diue Marie.

Folio CLXXVIb

Multum Virgo tibi: multum cyrrata iuuentus
    Carminibus debet docte Iacobe tuis.
Illi/ quam merito certas fulgere nitore:
    Grata venit pietas: hos tua Musa iuuat.
Non iuuet hos Musa Aonij ieiuna liquoris.
    Non negat idcirco premia Virgo tibi.


280. *Tetrastich on the eight fruits of the virtuous soul*

Petri Schotti Tetrastychon de fructibus octo: quos consequitur
anima a peccato liberata: virtutesque amplexa.

Conscia mens pura est: et viribus integra sanis:
Libera facta iugo: requiescit et a cruciatu:
Congruit et Genio: iucundos elicit actus:
Discreteque regit corpus: Domino bene concors:[.]


281. *Poem on the captivity of Rhodes*

Paganus in obsidione Rhodi.  Petrus Schottus.

Ah fugite: invictaque Rhodo discedite gentes:
    In nos aethereo fulgure signa rubent.
Credidimus miseri soli Rhodon esse dicatam:
    At Christo sacra est: hoc quoque tuta manet.


306

## 282. *Tetrastich on Death speaking to Man*

Petri Schotti Tetrastychon nomine Mortis ad mortalem loquentis.

Heus propera: que te demencia falsa moratur?
  Fac bona: ne pigeat: cras tibi finis ero.
Rides? iudicio forsan te vespere sistam.
  Caeca indefessa torqueo tela manu.

## 283. *Tetrastich on Death*

Eadem mors. Petri Schotti Tetrastychon.

Horrida sum prauis: iustis optabile lucrum[:]
  Illos supplicijs: hos ego mitto Polis.
Incautos igitur/ ne vos deprendere possim:
  Exigite indultos per bona sola dies.

## 284. *Distich on Death*

Petri Schotti Dystichon de Morte.

Omnibus exicium quamuis Mors saeua minetur:
  Principium vitae fert tamen illa pijs.

## 285. *Elegiac of Bohuslaus von Hassenstein to a rival of Peter Schott*

Bohuslai de Hassenstein ad Emulum Petri Schotti: Carmen Elegiacum.

Folio CLXXVIIa

Ante Licaonius mergetur in aequore custos:
  Discet et Occeanas Parrhasis vrsa vias.
Lucidus vmbrosum continget Phebus auernum.
  Desinet in curru Cynthia clara vehi:
Mens sceleri consueta prius quam crimen amatum
  Et proprios mores deseruisse velit.
Scilicet idcirco discerpor dentibus a te:
  Quod volui morbo consuluisse tuo.
Officit et nobis: monuisse fideliter: ora
  Ne macules probris flagicijsque tua.

Non aliter forsan fragiles expromere vires
    Ingenij poteras eloquijque tui.
Nec pudet hec: merito de te: maledicta referre
    Sanguinis Arctoi dedecus atque lues:
Et dum Dardanios velles cantare labores:
    Ipse argumentum materiamque dedi.
At quales versus scribis: que Carmina: certe
    Cherilon et Bauum saecula nostra ferunt.
Non ibi iucundum quicquam: non mica leporis.
    Produnt autorem Carmina vana suum.
Obijcis altiloqui quod protego Vatis honorem:
    Cui te non puduit supposuisse caput.
Qui Lacijs quamquam niteat: Graijsque camoenis:
    Optaret vacuus laudibus esse tui.
Nam quis non timeat talis praeconia liguae:
    Que tantum similes tollere in astra solet?
Verbera deinde mihi rursus dentemque minaris.
    Nostra sine inuolui stercore membra prius:
Tunc poteris foedos nobis infigere dentes:
    Et suis obscene turpia facta sequi.
Istud quippe tibi nomen placuisse videtur:
    Nuper ut Petro Carmina missa probant.
Lumina fronte mihi vellis: Diuosque precaris:
    Vt lacerent saeui viscera nostra canes.

Folio CLXXVIIb

Vtque miser fiam: nec sim miserabilis vlli:
    Exul ut Aeoos cogar adire lares.
In caput ista tuum conuertant numina coeli:
    Suppliciumque lues si pia vota valent.
Reprime latratum petulantem: reprime liguam:
    Reprime barbariem: stulticiamque tuam.
Spicula contineo: pueri nec lumina fletu:
    Atque cauas lachrimis cogo madere genas.
Post modo si perges: sceleratos edere versus:
    Acrius incumbet nostra Thalia tibi.


286. *Elegiac of Bohuslaus von Hassenstein in defense of Peter Schott*

Bohuslai de Hassenstein Bohemi Elegiacum in defensionem
Petri Schotti contra quendam inuidum detractorem.

Eximium Vatem mordes qui dente canino:
    An dapibus Blattam vis saciare nouis.

308

Ista quidem culicum non curant spicula barri:
    Nec Vati egregio liuida verba nocent.
Fuste quid e duro quadratam marmore turrim/
    Et solido muros ex adamante quatis?
Setiger obsceno nutritur stercore porcus:
    Tu quoque latratu pascere talpa tuo.
Dant sine mente sonum rauce per rura cicade
    Deuia: cum bibulam Sirius vrit humum.
Tu carmen sine mente facis: dum concitus ira:
    Nictelij defers cornua fronte Dei.
Et timidus veluti/ patitur cum triste flagellum:
    Solatur gemitu verbera seua canis.
Preteritis sic tu obiectis conuicia iactas:
    Lurida pestifero corde venena vomens.
Meoniden fatuo lacerauit Zoilus ore:
    Sed tanti sceleris premia digna tulit.
Sic tu sacrilego rodis qui carmine Petrum
    A rabidis merito diripiere feris.

Folio CLXXVIIIa

287. *Elegiac of Bohuslaus von Hassenstein, lamenting the departure
of Peter Schott for Rome*

Bohuslai de Hassenstein Carmen Elegiacum: deplangentis abitum a se Petri Schotti amici Rhomam proficiscentis.

Tecta Petrus Romana petens: Tuscumque fluentem:
    Forte mihi non plus aspiciendus abit.
Flete Poli: gemitusque pios date sidera maecum.
    Flete precor casus equora saeua meos:
Non adeo vitreis turgebant lumina guttis:
    Cum Genitor stigias vellet adire domos.
Orbus eram nuper delectis fratribus: at nunc
    Dimidia videor parte carere mei.
Hic meus Alcides: hic magno Agamennone natus:
    Atque Meneciades Hirtacidesque fuit.
O fortuna mihi semper contraria: quare
    Diuidor a Petro perfida queso meo?
Scilicet idcirco licuit: quid prosit amicus
    Noscere? quo doleam te tribuente magis.
Nonne satis fuerat: laribus priuasse Paternis:
    Exiliumque humeris imposuisse meis?
Dulce sodalicij rursum disrumpere foedus:
    Non pudet: et poenas accumulare meas.

Quis mihi nunc dabitur: studijs qui gaudeat hisdem?
 Atque Caballini quem iuuet amnis aqua?
Quis Satyras misero pandet: Tragicosque cothurnos?
 Quis molles Elegos: Historiasque leget?
Separor a gemino Parnasi vertice tandem:
 Separor a Phebo: Pyeridumque choro.
Effugere procul cythareque lireque fidesque:
 Nec Clio Vati Calliopeque placet.
Omnia muta silent: gelidi ceu Strimonis ora.
 Dum peteret nigri Tracius antra Ducis.
Taliter Eaciden mortem fleuisse sodalis:
 Crediderim frigij dum perit ense viri.

Folio CLXXVIIIb

288. *Elegiac of Bohuslaus von Hassenstein on Peter Schott's return to Strassburg*

Bohuslai de Hassenstein Carmen Elegiacum optantis Petro Schotto foelicem in patrios lares regressum.

Ausoniam Petrus gentem: Laciosque Penates:
 Et Phaetontei deserit arua Padi.
Sancta Parens/ rerumque Sator comitetur euntem:
 Ducat et in Patrij lucida tecta laris.
Hic vbi iam reducem post multa pericula Natum:
 Expectat socia cum Genitrice Pater.
Hic vbi gaudebunt Pueri: innuptaeque puellae:
 Expers leticiae nec locus vllus erit.
Forsitan et Rhenus posita feritate priori:
 Micius Arctoi saxa cauabit agri.
Sitque diu foelix diuino numine: post que
 Tutus ab inferni sit flegetontis aquis.

289. *Elegiac of Bohuslaus von Hassenstein on his love for Peter Schott*

Bohuslai de Hassenstein Amoris sui professio in Petrum Schottum.

Ante reuertetur tepidos Hiperion ad ortus:
 Excipiet stabilem Tethios vnda polum:
Ripheus nimbus canescere desinet orbis[:]
 Nullus in Occeano gurgite piscis erit:
Mella ferent rupes: quercus producet aristas:
 Quam meus in Petrum diminuatur amor.

310

290. *Poetic invitation to Peter Schott by Johann Reuchlin*

Iohannis Reuchlin Phorcensis domino Petro Schotto Argentinensi salutem dicit plurimam.

Hospes ad auratum diuerti Petro Leonem:
    Quo propere venias: obsecro. Coena manet.
Et nequeo sine te: tua nam praesencia dulcis:
    Commouet affectum: te sine dulce nihil.
Ergo precor venias Petre: mi Petre. Namque videbis:
    Qualia non ante. Nunc ades: atque Vale.

Folio CLXXIXa

291. *to Jacob Wimpheling from Conrad Leontarius*

Inter alia de morte Petri Schotti Argentinensis Conradus Leontorius ad Iacobum Vuimpfelingum Sletstatensem.

An vero non vehementer eciam tristari debueram: cum mihi nuncia fama praestantissimum et omni genere doctrine cumulatissimum virum dominum Petrum Schottum Argentinensem vita functum esse referret. Moueor profecto tali amico et domino orbatus: qualem certo affirmare ausim nullum Argentine reperiemus. Foelicior profecto tu: qui eum perinde ac Collegam tuum familiariter coluisti: ego vero miserior qui incipientem medio tui: amiciciam illius tanti viri mihi immaturo funere video esse praereptam. Iam enim fundamenta future amicicie ipse iecerat: mihi familiarissime scribens: atque illud candidissimi animi sui pignus amoris mihi reliquit: ut ingemiscere quoque ad mutas litteras suas cogar. Dulces exuuie: dum fata deusque sinebant[.] Repeto enim crebra memoria: quae doctrina: quae eloquencia[:] quae comitas: quae suauitas: qui humanissimi mores: quis sanctissimae vite perpetuus tenor: quae innocentissimi animi viuacitas/ constancia/ et quedam mixta vrbanitate seueritas. Licuisset mihi addere Musarum decus et honos: nisi dicere mallem Sacerdotum nostri seculi vnicum specimen et exemplar.
    Sed stat sua cuique dies: breue et irreparabile tempus Omnibus est vite. Nam terminum nobis ab omnipotente rerum Conditore semel praescriptum: praeterire non possumus: vtinam foelici gradu quo tendimus omnes illuc perueniamus. Interim quae sola via patet: virtutibus nos exornemus. Ille in celum subleuant: ille beant. Nec dubito quin amantissimus dominus Petrus omnibus virtutum numeris adornatus: illuc commigrauerit: vbi inter candidas animas: non in gramine Elysio: sed in beatorum circulo perpetua iam immortalitate iocundetur. Vale.

292. *to Johann Geiler von Kaysersberg from Bohuslaus von Hassen-stein*

Domino Doctori Iohanni Keisersbergio.

Bohuslaus tuus Pater optime hec dicit.
Posteaquam Asia

Folio CLXXIXb

Africaque peragrata: Venecias redij: scriptis iam obsignatisque ad
Petrum meum litteris: mors sua mihi nunciatur. Quo nuncio non
perturbatus: sed fractus omnino sum: non quod illius vicem magnopere doleam: quippe cum quo praeclare arbitror actum: quod ab
his seculi miserijs: ad celestia gaudia foelix illa anima translata est:
sed quod ipse eiusmodi amico orbatus sum: qualem neque hactenus
habui: neque vnquam ut existimo habiturus sum.

Nunc autem vbi nuncium de ea regione vidi: rursum dolor
meus renouatus est: et nescio iucundius ne mihi an acerbius fuerit:
veteris nostre familiaritatis meminisse. Parabam nescio quid ad
Parentes suos scribere: sed vereor ne litteris meis eorum moeror
recrudescat. Tu facito ut me ames: et quod olim a dulcissimo meo
Petro persuasus faciebas: nunc sponte tua facias. De statu con-
dicioneque mea in presencia nihil scribo: quoniam tempus non
suppetit. Malui tamen inepte aliquid scribere: quam tacere.

Si autem me litteris tuis dignaberis: non solum me letum
facies: sed eciam materiam et occasionem ad tibi rescribendum
dabis. Vale.


293. *to Johann Geiler von Kaysersberg from Bohuslaus von Hassen-stein*

Bohuslaus de Lobkovuiç et Hassenstein dignissimo suo Patri
domino Iohanni Keisersberg: Salutem plurimam dicit.

Acerbum nuncium ad te affero optime Pater. Fridericus meus
Busner: qui in familia mea iam pluribus annis fuit: quique mecum
per terras atque maria peregrinatus est: ipso die Natiuitatis Diue
Virginis extinctus est. Id et si mihi molestissimum est: longe tamen
propterea fit molestius quod matri sue integerrime foemine: que se
filium apud me in bono loco collocasse putabat: depositum pessima
fide restitui. Sed quis diuine voluntati aduersari potest? cuius
iudicia abissus multa. Afflictabatur primum lenta febri: tum vbi
morbus inualescere coepit: id quod christianum decebat foecit: inde
adeo conualuit: ut iam omnio extra periculum positus videretur.

312

Folio CLXXXa

Nec multo post in grauiorem egritudinem reincidit: quae cum vehementissime eum agitari cernerem: sacerdotem accersiri iussi: a quo postquam sacro oleo inunctus est: adeo placide et tranquille decessit: ut non mori: sed somnum capere videretur.

Interfui morienti: quod quidem mihi nunquam ante id tempus contigit: flens gemensque: quia me optimo fidissimoque comite priuari aspiciebam. Nondum dolor meus/ quem ex interitu sanctissimi illius viri Petri Schotti coeperam: finitus erat: cuius dulcissima amicicia adeo heret herebitque menti mee: ut inter animi perturbaciones et anxietates: eius meminisse peculiare mihi solacium sit. Ecce autem alia calamitas secuta est: ut tot tandem casibus edoctus: res humanas nihil esse discam. Illi quidem ambo (ut par est credere) in cetu beatorum dignam pietatis et virtutis sue mercedem capiunt: ego tamen toto pectore non angi: non doloreque non possum: quin eciam dum hec scribo: inuito reluctantique mihi lachrime per ora defluunt. Et reliqua.

Data die Martis post festum Natiuitatis beate Virginis Anno M.cccc.lxxxxij.

## 294. to Jacob Wimpheling from Johann Simmler

Inter alia Iohannes Symler ad Iacobum Vuimpfelingium Sletstatinum sic scribit.

Occubuit fato: gemma sacerdotum: nedum tocius ciuitatis sed et diocesis Argentinensis iste quondam Magister Petrus Schottus vtriusque Iuris Doctor. Et profecto doctus fuit Optimus quoque latinus: Grecus atque Theologus. Mirum in modum ingenio pollebat: tacitus tamen.

## 295. Elegiac by Jodocus Gallus on the death of Peter Schott

Iodoci Galli Rubiacensis Carmen Elegiacum: ad Canonicos ecclesie sancti Petri iunioris Argentinensis de morte Petri Schotti.

Interea vestram dum pestis atrox ferit Vrbem:
    Leticiam egregij sumite queso Patres.
Gaudia consulto mox grauitate relicta:
    Nunc vel grandeuis sunt toleranda viris.
Ergo hac mens nostra sit tempestate serena:

Quando metum procul hinc deposuisse iuuat.
Vosque animo ut facitis equo sufferte dolorem:
Quem Petri vobis dedere Schotti.
Et si inter doctos et si fuit inter honestos:
Nec minor ingenio: nec probitate minor:
Stringantur lachrimae/ gemitus/ suspiria/ luctus:
Vobis sancta hominis cognita vita fuit.
Ille ut virgineum sumpsit: Domino repetenti:
Depositum soluit corporis vltro sibi.
Quid nisi crudeles statui inuideamus adepto:
Foelici pocius congratulemus ei.

296. *Distich by Jodocus Gallus*

Dystichon eiusdem.

Praemia foelicem donat bona vita soporem:
Et sequitur mortem vita beata piam.

297. *Oration by Bohuslaus von Hassenstein in honor of Peter Schott*

Bohuslai Bohemi Oracio ad Argentinenses in genere demon-
stratiuo pro Petro Schotto Argentinensi.

Nihil vtilius et comodius reipublicae vestre arbitror o viri
Argentinenses: quam eos qui doctrinae atque virtuti ab infancia
studuerunt: laudibus celebrari. Huiuscemodi enim re non solum
probi meliores: et ad virtutem propensiores efficiuntur: sed eciam
improbi deterrentur nonnumquam a scelere: et veluti stimulis quibusdam: ad vere glorie cupiditatem incitantur. Quod eo magis in
praesencia mihi accidere posse videtur: quia non de externi alicuius
vobisque incogniti laude: sed de ciuis vestri qui in hac vrbe natus
est: incredibili diuinaque virtute dicturus sum. Nec erit necesse
iuuetuti [iuuentuti] vestre/ aliunde virtutis exempla petere: sed
coetaneum dumtaxat suum: cum quo et alti et eruditi sunt: sequi
atque imitari. Ego me hercule o viri Argentinenses: non magnopere
in hac insolita mihi dicendi consuetudine perturbor: non quo aliquam ingenij et eloquencie vim in me esse credam: verum quia
huiusmodi mihi causa oblata est: in qua nulli oracio deesse posset.
Quocirca audite me de laudibus Petri vestri disserentem:
atque benigne audite. Nam si vnquam de acutissimo ingenio:
singulari do-

314

Folio CLXXXIa

ctrina: praecipua atque admirabili virtute audiuistis: id profecto
vobis hoc tempore facere licet. Petrus igitur in hac vrbe natus est:
quam in tanta vestra frequencia o viri Argentinenses non audeo
dignis praeconijs efferre: ne forte plerique vestrum me aliter atque
sencio: loqui existiment. Illud solummodo dixerim: hanc ciuitatem
vestram Ducibus/ Militibus/ arcium praestancia/ ingeniorum clari-
tatibus/ salubritate coeli atque temperie/ benignorum ventorum
afflatu omnibus vicinis gentibus et nacionibus antecellere atque
praestare. His accedit aquarum copia: nemorum amenitas: inno-
cencia ferorum animalium: fertilitas soli: pabuli vbertas: fruges:
vinum.

Itaque non sine diuino consilio mihi factum videtur: ut clarissimo homini: vrbs clarissima Patria esset. Nec enim illorum sentenciam probo: qui nihil distare asserunt: quocunque loco quis
nascatur: nisi forsitan stultum Platonem dicere velimus: eo quod
nature gracias egit: quia Atheniensis esset et non Thebanus. Pater
Petri vir summi consilij atque industrie: omnibus vobis notus:
cuius quanta cura atque solicitudo in dignitate vestra tutanda et
augenda semper fuerit: nemo vestrum inscius est. Memorare possem: quot labores et vigilias pertulerit: quot ensibus et periculis se
pro salute vestra obiecerit: verum presencia eius facit: ut modestius
de eo loquar: presertim cum instituto nostro non admodum conueniat: ut enim inquit vnus ex Poetis Genus et proauos et quae non
fecimus ipsi: vix ea nostra voco. Is filio sibi nato: non adhibuit
curam iuxta nonnullorum consuetudinem: ut in delicijs nutriatur:
sed ut optimis artibus ornetur: illustretur: excolatur. Nouerat enim
prudentissimus homo nullam capitaliorem pestem ipsa voluptate: a
natura humano generi datam: quippe cum nullum scelus sit: ad
quod non libido aliqua voluptatis impelleret. Sciebat illa pertinacius
herere: quibus tenera rudisque etas inficitur: itaque cauit inprimis:
ne puer his rebus consuescat: que sibi postea spernende et con-
temnende essent.

Atque cum ob publicas

Folio CLXXXIb

occupaciones: minime ea cura atque diligencia qua cupiebat: puerum
educare potuisset. Tradidit eum in disciplinam: grauissimo atque
integerrimo viro Iohanni Muller de Rasteten: quem ego vnicum
honestatis specimen/ exemplar sanctimonie/ speculum virturis [vir-
tutis] audeo appellare. Is vero extunc nullum tempus praetermisit:
de his rebus/ quibus puer ad doctrinam et virtutem institueretur
cogitandi. Erat inter eos certamen quoddam atque contencio
amoris: praeceptor eum tanquam filium diligebat: ille praecoeptorem non minus quam Parentem venerabatur et colebat. Herebat

315

assidue lateri suo: et eius sermonibus delectabatur: nihilque ei absque praecoeptore iocundum esse poterat. Imperijs et admonicionibus suis prius quam emisse forent: parere nitebatur percunctabatur ab eo varias questiunculas: et plus quam aetas ferret acutas: quo fiebat ut quotidie illius amorem in se magis ac magis alliceret.

Postquam autem prima rudimenta: et Grammaticen in patria didicerat: Parisius cum eo profectus est. Quantum vero illic doctrine breui consecutus fuerit: incredibile dictu est. Nihil in logica tam spinosum et contortum erat: quod non explicaret. Nihil in Phisica tam abolitum atque obscurum: quod non clarum et manifestum disputando efficeret. Nihil in Ethica tam anceps ac inuolutum: quod non apertissime explanaret. Erat enim ei summum ingenium: tenacissima memoria: sermonis mira suauitas. Itaque et audita faciliter percipiebat: et percepta fideliter retinebat: et retenta elegantissime pronunciabat. Eminebat inter equales et condiscipulos: et suo studio eos mirabiliter incitabat: nec tamen idcirco eis minus gratus et iucundus erat: sed gloria ut dicitur inuidiam superauit: et quamquam inter illos: aliquando varie simultates et discordie fuissent: eum tamen omnes non secus ac fratrem beniuolencia complectebantur: laudatus numquam animo intumuit: eos qui tardiores ingenio essent: non con-

Folio CLXXXIIa

tempsit: de alterius inuento: non minus quam de suo proprio gaudebat: adeoque sibi eos hac sua modestia deuinxit: ut nemo his ex eo tempore carior fuerit.

Quid dicam de illius gymnasij Principibus: qui omnes eum singulari affectu prosequebantur? Persuaserunt enim sibi: hanc eius preclaram indolem non solum ipsi: sed eciam studio eorum laudi et honori futuram. Itaque in suam quoque gloriam eum peculiariter fouebant: nihil obmittentes ex his: que ad eum erudiendum atque expoliendum spectare viderentur.

Quid plura? ita se gessit: ut quod antea inauditum fuerat: inter tot homines vita et moribus prorsus dispares viuens: omnibus gratus atque acceptus esset. Nihil in eo erat leue: nihil petulans: nihil immodestum: et existens puer: senilem sapienciam preseferebat: nec solum quod liceret: sed eciam quod honestum esset: aduertebat. Multa que ab illa etate non nimium abhorrebant: quia tamen aliquando deserenda essent: a se penitus abdicauit. Nouerat tritum esse apud sapientes prouerbium Omnia illa que in puericia presumuntur: adolescencie acquiri: idcirco voluit animum suum: in teneris annis: his moribus imbui: qui sibi non modo in puericia: verum eciam in senectute vtiles esse possent. Appropinquabat iam tempus: ut aliquod lucubracionum atque laborum premium capiat. Fuisset enim vehementer iniquum: si is qui ob studium sapiencie:

316

vniuersis voluptatibus renunciauit: nullo prorsus honoris insigni decoraretur: et qui ob discendi cupiditatem in exilio esse: in puluere sedere: multa aduersa pati maluit: quam domesticis frui delicijs: eum nullum laudis emolimentum inde reportare. Incredibili igitur voluntate atque consensu omnium Magistrorum decretum est: ut in dignitatem Baccalauriatus euehatur. Sed ne quid preter eius Achademie consuetudinem agant: varijs argumentis et his quidem inextricabilibus: eum adorti sunt: a quibus ipse adeo se argute atque subtiliter tutatus est: ut iam non tiro in artibus

Folio CLXXXIIb

liberalibus: sed veteranus plane et emeritus videretur. Itaque non solum Baccalaurius factus: sed eciam omnibus nacionis sue hominibus eorum grauissimo et maximo testimonio in doctrina antelatus est.

Gaudeo maiorem in modum o viri Argentinenses: quod equissimis animis: laudes clarissimi Adolescentis vos audire sencio. Hec enim benignitas vestra: summam mihi alacritatem in dicendo affert: atque spem: quod cetera quoque placide audietis: presertim cum vos ipsi sitis testes eius rei: quam narrare institui. Meministis equidem eo Parisij degente: quae fama de illius studijs atque exercitacionibus apud vos increbruerit: quanta laus ingenij: quanta morum commendacio erat: attamen hec omnia hominum expectacio vincebat. Quid tum postea? Nonne opinionem quoque de se conceptam: vbi reuersus est sua diuina virtute superauit? Nonne famam ipsam: de se nimium malignam fuisse probauit? Nonne omnia in eo meliora et praestanciora inuenta sunt: quam expectarentur? Ibat per vrbem omnium oculis in se coniectis. Ciues reliqui suos filios ad eius exemplum hortabantur. Gratulabantur Patri suo: eiusque fortunas vno ore laudabant: quod filium tali ingenio atque doctrina preditum haberet: qui senectuti sue aliquando perfugium et solacium esset: qui moerores suos mitigaret: qui eum denique laboribus magna ex parte leuaret. Ceterum ille prudentissimus homo: quamquam praesencia filij admodum delectaretur: plus tamen facere cupiens: quod ex re adolescentis quam quod ex sua voluptate esset: statuit eum minime a studio sapiencie: cuius desiderio tantopere flagraret: retrahere.

Itaque vix tres menses praeteriuerant: et eum Bononiam alteram studiorum nutricem misit: vbi cum primo sese Poetice atque Oratorie dedisset: adeo has artes celeriter arripuit: ut omnes in admiracionem sui adduceret. Non solum equidem archanos Poetarum sensus: varias historie leges: inextricabiles et tortuosas Rhetorum ambages intelligebat et enarrabat: sed eciam indies elegantissima poemata componebat: et

Folio CLXXXIIIa

oraciones summo artificio edebat. Cuius rei testes sunt plerique

317

vestrum o viri Argentinenses: in quorum manus scripta eius deuenerunt. Quali vero stilo et grauitate in scribendo vti soleat: quis est qui satis digne explicare posset? Non illum varietas rerum confusum: non simplicitas fastidientem reddit: nec in tenui atque humili materia exanguis ac ieiunus est: in copia vero ac magnitudine non turgescens ac vastus exit: verum semper citra tumorem plenus: et lenis citra molliciem permanet: nec luxuriose effluit: nec nimia sterilitate tabescit: in asperis rebus non salebrosus: nec languens in mollibus: non violenta et coacta oracione subsultans: non ita tamen copiosus: ut nimius: neque ita suauis: ut lasciuus: neque adeo lenis: ut remissus: non sic tristis: ut horridus: neque ita simplex: ut nudus: nec ita comptus: ut affectasse composicionem videretur: par verbis materie: par sentencijs rebus. Dies me profecto deficeret: si omnes oracionum suarum virtutes enumerare vellem.

Quid de versibus suis loquar: in quibus modo remotas inuenciones: modo carminis aeleganciam atque suauitatem: modo fabulas atque historias reconditas admirari licet? Idque in omni ferme poematum genere. Non solum enim Heroico sed eciam Elego Liricoque versu plurima cecinit: ex quibus nonnulla ad me perscripsit. Et quanquam pro summa eius in me humanitate: innumera ab eo beneficia susceperim: illud tamen praecipuum existimauerim: quod me dignum arbitratus est: quem suo Carmine celebraret. Videor equidem mihi per eum immortalitati esse consecratus[.]

Quid de Graecis Litteris loquar? In quibus: nihil saltem ex his quae ad Latinarum cognicionem pertinent: ignorat. O magna foecunditas Animi: quae tot res diuersas: uno tempore: comprehendere atque assequi potuit.

Contulit se demum ad ius Ciuile. At dij boni

Folio CLXXXIIIb

quo feruore: qua cupiditate: ut vnusquisque facile conijcere potuerit: eum ad summum legum apicem euestigio peruenturum. Alij ocium sibi datum: in fabulis/ alea/ et spectaculis consumebant: et nunc ludo atque daeambulacionibus: nunc conuiuijs et caeteris voluptatibus tempus trahebant: hic semper inter libros versabatur: hi sibi solacium: hi omnium curarum atque solicitudinum lenimen erant. Sciebat videlicet tempus rem irrecuperabilem esse: atque idcirco non in vanitatibus et illecebris: sed in optimis pocius artibus illud conterebat. Quibus studijs hoc consecutus est: ut nullum enigma in iure Ciuili esset tam obscurum: nullus nodus tam implicitus: quem non solueret.

Quid de suis assiduis exercitacionibus loquar? quippe qui nec conuiuia ab huiusmodi disciplinis vacare passus est: semper aliquid siue in Poetica siue in legibus proponebat. Audiebat alios libenter: placideque illis respondebat. Recte dicta: gratissimo animo sus-

318

cipiebat: praua non acriter refutabat: disputantes contra se: docere pocius quam vincere nitebatur. Malebat aliena verecunde discere: quam sua impudenter ingerere: neque id ob auiditatem popularis aure: et ostentacionem: sed ob edificacionem sui faciebat nam huiuscemodi artes: per exercicium mirum incrementum capiunt. Ceterum quanto magis erudicionis gloriam declinabat: tanto erudicior habebatur: nec enim splendor diu latere potest: quin sua claritate prodatur. Concurrebant ad eum omnes familiares sui: nunc qua oracione vtendum sit querentes: nunc quibus argumentis aliquis oppugnandus sit inuestigantes: et omnia dicta eius tamquam Apollinis oracula obseruabant: nec vnquam cum eo collocuti sint: quin doctiores recederent.

 Incubuit postremo Iuri pontificio: scilicet ut non solum ea que ad diuicias atque opes consequendas: sed eciam que ad animam saluandam pertinerent: edisceret. Esset enim extreme demencie: ob has fluxas et caducas res tot labores ferre: atque ob illud eternum

Folio CLXXXIIIIa

immortaleque gaudium nihil agere. Itaque multo studiosius et diligencius quam antea foecerat: huic sciencie operam dabat: et tanto celerius eo: quo tendebat peruenit: hoc est: ad archana ipsa et penetralia Iuris canonici: que adeo callet: ut nulli alteri sciencie studuisse videatur: in his vero que prius didicit: adeo detritus est: ut vix credi posset eum Canones vnquam attigisse: ex quo profecto licet vobis: magnitudinem eius ingenij atque memorie cognoscere.

 Non possum hoc loco viri Argentinenses: quin illorum insaniam coarguam: qui negant hominem in his omnibus consumatum: et perfectum fieri posse: Quinimmo inquiunt: pocius in nulla prorsus sciencia plene quis erudiri atque institui potest: qui se tot inuoluit atque implicat. Sed dicite queso boni viri: que nam ars Helio hippio defuit? qui non modo liberalium disciplinarum scienciam presetulit: sed vestem/ annum/ et crepidas: que manu sua foecerat: in vsu habuit: atque ita se praeparauit: ne cuius alterius ope indigeret. Gorgias quoque: querere auditores de quacunque re vellent iubebat: nec dubitauit: profiteri se ad omnia responsurum. In qua tandem arte litteris digna Plato non excelluit? Quid Aristoteles? qui non solum ea que ad Philosophos atque Oratores pertinent complexus est: sed animalium satorumque naturas omnes perquisiuit. Cato censorius/ idem Orator/ idem historie conditor: idem Iuris/ idem rerum rusticarum peritissimus fuit: inter tot operas milicie: tantas domi contenciones: rudi seculo/ litteras grecas: aetate iam declinata didicit: ut esset hominibus documento: ea quoque percipi posse que senes concupissent. Que tandem doctrina Varroni a Tullio incognita fuit?

 Quod si illi/ quibus hec inuenienda erant: id consequi potuerunt: cur nobis

319

Folio CLXXXIIIIb

id non liceat: quibus docendis: priores elaborarunt: ut illorum
dumtaxat inuenta nobis cognoscenda sint? Habent profecto omnes
huiusmodi artes: vinculum quoddam inter se atque cognacionem:
ut vix vna sine altera cohereat. Silete ergo aliquando stultissimi
homines: et desinite huius diuinum acumen/ ingenij vestri terminis
metiri: et pocius peritissimorum: atque grauissimorum virorum
auctoritati: qui eum in amplissimam dignitatem Doctoratus ex-
tulerunt: quam vestro iudicio acquiescite.

Dixi pro tempore quidem multa: pro rei autem qualitate
nimium pauca de studio et doctrina sua: nunc aliqua de moribus
eius mihi recensenda sunt. Quid enim de incredibili eius in Deum
immortalem religione: quid de pietate in Parentes et Sorores loquar?
quos omnes adeo colit atque obseruat: ut ne minimo quidem verbo
eos vnquam offenderit: nunquam cum eis in graciam redierit: nunquam cum Sororibus in aliqua simultate fuerit. Equidem nephas
ducit his irasci: quos amare deberet: nec id a natura solum: sed a
doctrina eciam habet: nam praecoepta Philosophorum ita memoria
tenet: ut his non ad ostentacionem: sed ad vitae cultum vtatur.

Quid dicam de sua in Amicos obseruancia: quos adeo sibi
moribus suis obligauit: ut haud facile discernas: plus ne eum ament:
an venerentur? Ita equidem comitate seueritatem: ita facilitate
grauitatem temperauit: ut optime cuique merito carissimus esset.

Quae vero sit eius tum in omni vita: tum precipue in cibo et
potu moderacio: vel ex eo apparet: quod in Italia/ vbi eciam indigene
quandoque aeris intemperanciam vix tolerant: adeo prospera valitudine vsus sit: ut nunquam egrotauerit: nunquam aliquo corporis
dolo-

Folio CLXXXva

re affectus fuerit.

Quid de sua prudencia: et in rebus agendis industria loquar?
que tanta est: ut nihil eum fugiat ex his: que ad vite humane institucionem atque gubernacionem pertinent. Nouerat enim erubescen-
dum his esse: qui ita se litteris abdunt: ut nihil afferre ad vtilitatem
publicam: aut velint aut sciant: quocirca non solum litteras: sed
eciam hominum negocia et consuetudines (sine quibus littere modici
fructus sunt) sibi perdiscendas existimauit.

Quid nunc de sua reliqua integerrima vita: singulari modestia:
summa fide: continencia innocenciaque referam? dies me profecto
deficiet: si singula persequi voluero.

Equidem viri Argentinenses: quamquam multa legerim: multa
audiuerim: non nulla eciam viderim: nunquam tamen aliquem hac
etate his disciplinis ornatum: his moribus preditum: his virtutibus
delibutum cognoui. Que cum ita sint viri Argentinenses: non in

320

vltimis laudum ciuitatis vestre iudicate: quod hunc ciuem peperit:
si enim alique vrbes virum in vna re excellentem genuisse: magnum
quid arbitrantur: quid huic faciendum erit: que hunc virum in omni
doctrina eminentem genuit? Quod si ob virtutem et probitatem eos
sepe quos nunquam vidistis diligere cogimini: hunc quem praesentem
intuemini: cuius mentem sensusque et os cernitis: quibus laudibus
extolletis: quibus studijs prosequemini[:] qua beniuolencia complec-
temini?

Folio CLXXXvb

298. *Elegiac by Adam Wernher on the observance of canonical hours*

Ade Vuernheri Temarensis Exhortacio ad Clerum ut horas
Canonicas non negligat.

Placatum quicunque Deum tibi Clerice queris:
    Horas septenas murmure funde pio.
Qui iam dissimulat: olim duram racionem
    Exiget: ast nullo falitur asse Deus.
Quam misere ipse lues neglecta: luenda memento:
    Prouidus et Domino debita solue tuo.
Tempore redde suo que debes. Absit ut vnquam
    Te retrahat (vehemens sit licet) ipse labor.
Sic ad vota tibi succedent prospera cuncta:
    Et nunc et gelidum quum tibi corpus eris.
Horrisonoque tube: nihilum clangore pauesces:
    Sed venies letus Iudicis ante thronum.

299. *An old proverb*

Prouerbium vetus.

Puluere qui ledit: scribit. Sed marmore: lesus.

Der geschmecht vuirdt/ nit bald vergisst.
Des sich der Schmaeher nit vermisst.

300. *Distich by Jacob Wimpheling*

Distichon Iacobi Vuimphelingi Sletstatini.

Foelix Plebanus: foelixque Parochia: sub quam
    Nec Naam/ Abraam/ nec Sem/ nec viuit Helias.

Per Naam intellige Leprosum. Per Abraam Iudeum. Per Sem officiatos et potentes huius seculi. Per Heliam monacum.

Folio CLXXXVIa

### 301. *Conclusion by Jacob Wimpheling*

In Opuscula Petri Schotti Argentinensis Conclusio Iacobi Vuimphelingij Sletstatini: ad omnes Heluecios: id est Alsaticos: praesertim Argentinenses optimarum litterarum studiosos.

Pauca haec ex multis Petri Schotti lucubraciunculis: ne despicias beniuole lector. Longe enim plura ex eius officina prodierunt: quae vel in vrbe Roma: vel apud Parisios/ eorum ad quos scripsit incuria periere. Et hec quidem iuuenis: annos nondum tres et triginta natus perscripsit: quid autem futurum fuisset: ex his paucis coniectare potes: quam mira/ quam ineffabilia/ post tot auditas Iohannis Keisersbergij doctrinas: post tot perspecta latinorum grecorumque volumina: que vel interim impressa: vel post hac imprimenda sunt scriptitaturum existimas Petrum: si sexagesimum illi annum attingere datum fuisset.

Nimirum et vrbem Argentinam: ac vniuersam Patriam nostram illustrasset beatioremque reddidisset: quamuis non nihil ad decorem terre nostre mihi videatur attinere: tam suauis Epistularum suarum elegancia: quas nescio si Tullianis iudicare debeam inferiores. Opusculum autem suum de vita Christiana: quis non admiretur? Quale si inter elegancia scripta Lactancij: inter amena volumina Hieronimi: inter exacta opera diui Augustini vnquam inuentum fuisset: quis nam dubitaret quemcunquam horum trium istarum sentenciarum et verborum fuisse autorem?

De moribus eius et animi virtutibus quid dicam? tu ipse cognoscere potes ex Epistulis eius: quam pie obseruarit Parentes: quanto sacrarum litterarum ardore flagrauerit: quam enixe ad timorem Domini: ad vitam christianam: ad tumultuarios curie Romane amfractus fugiendos: ad pluralitatem Beneficiorum cauendam plurimos adhortatus sit. Neque eum tam sincere: tam efficaciter: et in Epistulis et in vita christiana: sanctam morum honestatem ceteris persuadere potuisse crediderim: si non ipse prius in animo et affectu suo: singularem Dei caritatem: et profundam quandam omnis boni: amorosamque degustacionem medullitus fuisset

Folio CLXXXVIb

expertus. Tanta enim verborum pietas: tanta vis eloquencie: tanta argumentorum dulcedo: tam penetratiua sermonis viuacitas: ab arido/ ieiuno/ frigido pectore proficisci: nequaquam potuissent. Quo

322

factum est: ut sanctam suam innocentemque et pudicam vitam: mors sancta et in conspectu Domini preciosa sit proculdubio consecuta.

Beatam ego hac prole dijudico Argentinam: et multo beatiorem: si plures hoc ingenio: ea eloquencia: hac honestate filios sit habitura: qui rempublicam tum vrbanam: tum ecclesiasticam/ suo studio: sua doctrina: suis consilijs iuuare: illustrare: extollere: perpetuamque eius libertatem conseruare molirentur. Vos itaque gentiles meos Heluecios: hoc est Alsaticos exhortor: vos aut praecipue O Argentinenses adolescentulos moneo: et efflagito: ut conterranei gentilis: conciuisque vestri suauissima monumenta legatis: atque exemplo Petri Schotti: praeclaris virtutibus operam detis. Omne animi vicium: omnem fame maculam: omnem rogo turpitudinem cauete. Omnem fastum: ambicionem: arroganciam: vanam gloriam: iactanciam: aliorumque contemptum abijcite. In prudencia ceterisque virtutibus: et litterarum monumentis vite vestre claritatem disquirite: morum grauitatem et sermonis modestiam amatote. Quicquid in verbis aut gestibus: vanitatem et superbiam quoquo modo praesefert: ab eo tamquam a veneno abhorrete. Spem in diuicijs (quae facile eripiuntur) nequaquam collocate.

Vidimus multos paterna nuper hereditate locupletatos: paulo post siue aduersa fortuna: siue ingluuie/ ludo/ lasciuia/ ocio/ et rerum suarum negligencia: in miseriam redactos: aliorum iam seruos esse: aliorum mensas cum pudore accedere: stipem petere: misere vagari per terras. Plerosque trutannos: plerosque satellites et pedites castra sequi: ne dicam furto/ latrocinio/ depredacione famem propellere. Id ne vobis contingat: quantumuis vestri Parentes abundent: pro superbia/ humilitatem: pro furore/ mansuetudinem: pro iactancia et vanitate/ fortune instabilitatem: pro incerta spe diuiciarum/ certam spem virtutum et sapiencie: pro fa-

Folio CLXXXVIIa

stidioso ocio/ litterarum feruorem: pro ludo/ historiarum lectionem[:] pro ingluuie et conuiuijs/ honesta studiosorum consorcia: pro ostentacione/ frugalitatem assumite: induite: sectamini.

Sic apud exteros: apud Principes: in conuentu ciuitatum: coram quibuslibet Oratoribus vobis ipsis gloriam: Amicis voluptatem: et reipublice Argentinensi incrementum et honorem asseretis sempiternum.

Vale candide Lector.

## 302. *Colophon of Martin Schott*

Impressa a Martino Schotto Ciue Argentinensi
Sexto Nonas Octobres Anno Christi
M.CCCC.LXXXXVIII.

ſtidioſo octo/lſaꝛ feruorē: ꝓludo/hiſtoriaꝛ lectionē
ꝓingluuie & cōuiuijs/honeſta ſtudioſoꝛ conſorcia:
ꝓoſtētacione/frugalitatē aſſumite: induite: ſectami∕
ni.Sic apud exteros: apud Principes: in cōuentu ciui
tatū: corā quibuſlibet Oratoribus vobis ipſis gloriā:
Amicis voluptatē: & reipublice Argentinēſi incremē
tum & honorē afferetis ſempiternū.

$\qquad$ Vale candide Lector.

Impreſſa a Martino Schotto Ciue Argeñ.
Sexto Nonas Octobres Anno Chriſti. M.
CCCC.LXXXXVIII.

Quod minus eſt ſupple: ꝗd plus abrade: ꝗd hirtum
Come: quod obſcurum dēclara: quod vicioſum
Emenda; a curis iſtis ſint omnia ſana.
$\qquad$ PETRVS SCHOTTVS

PLATE 4. Folio CLXXXVIIa of Peter Schott, *Lucubraciunculae* (Strassburg, 1498). Reproduced by Permission
of the Newberry Library.

Quod minus est supple: quod plus abrade: quod hirtum
Come: quod obscurum declara: quod viciosum
Emenda: a curis istis sint omnia sana.

PETRVS SCHOTTVS

303. *Index*

Registrum operis.

* The numbers in parentheses indicate the pages of the index folios which in the original are unnumbered.

# DE MENSURIS SYLLABARUM EPITHOMA
## SICUTI SUCCINCTISSIMUM
## ITAQUE FRUCTUOSISSIMUM

# TABLE OF CONTENTS

## DE MENSURIS SYLLABARUM EPITHOMA

Folio Ai b

1. *Letter from Jacob Wimpheling to Johann Zwig and Philip Fürstenberg*

IACOBVS VuIMPFELINGIVS Sletstatinus Iohanni Zuigio Nemetensi et Philippo Furstenbergensi amicis carissimis Salutem dicit plurimam.

Vidit et legit humanitas vestra lucubraciunculam Petri Schotti Argentinensis de mensuris syllabarum exactissime comportatam obsecro ut vel paucissimis versibus vestris opusculum ipsum exornare ad legendumque adolescenciores inuitare dignemini: lectu enim mihi dignum videtur.

Valete. ex casula nostra philosophica Heydelberge. v Kalendas Decembres Anni Christi Millesimi Quingentesimi.

II. *Hendecasyllabics by Johann Zwig*

IOANNIS ZVuIGII NEMETENsis Philosophie Magistri Saphicum Endecasyllabum in Opusculum Petri Schotti Argentinensis de mensuris syllabarum.

| | |
|---|---|
| Fontis en diui latices qui bucca | |
| Corpore innixo bibitrare gliscis | |
| Culmen et Cyrre Cytheronque sacros | Visere colles: |
| Tempora ut cingat chorus ille lauro | |
| Monte Parnaso tibi hic Hesiodus | |
| Atque ubi sacro meruit perhennem | Mune[re] laudem |
| Et ferant Nimphae calathis anethum | |
| Hanc legas Petri studiosa pubes | |
| Mente qui docta modulatur artem | Metrificandi. |

III. *Elegiac by Philip Fürstenberg*

PHILIPPI furstenbergensis Elegiacum in Opusculum Petri Schotti Argentinensis.

Eous pratis: Cretensibus Ida pharetris:
   Velleribus seres: gaudet Hymetus ape.
Immitis iaculum Parthus: tu mella Calydne:
   Assirius flores: thura Sabeus amat:
Diligit Aonius praedulcia carmina Vates:
   Gaudia que superant tocius orbis opes:

His cedunt tinctae Getulo murice vestes:
His cedit rosei lucida concha maris:
Aurifer his cedit Tagus et Pactolus et Hermus:
Mentorei calices: Coriciumque crocum.
Ergo Poetarum quisquis solacia queris
Huius doctiloqui perlege Vatis opus.

Folio Aij a

IV. *Preface*

IN EPITHOMATA QVANTITATVM SYLLABARVM PETRI SCHOTTI
ARGENTINENSIS PREFACIO.

Sunt haec que sequuntur ad quantitatem syllabarum iudicandam ex multis concepta: quae quasi sub oculum prescripta videntur. Quae quidem sufficient studioso diligentique idoneorum Poetarum lectori: qui scilicet meminerit in graecis et hijs quae a graecis deducuntur graecam orthographiam obseruandam esse: quae ferme quantitatem aperit. Tam autem in latinis quam in graecis probatorum Poetarum usitaciora exempla imitanda sectandaque esse. Reliqua quae ad carminis ornatum decorumque pertinent ab alijs discantur. Haec incipienti laborem satis superque suppeditabunt.

V. *General rules for distinguishing quantities*

REGVLE GENERALES AD DIGnoscendas quantitates: ad syllabas primas medias et finales pertinentes.

PRIMA. Dipthongus longa est. ut audax. eumonia. quae[.] foenus. Excepcio. Inuenitur nonnunquam breuis si eam mox sequatur vocalis. ut praeire. praeesse. praeustus.

SECUNDA. Posicio longam facit syllabam. Posicio dicitur quando post vocalem sequuntur aut Due Consonantes ut carmen. aut Vna geminata ut ille. aut Vna duplex: quales sunt X ut axis. Z ut gaza. I consonans medians inter duas vocales. ut aio: maia. Notandum tamen quod si in eadem dictione vocalem breuem sequatur muta et liquida: vocalis illa indifferens erit. ut atlas. tenebre. Craritmon. Tecnon. Plura notari circa hec possent: hec pro inicio addiscenti sufficiant.

TERCIA. Vocalis ante vocalem in latinis dictionibus breuis est. ut deus. meus. gloria. Excipiuntur. Fio fis. ubi producitur: nisi r sequatur ad e ut fierem fieri: tunc enim corripitur. Item

Genitiui nominum et pronominum in ius desinentes ut istius. illius. in quibus indifferenter ponitur. Hinc excipitur alius: in quo semper producitur ad differenciam nominatiui alius et alterius in quo semper breuiatur. Item Genitiui et datiui quintae declinacionis qui habent e inter duo i: quia producunt e ut diei. materiei. speciei. An graecis frequenter produ-

Folio Aij b

citur vocalis ante vocalem ut Troes. Quandoque corripitur ut hyades. Iambus. Ilion. comedia. sophia. Quandoque est anceps ut chorea. platea. eous: in his tamen precipue ad exempla recurrendum est. Aer et dius quoniam graeca sunt primam longam habent. Maria apud Sedulium ad imitacionem grecorum longam I habet: Claudianum breuem.

QVARTA. Accentus quantitatem syllabe penultime vel quae penultima fieri possit reuelat: quem si non ad occurrentem dictionis posicionem notare possumus fiat composicio aut dimiuucio [diminucio] ut accentus sonet. Vt ecce si queras quantas habeant primas lego et duro: compositorum ab his (perlego perduro) accentus te docebunt. Item si in percucio fortunatarum et similibus quantitatem secunde sillabe ignores: fac diminucionem: ut percutis fortuna: et accentu cognosces huius longam alterius breuem esse. Excipiuntur Deriuata a facio nt [ut] calefacis frigefacis et similis condicionis. Item apocopata ut Mercuri Virgili. Aliquando siquando deinde et similia. Item et graeca quedam excipiuntur ut sophia.

QVINTA. Deriuata regulariter seruant quantitatem primitiui ut donum a dono: munero munus. In hoc tamen obseruandum qua deductione inde descendat. Vt ecce moueo primam habet breuem: moui longam: per regulam de praeteritis bissyllabis paulopost ponendam: sic et motum ut regula de supinis bissyllabis praecipit. Itaque quicquid a moueo deducitur prima est breui ut mouebam. mouendus. mouerem. Quod a moui deriuatur longam habet primam ut sunt quinque tempora moueram mouissem mouerim mouero mouisse. Similiter quod a motum venit longum est ut motus moturus motabilis quod per sincopam fit mobilis. Excipiuntur plurima quae carminibus quidam complexus est quae Sulpicius recenset: sed ea Regulis particularibus subsequentibus eciam comprehendentur.

SEXTA. In compositis syllaba tanta est quanta fuerat in simplicibus. Excipe nubo: nam cum simplex habeat nu longam: Innuba pronuba habent breuem: Connubium vero indifferentem. Iuro quod habet longam. Deiero peiero breuem. Dico longum. Maledicus causidicus breue. Notus longum. Cognitus agnitus breue.

Itaque preposicio in composicione suam quantitatem seruat: nisi vel posicio vel vocalis vocalem sequens aliter

334

mensurare compellat.

A semper longa est ut amitto auuius [auius].

Ab breuis est ut abigo abeo.

Ad breuis ut adactus.          nisi fiat          Abnuo.

E longa est ut euado[.]        posicio ut         Addico.

Ob breuis ut oberro obumbro[.]                    Efficio.

                                                   Oppugno

De producitur ut depono decipio[.] Nisi sequatur vocalis ut dehisco.

Di producitur ut diduco diuido. Excipiuntur haec duo dirimo et disertus[.]

Prae diphtongo producitur[.] Sequenti tamen vocali corripitur ut praeustus praeire praeesse.

Pro natura producitur: praeterquam in his ubi sequitur vocalis ut proauus: Et in his procuro procella profanus profatus profectus profecto proficiscor profiteor profugio profundo profundus profugus pronepos propero propheta proteruus profestus quae habent pro correptam.

Bi et bis corripiunt semper nisi vetet posicio.

Re corripitur ut repono reduco. Notatur reijcio quod ex posicione habet primam longam: Nonnunquam tamen abijcitur primum i et tunc breuem habet: et propterea varie reperitur. Preterea refert quando signat interest vel distancia est habet re longam. Item nonnulla consonantes in carmine geminant dum producitur re ut reppuli rettuli relligio relliquie repperi. aliter enim corriperetur.

Se longa est ut seduco separo: nisi sequatur vocalis ut seorsum.

SEPTIMA. Tanta est prima syllaba verborum cuiusuis temporis quanta fuit in presentis Indicatiui prima posicione ut doceo docebam docui doce etc.

Excipe     Quae primae posicionis litteraturam non seruant ut genui
           posui coegi[.]
           Vocalem ante vocalem habencia ut fui nui rui.
           Preterita bissyllaba quae semper producunt primam praeter
           Bibi  Dedi  Fidi  Scidi  Steti  Tuli
           Preterita geminata que primam semper corripiunt ut
           pepigi fefelli momordi.
           Supina bissyllaba que semper producunt primam Praeter
           Citum a cieo Itum. Datum Quitum Satum Statum
           Situm Ratum Rutum Litum a lio[.]

Preteritorum perfectorum quantitatem sequuntur ab his formata tempora Ram sem rim ro se. Supinorum quoque racionem sequuntur participia ab eis deducta. Excipe Staturus quod est prima longa a statu supino. Item Ambitus quod est media longa ab ambitu supino.

OCTAVA. Exemplo approbati cuiuspiam et idonei Poetae quantitates syllabarum certissime videntur. Tanto eciam cercius quod ab eis profecta videtur omnis quantitatum animaduersio: nec tam natura ipsa longam breuemue syllabam esse deposcit quam obseruatus a Poetis usus imitandi se necessitatem nobis iniungit.

## VI. *Special rules for distinguishing quantities: a) in initial syllables*

Regulae speciales ad dignoscendas Quantitates Syllabarum. In primis Syllabis.

*A ante B* corripitur ut stabulum: labor nomen: labo[r]as.

Excipe    Fabula    Fabella    Fabor    Flabam    Labes    Labor verbum    Labilis    Nabam    Pabulum    Strabo    Tabes Tabi    Tabo.

*A ante C* corripitur ut acetum: acerbus: acer nomen arboris.

Excipe    Acer pro forti    Baca    Brace    Brachium    Facundus Graculus auis    Macero aput Ouidium. Machina    Pacis et quae inde sunt    Placo    Pacuuius    Tracia    Vacinia Dacus

*A ante D* corripitur ut gradus vadum cado.

Excipe    Clades    Gades    Gradiuus quod et Ouidius corripuit Rado    Radix    Radico    Suadeo    Spadix    Trado Traduco    Vado.

*A ante F* corripitur ut vafer. Saphirum excipit Alexander.

*A ante G* corripitur ut ago: plaga pro retibus et regione: sagax: flagellum. sagum pro militari veste.

Excipe    Vagitus    Vagina    Strages    Stragula    Saga pro incantatrice    Sagio    Pagus    Fagus    Lagus    Flagro Fragum    pagina    Magalia    plaga pro vulnere    Tragedia    Frageo    Flagito    Flagicium    Indago    Fragia

*A ante L* corripitur ut salus palus salebre malus a um.

Excipe    Ales    itis    Ala    Alea    Alitus    Balena    Caligo Qualis    Talis    Talio    hic Malus nauis arbor    hec Malus pomus hec Mala a qua maxilla    hoc Malum id est pomum. Palo palantes quasi palam euntes    Balista Squaleo    Qualus    Malo is.    Scale    Talus.    Talaris Calo onis variatur.

*A ante M* producitur ut lamina lamentor amentum.

Excipe    Amo etc.    Amita    Amenus Damus    Fames    Chla-
          mis    Tamos    Tamen    Caminus    Hamus varie
    *A ante N* corripitur ut Cano manus: anus pro vetula.
Excipe    Anulus    Anus pro podice    Canon    Canabis    Canus
          etc.    Danubius    Granum    Ganeo    Ianus    Ianua
          Mane    Manes    Nanus    Lana    Lanugo    Fanum
          planus    panis    Panos    Rana    Tarno    Vanus    Va-
          nesco    Sanus    Manius proprium.
    *A ante P* corripitur ut caput aput.
Excipe    Apulus    Capadocia    Crapula    Napus    Papa    pape
          Papas proprium    Papilio    Rapa    Vapulo    Apher
          Saphirus papo verbum.
    *A ante Q* corripitur ut aqua Aquila. Notentur composita ut
Nequaquam.
    *A ante R* corripitur ut aro: aruspex: hara porcorum: dare.
Excipe    Area Areo Aridus etc:    Aruncus    Ara pro altari    Carus
          Carica    Carex    Clareo    Clarus etc.    Faris    Glarea
          Gnarus    Harum    Quarum    Iarus    Sarex    Narix
          Naricia    pareo    pharus    Stare    Rarus    Varus
          Varillus:
    *A ante S* producitur in dissyllabis ut Casus Nasus phasus.
Praeter    Casa    Basis.
In polisyllabis corripitur ut basiliscus. Asia regio.
Praeter Asia palus    Basium    Caseus    Rasura.

Folio Aiiij b

    *A ante T* corripitur ut pater quater nato as. latus eris.
Excipe    Ater    Atrium    Atramentum    Blata    Brathea    Ca-
          tus cata    Crates    Clatrus    Catolicus    Crater    Flatus
          Fatur    Fatum    Frater    Gratus    Gracia    Grator
          Gratulor    Laterna    Latus a um    Lato as    Maturo
          Matuta    Mater    Matertera etc.    Materia    Natura
          Natus    Natalis    pratum    Quatuor    Quatenus    Stra-
          tum    Statera    Saturnus    Vates    Vaticinor    Vatica-
          nus.

Platea anceps habet.
    *A ante V* corripitur ut auis grauis fauus.
Excipe    Auuius [Auius]    Bauuius [Bauius]    Clauus    Claua
          Clauis    Diuus    Dauidicus    Flauius    Flauus    Flaueo
          Gauisus    Gnauus    Lauinia    Mauors    Mauis    ma-
          uult    Nauis    Nauigo    Nauita    pauo    prauus    Sua-
          uis    Suauium    Suauior.
    Et reliqua quae habent mutam ante L.
    *E ante B* corripitur ut Hebenus Lebes.
Excipe    Creber    Debeo    Debitum etc.    Debilis    Ebrius

337

Hebe    Flebam    Febris    Gleba    Hebreus    Nebam
Nebris    plebes    prebeo    Phoebus    phoebe    Rebus
Rhoebus equus    Rebam    Sebum    Thebe.

*E ante C* corripitur ut Secus secundus.

Excipe    Cecus    ceco    Echo    Foecundus    Fecis etc.    Foeci
Grecia    Grecus    Moechus    Mecenas    Mecum    preco
praeconium et cetera cum pre.    Saecula    Securus
Secius    Secum    Tecum    Teca    Vecors.

*E ante D* corripitur ut Sedeo verbum Cedo pro dic.

Excipe    Credo    Cedo cessi et cecidi.    Dedulus    Dedo    Deditus
Edo edis    Edes    edituus    edilis    Editus    Edictum
Hedus    Foedus    Foedare etc.    Sedo    Medea    Media
regio    praes    predis    praedo    praedium    praeditus
pedor    paedico.    Rheda    Sedulus    Sedicio    Sedo
das etc.    Teda    Sedes nomen    Tedet    Tedia.

Folio [Av a]

*E ante F* corripitur ut Efesus Ciuitas.

Composita cum praeposicionibus sorciuntur quantitatem secundum Regulam prius positam Sextam ut reficio refigo defero praefectus.

*E ante G* corripitur ut lego is. rego egenus.

Excipe    Dego    Eger    Egroto    Egyptus    Egregius    Egeus
Egon    Egis    Egoceros    Lego as    Legatus    Legacio
Legis genitiuus    Regis genitiuus    Regina    Regia
Regalis    Regula    Tegula.

*E ante I* consonantem posicione longa est ut peior: ante i vero vocalem per terciam Regulam supra breuis est ut Dei mei.

*E ante L* in dissyllabis producitur ut velum telum celum chele.

Excipe    Chelis    Celer    Gelo    Gelu    Melos    Melus    Scelus
Velut    Velim.

In polisyllabis vero corripitur ut Elegus elementum elemosina

Excipe    Belua    Delicie    delicatus    delibutus    delius    De-
linquo    Delictum    Elysium    Elicius    prelium    pre-
lum    Spelea    spelunca    Zelotipus    Electrum quod
apud Virgilium breue inuenitur

Quod fieri ferro liquidoue potestur [potest] electro.

*E ante M* corripitur ut emo memor nemus femur.

Excipe    Cementum    Clemens    Crementum    Demo.
Demens    Demum    Demon    Demus    Emulus or
Emineo    Emathia    Eminus    Emolumentum    Fe-
mina    Femur a for    Flemus    Stemus    Nemo    pre-
mium    Remus    Remex    Remigo    Semen    Semita
Semis etc.    Schema    Stema    Thema.

*E ante N* producitur ut fenum menia venor lena.

338

Excipe Enim Frenesis Fenestra penes penitus Penates
penus u penetro penetralia Teneo.
Breuis est si praecedat
B ut bene benignus
G ut genus genero
S ut senex praeter senus
V ut venio Excipe ⟨ Venum supinum.
⟨ Venor venaris.
⟨ Vena.
*E ante p* corripitur ut Tepeo Nepa.

Folio [Av b]

Excipe Cepe Cepa Epyrus Epacta Repo Sepia Sepe
Sepio Sepes Sepiola.
Praepes praepucia diphtongum habent.
Repperi reppuli posicionem.
*E ante Q* breuiatur ut neque: equus animal.
Excipe Equor equus a um equo as etc. Nequam Nequic-
quam Nequicia Nequaquam Sequanus.
*E ante R* corripitur ut herus: serum lactis: merum: ferum.
Excipe Clerus etc. Cera Cerites populi Ceroma Ceruleus
Cerulus Chere Eruca Erugo eris ab aes genitiuus
Erugino Erumna Erigones Flerem Feralis He-
ros ois Heres Heredo Hereo Mereo id est lugeo
Nereus Nerio plerique etc. pero pera Quaero
Rerum Rere Spero Sphera Seria Seres populi
Sericum Serus a um Varus verax veris genitiuus
veruca veratrum.
*E ante S* producitur ut cesus Caesar[.] Excipe Thesis
Iesus a nonnullis corripitur sed racio graeca producit.
*E ante T* producitur ut fretus Thetis uxer [uxor] Oceani.
Excipe Etiam Fretum Meto Metuo Metallum Metrum
Retro Thetis idis mater Achillis Getha anceps
Breuis si preecedat [praecedat]
V ut veto
P ut peto Excipe ⟨ petus pretereo pretor preter
⟨ pletus.
*E ante V* consonantem longa est ut leuus: leuis id est politus.
et seuus sceuola euum.
Excipe Breuis Leuo as Seuerus. Leuis dum opponitur graui

Folio [Avi a]

*I ante B* breuiatur ut tribus Hiberus Liber cortex uel codex[.]
Excipe Fibra Fibula Hybernus Hybrida Ibo Quibo
Ibis idis Libo Liber id est Bachus et qui sui iuris est.

339

Libero as    Liberi id est filij    Libanus    Libertus tinus.
Libro    Libra    Scribo    Scriba    Sibilus    Tibia    Ti-
bicen    Tribula    Vibex    Viburnum.

*I ante C* corripitur ut dicax licet.

Excipe    Dico    Ficus    Ficedula    Licium    Ico    Mica    Nici-
teria    Picenus    Pica    Picus    Sicut    Spica    Trica
Trica    Spicalum    Sicania    Tricenus    Vicus    Vici-
nus etc.

*I ante D* producitur ut sidus fido Idem masculini generis.

Excipe    Cidonia    Fides    Fidelis    Fidis    Idem neutri generis
Idoneus    Ideo    Quidem.

Breuis est si praecedat
B ut biduum bidens.
V ut video
T ut triduum    Praeter Strido
Strideo

*I ante F* vel ph producunt ut Gryphes Tiphis.

Excipe    Bifidus    Trifidus et composita.    Tripheus    Cyfus

*I ante G* breuiatur ut rigeo ligo.

Excipe    Bigae    Digero    Figo    Frigus    Frigeo    Fligo    Fri-
gilla    Migro    Piga    Pigargus auis    Sigeus    Triginta
Viginti    Quae habent st ut stigo preter    Stiga    Striges
Strigiles quod variatur.

*I ante L* producitur ut Bilis: Milia: Pilum: telum pro pila vel
columna.

Excipe    Bilibris    Cylidrus    Cylindrus    Cilium    Cilicia    Filix
Hilaris    Milium id est granum    Philomena    Pilus
Pila pro ludo.

Breuis est si precedat
S ut Silex Sileo Silique.
T ut Tilia.

Folio [Avi b]

*I ante M* producitur ut rima[.]

Excipe    Fimus    Simul    Hymeneus    Hymen quod longum
inuenitur.    Nimis    Thimum.
Et polisyllaba ut timeo similis    Preter Simia.

*I ante N* producitur ut crinis linea finis linum[.]

Excipe    Lino is.    Linio is.    Tinea.    Linus proprium variat.
Et habencia ante I    C. ut cinis.
M. ut minor: praeter Minos propriu
S. ut sino is. praeter sinum vas.

*I ante P* corripitur ut hyberboreus [hyperboreus]: stipes is
vulgo soldt.

Excipiuntur    Cyphus    Cipus    Cyprus    Griphes    Hypocrita

340

Hyppodates   Hypponanes pos.   Ripa   Riphei   Stipes stipitis vulgo ein stock.   Stipo   Sypho   Sypharium   Typhis   Vipera.

*I ante Q* corripitur ut liqueo liquor aris [oris].

Excipe   Liquor liqueris   Siquis etc.   liquit preteritum.

*I ante R* producitur in bissyllabis ut Mirus Lira pro sulco.

Excipiuntur   Lyra musicae.   Pirus pirum.   Pyra   Tyrus   Viri genitiuus.

In polisyllabis vero corripitur i ante r ut mirica virilis.

Excipe   Chironomus.   Chirographus.   Pirula.   Piramis.   Pyramus.   Pirata.   Pyroma.   Tyria.   Tyresia.

*I ante S* producitur ut visus fisus Nisus.

Excipe   Disertus.   Miser.   Misereor.   Nisi.·   Ptisana

*I ante T* corripitur ut item: nitor nomen: iturus: lito as.

Excipe   Bithinia   Bethonia   Clitelle   Dito   Diris [Ditis].   Glitis   Italia   Itur   Litus   Litis   Litigo.   Mitilus   Mitis   Mitesco   Nitor eris   Phiton   Pytagoras   Pitisma   Psitacus   Ritus   Rito as   Scito   Scitor   Scythia   Scytha   Sitis a verbo sum   Siton   Triton   Triticum   Trituro   Titurus   Titan   Titillo   Vito   Vitupero   Vitis   Vita   Vitrum.   Italus indifferenter.

*I ante V* producitur ut riuus priuo.

Excipe   Biuium   Niuis   Triuium.

Folio [Avij a]

*O ante B* corripitur ut soboles obes ab obsum.

Excipe   Bobus   Gobio   Mobilis   Nobilis   Nobis vobis   Obex   Obijcio   Probrum   Robur   Roboro   Sobrius   Tobias.

*O ante C* breuiatur ut locus focus.

Excipe   Cocytus   Foco verbum   Iocundus   Ocior id est velocior   Ocium etc.   Phoca   Oceanus   Poculum   Procerus   Vocis   Vocalis

*O ante D* producitur ut Codex Nodus.

Excipe   Modus   Modo   Odor   Et polisyllaba ut Fodio Preter   prodero.

*O ante F* corripitur ut profugus ofella.

Excipe   Offa   Profugio   Profero   Profui   Scrofa.

*O ante G* producitur ut cogo cogito[.]

Excipe   Logos   Rogo   Rogus   Toga

*O ante L* breuiatur ut Colo is. stola. Tolus.

Excipiuntur   Boletus   Bolanus proprium   Colyphia   Colum   Colo as   Dolium   Moles   Molior   Molimen   Nolo   Olim   Polypus   Prolixus   Polydamas   Proles   prologus   Solis   Solus   Solor   Solacium   Solers   Solercia   Solennis.

341

*O ante M* producitur ut nomen como comis.

Excipe   Comedo   Como comas   Coma   Comes etc.   Domo domas  Domus  Comitor  Dominus  Glomus  Glomero  Gomor  Homo  Nomas  Omasum  Omitto Stomachus  Tomos  Vomo.

*O ante N* breuiatur ut bonus.

Folio [Avij b]

Excipe   Monos quod indifferens dicunt.   Monicus proprium Centauri.  Monus  Nonae  Zona.

        Que habent  C ut conor.
                  D ut donec. Praeter Donus apud Lucrecium
                  P ut pono

*O ante P* breuiatur ut opes populus collectiuum sopor.

Excipe   Opilio   Opidum   Operior id est expecto.   Propago populus arbor   poples   Popeanum   popisma   Sopio Tophus.   Quae habent C ut copia Sclopus.

        Praeter   Scopulus  Cophinus
                 Scopos

Ops in obliquis de uxore Saturni corripitur: de Nympha vero producitur: ut Opis ad ethereum pennis aufertur Olymphum.

*O ante Q* breuiatur ut Coquus. Quoque coniunctio.

Excipe   Quoque a quisque   Composita cum pro ut proquiro.

*O ante R* corripitur ut Chorus sacrorum cetus: vel musicae instrumentum. Mora. Torus.

Excipe   Coram   Corus ventus   Corycus   Coricius.   Doris Doricus   Horum   Hora   Morus   Moris genitiuus. Morosus id est difficilis in moribus   Noram   Noricus Noris   Oris genitiuus   Oro as   Orator   Orithia Quorum   Storax   Sorex   Soracte   Thorax

        Que habent ante O  L ut lorum ploro floris gloris gloria
                      R ut roris proris

*O ante S* producitur ut Gnosius Trosylus Rosius.

Excipe   Dosis   Posui   Proseuca   Rosa   Prosa anceps est.

*O ante T* corripitur ut quotus. totidem. noto notas. nota note substantiuum.

Excipe   Botrus   Cotis genitiuus   Dotis doto   Fotus   Lotus Lothos   Motus   Notus a nosco   Poto   Quotidie Totus   Votum.

        Habencia duplicem consonantem ante O  ut Cloto Protinus.

        Praeter   Protos.
                 Proteruus.
                 Ptotos.

Folio [Aviij a]

*O ante V* breuiatur ut ouis moueo.

Excipe     Ouum     Item composita cum pro ut prouincia prouidus prouentus prouideo.

*V ante B* corripitur ut rubus ruber.

Excipe     Lubrico    Pubes    Rubigo    Suber    Tuber    Vber Vbertas.

           Quae habent    N ut nubes Nubo: de cuius compositis in Regula vi supra.

                  B ut bubo bubus Praeter bubulcus.

*V ante C* producitur ut lucus fucus duco verbum.

Excipe     Ducis genitiuus    Ducenti    Lucrum    Lucror    Lucerna Habencia ante V   C ut Cuculus.

                   N ut Nucis

                   R ut Crucis.

*V ante D* producitur ut Iudico Trudo.

Excipe     Pudet    pudor    pudibundus    Rudentes    Rudis    Ruder    Sudes    Studeo    Tuder.    Rudo dis. indifferenter.

*V ante F* semper producitur ut Bufo rufus.

*V ante G* producitur ut Nugae Mugio Ruga Lugeo.

Excipe     Tugurium

           Habencia ante V   I ut Iugum   Preter    iugera iugis

                                           adiectiuus

                    F ut fugio            Fruges Frugi

                    P ut pugil.                     frugilis

*V ante L* corripitur ut pulex mulier gula ululo.

Excipe     Cuius    Dulichium

           Habencia ante u   G ut gulio   preter      Gula

                            F ut fuligo           Fulica auis

                            M ut mulio          Mulier

           Vligo aput Virgilium anceps reperitur.

*V ante M* producitur ut pluma Cuma[.]

Excipe     Humus    Humilis    Humerus    Sumus.

           Habencia ante V   N ut numerus    Praeter    Numen.

                          C ut cumulus

                          T ut tumulus      Praeter Strumam.

*V ante N* producitur ut Luna.

Excipe     Cuneus    Tunica

*V ante P* corripitur ut Lupus.

Excipe     Cuppa    Iupiter    Stuppa p duplicat    Supara.

Item excipiuntur habencia ante u   R ut Rupes Scruplus Scrupulus

                                           Scrupeus

                   N ut Nuper

                   P ut pupillus pupula

                   Pupilla autem anceps habet.

Folio [Aviij b]

*V ante R* producitur ut thuris ruris murex murus.
Excipe    Curulis    Furis genitiuus    Furia    Furor    Furo verbum
Muria
*V ante S* producitur ut pusio.
Excipe    Pusillus cum compositis    Susurrus
*V ante T* producitur in dissyllabis ut mutus muto as utor.
Excipe    Cutis    Frutex    Lutum    Puto as.
Muto nomen: quamuis Horacius producat    Putris
Vti aduerbium    Vter utra utrum.
Similiter polisyllaba corripiunt V ante T ut puteus uterus.
Excipiuntur    Fucio    Futilis    Glucio    Glutinum    Glutino
Mutuus a um. Mucio    Nutrio    Puteo    Tutela    Lu-
teus varie reperitur.
*V ante V* consonantem semper producitur si nulla precesserit
consonans ut uua. Aliter vero corripitur ut pluuia fluuius.
Et haec de primis Syllabis.

b). *Special rules for distinguishing quantities in middle syllables*

De medijs Syllabis.

Media Syllaba dicitur omnis quae non est Dictionis prima vel ultima.

In medijs Syllabis.
*A ante B* corripitur ut Syllaba Arabes.
Excipe quae desinunt in    Bilis ut amabilis tractabilis.
Bundus ut errabundus vagabundus.
Bulum ut venabulnm [venabulum].
*A ante C* corripitur ut alacer abacus.
Excipiuntur    Cloaca    Lunaca    Meraca    Opacus
Desinencia in ulum ut tabernaculum vernaculus
Genitiuos in acis ut fallacis minacis fornacis.
Preter hos duos genituos Cloacis Pharnacis
*A ante D* corripitur ut lampadis cyclades. Excipe Cicada
*A ante F* vel ph corripitur semper ut colaphus.
*A ante G* producitur ut imago Indago.
Excipe    Abdenago    Lalage    Sinagoga
Nomina secunde declinacionis ut asparagus pelagus Peda-
gogus montiuagus.

Folio Bi a

Ciragra et podagra indifferencia sunt.
*A ante L* corripitur ut Italia: Tantalus: Ascalon.
Excipe    Genitiuos in alis neutri generis ut animalis.

344

Denominatiua in alis ut Borealis thoralis
Propria nonnulla in alis ut Iuuenalis Marcialis
*A ante M* corripitur ut calamus: Priamus.
Excipe    Thimiana.
    Verbalia in amen ut solamen foramen.
    A in cremento verbi ut amamus legamus: preter composita a do primae coniugacionis ut circundamus.
*A ante N* corripitut [corripitur] ut Galbanum: clibanus.
Excipe    Aranea et araneus: Pellicanus.
    Greca in an crescencia in genitiuo ut titan titanis
    Adiectiua secunde vel prime declinacionis ut Soranus: montanus: Romanus: Inanis: Alanus.
    Propria hominum vel locorum ut traianus: Vulcanus Garganus Bianor praeter Dardanus licanus balanum
*A ante P* corripitur ut alapa. Excipe Priapus: Sinapi.
*A ante Q* corripitur ut Tanaquil[.] Tolle nequaquam et composita.
*A ante R* corripitur ut Cesaris: Barbarus: Nectaris[.]
Excipe    Amarus    Auarus    Cocleare    Zodeuaria    Scholaris et similia
    Obliquos terciae declinacionis ut calcaris lupanaris.
        Praeter    Iubaris.    Nectaris.    Cesaris.    Asparis.    Bostaris.    Caparis.    Barbaros ut hamilctaris [hamilcaris]
    Finita in rius ut sextarius: armarium: pinguiarius etc.
    Praeter Denarius.
*A ante S* corrtpitur [corripitur] ut Carbasus.
Excipe    Parnasus    Omasum.    Deriuata ut Agaso.
*A ante T* corripitur ut Cyathus: calatus.
Excipe    Denominatiua participia verbalia et supina in atus: ut barbatus: principatus    Grabatum.
    Desinencia in tes ut Achates.
    Obliqui nominum in as ut abbatis: pietatis.

Folio Bi b

*A ante V* producitur ut Cadauer.
Animaduertenda sunt composita ut abauus atauus.
*E ante B* producitur ut monebam: Corebus.
Excipe    Helleborus    Herebus    Hesebon    Celeber    Latebre Tenebre    Salebre    Terebintus.
    Finita in bundus ut tremebundus.
*E ante C* producitur ut Veruecis. Excipe Quaedam propria ut Seneca.
*E ante D* producitur ut putredo.
Excipe    Esedum    Melchisedech.

Desinencia in da ut Andromeda.
Composita a correptis ut comedo bepedis ficedula.
*E ante F* corripitur ut Elephas Telephus.
Composita a longis producunt ut veneficus: Nisi deducta sint ab infinitis longis quae corripiunt ut a tepere liquere deducitur tepefacio liquefacio.
*E ante G* corripitur ut Elegus: murilegus.
Excipe    Deriuata aliqua ut collega: tristega.
          Propria aliqua corripiunt ut Vcalegon.
          Nonnulla producunt ut Cethegus.
*E ante L* producitur ut Phaselus.
Excipe    Angelus  Propria ut Thymele: Abymelech.
*E ante M* producitur ut Heremus verbum: vindemia.
Excipe    Alemania  Hiemis etc.  Getsemani
          Neremus nomen quamquam pocius producendum esset.
          Vehemens  Vindemiator Horacius corripuit.
*E ante N* producitur ut Balena Serenus Tyrrhenus.
Excipe    Hebenus  Iuuenis
          Propria ut Helenus Helena Diogenes Hermogenes Archigenes: at Origenes quamuis usus producat corripiendum tamen videtur.
*E ante P* corripitur ut pronepos edepol.
Tolle    Praesepe    Presepia.
*E ante R* corripitur ut tenera Cerberus legere.
Excipe    Deriuata in rus vel in rum ut Austerus Galerus.    preter
          Iterum.    Inferus.    Patera.    Superius.    Vterus.


Folio Bij a

          Cythera Insulae Cypri ciuitas penultima longa est ut Virgilius    Aeneidos primo
               Hunc ego sopitum somno super alta Cythera.
          Idem in decimo
               Est Paphos Idaliumque tibi sunt alta Cythera.
          Attamen in deducto aliter habet ut Virgilius eneidorum primo
               At Cytherea nouas arces etc.
          Cythaeron autem unum ex iugis Parnasi montis Bacho sacrum diphtongo producitur Virgilius in quarto Aeneidorum
               Orgia: nocturnusque vocat clamore Cythaeron.
Excipitur    Cratera ris.    Characteris    Chimera    Hiberus    Mulieris    Megera    Panthera ris.    Statera    Mysterium    Trieteris    Trietericus.
          In incremento verborum aliquando producitur ut docere

legerunt. Aliquando corripitur ut amaueram dicere: quod ex regulis grammatice et ex accentu optime dignoscetur[.]

*E ante S* corripitur ut Heresis Mathesis sciencia.

Excipe    Frenesis quod indifferenter habet.
            Composita a longis ut obesus.
            Mathesis dum significat diuinacionem.    Poesis.

*E ante T* producitur ut Facetus.

Excipe    Amethistus    Temetum.
            Nomina et obliquos tercie declinacionis ut pietas parietis.
               praeter    Agnetis    Inquietis    Lebetis    Locupletis
                         Magnetis    Quietis

*E ante V* producitur ut longeuus: quamuis eciam diphtongus illic ita esse compellat.

*I ante B* corripitur ut Aprilibus Chalybis.

Excipe    Futura Indicatiui quarte coniugacionis ut praeibo adibo nequibo.
            Item Composita a longis ut prelibo.
            Et verbalia in bilis a quarta coniugacione indifferens habere dicuntur ut sensibilis: audibilis. Similiter et possibilis.

*I ante C* corripitur ut rusticus Amicus proprium Tubicen.

Excipe    Apricus    Amicus a um    Formica    Lectica    Lorica
            Mendicus    Mirica    Postica    Pudicus    Rubrica    Tibicen    Vmbilicus    Vrtica    Vesica.

Folio Bij b

Genitiuus in icis a nominibus
            In ex corripitur ut verticis.
            In ix [corripitur].    Praeter Lodicis. Bombicis
               In masculinis corripitur ut Calicis[.]    Praeter Phoenicis.
            Adde Salicis et Silicis.  Masticis
            In alijs producitur ut felicis radicis pernicia [pernicis].  Cimicis.

Propria in icis [icus] aliqua corripiunt ut Alaricus[.]
            Producunt alia ut Caicus.  Fredericus.

Iculum in Diminutiuis corripitur ut versiculus: auricula.
            Alijs deductis a coniugacione Tercia corripitur ut diuerticulum.
            Quarta producitur ut periculum[.]

*I ante D* corripitur ut auidus: cupidus.

Excipe    Abydus    Considero    Desidero
            Finita in ido ut formido. Cupido.

Patronomica quedam corripiunt ut Priamides: Quedam producunt ut Thesides: Coronides.

Ibidem commune est sicut ibi[.]

Composita simplicium naturam sequuntur: unde
Perfidus a fido longum est: a fide breue.
Considet a consideo breue: a consido longum.
*I ante F* corripitur ut coliphia: artifices.
*I ante G* corripitur ut mitigo colligo.
Excipe terminata in ⎰ Ga ut auriga. praeter Caliga.
                ⎱ Go ut caligo.
    *I ante L* corripitur ut auxilium: agilis: Massylia ciuitas.
Excipe    Asylum    Massylium regionem Affrice.
          Neutra in ile ut sedile: cubile: mantile.
          Sic et Exilis: Subtilis: Aprilis.
          Denominatiua ut seruilis conchilium scurrulis [scurrilis]
               praeter Dapsilis Humilis Paridis [Parilis] Pestilens
Verbalia autem corripiuntur ut utilis fertilis nubilis amabilis docilis.
Vnde testilis a testa producitur: textilis autem a texo corripitur[.]
Vocatiui huiusmodi Virgili Pompili quamuis accentum habeant in
penultima breuem tamen eam habent.
    *I ante M* breuiatur ut optimus Calimachus azimus.
Excipe    Opimus    Sublimis
          Crescencia et verbalia quartae coniugacionis ut audimus:
          munimen: munimentum: farcimen.
Composita sequuntur simplicia ut possimus: magnanimus.

Folio Biij a

In crementis verborum regulas grammaticorum et accentum consule:
ut audiuimus: velimus.
    *I ante N* corripitur ut Pampinus: Virginis.
Excipe    Catinus    Caminus    Cuminum    Erinis    Salinum
          Festinus    Propino    Martinus    Supinus
Obliqui a nominatiuis in in producuntur ut Delphinis Phorcinis.
Deriuata et possessiua longa sunt ut quirinus faustinus austrinus
          cedrinus lupinus. Preter Acinum Crastinum Niccine etc. Nun-
          dine Protinus perendie Oleaginus Faginus Serotinus Trinun-
          dinus Nornotinus. Clamdestinus longum ponit Lucrecius
          Et clamdestinis surgencia fraudibus arma.
Graeca eciam a lapillis coloribusque et plerisque alijs deducta
          corripiunt ut crystallinus adamantinus myrrhinus byssinus
          coccinus [?]bombycinus [?]sanguineus.
Foeminina eciam fixa producunt ut farina culina cortina. Praeter ea
          quae naturam masculorum sequuntur ut asina. Et preter
          Buccina Fuscina Fiscina Foemina Lamina Elemosina Machina
          Mutina Pagina Proserpina Patina Sarcina Trutina Vtina.
Propria et patronymica plerumque producunt ut Albinus Nerine
          Adrastine.
    *I ante P* corripitur ut antipos.

348

Excipe     Obstipus.     Constipo as.
    *I ante Q* producitur ut antiquus iniquus.  Preter Siliqua Reliquus Aliquis.
    *I ante R* corripitur ut gadiris matyris.
Excipe     Butyrum: quamuis breue inueniatur     Delyrus     Papyrus
    Saphyrus pro lapide.
    *I ante S* corripitur ut elisium.
Excipe     Anchises     Cambyses     Gauisus     Paradisus:
    Paralisis dichronum est.
    *I ante T* corripitur ut leuitas amita calamitas irrito a ratus.
Longa sunt finita in ta a proprijs sumpta vel propria loci ut heremita
    leuita margarita polimita abderita anachortta [anachoreta].
    Praeter Alphita et Pituita quod est ad placitum.
Longa sunt greca in tis vel in tes ut Sunamitis Thersites.
Longa sunt denominatiua ut maritus: auritus.
Longa sunt supina et verbalia verborum quartae coniugacionis vel
    tercie: habencium iui in preterito et itum in supino ut auditum
    cupitum petitum auditus peticio Preter Seruitus: et composita
    cum supinis correptis ut aditum mequitum.  Notetur ambitum
    supinum et ambitus nomen: similiter agnitus et quae supra in
    regula de compositis.
Longa sunt supina et inde formata Deponencium Comuniumve:

Folio Biij b

    ut mentitum oblitus.  Praeter [?]Tacitus.
Longi sunt genitiui nominis in is ut Quiris quiritis: alij corripiuntur
    ut Militis Sospitis.
Longa sunt Aconytum.  Cocytus.  Hermofroditus Lecythus.  Irito
    pro lacesso ad iram.  Valitudo in quo duae breues in unam
    longam contrahuntur pro validitudo.
    *I ante V* producitur ut saliua rediuiuus.     Tolle Niniue.
    *O ante B* corripitur ut Niobe.
Excipe     Ambobus     Duobus     October     Aristobolus.
Iacobus merito producit quia per o omega a graecis scribitur: et ita
    Claudianus ponit Ne laceres versus dux Iacobe meos.
    *O ante C* breuiatur ut colocasum apoca.
Excipe     Apocope     Suffoco     Prefoco.
    Obliquos in ocis ut atrocis velocis. preter Celocis a celox.
    *O ante D* corripitur ut Epodos Exodus.
Excipe     Herodes     Custodis     Custodia etc[.]
    *O ante F* vel ph semper corripitur ut sarcophagus apostropha.
    *O ante G* corripitur ut egloga [ecloga].  Tolle Sinagoga: Pedagogus.
    *O ante L* corripitur ut soboles: indoles.
Excipe     Aetholus     Etholia     Pactolus

Idolum: quod per o omega scribitur.
Praestolor    Subsolanus    Timolus
*O ante M* breuiatur ut Salomon.
Excipe neutra    In um ut amomum.
                 In a ut Arona.
*O ante N* producitur ut sermonis Catonis obsonor.
Greca et barbara quandoque
    Corripiunt ut diaconus demonis canonis Menonis sardonix
        syndonis Macedonis Britonis lingonis teutones teutonici
        turonis mammona
    Producunt ut damonis sinonis Symonis calidonis
Sydonius indifferenter a Virgilio ponitur: Sydonis autem patrony-
micum breuiatur.
    *O ante Q* corripitur ut alloquor.
    *O ante R* corripitur ut corporis memores decorrs [decoris] a
decus.


Folio Biiij a

Excipe    Obliquos nominum in or ut amoris.
             praeter  Arboris    Marmoris    Memoris    Equoris
                      Rhetoris   Bicorporis  Castoris   Tricorporis
                      Hectoris   Amyntoris
             Obliquos masculinorum in os ut lepos leporis.
             Deriuata ut sonorus odorus honorus.
Decor decoris. Inde decoro as: decorus a um.
Decus decoris. Inde decoro as: decorus et indecorus.
    *O ante S* producitur ut Mendosus pilosus.
Excipe    Ambrosia    Ambrosius.
    *O ante T* producitur ut Egrotus Azotum.
Composita simplicium naturam sequuntur ut antidotum monopto-
tum aliquotus[.]
    *O ante V* corripitur ut Ludouicns [Ludouicus].
Composita Regulam sequuntur primtiuorum [primitiuorum] ut In-
nouo Improuidus.
    *V ante B* corripitur ut coluber.
Excipe    Anubis    Slauber [Saluber]
          Composita a longis ut obnubo.
          Connubium indifferens habet.
    *V ante C* producitur sequente us a vel um ut Eunuchus Lactuca
Caducum. In reliquis corripitur ut volucer[.]
Excipe    Pollucis    Manduco    Fiducia
          Item et composita a longis ut reluceo pelluceo educo is.
    *V ante D* producitur ut Testudo.
Excipe    Pecudis    Tutudi cum suis compositis ut contudi obtudi.

350

*V ante F* si inuenitur breuiatur ut Carnufex.
*V ante G* producitur ut Ferrugo.
Excipe    Coniugis    Sanguisuga.
*V ante L* corripitur ut exulis nebulo sotular.

Folio Biiij b

Excipe    Adulor    Getulus    Torcular
          Nomina huius forme currulis tribulis.
*V ante M* producitur ut Alumen.
Excipe    Autumno    Columen    Incolumis.
          Composita a tumeo ut contumax contumelia.
*V ante N* producitur ut lacuna tribunal.
*V ante P* corripitur ut volupis vitupero uppupa.
*V ante R* producitur ut silurus palinurus prurio:
Excipe    Camurus    Centurio    Lemures    Purpura    Luxurio
          Luxuria    Mercurius
          Obliquos terciae declinacionis ut murmuris gutturis.
             Praeter telluris.
          Meditatiua ut parturio esurio
*V ante S* producitur ut cerusa color Creusa Medusa
Cerusum fructus corrtpi [corripi] solet.
*V ante T* producitur ut cicuta cornutus.
Excipe    Arbutus.    Item Composita simplicium naturam sequun-
          tur ut disputo alteruter percucio.
*V ante V* breuis ut eluuies induuie diluuium.


c). *Rules for distinguishing quantities in final syllables*

     De ultimis Syllabis.

     Vltimam syllabam dicimus eam qua terminatur dictio[.] Ita-
que et monosyllaba quoniam a se incipiunt finiuntque inter ultimas
syllabas numerantur.
     *A finalis* regulariter producitur ut ultra: ama: a preposicio.
Excipe    Casualia ut poeta musa
             praeter    Ablatiuos ut a musa.
                        Vocatiuos a nominibus in as primae uel ter-
                           ciae declinaciouis [declinacionis] ut o
                           Aenea o Palla.
                        Barbara et Graeca quae sunt indifferencia ut
                           tegea pasca.
          Ita Quia et Puta aduerbium: sed Postea longam est nisi
             diuidatur ut post ea.

Folio [Bv a]

Numeralia in ginta et in genta communia esse dicuntur: quamquam ea quae in ginta finiunt frequencius longa sunt ut triginta: que in genta vero breuia ut quadrigenta.

*B finita* corripiuntur ut ab: ob.

*C finita* producuntur ut sic: fac: dic: duc: hic aduerbium.
Excipe    Lac   Nec   Donec quae breuia sunt.

Hic pronomen quod indifferens est.

Hoc eciam naturaliter breuem esse ex verbis Prisciani notatur.

*D finita* corripiuntur ut aliud: quod. quid: sed.

*E finalis* corripitur ut mille: mare: legere: docere: sacerdote: bene: rite: saepe.

Excipe    Greca que ad nos transiunt mutata littera η in e longam ut ἑλενὴ helene. παοίφη Pasiphe. Eciam si sint vocatiui ut ω αγχιση O Anchise.

Ablatiui quintae declinacionis ut die cum suis compositis ut pridie: hodie: quare. Fame quoque quia olim quinti ordinis fuit. Et tabe aput Lucrecium.

Imperatiua singularia secundae coniugacionis ut doce mone Quod si plerumque inueniuntur correpta (vide: vale: caue) hoc sit vel propter sequentem vocalem: vel quia aliquando tercie coniugacionis fuerunt.

Aduerbia formata a datiuis mutato o in e ut belle pulchre docte. praeter male. Fere eciam et ferme producuntur.

Monosyllaba ut me: te: se: e: ve interiectio.

praeter   Que   Ve   Ne coniunctiones. Pte syllabica adiectio ut suapte

Genitiui et Datiui singulares et nominatiui et vocatiui plurales prime deilinacionis [declinacionis] diphtongo producuntur ut musae: nisi propter vocalem sequentem ut aput Virgilium Insulae Ionio in magno.

*I finalis* producitur ut bibi feci domini forti.
Excipiuntur    Vocatiui greci a nominibus in is breuem ut Amarilli Daphni Tybri. Nisi fiat Sineresis vel diphtongus aput grecos ut ὀρφει Orphi.

Datiui greci a nominibus in as ut Palladi Archadi
Nisi   Quasi.

Mihi tibi sibi ibi et ubi cum compositis ad placitum habent finalem[.]

Folio [Bv b]

*L finita* corripiuntur ut ceruical Hanibal mel semel vigil etc.
Excipe   Nil   Sol
Barbara in el l ut Daniel Michael.

352

*M finita* corripiuntur ut templum.

*N finita* producuntur ut Pean Titan quin ren lien.

Excipe     In grecis     Accausitiuos [Accusatiuos] in in ut capin parin procrin.

In on neutra ut Ilion Pelion.

Accusatiuos in on a nominatiuis in os breuem ut meneleon epodon eutrapolon hiacinthon.

In latinis     Corripiencia penultimam crescentis genitiui ut nomen flamen omen etc.

Que per apostrophen proferuntur ut egon viden.

An    In    Dein    Exin    Proin    Forsan Forsitan

Tamen Attamen:[.]

*O finalis* variatur ut virgo lego cantando ergo.

Excipe     Monosyllaba ut do sto que producuntur.

Datiuos et ablatiuos in o et aduerbia ex eis effecta ut viro magistro quanto tanto quia producuntur. Preter hec aduerbia mutuo sero cito modo sedulo crebro profecto quae sunt communia.

Graeca in O ut Dido Manto quae semper producuntur.

*R finita* corripiuutur [corripiuntur] ut cesar imber miser.

Excipe     Monosyllaba ut cur fur cor lar far ver par cum compositis.

Praeter Per Fer Ter Vir quae breuiantur.

Graeca in ir apud nos in er longam finiunt ut aer ether crater character stater. Quamquam licenciose Claudianus corripuerit aer

Lucidus umbroso miscebitur aer auerno.

*As finiencia* producuntur ut maiestas musas pallas antis.

Excipe     Graeca in as que genitiuum in dos mittunt ut Pallas pallados: Ilias iliados.

Accusatiui plurales in as quorum genitiui singulares in os terminantur ut philis philidos philidas tros oos as

*Es finiencia* producuntur ut patres heres Chremes doces scies.

Excipe     Grecos nominatiuos plurales ut garamantes Iliades pleiades archades Saxones.

Es substantiuum cum compositis ut ades quae breuiantur.

Inquies    Penes.

Folio [Bvi a]

Item excipiuntur corripiencia penultimam crescentis genitiui ut miles. Praeter Abies Paries Aries Ceres Spes Res Fides Pes cum compositis quae producuntur.

*Is finita* corripiuntur ut ignis legis collis.

Excipe     Datiuos et ablatiuos plurales ut his dominis.

Accusatiuos plurales tercie declinacionis ut omnis.
Secundam personam presentis indicatiui singularis quar-
tae coniugacionis ut audis munis.
Producencia penultimam crescentis genitiui ut aris samnis
soteris delphis lis.
Velis Nolis Malis secundas personas verborum Volo Nolo
Malo.
Monosyllaba ut dis sis vis cum compositis ut adsis videsis
· quamuis quiuis. Praeter Is Quis Mis Tis Bis quae
breuiantur.

*Os finita* producuntur ut heros: nepos: deos: bos: os oris.
Excipiuntur In graecis Neutra in os ut argos cetos.
        Masculina vel communia habencia ge-
         nitiuum in os ut typos: monos.
        Genitiui in os ut pallados archados.
    In latinis os ossis Compos Impos secundum
        quosdam ·

*Vs finita* corripiuntur ut deus tempus cuius lepus digitus.
Excipe Monosyllaba ut thus plus mus pus.
   Producencia penultimam crescentis genitiui ut telus salus.
   Sed Horacius licenciose palus corripit.
   Genitiuos singulares et nominatiuos accusatiuos et voca-
   tiuos plurales quarte declinacionis ut huius manus hi
   et hos fructus
   Greca in us ut melampus pantus.

*T finita* corripiuntur ut caput legat docet.
Nisi incidat Diphtongus ut aut.
    Posicio ut legunt fert.
    Syncopa ut Fumat pro fumauit: Obit pro obijt: petit
    pro pecijt.

*V finalis* semper longa est ut gelu cornu genu.
*X finita* posicione producuntur ut lex ex lex rex.


VII. *Colophon*

Impressum per Iohannem Schottum Ciuem Argentinensem
nono Kalendas Ianuarias Anno salutis humanae M C C C C.

LETTER IN GERMAN
FROM PETER SCHOTT TO HIS SISTER
ANNA SCHOTT

Selikeit der selen vnd libes winsch ich dir in brüderlichen trüwen min allerliebste Swester. Vnd beger, der untöttliche vnd almechtige gotte wel dich vnd alle gnadenrichen mönschen in gantzer andath behalten bitz an das ende. Vnd mir ingeben solches leben, das mine sele nach sinem göttlichen gevallen zu jm aller lichtest mög schicken.

Min liebe Swester ich han empfangen brief von dir mir geschriben jn dennen ich dine swesterliche trüwe vnd lieb, die du zu mir hast, gar wol hab mögen vernemen. Wen ob mich gantz kein andere lere uff dein rechten weg wisse: mocht ich doch genugsamklich uss diner geschrifft min wesen underrichten. Jn einen stat der miner selen in keinen weg könne schaden: Darumb wer es nitt nott gewesen min getrüwe swester, dass du geschriben hettest umb vergebnissz, ob mir ettwassz von dir mir geschriben misszvellig wer. Dan mir on zwifel kein misszval usz dinen leren ist entsprungen, sunder gezignissz vnd erkantnissz sunderer vnd grosser Begierd, die du hast zu nutz miner selen vnd zu miner selikeit. Umb des willen sag ich dir gar grossen Danck vnd hoff der almechtige gotte sol mir verliehen ein erwelen des states, jnne welchen ich jmme mit grössern verdienen mög wolgevallen vnd auch mine wercke in sinen lob vnd ere entlichen mög geschicken.

Ouch min liebe swester verkunde ich dir wolmögen vnd gesuntheit mines Ersammen meister hansen vnd mine unsz van gnaden des milsten gottes verliehend.

Des glichen vnd gar vil me guttes wer mir din sundere freid van diner Erwirdigen muter Priorin. Dir vnd allen dinen mittswesteren alle zit vernemen. Allsz du mich gebetten hast min liebe swester, das ich dich entphelen sol dinem Vatter Sancto Dominico. Wissz, das ich nach in gedethnissz hab versprechnissze, die ich dir in minem abscheid dette, wan ich flissz mich, das ich dine nimmer vergissz, wan ich zu sinem Grab kume, das ich zu manichen mal in dinem nammen hab geküsset. Wolte gott, das es jmme geneme wer.

Das du aber min liebe swester kunst der Rechten dorechte kunst nennest, kan ich dir nitt wol recht geben. Dann geistliche Rechte alle genummen sind usz den heiligen Evangelien und der heiligen lerer bücher und bestetiget von den heiligen bepsten, die man nitt minner ist schuldig zu halten, dan das heilige Evangelien und die weltlichen reth alle for ougen haben gerechtikeit durch die man einem jeglichen das jmme zu höret sol verliehn, von welchen geschriben ist, Justi autem in perpetuum vivent etc. Et rursus Justorum anime in manu dei sunt etc. Et iterum Justus ut palma

357

florebit etc. Et denuo Os justi meditabitur sapientiam etc. Denique Justum deduxit Dominus per vias rectas et ostendit illi regnum Dei. Und in gar vil anderen enden in dennen geschriben sint verdienst vnd lon der, die gerechtikeit den mönschen erzeigen. Ouch sanctus Paulus jn dem er sprichet ein jegliche mönschliche kunst sie ein dorheit gegen göttlicher wiszheit, hatt nitt gewelt sprechen der nach, als du es vernimmest. Sunder sine meinung ist gewesen, das gott in allen dingen sicherer vnd offenbarlicher wissen hat, dan die mönschen, so vast, das mönschliche wiszheit ein dorheit gegn göttlicher wiszheit ist zu schätzen. Dan min liebe swester ist uitt [nitt] zwifel kunst, die man von gott in der heiligen geschrifft hatt, vil köstlicher ist, dan ein jegliche andere mönschliche kunst.

Beviel mich ouch min liebe swester jn andath miner Ersammen frowen muter priorin und irrer wirdikeit minen dienst, vnd allen andern mittswestern die mich kennent, vnd sag jnnen danck in minem nammen von jrem gebett: vnd bitte auch den almechtigen gotte für unsere statt, die alsz du mir geschrieben hast in grossen sorgen ist des krieges halben vnd ouch für unseren lieben vatter vnd alle unsere fründ.

Ich bitte dich ouch/ schrieb mir/ wen du kanst, vnd in sunderheit von diner lere/ wie gelert du jetz sigest/ wan mir darusz viel fierd wurd entston. Und ob du nun zu mol in einem andern kloster bist, so geb dir gott der allmechtige glück vnd heil vnd welle es schicken, das ich dich mit freiden gesunt an sel vnd lib mög fünden. Nitt me, dan barmhertzikeit des himmelischen vatters vnd juncfrowelicher schirm siner reinen muter Marie wel üch vnd vns alle behüten vor allem vbel in allem guten Amen.

Geben uff den ersten tag der heiligen vasten zu Bononie in dem jar von Cristi geburt 1476.

Petrus Schott din Bruder.

Source: Johann N. Weislinger, Armamentarium catholicum.... (Strassburg, 1749), p. 680 f.

www.ingramcontent.com/pod-product-compliance
Lightning Source LLC
Chambersburg PA
CBHW030354030726
47497CB00002B/327